김혜성 목사의 시편 묵상

시편의 기도로
하나님께 나아가십시오

1 (1~55편)
Psalms

김혜성 목사의 시편 묵상

시편의 기도로
하나님께 나아가십시오

제 1 권
(1~55편)

아침향기

시편은 최선의 기도 안내서이다

이 책의 저자는 김혜성 목사님이다. 대한 예수교 장로회 총회신학교를 졸업한 후 6.25 한국전쟁에 군목으로 참전하였다. 미국 Faith 신학교, (펜실바니아 주, 엘킨스 팍 소재) 존 맥크레이 박사(Dr. John MacRae)가 총장으로 계시던 때 석사(Th.M.) 및 박사(Th. D.)학위를 마치고 교수로 봉직하였다.

그러나 이번에 출판한 시편강해는 학문적 연구발표가 아니다. 설교 원고에서는 히브리어를 인용하였으나 설교의 청중(독자)을 배려하여 삭제하였다. 혹 단어해석을 한 것도 일차적으로 의미해석 이상을 넘지 않은 것이 눈에 보인다.

올 봄 (2020년 봄) 그는 대장암 선고를 받았다. 치료를 시작하면서 우리는 기도해야 하겠다고 마음이 모아졌다. 나도 남편을 위해 기도시간을 정하고 혼자 기도와 말씀의 시간을 가지기 시작했다. 큰 일을 당하니까 우리의 기도시간이 좀더 진지해졌다.

그는 시편을 사랑한다. 시편을 읽으며 기도하면, 자기 존재의 연약성을 솔직하게 보게 되고 하나님이 자기의 강력한 보호자요 구주이심을 확인할 수 있어서 시편보다 더 좋은 기도 안내서가 없다고 고백했다.

"나의 방패는 마음이 정직한 자를 구원하시는
하나님께 있도다."(시 7:10)

"먼저 정직하고 악한 길에서 떠나야 해, 회개는 떠나는 거야. 하나님의 기준을 버리고 딴짓하는 것이 다 악이다."라고 했다. 시편을 보면 자기를 거울에 비쳐 보듯이 정직하게 볼 수 있고 또한 시편에서 하나님의 인자하심과 능력을 볼 수가 있어서 믿음이 강해진다는 것이다.

그는 매일 밤 12시에 서재에 나가서 기도하는데 기도 끝나고 침실로 올 때 눈물로 젖은 눈을 자주 보았다. 자면서도 잠꼬대 같이 "주여, 내 죄를 용서해 주시옵소서"라는 말을 많이 너무 많이 했다. "이 사람이 내게 무슨 범죄를 한 것이 있어서 저러나?" 그런 의아심이 없지도 않았다.

사실 기도는 그에게 아주 익숙한 일이다.―그는 의례적인 기도를 해야 할 의무를 가지고 있는 사람이다. 교회 예배인도는 물론, 그 밖에 다양한 모임, 신학교 강의할 때도 기도, 교인들 심방, 결혼식, 장례식, 그리고 총회, 노회에서 그는 기도해 주는 사람이다.

그런데 시편을 들고 혼자 주님 앞에 나아가 엎드리는 그는 달라 보였다. 다윗은 인간사에서 겪는 모든 고난, 슬픔에서 하나님의 얼굴을 구했고 하나님은 말씀으로 응답하셨다. 시편에서 우리는 또한 다윗이 먼 훗날

메시아의 계시를 받으며 땅에서 부르는 하늘의 찬양을 배우며 체험한다.(시편에 나타난 그리스도)

이번에 3권으로 출판 되는 그의 시편묵상을 통해 우리 하나님께서 모든 믿는 사람들에게 베푸시는 특별 은총과 크신 사랑의 역사가 임하시길 소원한다.

하나님은 그 마음이 정직한 자를 구원 하시고 선을 베푸셔서 그들을 당면한 고통에서 구원하신다. 할렐루야!

2020년 8월 20일,
Joung Sook Nahm
Los Angeles에서

차례

두 사람, 두 길, 두 목적지

[1] 복 있는 사람은 악인들의 꾀를 따르지 아니하며 죄인들의 길에 서지 아니하며 오만한 자들의 자리에 앉지 아니하고

[2] 오직 여호와의 율법을 즐거워하여 그의 율법을 주야로 묵상하는도다

[3] 그는 시냇가에 심은 나무가 철을 따라 열매를 맺으며 그 잎사귀가 마르지 아니함 같으니 그가 하는 모든 일이 다 형통하리로다

[4] 악인들은 그렇지 아니함이여 오직 바람에 나는 겨와 같도다

[5] 그러므로 악인들은 심판을 견디지 못하며 죄인들이 의인들의 모임에 들지 못하리로다

[6] 무릇 의인들의 길은 여호와께서 인정하시나 악인들의 길은 망하리로다

Theme: 시편은 인생에 대한 안내로 시작한다.
악행 하는 자 그리고 선을 비웃는 자들을 피하고
토라 연구와 지식을 주요 목표로 삼으라.
그러면, 하나님께서 기쁨과 풍성한 삶을 너에게
상으로 주실 것이다.

서론

시편은 모두 150편으로 되어 있고 또한 이것은 5권으로 나뉘어 있습니다. 이 다섯 권은 시대적이나 저자별로 구분된 것이 아니고 그 내용에 따라 구분되어 있습니다. 내용에 따라 구분되었다는 말은 시편 5권이 모세 5경 즉 창세기, 출애굽기, 레위기, 민수기, 신명기 다섯 권에 맞추어서 시편 150개가 쓰여진 것입니다. 그러므로 제1권의 내용은 창세기와 같고, 제2권은 출애굽기, 제3권은 레위기, 제4권은 민수기, 제5권은 신명기와 같습니다.

시편 제1편은 창세기와 같이 시작에 관한 것입니다. 곧 시편은 "복 있는 온전한 사람"으로 시작합니다. 본문이 우리에게 가르쳐 주시는 것은 "악행 하는 자 그리고 선을 비웃는 자들을 피하고 토라 연구와 지식을 주요 목표로 삼아라 그러면, 하나님께서 기쁨과 풍성한 삶을 너에게 상으로 주실 것이라는 것"입니다.

I. 악인의 가는 길

시편 제1 편은 의인의 가는 길과 악인의 가는 길을 잘 보여주고 있습니다. 이 말씀은 복 있는 자 즉 의인을 설명하면서 동시에 악인을 표현해 주고 있습니다. 그들의 가는 길은 현저하게 다른 길입니다. 먼저 악인의 가는 길을 봅시다.

> [1] "복 있는 사람은 악인들의 꾀를 따르지 아니하며 죄인들의 길
> 에 서지 아니하며 오만한 자들의 자리에 앉지 아니하고"

"토라"—유대인의 성경 전체 그리고 구전을 포함한 유대인의 전통 전부를 말함. 모세 5경, 율법, 회당에서 예배 시에 사용하는 양피지 두루마리, 거기에 유대인의 성경 처음 5권이 기록되어 있다.

1. 악인의 꾀를 좇아간다

옛날 번역에는 "복 있는 자는 악한 자의 의논대로 하지 아니하며"라고 했습니다. 이 말은 의인은 악한 자들이 의논하고 행하는 대로 따라가지 않는다는 말씀입니다.

그 악한 자가 아무리 자기의 친구라 할지라도 그의 말대로 절대로 따라 행하지 아니합니다. 그 사람의 하는 일이 무법하고 하나님의 율법을 무시하는 일을 도모한다고 생각하면 복 있는 사람은 거기에 가담하여 같이 행동을 하지 않는 것입니다. 그러나 악한 자는 악한 자의 꾀를 좇아 같이 행합니다.

2. 죄인의 길에 서지 아니하며

죄인(The sinful)은 악인과는 달리 작정하고 무법을 장려하고 율법을 무시하지는 않습니다. 그러나 의도함이 없지만, 잘못을 범합니다. 그도 역시 정죄를 받습니다. 하나님께 대한 그의 경솔한 태도가 그의 죄를 짓게 한 원인이기 때문입니다.

죄인은 하나님께 대한 자기의 경솔한 태도로 말미암아 서지 말아야 하는 죄인들의 가는 길에 같이 섭니다.

그러나 의인은 죄인의 길에 같이 서지 아니합니다. 사람들은 유형이 있습니다. 같은 형끼리 동류가 모이는 것입니다. 철이 자석을 따라가는 것과 같습니다.

그 사람을 알려면 그의 친구를 보면 안다는 말이 있습니다. 참새는 참

새끼리, 비둘기는 비둘기끼리 날아다니고 몰려다닙니다. 악인의 길에 같이 서서 걸어가는 그는 악한 자입니다.

3. 오만한 자의 자리에 앉지 아니하고

오만하다는 말은 남을 경멸하고 깔보는 것을 말합니다. 오만한 자는 자기만 잘난 사람입니다. 남의 말은 듣지 않고 자기주장만 하는 사람입니다. 자기만 잘났다고 생각하는 사람은 하나님이 없다고 합니다. 하나님의 말씀을 듣지 않는 악한 사람입니다. 복 있는 사람은 그런 자리에 앉지 아니합니다.

II. 의인의 가는 길

> [2] "오직 여호와의 율법을 즐거워하여 그의 율법을 주야로 묵상하는도다"

"그의 율법을" 하나님의 율법을.
여기 나오는 대명사는 하나님을 말한다. 또한 가능한 것은 "그의 토라에"라고 대명사가 토라를 사모하는 사람을 지칭한다고 해석할 수도 있다. 처음 율법은 이것을 여호와의 율법이라고 부른다.
그러나 사람이 애를 써서 그것을 이해하려고 노력한 후에는 그것은 '그의 토라' 로 생각하고 그 자신의 토라라고 부른다.

다시 설명하면 '내가 하나님의 율법을 지켜야 한다' 라고 늘 생각하며 지키다 보면 이것이 하나님의 법이 아니라 나의 법이라는 것이다. 하나님의 율법이니까 지키는 것이 아니라 그 법이 너무나도 좋아서 나의 법이 된다는 것입니다.

1. "여호와의 율법을 즐거워함"

율법이라는 말씀은 하나님의 말씀을 총칭한 것입니다. 하나님의 말씀을 즐거워하는 것입니다. 물론 십계명도 즐거이 지키고 성경 말씀에서 '하라' '하지 말라' 한 모든 하나님의 말씀을 즐거워하며 그대로 지켜 나가는 것입니다. 사모하여 하나도 버리지 못합니다. 너무나도 즐겁고 기쁜 것입니다.

2. "율법을 주야로 묵상하는 자"

자기가 보화를 가지고 있으면 그것을 잊지 못합니다. 하나님의 말씀을 그 마음에 간직하고 주야로 생각하고 즐거워합니다. 율법을 주야로 묵상하는 자라는 말은 아침에 "오늘 하나님 말씀대로 살아야지" 생각하고 또한 밤에는 "오늘도 자기가 하나님의 뜻을 따라 살았는지" 살펴보며 늘 말씀 안에 거하는 생활을 말합니다. 우리가 성경을 읽고 기도하는 생활은 주야로 묵상하는 생활입니다. 이 생활이 즐겁다는 것입니다. 또한 말씀을 묵상하고 잘못된 것은 회개하고 자기의 생활을 고쳐 나가는 것이 복 있는 사람에게는 너무나도 기쁜 것입니다.

III. 악인과 의인의 종말

[3] "그는 시냇가에 심은 나무가 철을 따라 열매를 맺으며 그 잎 사귀가 마르지 아니함 같으니 그가 하는 모든 일이 다 형통하리로다"

[4] "악인들은 그렇지 아니함이여 오직 바람에 나는 겨와 같도다"
[5] "그러므로 악인들은 심판을 견디지 못하며 죄인들이 의인의
　　모임에 들지 못하리로다"

"시냇가"― (팔르게이)는 한 개의 원천에서 흘러내리는 많은 시내들
을 말한다. 그와 같이 율법은 인생의 모든 양상에 스며들어서 열매를
맺게 한다.
"오직 바람에 나는 겨와 같도다"―악인이 외형적으로는 열매가 있는
것 같이 보이지만, 그들은 사실상 텅 비어 있고 알맹이가 없다, 그래
서 겨는 바람에 쉽게 쓸려간다.
"죄인이 의인의 회중에 들지 못하리로다"― 마지막 심판 때에 의인이
영원한 상급을 받을 때, 죄인은 의인의 회중에서 계수를 받지 못할
것이다.

1. 악인의 종말

악한 사람은 겉으로 볼 때 좋은(씨) 사람처럼 보이지만 속에 알맹이가
없어서 바람이 불면 날아가는 겨와 같다는 것입니다. "그러므로 악인들
이 심판을 견디지 못하며 죄인들이 의인들의 모임에 들지 못하리로다"

"바람에 나는 겨"라는 말은 타작마당에서 풍구질을 할 때 곡식은 전부
바로 밑으로 떨어지지만 겨는 날아서 멀리 가서 떨어집니다. 이것은 알곡
과 쭉정이를 갈라내는 것을 의미합니다. 그래서 심판대에서는 지옥의 자
식과 하나님의 자녀가 분류됩니다.

그러므로 "악인들은 심판을 견디지 못한다"고 했습니다. 심판의 풍구
로 바람이 불 때는 꼭 알곡만 밑으로 떨어지지 쭉정이와 가라지는 날아가
게 마련입니다. 아무리 알곡으로 보이려고 해도 바람이 그대로 두지 않습
니다. 겨는 아무 쓸데없어 전부 모아 불을 놓습니다. 지옥을 말합니다.

그러므로 "악인들의 길은 망하리로다"라고 하셨습니다. 마찬가지로 하나님을 경솔하게 취급하다가 죄를 지은 죄인들의 종말도 망하는 것입니다. 죄인이 의인의 회중에 들지 못합니다. 의인이 영원한 상급을 받을 때 죄인은 의인의 회중에서 계수를 받지 못합니다.

2. 의인의 종말

"그는 시냇가에 심은 나무가 철을 따라 열매를 따라 맺으며 그 잎사귀가 마르지 아니함 같으니 그가 하는 모든 일이 다 형통하리로다" (3절)

"그 잎사귀가 마르지 아니함 같으니"— 그가 하는 모든 일이 심지어는 세상적인 일들까지 다 형통합니다.

의인은 시냇가에 심은 나무와 같다고 했습니다. 시냇가는 물이 많고 비료가 많은 곳입니다. 나무가 자라지 않을 수가 없고 열매를 안 맺을래야 안 맺을 수 없음을 말합니다.

"시냇가"는 세상에 많이 있습니다. 그러나 시냇가에 흐르는 물은 다 한 곳, 하늘에서 내려옵니다. 영적으로 시냇가를 만들어 주는 곳은 한곳, 하나님의 말씀 율법입니다. 율법은 인생의 모든 면에 스며들어서 열매를 맺게 합니다.

"시냇가에 심은 나무"는 자기가 자기를 심은 것이 아닙니다. 누가 심어 주었습니다. 성령님께서 심어 주신 것입니다.

우리는 시냇가에 심겨진 나무입니다. 우리가 심은 것이 아닙니다. 하나님께서 만세 전에 우리를 예정하시고 불러 주시고 은혜의 자리에 들어오게 하셨습니다.

시냇가는 구원의 자리입니다. 예수 그리스도께서 우리 죄를 없애 주시기 위하여 세상에 오셔서 우리가 죽을 자리에서 예수님이 대신 죽어 주셨습니다. 예수께서 우리 대신 죽으시고 우리를 은혜의 자리로 옮겨 심어 주셨습니다. 우리를 화분처럼 옮겨 놓은 것이 아니라 옮겨 심었습니다. 이것은 영구적인 것을 말씀합니다. 그러므로 시절을 따라 열매를 안 맺을 수 없습니다. 그가 하는 모든 일이 다 잘 되게 되어 있습니다. "그 잎사귀가 마르지 아니함 같으니" — 그가 하는 모든 일이 심지어는 세상적인 일들까지 다 형통한다는 말입니다.

결론

> [6] "무릇 의인들의 길은 여호와께서 인정하시나 악인들의 길은
>   망하리로다"

> "여호와께서 의인의 길은 인정하시나" — 하나님은 의인의 길을 보호하시고 상 주시며 정성으로 돌보시지만, 악인의 길은 하나님의 인애한 돌보심이 없어서 그 길은 저절로 망하게 될 것이다.

마지막 심판 날에 의인과 악인의 가는 길이 완전히 다릅니다. 악인의 길은 멸망의 길이요 지옥의 길입니다. 영원히 지옥에서 멸망을 당합니다. 그래서 "악인의 길은 망하리로다."라고 했습니다.

그러나 의인의 길은 여호와 하나님이 인정해 주신다고 했습니다. 의인의 길은 하나님의 돌보심을 받아 구원에 이릅니다.

누가 의인입니까? 의인은 세상에 하나도 없습니다. 그러나 예수 그리스도께서 우리의 죗값을 치러 주셔서 우리는 믿음으로 의인이 되었습니

다. 예수 그리스도를 믿음으로 의인이 된 것은 온전히 하나님의 은혜로 된 것입니다. 우리는 하나님의 은혜로 선한 열매도 맺을 수 있게 되었습니다. 시냇가에 심겨진 나무가 되었으니 시절을 따라 열매를 안 맺을 수 없습니다.

Goal 그러므로 우리가 시냇가에 옮겨 심겨진 나무가 된 것은
하나님의 은혜로 된 것입니다.
항상 감사하며 많은 선한 열매를 맺도록 노력하여
주님을 기쁘시게 하는 성도들이 되시기를
예수님의 이름으로 축복합니다.

시편**2**편

맨 끝

[1]   어찌하여 이방 나라들이 분노하며 민족들이 헛된 일을 꾸미는가
[2]   세상의 군왕들이 나서며 관원들이 서로 꾀하여 여호와와 그의 기름 부음 받은 자를 대적하며
[3]   우리가 그들의 맨 것을 끊고 그의 결박을 벗어 버리자 하는도다
[4]   하늘에 계신 이가 웃으심이여 주께서 그들을 비웃으시리로다
[5]   그 때에 분을 발하며 진노하사 그들을 놀라게 하여 이르시기를
[6]   내가 나의 왕을 내 거룩한 산 시온에 세웠다 하시리로다
[7]   내가 여호와의 명령을 전하노라 여호와께서 내게 이르시되 너는 내 아들이라 오늘 내가 너를 낳았도다
[8]   내게 구하라 내가 이방 나라를 네 유업으로 주리니 네 소유가 땅 끝까지 이르리로다
[9]   네가 철장으로 그들을 깨뜨림이여 질그릇 같이 부수리라 하시도다
[10] 그런즉 군왕들아 너희는 지혜를 얻으며 세상의 재판관들아 너희는 교훈을 받을지어다
[11] 여호와를 경외함으로 섬기고 떨며 즐거워할지어다
[12] 그의 아들에게 입맞추라 그렇지 아니하면 진노하심으로 너희가 길에서 망하리니 그의 진노가 급하심이라 여호와께 피하는 모든 사람은 다 복이 있도다

Theme: 사람의 망령된 생각을 버리고 성령님의 인도하심을 따라
예수님의 교훈에 순종하고 살면
구원 얻을 뿐 아니라 세상에서도 복받아 잘 된다.

서론

시편 1편은 창세기 처음에 창조된 복된 사람을 연상하게 합니다. 제2편은 하나님의 말씀을 불순종하고 타락한 아담 이브와 마찬가지로 범죄에 이르는 인간을 보여줍니다.

오늘 본문이 우리에게 가르쳐 주는 것은 "사람이 망령된 생각을 버리고 성령님의 인도하심을 따라 예수 믿고 예수님의 교훈에 순종하고 살면 구원 얻을 뿐 아니라 이 세상에서도 복받아 잘 된다."는 것입니다.

I. 인간이 처음부터 행한 범죄

> [1~2] "어찌하여 이방나라들이 분노하며 민족들이 헛된 일을 꾸미는가, 세상의 군왕들이 나서며 관원들이 서로 꾀하여 여호와와 그의 기름 부음 받은 자를 대적하며"
>
> "허사"ー이룰 수 없는 것, 텅 빈 것
> "대적하여"ー여호와를 대적하여. 블레셋 사람들은 다윗이 하나님의 택하신 자임을 알고 있었다. 그러므로 그들이 다윗을 공격한 것은 바로 여호와를 공격한 것이다. 하나님의 법을 불순종하는 것은 곧 하나님을 대적한 것이다.
> "세상의 군왕들…관원들"(재판관)ー세상의 정치적 지도자들…종교지도자들

인간이 처음부터 행한 범죄는 허사를 경영한 것입니다. "허사"는 이룰 수 없는 것을 말합니다. 텅 빈 것입니다. 절대로 이룰 수 없는 것을 계획하

는 것이 죄입니다. 맨 처음 에덴에서 아담과 이브가 "허사"를 경영했습니다. 그들은 하나님께 불순종하고 하나님과 같아지기를 경영했습니다. 그것이 얼마나 허사였는지는 말할 필요도 없습니다.

이 시편은 열방과 민족들이 떠들며 하나님과 예수 그리스도를 대적하여 "허사를" 경영하는 모습을 보여주고 있습니다.

"세상의 군왕들이 나서며 관원들이 서로 꾀하여 여호와와 그의 기름 받은 자를 대적하며" "세상의 군왕들"은 정치적으로 다스리는 정치인들을 말합니다. "관원들"은 종교 지도자들을 말합니다. "기름 부음 받은자"는 구약에서는 메시아라고 불렀고 신약에서는 헬라어로 그리스도라 불렀는데 예수 그리스도를 말합니다.

여기 보면 하나님을 대적하는 자들은 세계적인 운동을 벌이고 있습니다. 많은 나라의 정치인들과 종교 지도자들이 합세하여 소란을 피우며 하나님과 예수 그리스도를 대적하고 일어섰습니다.

언제부터 대적하기를 시작했습니까? 예수님을 십자가에 못 박아 죽이고 그때부터 시작된 예수교인들의 박해는 오늘까지 계속되고 있습니다. 초대 교인들은 핍박을 받으면서 오늘 이 말씀을 기억한 것입니다.

(행4:25) "또 주의 종 우리 조상 다윗의 입을 통하여 성령으로 말씀하시기를 어찌하여 열방이 분노하며 족속들이 허사를 경영하였는고"

계속하여 그들은 본문 말씀으로 기도합니다.

(행4:26) "세상의 군왕들이 나서며 관리들이 함께 모여 주와 그의 그리스도를 대적하도다 하신 이로소이다"

27, 28절을 보십시다.

(행4:27~28) "과연 헤롯과 본디오 빌라도는 이방인과 이스라엘 백성과 합세하여 하나님께서 기름 부으신 거룩한 종 예수를 거슬러 하나님의 권능과 뜻대로 이루려고 예정하신 그것을 행하려고 이 성에 모였나이다"

그러나 그것은 다 허사입니다. 어떤 것이라도 하나님의 뜻을 훼방할 힘은 없음을 이 시편은 열국들과 메시아의 만남을 통하여 보여줍니다.

사랑하는 성도들, 어떤 사람들은 교회가 왜 이러냐고 하는데 교회니까 그렇습니다. 예수님이 씨 뿌리는 비유로 마태복음 13장에서 말씀해 주셨습니다. 좋은 씨만을 뿌렸는데 원수가 가라지를 밤에 뿌렸다고 했습니다. 지금도 가라지를 뿌리는 많은 원수들이 있습니다.

[3] "우리가 그들의 맨 것을 끊고 그 결박을 벗어 버리자 하도다"

"그 맨 것을 끊고"―인간을 매 놓으신 줄은 첫째로 하나님의 계명, 곧 십계명이다. 둘째로는 결혼으로 연합시킨 가정이다.

하나님께서는 영적으로 육적으로 하나님의 자녀들을 하나로 묶어주는 끈을 두 개 주셨습니다. 첫째는 하나님의 백성들을 하나님의 통치 아래서 하나로 연합시키는 하나님의 율법 곧 십계명이고 둘째는, 결혼으로 연합시킨 가정입니다. 이것은 우리 사람들을 속박하여 못살게 하려는 것이 아니라 자유롭고 행복하고 기쁘게 살게 하기 위하여 매어 놓은 것입니다.

1) 영적으로 매어 놓은 줄은 하나님의 말씀입니다.

좀더 축소시켜 말하면 십계명입니다. 하나님의 말씀, 십계명으로 날 때 부터 결박하여 이대로 살아라 하신 것입니다. 세상에 태어나는 사람은 누구나 하나님께서 그 마음판에 십계명을 기록해 주셨습니다.

> (롬2:15). "이런 이들은 그 양심이 증거가 되어 그 생각들이 서로 혹은 고발하며 혹은 변명하여 그 마음에 새긴 율법의 행위를 나타 내느니라"

2) 육적으로 매어 놓은 줄은 가정입니다.

가정을 잘 지키고 살라고 명령하셨습니다.

> (히13:4) "모든 사람은 결혼을 귀히 여기고 침소를 더럽히지 않게 하라 음행하는 자들과 간음하는 자들을 하나님이 심판하시리라"

이와 같이 하나님은 이 두 줄로 사람을 묶어 놓고 순종을 조건으로 복을 주셨습니다. 하나님의 명령을 지키고 살면 복받아 잘되리라 하시고 하나님은 순종하라 하셨습니다.

> (신5:32~33) "그런즉 너희 하나님 여호와께서 너희에게 명령하신 대로 너희는 삼가 행하여 좌로나 우로나 치우치지 말고 너희 하나님 여호와께서 너희에게 명하신 모든 도를 행하라 그리하면

너희가 살 것이요…"

순종하면 살고 불순종하면 망합니다.

불순종의 결과는 하나님이 그의 "죄를 갚되 아비로부터 아들에게로 삼사 대까지 이르게"(신5:9) 하시나 반면 순종하면 그들은 "그리하면 살 것이요 복이 너희에게 있을 것이며 너희가 차지한 땅에서 너희의 날이 길리라" 하셨습니다(신5:33).

> (신6:24~25) "여호와께서 우리에게 이 모든 규례를 지키라 명하셨으니 이는 우리가 우리 하나님 여호와를 경외하여 항상 복을 누리게 하기 위하심이며 또 여호와께서 우리를 오늘날과 같이 생활하게 하려 하심이라, 우리가 그 명령하신 대로 이 모든 명령을 우리 하나님 여호와 앞에서 삼가 지키면 그것이 곧 우리의 의로움이니라 할지니라"

그런데 죄가 들어왔습니다. 죄인들은 말하기를 "우리가 그들의 맨 것을 끊고 그 결박을 벗어 버리자 하도다"(3절) 처음 인간을 범죄하게 한 불순종의 영입니다.

> "너희가 그것을 먹는 날에는 너희 눈이 밝아져 하나님과 같이 되어 선악을 알 줄 하나님이 아심이니라" (창3:5)

유혹하는 자의 말을 듣고 여자가 그 나무를 보니 "먹음직도 하고 보암직도 하고 지혜롭게 할 만큼 탐스럽기도 한 나무인지라 여자가 그 열매를 따먹고 자기와 함께 있는 남편에게도 주매 그도 먹은지라" (창3:6)

인간이 범죄한 후부터 무리들은 십계명을 깨느라고 애를 쓰고 성생활이 문란해져서 가정을 깨기 시작하였습니다. 미국에서는 케네디 대통령이 정부의 대권을 가지고 십계명을 깼습니다. 공립학교에서 성경보기, 기도하기를 금하고 모든 법정에서 십계명을 몰아냈습니다. 오늘날 미국에서는 결혼하지 않고 동거하는 자들이 130만 명이 넘습니다. 2010년 10월 28일에 마침내 대통령의 서명으로 동성애자들의 군복무가 정식으로 허용됐습니다. 2011년 7월 14일 동성애를 미화하여 공립학교 교과서에 싣는 SB48 법안이 가주 주지사의 서명을 받아 통과되었습니다. 2012년 9월 29일 18세 이하의 청소년들과 이미 동성애자가 된 자들을 다시 정상적인 삶을 살 수 있도록 돕는 SB1172 법안이 주지사의 서명으로 통과되었습니다. 교단들의 중진 목사들이 다투어 교회 노회 총회를 통하여 동성애자들을 목사로 안수하고 있습니다. "우리가 그 맨 것을 끊고 그 결박을 벗어 버리자 하도다." (3절) 이것이 현대 인간의 꼴이 되었습니다.

II. 하나님 아버지는 인간의 행위를 보시고 분을 내십니다

[4] "하늘에 계신 이가 웃으심이여 주께서 그들을 비웃으시리로다"

"하늘에 계신 이가 웃으심이여" — 하나님이 웃으신다. 그들의 소용없음을 곧 예정하신 것을 무산시키겠다고 애쓰는 자들의 무익한 언동을 비웃으신다.

[5] "그 때에 분을 발하며 진노하사 그들을 놀라게 하여 이르시기를"
[6] "내가 나의 왕을 내 거룩한 산 시온에 세웠다 하시리로다"

정치인들과 성직자라는 인간들이 힘을 모아 하나님께서 정하시고 매어 놓으신 끈을 끊어 버린다고 하니 하늘과 땅을 말씀 한마디로 창조 하신 이가 웃으십니다.

"그 때에 분을 발하며 진노하사 그들을 놀라게 하여 이르시기를 내가 나의 왕을 내 거룩한 산 시온에 세웠다 하시리로다"(5~6절)

우리 하나님이 분노하셨습니다. 그 진노의 음성은 심판을 말씀하십니다. 알곡은 모아 천국에 들어가게 하시고 쭉정이는 지옥 불에서 태우시도록 지시하십니다.

(욜3:14~18) "사람이 많음이여, 심판의 골짜기에 사람이 많음이여, 심판 골짜기에 여호와의 날이 가까움이로다 해와 달이 캄캄하며 별들이 그 빛을 거두도다 여호와께서 시온에서 부르짖고 예루살렘에서 목소리를 내시리니 하늘과 땅이 진동하리로다 그러나 여호와께서 그의 백성의 피난처 이스라엘 자손의 산성이 되시리로다 그런즉 너희가 나는 내 성산 시온에 사는 너희 하나님 여호와인 줄 알 것이라 예루살렘이 거룩하리니 다시는 이방 사람이 그 가운데로 통행하지 못하리로다 그 날에 산들이 단 포도주를 떨어뜨릴 것이며 작은 산들이 젖을 흘릴 것이며 유다 모든 시내가 물을 흘릴 것이며 여호와의 성전에서 샘이 흘러 나와서 싯딤 골짜기에 대리라"

이때에 모든 인간이 놀랐습니다. 왜냐? 자기들이 못 박아 죽인 예수 그리스도가 심판주로 "산 시온"에 서 있으시기 때문입니다.

(욜3:17) "그런즉 너희가 나는 내 성산 시온에 사는 너희 하나님 여호와인 줄 알 것이라"

III. 시온산에 서신 예수님을 보십시다

[7] "내가 여호와의 명령을 전하노라 여호와께서 내게 이르시되 너는 내 아들이라 오늘 내가 너를 낳았도다"

"너는 내 아들이라" – 독생자로 나신 그리스도십니다.
"오늘 내가 너를 낳았도다" – 심판 주는 나의 사랑하는 아들이라.

이제 시온 산에 서신 예수 그리스도는 심판주이십니다. 복음을 전하시기 위하여 베들레헴에 탄생하신 고통당하시는 그리스도가 아니라 산 자와 죽은 자를 심판하시는 심판주, 곧 십자가에서 죽으시고 3일 만에 부활하신 예수님입니다. 이것을 바울이 말씀해 주셨습니다.

"곧 하나님이 예수를 일으키사 우리 자녀들에게 이 약속을 이루게 하셨다 함이라 시편 둘째 편에 기록한 바와 같이 너는 내 아들이라 오늘 너를 낳았다 하셨고"(행13:33)

"우리가 그 맨 것을 끊고 그 결박을 벗어 버리자" 하는 모든 자를 예수님이 심판하십니다.
예수님의 심판은 "땅 끝까지 이르고" 불 같이 맹렬합니다.

[9] "네가 철장으로 그들을 깨뜨림이여 질그릇 같이 부수리라 하
시도다"

"우리가 그들의 맨 것을 끊고 그 결박을 벗어 버리자" 하며 분노하며
떠들며 불순종한 열방과 민족들은 그날에 진실로 "허사"를 경영했음을
알고 슬퍼하며 이를 갈 것입니다.

IV. 마지막으로 하나님의 성령은 권면 하십니다

[10~11] "그런즉 군왕들아 너희는 지혜를 얻으며 세상의 재판관들
아 너희는 교훈을 받을지어다 여호와를 경외함으로 섬기고 떨며
즐거워할지어다"

이제 세상의 지도자들은 죄에서 돌이키라 그리하여 벌을 면하라. 하
나님에게는 긍휼하심이 있으니 마지막에라도 돌이키면 악인이 하나
님의 진노에 무서워 떠는 때에 너희는 즐거워할 것이다.

세상의 군왕들이 하나님께서 주시는 지혜를 얻고, 여호와 하나님을 경
외함으로 죄에서 돌이켜 하나님께로 돌아가면, 악인들이 하나님의 진노
가 두려워 벌벌 떨고 있을 때에 그들은 즐거워하고 온 백성도 즐거워할
것입니다.

[12] "그 아들에게 입맞추라 그렇지 아니하면 진노하심으로 너희
가 길에서 망하리니 그 진노가 급하심이라 여호와께 피하는 모든
사람은 다 복이 있도다"

"여호와께 피하는 모든 사람은 다 복이 있도다"—하나님이 악인을 처벌하시고 순결한 자를 구원하실 때, 여호와를 의지하고 순종한 사람들의 행복을 만민이 인정하게 될 것입니다.

"그 아들에게 입맞추라" 하는 것은 "하나님의 아들 예수 그리스도를 믿고 하나님의 말씀에 순종하라" 하는 것입니다. 예수 그리스도를 주로 믿는 것은 성령의 역사로만 됩니다.

(고전12:3) "성령으로 아니하고는 누구든지 예수를 주시라 할 수 없느니라"

하나님께서 구원하시기로 예정하신 사람은 성령께서 감동하시므로 누구든지 예수 그리스도를 믿고 하나님의 말씀에 순종하게 됩니다.

결론

사람이 하나님의 말씀을 버리고, 십계명을 깨면 자유스러울 것 같고, 남녀가 자유스럽게 자기의 육신이 좋아하는 대로 가정을 깨고, 살면 자유스러울 것 같으나 망할 짓입니다. 거기에 하나님의 복이 없습니다.
순종하는 자에게 복이 있습니다.
순종은 하나님이 요구하시는 인간의 도리입니다.
신명기 5장에서 십계명을 주시고 말씀하셨습니다.

(신5:32~33) "그런즉 너희 하나님 여호와께서 너희에게 명령하

신 대로 너희는 삼가 행하여 좌로나 우로나 치우치지 말고 너희 하나님 여호와께서 너희에게 명령하신 모든 도를 행하라 그리하면 너희가 살 것이요 복이 너희에게 있을 것이며 너희가 차지한 땅에서 너희의 날이 길리라"

또 우리의 후손들을 복받게 하시려고 계속하여 말씀하셨습니다.

(신6:4~9) "이스라엘아 들으라 우리 하나님 여호와는 오직 유일한 여호와이시니 너는 마음을 다하고 뜻을 다하고 힘을 다하여 네 하나님 여호와를 사랑하라 오늘 내가 네게 명하는 이 말씀을 너는 마음에 새기고 네 자녀에게 부지런히 가르치며 집에 앉았을 때에든지 길을 갈 때에든지 누워 있을 때에든지 일어날 때에든지 이 말씀을 강론할 것이며 너는 또 그것을 네 손목에 매어 기호를 삼으며 네 미간에 붙여 표를 삼고 또 네 집 문설주와 바깥 문에 기록할지니라"

우리의 후손들에게도 부지런히 가르칩시다. 그리고 주를 믿는 우리는 이 말씀을 실천하며 우리에게 맡겨주신 모든 자녀들과 가족들과 친지들에게 가르칩시다.

 세상이 다 십계명을 깨고 가정을 더럽게 만들어도
우리는 십계명과 하나님이 복으로 주신 가정을 잘 지켜
하나님을 기쁘시게 하고 복받아 잘 되시기를 축복합니다.

시편3편

죄의 씨앗의 열매

[다윗이 그의 아들 압살롬을 피할 때에 지은 시]

[1] 여호와여 나의 대적이 어찌 그리 많은지요 일어나 나를 치는 자가 많으니이다

[2] 많은 사람이 있어 나를 대적하여 말하기를 그는 하나님께 구원을 받지 못한다 하나이다 (셀라)

[3] 여호와여 주는 나의 방패시요 나의 영광이시요 나의 머리를 드시는 자이시니이다

[4] 내가 나의 목소리로 여호와께 부르짖으니 그의 성산에서 응답하시는 도다(셀라)

[5] 내가 누워 자고 깨었으니 여호와께서 나를 붙드심이로다

[6] 천만인이 나를 에워싸 진 친다 하여도 나는 두려워하지 아니하리이다

[7] 여호와여 일어나소서 나의 하나님이여 나를 구원하소서 주께서 나의 모든 원수의 뺨을 치시며 악인의 이를 꺾으셨나이다

[8] 구원은 여호와께 있사오니 주의 복을 주의 백성에게 내리소서 (셀라)

Theme: 사람이 범죄하면 회개할 때 용서함을 받아 구원은 얻지만 그러나 죄의 씨앗의 열매는 이 세상에서 거두어 먹게 된다.

서론

시편 3-7편은 시편 2편과 8편 사이에 다리를 놓아주는 시입니다. 2편은 세상이 예수 그리스도를 거절하는 내용이며 8편은 그리스도께서 승리하시는 시입니다. 그사이에 다섯 편의 시는 다리 역할을 하는 시입니다. 이 다섯 편의 시에는 이스라엘의 슬픔과 고통이 그들이 범한 죄의 결과로 나옵니다. 그 가운데서 그들은 또한 하나님을 믿고 의뢰하며 하나님의 약속을 믿고 기도합니다.

시편 3편은 다윗이 아들 압살롬에게 쫓겨 갈 때 쓴 것입니다. 이 사건은 사무엘하 15~18장에 기록되어 있습니다.

사무엘하 12:11절에 선지자 나단이 다윗을 책망합니다.

> "여호와께서 또 이와 같이 이르시기를 보라 내가 네와 네 집에 재앙을 일으키고 내가 네 눈앞에서 네 아내를 빼앗아 네 이웃들에게 주리니 그 사람들이 네 아내들과 더불어 백주에 동침하리라" 했습니다.

자기가 범한 죗값으로 다윗이 당할 환난을 선지자가 말 해 준 것입니다. 다윗은 회개하고 그 죄를 용서함 받아 구원을 얻었지만 그가 범한 죄의 씨는 열매를 맺어 그것을 다윗이 이 세상에서 거두게 된 것입니다.

오늘 본문이 우리에게 가르쳐 주시는 말씀은 "사람이 범죄하면 회개할 때 용서함을 받아 구원은 얻지만 그러나 죄의 씨앗의 열매는 이 세상에서 거두어 먹게 된다."는 것입니다.

I. 믿는 사람도 죄를 범하면 세상에서 얻어맞습니다

[1~2] "여호와여 나의 대적이 어찌 그리 많은지요 일어나 나를 치는 자가 많으니이다, 많은 사람이 있어 나를 대적하여 말하기를 그는 하나님께 구원을 받지 못한다 하나이다(셀라)"

"셀라"—"그는 하나님께 도움을 얻지 못한다 하나이다."

셀라는 이 생각의 영구한 의미를 명상해 보라는 표기입니다. 믿는 사람들이 흔히 오해하는 것이 있습니다. 우리는 예수님의 이름으로 용서를 받으니까 무슨 죄를 범하든지 회개만 하면 된다고 죄를 범하는 것을 가볍게 여깁니다. 사실은 그렇지 않습니다. 자기가 범한 죄의 열매는 반드시 찾아옵니다. 범죄한 후에 다윗에게는 그의 죗값으로 환란이 일어났습니다.

하나님은 죄를 용서하실 때 회개하는 자의 모든 죄를 다 용서해 주십니다. 그러기 때문에 죄 용서받은 자를 의인이라고 선언하십니다. 그러나 용서는 지옥에 갈 죄를 사함 받은 것이지 잘못한 죄를 책망도 교훈도 안 하신다는 말이 아닙니다. 죄를 지으면 다시 죄를 반복하지 않게 하기 위하여 징계하시고 훈계하십니다. 잘못을 많이 했으면 많이 맞고 적게 했으면 적게 맞지만 죄를 지으면 반드시 세상에서 벌을 받습니다.

II. 회개한 다윗을 하나님께서
어떻게 벌하셨는지 보십시다

(1) 우리아를 죽이고 그 아내를 빼앗았을 때(삼하 12:7~15)

"나단이 다윗에게 이르되 당신이 그 사람이라 이스라엘의 하나님 여호와께서 이와 같이 이르시기를 내가 너를 이스라엘 왕으로 기름 붓기 위하여 너를 사울의 손에서 구원하고 네 주인의 집을 네게 주고 네 주인의 아내들을 네 품에 두고 이스라엘과 유다 족속을 네게 맡겼느니라 만일 그것이 부족하였을 것 같으면 내가 네게 이것 저것을 더 주었으리라 그러한데 어찌하여 네가 여호와의 말씀을 업신여기고 나 보기에 악을 행하였느냐 네가 칼로 헷 사람 우리아를 치되 암몬 자손의 칼로 죽이고 그의 아내를 빼앗아 네 아내로 삼았도다 이제 네가 나를 업신여기고 헷 사람 우리아의 아내를 빼앗아 네 아내로 삼았은즉 칼이 네 집에서 영원토록 떠나지 아니하리라 하셨고 여호와께서 또 이와 같이 이르시기를 보라 내가 네와 네 집에 재앙을 일으키고 내가 네 눈앞에서 네 아내를 빼앗아 네 이웃들에게 주리니 그 사람들이 네 아내들과 더불어 백주에 동침하리라 너는 은밀히 행하였으나 나는 온 이스라엘 앞에서 백주에 이 일을 행하리라 하셨나이다"

다윗의 죄 값으로 받은 벌은 다음과 같습니다.
1) 칼이 네 집에서 영영히 떠나지 아니하리라
2) 내가 네 집에 재앙을 일으키고
3) 내가 네 아내들을 빼앗아 네 눈앞에서 다른 사람에게 주리니
   그 사람이 네 아내들로 더불어 백주에 동침하리라
4) 다윗의 낳은 아이가 정녕 죽으리라

(2) 다윗이 인구조사를 했을 때

(삼하24:10~15) 다윗이 백성을 조사한 후에 그 마음에 자책하고 다윗이 여호와께 아뢰되 내가 이 일을 행함으로 큰 죄를 범하였나

이다 여호와여 이제 간구 하옵나니 종의 죄를 사하여 주옵소서 내가 심히 미련하게 행하였나이다 하니라 다윗이 아침에 일어날 때에 여호와의 말씀이 다윗의 선견자 된 선지자 갓에게 임하여 이르시되 가서 다윗에게 말하기를 여호와께서 이와 같이 말씀하시기를 내가 네게 세 가지를 보이노니 너를 위하는 너는 그 중에서 하나를 택하라 내가 그것을 네게 행하리라 하셨다 하라 하시니 갓이 다윗에게 이르러 아뢰어 이르되 왕의 땅에 칠 년 기근이 있을 것이니이까 혹은 왕이 왕의 원수에게 쫓겨 석 달 동안 그들 앞에서 도망하실 것이니이까 혹은 왕의 땅에 사흘 동안 전염병이 있을것이니이까 왕은 생각하여 보고 나를 보내신 이에게 무엇을 대답하게 하소서 하는지라 다윗이 갓에게 이르되 내가 고통 중에 있도다 청하건대 여호와께서는 긍휼이 크시니 우리가 여호와의 손에 빠지고 내가 사람의 손에 빠지지 아니하기를 원하노라 하는지라 이에 여호와께서 그 아침부터 정하신 때까지 전염병을 이스라엘에게 내리시니 단에서부터 브엘세바까지 백성의 죽은 자가 칠만 명이라

이와 같이 죄의 씨는 반드시 열매를 맺습니다.

III. 믿는 자는 하나님이 도우십니다

[3] "여호와여 주는 나의 방패시요 나의 영광이시요 나의 머리를 드시는 자이시니이다"

"내 머리를 드시는 자"—다윗은 하나님께서 다시 자기 보좌를 회복시키시고 자랑스럽게 자기 머리를 다시 들게 하시리라 확신했습니다.

[5] "내가 누워 자고 깨었으니 여호와께서 나를 붙드심이로다"

"내가 누워 자고" – 걱정과 두려움의 무거운 짐에 깔려 부서졌으나 하나님께서 붙들어 주시니 반드시 승리하게 된다는 말입니다.

[6] "천만인이 나를 에워싸 진 친다 하여도 나는 두려워하지 아니하리이다"

"나는 천만인을 두려워 아니한다."고 다윗은 말합니다. 하나님이 "나를 붙드시니" – 하나님 앞에서 천만인이 그게 무엇입니까? 초개처럼 날아갈 것뿐입니다. 그래서 다윗은 그들이 "나를 에워싸 진 친다해도 나는 두려워 아니하리로다" 말 하는 것입니다.

이 기도를 보면 다윗의 믿음을 알 수 있습니다. 전쟁으로 쫓기면서도 그의 마음이 평안하고 침착한 것은 하나님께서 자기를 구원하여 주실 것을 확신한 것입니다. 세상이 다 일어나 다윗을 쳐들어와도 두려움이 없다는 것은 그가 참말로 하나님을 의지함입니다.

영국의 크롬웰Cromwell 장군은 오늘까지 가장 용감한 군인이었다고 칭찬을 받는 사람입니다. 어떤 날 장군에게 말하기를 장군은 어떻게 그렇게 용감한가 하고 물었습니다. 대답하기를 "나는 하나님을 두려워하고 사람은 두려워하지 않기 때문"이라고 했습니다.

마틴 루터도 같은 표현을 했습니다. "하나님을 많이 두려워하면 할수록 사람은 두렵지 않습니다. 우리 사람에게 용맹을 주는 것은 하나님을 두려워하는데 있습니다."

Ⅳ. 믿는 자가 위기에 기도하면 하나님이 도우십니다

[7] "여호와여 일어나소서 나의 하나님이여 나를 구원하소서 주께서 나의 모든 원수의 뺨을 치시며 악인의 이를 꺾으셨나이다"
[8] "구원은 여호와께 있사오니 주의 복을 주의 백성에게 내리소서(셀라)"

"이를 꺾으셨나이다"—다윗은 어려서부터 싸움을 많이 한 사람입니다. 싸울 때 어디를 쳐야 되나하면 뺨을 쳐야합니다. 한국말로는 뺨이라고 하면 그렇게 아플 것 같지 않으나 뺨이 아니고 "광대뼈"를 말합니다. 영어로는 cheekbone이라고 합니다. 거기를 주먹으로 치면 단번에 어금니가 부러지며 정신이 나갑니다. 다윗은 자기를 치러 오는 자를 하나님께서 광대뼈를 쳐서 어금니를 꺾어 정신을 나가게 하신다는 것입니다. 하나님이 싸워 이기시는 것입니다.

[8] "구원은 여호와께 있사오니 주의 복을 주의 백성에게 내리소서(셀라)"

"구원은 여호와께 있사오니 주의 복을 주의 백성에게 내리소서" 이 생각의 영구한 의미를 명상해 보라는 표기입니다.
"주의 복"—하나님은 자기에게 충성된 자들에게 주의 복을 주실 것이다.

전쟁의 승리는 여호와 하나님께 있으니 하나님의 백성은 주의 복을 받아 승리하게 되어 있습니다. 승리는 하나님께 있고 우리는 하나님편이니 승리는 우리의 것입니다. 그러므로 주의 백성은 "그 구원을 베풀어 주심을 감사하여 하나님을 송축하게 된다"는 말입니다.

결론

시편 3편은 참말로 신나는 시입니다. 싸우려고 원수들이 몰려올 때 한 대씩 광대뼈를 쳐서 어금니를 꺾으면 그 자리에서 항복합니다. 앗수르 군사 18만 5000명을 천사 하나가 내려와 하룻밤에 다 쳐 죽였으니 얼마나 신이 납니까! 그런 하나님을 믿고 그 하나님이 자기를 보호하시고 싸워 주시는 것을 알 때 다윗은 도망을 가면서도 마지막 승리를 생각하면서 편히 잘 수가 있었습니다.

이 하나님이 우리 하나님입니다. 우리 하나님은 비록 우리가 죄인이지만 우리를 사랑하시고 구원하여 주실 것을 약속하셨습니다. 하나님의 아들 예수님이 우리의 보증인입니다. 우리에게는 구약 시대에 없던 두 보증인이 있습니다. 예수님과 성령님이십니다. 우리 편이 되사 싸워 주시는 만군의 여호와가 계십니다. 우리는 하나님만 두려워하고 하나님의 기쁘신 뜻만 따르면 됩니다.

하나님은 우리가 잘못할 때 벌을 주시면서도, 거기서도 우리 편에 서서 우리를 도우시는 하나님이십니다.

다윗이 신발도 못 신고 도망하면서도 하나님의 도우심으로 승리할 것을 믿고 평안하고 침착했습니다.
우리도 어려운 일이 있을 때 전능하신 하나님이 내 편인 것을 믿고 의지하는 가운데
항상 근심하지 말고 담대하게 사시는 성도들이 되시기를 축복합니다.

시편 4편

저녁 기도

[다윗의 시, 인도자를 따라 현악에 맞춘 노래]

[1] 내 의의 하나님이여 내가 부를 때에 응답하소서 곤란 중에 나를 너그 럽게 하셨사오니 내게 은혜를 베푸사 나의 기도를 들으소서

[2] 인생들아 어느 때까지 나의 영광을 바꾸어 욕되게 하며 헛된 일을 좋 아하고 거짓을 구하려는가(셀라)

[3] 여호와께서 자기를 위하여 경건한 자를 택하신 줄 너희가 알지어다 내 가 그를 부를 때에 여호와께서 들으시리로다

[4] 너희는 떨며 범죄하지 말지어다 자리에 누워 심중에 말하고 잠잠할지 어다 (셀라)

[5] 의의 제사를 드리고 여호와를 의지할지어다

[6] 여러 사람의 말이 우리에게 선을 보일 자 누구뇨 하오니 여호와여 주 의 얼굴을 들어 우리에게 비추소서

[7] 주께서 내 마음에 두신 기쁨은 그들의 곡식과 새 포도주가 풍성할 때 보다 더하니이다

[8] 내가 평안히 눕고 자기도 하리니 나를 안전히 살게 하시는 이는 오직 여호와이시니이다.

Theme: 죄인들이 일시적인 영광의 속임수를 버리고 진리를 이해하면, 그들은 회개하고 참 행복을 발견하게 될 것이다.

서론

이 시의 내용은 세 가지로 분류가 됩니다. 첫째는 부르짖음입니다(1~3절). 둘째로는 바로잡기 위한 질책입니다(2,3절). 셋째로는 주안에서 가지는 안심과 자신감 (Confidence)입니다(4~6절). 이 시가 우리에게 가르치는 것은 "죄인들이 잠깐 있는 영광의 속임수를 버리고 진리를 이해하면 그들은 회개하고 참 행복을 발견하게 될 것이라는 것입니다.

I. 부르짖음입니다

이 시는 간구하는 기도이므로 하나님께 부르짖음으로 시작합니다. 하나님의 백성 중 피난민들이 어려운 일을 당하여 하나님께 부르짖습니다.

> [1] [다윗의 시, 영장으로 현악에 맞춘 노래] "내 의의 하나님이여
> 내가 부를 때에 응답하소서 곤란 중에 나를 너그럽게 하셨사오니
> 내게 은혜를 베푸사 나의 기도를 들으소서"
>
> "현악 (neginos)에 맞춘 노래"—악기 이름이라고 하는 이들도 있다.
> 지금은 없는 것이다. 그러나 현악으로 알고 있다.
> "내 의의 하나님이여"—"곤란 중에 나를 너그럽게 하셨사오니"—'곤란' 은 문자적으로 좁고 꽉 막힌 장소라는 뜻.

마음이 답답하고 눌릴 때 우리는 누군가 격려해 주는 것이 필요합니다. 격려는 힘이 됩니다. 사람의 격려도 도움이 되지만 참 도움은 하나님으로부터 옵니다.

"곤란 중에 나를 너그럽게 하셨사오니" – '곤란' 은 문자적으로 좁고 꽉 막힌 장소라는 뜻입니다. 그리고 "너그럽게"라는 말은 '넓히다 또는 확대하다' 는 뜻입니다. 사방이 꽉 막혀서 어디로도 나갈 수 없이 포위되었을 때 내가 부르짖었더니 하나님이 들으시고 사방을 다 활짝 열어 주셨다는 말씀입니다.

"여호와께서는 자기에게 간구하는 모든 자 곧 진실하게 간구하는 모든 자에게 가까이 하시는도다" (시 145:18)

우리 하나님은 우리가 구할 때 가까이 오셔서 들으십니다.
어려울 때 기도하면 건져 주신다고 하나님은 약속하셨습니다.

"환난 날에 나를 부르라 내가 너를 건지리니 네가 나를 영화롭게 하리로다" (시 50:15)

우리가 기도하기 전에 마음으로 생각만 했을지라도 벌써 응답하시는 하나님이십니다.

"그들이 부르기 전에 내가 응답하겠고 그들이 말을 마치기 전에 내가 들을 것이며" (사65:24).

하나님은 또 약속하십니다.

"그가 내게 간구하리니 내가 그에게 응답하리라 그들이 환난 당할 때에 내가 그와 함께 하여 그를 건지고 영화롭게 하리라"(시91:15).

다윗이 환난 중에 기도하였을 때 하나님은 응답해 주셨습니다.

"내가 환난 중에서 여호와께 아뢰며 나의 하나님께 부르짖었더니 그가 그의 성전에서 내 소리를 들으심이여 그의 앞에서 나의 부르 짖음이 그의 귀에 들렸도다" (시18:6)

하나님께서는 이렇게 부르짖는 자에게 응답해 주십니다.

II. 하나님은 인간들의 범죄를 탄식하시며 질책하십니다

[2] "인생들아 어느 때까지 나의 영광을 바꾸어 욕되게 하며 헛된 일을 좋아하고 거짓을 구하려는가(셀라)"

"인생들아"─오 위대한 사람의 아들들아─여기서 다윗이 말하는 원 수들은 유대인들이다. 그들은 다 저명한 자들의 후손이요 탁월한 성 취를 이룬 자들의 자손이다 "인생들아"─조상을 자랑하며 자기 잘 났다고 자만하는 족속들아!

인간들이 하나님을 믿지 않고 하나님께 구하지 않음이 범죄입니다.

"인생들아"─오 위대한 사람의 아들들아─저명한 자들의 후손이요 높이 성공한 자들의 자손이라고 자만하고 여호와를 찾지 아니는 자 들아 어느 때까지 영광을 변하여 욕되게 하며 헛된 일을 좋아하고 거 짓을 구하려는가(셀라).

다윗은 지금 자기의 유대인 원수들에게 말합니다. 누가 저들을 높여주 고 저명한 인사로 만들어 주었습니까? 다윗입니다. 그러나 저들이 원수 가 되었습니다.

"인생들아 어느 때까지 나의 영광을 바꾸어 욕되게 하며" 하나님께서 구하면 주시겠다고 안타깝게 말씀 하시는데 하나님의 약속을 믿지 않는 인간들에게 말씀 하십니다. 구하지 아니하는 것은 하나님의 약속을 믿지 않기 때문입니다. 약속을 믿지 못함으로 그들은 하나님의 영광을 욕되게 하고 있습니다.

"헛된 일을 좋아하고" 없으면서도 있는 체하며 이룰 수 없는 계획을 도모하는 것입니다. 이것은 오만한 자의 태도입니다.
"거짓을 구하려는가" — 여기서 "거짓"은 거짓으로 하나님도 속이고 사람도 속이고, 중상하고 모략하여 사람을 괴롭히는 것을 말합니다.

오 저명한 자들의 후손이요 높이 성공한 자들의 자손들아 너희는 어느 때까지 하나님의 약속을 믿지 않고, 하나님께 구하지 아니하고, 되지 않을 헛된 일을 도모하며 하나님도 속이고 사람도 속이며 중상하고 모략하여 사람을 괴롭히며 하나님의 영광을 바꾸어 욕되게 하기를 계속하겠느냐고 하나님은 질책하십니다.

온 사방이 꼭 막혀 숨도 쉬지 못할 만큼 어려움이 둘러칠 때 우리는 하나님의 약속을 믿고 하나님께 부르짖어야 하겠습니다. 하나님의 약속을 믿지 않고 조상 자랑이나 하고 거짓과 불신으로 속임수만 의지하면 하나님의 영광을 욕되게 하는 것입니다. 그것을 하나님이 책망하십니다.

III. 내가 기도할 때 하나님은 들으시고 안심과 자신감을 갖게 하십니다.
하나님께서 기도를 들으시는 이유가 있습니다

[3] "여호와께서 자기를 위하여 경건한 자를 택하신 줄 너희가 알지어다 내가 그를 부를 때에 여호와께서 들으시리로다"

하나님께서 자기를 위하여 택하신 경건한 자가 누구십니까? 우리 주 예수 그리스도입니다. 우리가 하나님께 기도하면 하나님께서 우리 기도를 다 들어 주시는데 그 이유는 하나님께서 택하신 자 예수 그리스도의 십자가의 공로를 보시기 때문입니다. 얼마나 감사합니까.

그렇게 말씀하시면서 우리에게 두 가지 경고를 주십니다.

첫째 경고: [4] "너희는 떨며 범죄하지 말지어다 자리에 누워 심중에 말하고 잠잠할지어다 (셀라)"

"너희는 떨며―[하나님 앞에서] 범죄하지 말지어다"―[하나님 앞에서] 떨며 범죄치 말지어다. 설교학적으로 말하면 이 구절은 이스라엘에게 죄된 생각만 해도 쇼크를 받을 정도로 떨라고 권하는 말씀이다.
"자리에 누워 심중에 말하고"―명상하라 (직역하면) 자기가 자기에게 말하라.
"자리에 누워" 사람이 자려고 누우면, 문제를 좀 더 객관적으로 생각할 수 있다. 그 때는 자기의 일상 추구하는 일들과 계획들을 내려놓기 때문이다
"잠잠할지어다"―아주 잠잠하라. 너의 반란을 그치라.

"너희는 떨며 범죄하지 말지어다" 무서운 일이 닥칠 때 어쩔줄 몰라서 도움을 얻으려고 뛰어다니지 말라는 말씀입니다. 도움을 얻을 수 있는 곳은 세상에 하나도 없고 범죄만 할뿐입니다. 우리의 도움은 오직 여호와 하나님뿐입니다.

"자리에 누워 심중에 말하고 잠잠할지어다" 돌아다니며 걱정하지 말고 자기가 매일 추구하는 일들과 계획들을 다 내려놓고, 이제는 "더 이상 반항하지 말고 아주 잠잠하라는" 말씀입니다. 내가 쫓아가던 욕심 다 내려놓고 기도 하라는 뜻입니다. 더 이상 하나님께 반항하지 않고 잠잠히 기도하면 하나님께서 예수님의 공로를 보아 다 들어주실 것인데 왜 근심하십니까?

둘째 경고: [5] "의의 제사를 드리고 여호와를 의지할지어다"

"의의 제사를 드리고"—제사를 드릴 때 순전한 회개와 함께 드리라 그러면 그것이 참으로 네 과거의 죄들을 구속하는 '의의 제사' — 가 될 것이다. 라고 하십니다. 너의 숫자나 미혹시키는 권세를 의지한 과거의 죄를 회개하고 이제부터는 하나님만 의지하라는 말씀입니다.

결론

하나님의 도우심보다 더 기쁨은 없습니다.

[6] "여러 사람의 말이 우리에게 선을 보일 자 누구뇨 하오니 여호와여 주의 얼굴을 들어 우리에게 비추소서"

"여러 사람의 말이"—많은 사람들이 돈 많이 버는 즐거움을 위하여 기도한다.

"여호와여 주의 얼굴을 들어 우리에게 비추소서"—하나님이여 우리가 주님의 임재를 깨닫게 하소서.

"주께서 내 마음에 두신 기쁨은"—나에게는 주님이 가까이하심이 저들이 번영할 때 가지는 기쁨보다 더욱 나를 행복하게 만든다.

많은 사람들이 이 세상이 좋아하는 돈의 즐거움을 위하여 기도합니다. 그러나 우리에게는 주의 가까우심이 그들이 번영할 때 갖는 것보다 더욱 우리를 즐겁게 만듭니다.

> [7] "주께서 내 마음에 두신 기쁨은 그들의 곡식과 새 포도주가 풍성할 때보다 더하니이다"

무섭고 황급한 일을 당했을 때 우리는 괴롭고 몹시 피곤합니다. 사람들은 우리에게 말하기를 "너를 도와줄 수가 없다" 합니다. 바로 그때 다윗의 하나님은 다윗을 도우셨습니다. 이야말로 "주께서 내 마음에 두신 기쁨은 그들의 곡식과 새 포도주가 풍성할 때보다 더하니이다" 고백하지 않을 수 없습니다. "하나님은 우리를 돕는 자시니 내가 두려워 아니하리로다."

이 하나님이 누구십니까? 다시 생각하십시다. 우리가 죄로 영원히 멸망 당할 때 자기의 독생자 예수 그리스도를 우리에게 보내사 우리 대신 십자가에서 죽게 하시고 우리를 죄와 사망에서 구원 하여주신 하나님 아버지십니다. 그 하나님이 부르짖는 우리를 왜 안 도와 주시겠습니까? 도와주십니다. 할렐루야! 이야말로 캄캄한 밤에 해야 할 좋은 기도입니다.

"내가 평안히 눕고 자기도 하리니"—원수들이 나를 위협하는 때일지라도 평화와 융합 가운데 있는 것처럼 나는 잔다. 하나님이 나를 안전과 보안 가운데 두신 까닭이다.

"내가 평안히 눕고 자기도 하리니"—원수들이 위협하는 때일지라도 안심과 자신감(Confidence) 가운데서 다윗은 평안히 누워 잡니다. 이것이 하나님을 믿는 자가 드리는 저녁 기도입니다.

Goal 그러므로 우리는 주님을 믿음으로
"내가 평안히 눕고 자기도 하리니 나를 안전히 거하게 하시는 이는 오직 여호와시니이다"라고 하나님께 기도합니다.
여호와 하나님의 보호하심이 항상 같이하실 것을 축복합니다.

시편 5편

새벽기도

[다윗의 시, 영장으로 관악에 맞춘 노래]

[1]   여호와여 나의 말에 귀를 기울이사 나의 심정을 헤아려 주소서

[2]   나의 왕, 나의 하나님이여 내가 부르짖는 소리를 들으소서 내가 주께
      기도하나이다

[3]   여호와여 아침에 주께서 나의 소리를 들으시리니 아침에 내가 주께 기
      도하고 바라리이다

[4]   주는 죄악을 기뻐하는 신이 아니시니 악이 주와 함께 머물지 못하며

[5]   오만한 자들이 주의 목전에 서지 못하리이다 주는 모든 행악자를 미워
      하시며

[6]   거짓말하는 자들을 멸망시키시리이다 여호와께서는 피 흘리기를 즐기
      는 자와 속이는 자를 싫어하시나이다

[7]   오직 나는 주의 풍성한 사랑을 힘입어 주의 집에 들어가 주를 경외함
      으로 성전을 향하여 예배하리이다

[8]   여호와여 나의 원수들로 말미암아 주의 의로 나를 인도하시고 주의 길
      을 내 목전에 곧게 하소서

[9]   그들의 입에 신실함이 없고 그들의 심중이 심히 악하며 그들의 목구멍
      은 열린 무덤 같고 그들의 혀로는 아첨하나이다

[10] 하나님이여 그들을 정죄하사 자기 꾀에 빠지게 하시고 그 많은 허물로
      말미암아 그들을 쫓아내소서 그들이 주를 배역함이니이다

[11] 그러나 주께 피하는 모든 사람은 다 기뻐하며 주의 보호로 말미암아 영
원히 기뻐 외치고 주의 이름을 사랑하는 자들은 주를 즐거워하리이다
[12] 여호와여 주는 의인에게 복을 주시고 방패로 함 같이 은혜로 그를 호
위하시리이다

Theme: 원수들이 에워싸 고통스러울 때,
다윗은 구원해 달라고 기도하였다.
단순히 육신적 고통을 덜기 위해서가 아니라
심란함 없이 자유로이 하나님을 섬기기 위하여 기도했다.

서론

시편 5편은 첫째로 다윗의 개인적인 경험과 둘째로는 환란 때 성도들
이 당할 것을 예언한 말씀을 그 내용으로 하고 있습니다. 본문은 모든 세
대에 있어서 새벽에 하나님께 기도하는 표본이기도 합니다.
이 노래가 우리에게 가르쳐 주는 것은 "다윗은 원수로 인하여 고통을
당할 때, 육신의 고통을 감해달라는 것뿐 아니라 자유로이 하나님을 잘
섬기도록 구원해 달라고 기도했다" 는 것입니다.

I. 아침에 자리에서 일어나서 하루를 위해 기도합니다

어떻게 기도를 시작하나 보세요. 간절한 마음으로 "나의 왕 나의 하나
님이여 나의 부르짖는 소리를 들으소서 내가 주께 기도하나이다" 하고 기

도합니다. 더구나 새벽에 일어나 드리는 기도입니다. 아침에, 하루의 많은 활동 전에 그는 하나님께 기도합니다. 기도는 다윗의 하루와 그의 모든 생각의 첫 초점입니다. 하루를 지날 때 그의 모든 생각과 생활을 하나님이 일일이 간섭하시고 도와주시기를 간절히 원하는 기도입니다. 새벽에 나와 이렇게 되기를 소원한다고 기도하세요. 다윗 왕처럼 기도합시다.

[1] 다윗의 시, 인도자를 따라 관악에 맞춘 노래]―악기의 일종
[2] "나의 왕 나의 하나님이여 내가 부르짖는 소리를 들으소서 내가 주께 기도하나이다"
[3] "여호와여 아침에 주께서 나의 소리를 들으시리니 아침에 내가 주께 기도하고 바라리이다"―아침에, 하루의 많은 활동 전에 하나님께 기도합니다. 기도는 나의 한 날과 내 생각의 첫 초점입니다. 아침에 내가 주께 기도하오니 나의 말에 귀를 기울이소서.
"여호와여 아침에 주께서 나의 소리를 들으시리니" 하나님이여 새벽에 내 목소리를 들으소서―악한 자를 처벌하기로 정한 시간이 새벽이므로.

(시101:8) "아침마다 내가 이 땅의 모든 악인을 멸하리니 악을 행하는 자는 여호와의 성에서 다 끊어지리로다"

"내가 주께 기도하고 바라리이다"―내 악한 원수들에게서 나를 구출하시고 저희를 처벌하시기를 기대하나이다.

[4] "주는 죄악을 기뻐하는 신이 아니시니 악이 주와 함께 머물지 못하며"

―악인이 주님 가까이 있지 못하오리다.

"그러므로 주께서 그것을 세상에서 제하시기를 기뻐하시리이다."
악한 자가 나에게 범접하지 못하게 하옵소서.

II. 여호와 하나님은 악을 미워하시고 더러운 것을 용납지 아니하십니다

"하나님이여 새벽에 내 목소리를 들으소서" 하나님께서 악한 자를 처벌하기로 정한 시간이 새벽이므로 다윗은 그의 악한 원수들을 처벌해 달라고 하나님께 기도합니다. 그는 하나님이 응답하실 것을 확신하고 있습니다.

> (사33:2) "여호와여 우리에게 은혜를 베푸소서 우리가 주를 앙망하오니 주는 아침마다 우리의 팔이 되시며 환난 때에 우리의 구원이 되소서"

> "내가 주께 기도하고 바라리이다"(시5:3)

> [4] "주는 죄악을 기뻐하는 신이 아니시니 악이 주와 함께 머물지 못하며"

악인이 주님 가까이 있지 못할 것을 다윗은 알았습니다. "그러므로 주께서 그것을 세상에서 제하시기를 기뻐하시리이다" 다윗은 하나님의 택하신 자이기 때문에 다윗을 공격하는 악한 원수들은 다윗을 대적하는 것이 아니라 하나님을 대적하는 것입니다.

"악이 주와 함께 머물지 못하며"―악인이 주님 가까이 있지 못하오리다.

"하나님이여 그들을 정죄하사 자기 꾀에 빠지게 하시고 그 많은 허물
로 말미암아 그들을 쫓아내소서 그들이 주를 배역함이니이다"(10절)

5~6절은 하나님은 오만한 자를 미워하시고, 모든 행악자 그리고 거짓
말하는 자를 멸하시며, 피 흘리기를 즐기고 속이는 자를 싫어하십니다.

우리 하나님은 태초부터 악을 미워하십니다.

그러므로 에덴동산에 악이 들어왔을 때 아담 이브를 쫓아 내셨습니다.

(요일1:5) "우리가 그에게서 듣고 너희에게 전하는 소식은 이것이
니 곧 하나님은 빛이시라 그에게는 어두움이 조금도 없으시다는
것이니라"

하루의 생활을 위해 기도할 때 첫째로 기도할 것은?

1) 죄를 멀리 하게 해 달라고 기도합니다.

"주는 죄악을 기뻐하는 신이 아니시니" 하루 지날 때 죄악을 멀리 하
겠습니다.

2) 우리 주님은 "오만한 자"를 미워하시니 하루 지날 때 내가 오만하지
않겠습니다.

3) "거짓말하는 자를 멸하시니" 거짓말하지 않겠습니다.

4) 이렇게 살기 위하여서는 주님의 도움이 필요하오니, 하루를 우리 주
님 두려워하는 마음으로 주님과 교제하며 살기를 원하오니 하나님이여,
도와 주시옵소서

세상에서 악한 자가 선한 사람보다 잘될 때가 있습니다. 그러나 회개

하지 않으면 종말은 멸망입니다. 그러므로 요한 계시록에서 이같이 말씀하셨습니다.

> (계 21:8) "그러나 두려워하는 자들과 믿지 아니하는 자들과 흉악한 자들과 살인자들과 음행하는 자들과 점술가들과 우상 숭배자들과 거짓말하는 모든 자들은 불과 유황으로 타는 못에 던져지리니 이것이 둘째 사망이라"

우리는 악한 자가 세상에서 잘 되는 것을 하나도 부러워할 것 없습니다. 그런 것을 부러워하는 행위는 버려야합니다.

III. 사람은 누구나 다른 사람이 자기와 동류가 되기를 원합니다

7절에서 다윗은 고백합니다. "오직 나는 주의 풍성한 사랑을 힘입어 주의 집에 들어가 주를 경외함으로 성전을 향하여 예배하리이다"

8절에서 "여호와여 나의 원수들로 말미암아 주의 의로 나를 인도하시고 주의 길을 내 목전에 곧게 하소서"

> "나의 원수들로 말미암아 주의 공의로 나를 인도하시고 주의 길을 내 목전에 곧게 하소서" —나를 인도하사 나쁜 행위는 그 모양이라도 피하게 하소서 내 원수들이 항상 그것을 내 속에서 찾나이다.
> 9절 "그들의 입에 신실함이 없고" —나를 감시하는 원수들은 나를 지원하는듯 가장하나 은밀하게 나를 치려고 계획하나이다. 저들은 나의 친구 같으나 은밀하게 나를 죽이려고 음모하나이다.

마귀는 나를 자기처럼 만들기를 원합니다. 주님이 기뻐하시는 것을 내게 확실히 가르쳐 주셔서 내가 주님 기뻐하시는 의의 길로만 행하게 하시사 주님만 닮게 하옵소서. 마귀는 내가 의의 길에서 떠나기만 바라고 있습니다.

9절 "그들의 입에 신실함이 없고 그들의 심중이 심히 악하며 그들의 목구멍은 열린 무덤 같고 그들의 혀로는 아첨하나이다"

이 말씀을 해석해서 말씀드리면, 악한 자들은 내가 범죄하고 넘어지는 것을 보기 원합니다. 그러므로 나를 주의 공의의 길로 인도하여 주시옵소서. 또한 그들은 아름다운 말을 하지만 전부 거짓말만 하나이다. 바울 사도도 이 말씀을 인용하였습니다.

(롬3:13) "그들의 목구멍은 열린 무덤이요 그 혀로는 속임을 베풀며 그 입술에는 독사의 독이 있고"

세상이 악하여 우리도 악행 하기를 원하고 끌어가니 성령님께서 오늘 의의 길로 인도해주시옵소서라고 기도하는 것입니다. 저 악한 자들이 나에게 접촉하지 못하도록 기도해야 합니다.

10절 "하나님이여 그들을 정죄하사 자기 꾀에 빠지게 하시고 그 많은 허물로 말미암아 그들을 쫓아내소서 그들이 주를 배역함이니이다"

"그들이 주를 배역함이니이다." —하나님이 인정하신 선택된 사람을 대항하여 반란하는 것은 하나님 자신에 대한 배역이 된다.

의를 행하는 자를 방해하며 올무를 놓아 넘어지게 하는 자들은 자기가 만든 올무에 자기가 걸려 넘어지게 하시고 거룩하신 주의 축복에서는 쫓아내소서. 그들은 주님의 일을 반역하는 자들입니다.

IV. 주를 의지하고 따르는 자는 마침내 승리합니다

[11] "그러나 주께 피하는 모든 사람은 다 기뻐하며 주의 보호로 말미암아 영원히 기뻐 외치고 주의 이름을 사랑하는 자들은 주를 즐거워 하리이다"

하나님께 충성된 자들이 원수들을 이기어 개가를 부를 때마다, 의인들은 도처에서 힘과 소망으로 새로워짐을 받습니다. 그러므로 주께 피하는 자는 다 기뻐하며 주의 보호로 말미암아 영원히 기뻐 외치며 주의 이름을 사랑하는 자들은 주를 즐거워함으로 믿음과 소망이 더욱 강해지는 것입니다.

"그러나 주께 피하는 모든 사람은 다 기뻐하며" — 주께서 의인을 복 주실 때에 … 하나님께 충성된 자들이 원수들을 이기어 개가를 부를 때마다, 의인들은 도처에서 힘과 소망으로 새로워짐을 받습니다. 주께 피하는 자는 다 기뻐하며 주의 보호로 인하여 영원히 기뻐 외칩니다. 주의 이름을 사랑하는 자들은 주를 즐거워하며 우리는 의롭다함을 받았습니다. 그러므로 우리는 하나님 아버지에게서 기도의 응답을 은혜로 다 받을 수 있습니다.

우리가 잊지 말 것은 다윗은 원수로 인하여 고통을 당할 때, 악한 원수들을 멸해 주시고 육신의 고통에서 구원해 달라고 기도했습니다. 그러나 육신의 평안만을 구한 것이 아니고 아무 걱정 없이 하나님을 잘 섬기기 위하여 악한 원수들을 다 물리쳐 달라고 한 것입니다. 우리도 다윗에게 배워야 합니다. 우리가 사면으로 어려움에 포위되었을 때, 육신의 고통만 위하여 기도하지 말고 내 악한 원수들을 다 멸해 주셔서 하나님을 걱정 없이 잘 섬기게 해 달라고 기도해야 합니다.

하나님은 "의인에게 복을 주시고" 모든 악한 자의 손에서 "방패와 같은 은혜로 저를 호위" 하시고 지키시고 보호하십니다.

육신적 어려움을 다 없이하여 주셔서 걱정 없이 자유로이 하나님을 잘 섬기게 해 달라고 기도하면 하나님은 반드시 우리의 악한 원수들을 다 멸해 주시고 우리가 기뻐하며 주님을 섬기게 해 주실 것입니다. 하나님을 잘 섬기겠다고 마음으로 맹세하고 노력해야합니다.

Goal 우리는 이 아침에 기도할 때, 내 육신 생활에 복을 달라고
하나님께 기도할뿐만 아니라
하나님을 잘 섬기게 해 달라고 기도하고 노력해서
모든 소원이 이루어지기를 예수님의 이름으로 축복합니다.

자비를 위한 기도

(깊은 밤에 해야 할 기도)

[다윗의 시, 인도자를 따라 현악 여덟째 줄에 맞춘 노래]

[1] 여호와여 주의 분노로 나를 책망하지 마시오며 주의 진노로 나를 징계하지 마옵소서

[2] 여호와여 내가 수척하였사오니 내게 은혜를 베푸소서 여호와여 나의 뼈가 떨리오니 나를 고치소서

[3] 나의 영혼도 매우 떨리나이다 여호와여 어느 때까지니이까

[4] 여호와여 돌아와 나의 영혼을 건지시며 주의 사랑으로 나를 구원하소서

[5] 사망 중에서는 주를 기억하는 일이 없사오니 스올에서 주께 감사할 자 누구리이까

[6] 내가 탄식함으로 피곤하여 밤마다 눈물로 내 침상을 띄우며 내 요를 적시나이다

[7] 내 눈이 근심으로 말미암아 쇠하며 내 모든 대적으로 말미암아 어두워졌나이다

[8] 악을 행하는 너희는 다 나를 떠나라 여호와께서 내 울음 소리를 들으셨도다

[9] 여호와께서 내 간구를 들으셨음이여 여호와께서 내 기도를 받으시리로다

[10] 내 모든 원수들이 부끄러움을 당하고 심히 떨리여 갑자기 부끄러워 물러가리로다

Theme: 압박과 궁핍, 질병과 고난의 심한 어려움과 괴로움이 있을 때
개인이나 단체가 모든 죄를 고백하고, 회개하면서
하나님께 은혜를 간구하는 기도입니다.

서론

이 시에서 기도하는 사람은 자기를 전부 돌아보았습니다. 자기의 모든 부분에서 거짓된 것을 보았습니다. 그는 또한 자기의 심장을 들여다볼 때 하나님 앞에서 옳지 못함을 보았습니다. 바로 전 시 4편, 5편은 아침과 저녁에 해야 할 기도라면 이 시는 깊은 밤에 해야 할 기도입니다.

이 찬송 시는 찬양대장이 현악기로 반주하며 "스미닛"에 맞추라고 했습니다. "SHEMINITH"라는 말은 음악의 8도 음정에 맞추라는 것입니다. 다른 말로 하면 남자들의 목소리로 부르는 것이 좋다는 것입니다.

시 5편은 저주하는 시요, 반면 6편은 회개하면서 하나님의 은혜를 간구하는 시입니다. 그러므로 오늘 본문이 가르쳐 주는 말씀은 "단체나 개인에게 심한 압박과 궁핍, 질병과 고난의 어려움과 괴로움이 있을 때 모든 죄를 고백하고, 회개하면서 하나님께 은혜를 간구하는 기도를 하라는 것입니다.

I. 회개하는 기도입니다

[1] 여호와여 주의 분노로 나를 책망하지 마시오며 주의 진노로 나를
징계하지 마옵소서

[2] 여호와여 내가 수척하였사오니 내게 은혜를 베푸소서 여호와여
　　나의 뼈가 떨리오니 나를 고치소서

[3] 나의 영혼도 매우 떨리나이다 여호와여 어느 때까지니이까

[4] 여호와여 돌아와 나의 영혼을 건지시며 주의 사랑으로 나를 구
　　원하소서

"여호와여 주의 분노로 나를 책망하지 마시오며"—그의 한 짓은 벌받아
야 마땅하지만… 다윗은 간구한다. 하나님은 처벌을 점차적으로 하
시고 주의 분노로 하지 마옵소서. 그렇지 않으면 사람이 그것을 견딜
수 없으리이다.

"어느 때까지니이까?"—얼마나 오래동안 주님은 나의 고통을 보시며
나를 고쳐주지 아니하시렵니까?

다윗은 자기가 지금 무엇이 필요한지 확실히 알았습니다. 어려움이 닥
친 것은 죄로 인함이요 하나님께 범죄했기 때문에 고통과 비참이 온 것을
깨달아 알았습니다. 그러므로 그는 하나님께 모든 것을 회개합니다. 그는
무엇보다도 회개가 급선무라는 것을 깨달았습니다. 그러므로 회개가 계
속됩니다.

II. 하나님의 용서는 이 세상에서만 받는 것임으로
세상에 있을 때 회개하고 용서받아야 합니다

[5] 사망 중에서는 주를 기억하는 일이 없사오니 스올에서 주께 감
　　사할 자 누구리이까

[6] 내가 탄식함으로 피곤하여 밤마다 눈물로 내 침상을 띄우며 내

요를 적시나이다

[7] 내 눈이 근심으로 말미암아 쇠하며 내 모든 대적으로 말미암아
  어두워졌나이다

"사망 중에서는 주를 기억하는 일이 없사오니"—비록 그들의 영혼은 남
아 있어도 죽은 자는 더 이상 하나님에 대한 지식을 세상에 전파할
수 없다.

여기 다윗 왕의 고통 하는 모습은 예수 그리스도의 모형입니다. 또 그
당시 이스라엘 사람들의 모양에서 우리들의 모양, 여러분들과 나의 모습
을 볼 수 있습니다.

"내가 탄식함으로 피곤하여 밤마다 눈물로 내 침상을 띄우며 내
요를 적시나이다, 내 눈이 근심으로 말미암아 쇠하며 내 모든 대
적으로 말미암아 어두워졌나이다"(6~7절)

이런 절망 중에서 다윗은 하나님께 부르짖었습니다.

"여호와여 내가 수척하였사오니 내게 은혜를 베푸소서 여호와여
나의 뼈가 떨리오니 나를 고치소서 나의 영혼도 매우 떨리나이다"
(2~3절)

이것은 우리 죄 때문에 예수님이 당하신 고통을 조금이라도 보여주는
말씀입니다.
절망 중에 다윗은 하나님께 부르짖어 긍휼을 호소합니다. 우리가 필요
한 것은 하나님의 긍휼입니다. "여호와여 내가 수척하였사오니 내게 은

혜를 베푸소서 여호와여 나의 뼈가 떨리오니 나를 고치소서 나의 영혼도 매우 떨리나이다"—하나님의 은혜만 우리를 구원할 수 있습니다.

하나님에게는 많은 은혜와 자비가 있습니다. 아무리 나에게 은혜를 베풀어도 여러분들에게 또 베풀 은혜가 있습니다. 무슨 뜻인가 하면 하나님에게는 은혜와 자비가 무궁무진 하다는 말입니다. 우리는 많은 은혜가 필요합니다. 그러므로 우리를 구원을 받게 하기 위하여 예수 그리스도께서 우리 대신 죗값을 치르셨습니다.

이사야는 예수님에게 대하여 이와 같이 말씀했습니다.

"전에는 그의 모양이 타인보다 상하였고 그의 모습이 사람들보다
상하였으므로 많은 사람이 그에 대하여 놀랐거와"(사52:14)

이것은 예수님이 얻어맞고 고문을 당할 때 너무 상하여 사람 같이 보이지 않았다는 말씀입니다. 예수님은 이와 같이 말씀하십니다.

"내가 부르짖음으로 피곤하여 나의 목이 마르며 나의 하나님을 바
라서 나의 눈이 쇠하였나이다"(시 69:3)

예수님이 고문을 당하실 때 너무 고통이 심하여 목이 말라붙었고 눈도 보이지 않았다는 것입니다. 주님은 또 말씀하십니다.

"사람들이 종일 내게 하는 말이 네 하나님이 어디 있느뇨 하오니
내 눈물이 주야로 내 음식이 되었도다"(시42:3)

또 말씀하십니다.

"내 심장이 뛰고 내 기력이 쇠하여 내 눈의 빛도 나를 떠났나이다"
(시 38:10)

곤란으로 말미암아 내 눈이 쇠하였나이다 여호와여 내가 매일 주
를 부르며 주를 향하여 나의 두 손을 들었나이다"(시 88:9)

예수님은 하나님의 아들로서 인간의 모양으로 세상에 오셔서 말로 다
표현할 수 없는 고통을 겪으셨습니다.
예수님은 그 고난을 우리를 대신하여 받으셨습니다. 우리가 우리 죗값
으로 죽어야 마땅하지만 주님을 믿고 주님과 연합될 때 우리의 받을 고난
은 이미 받으신 예수님의 고난으로 대치되고 우리는 자유하게 됩니다. 이
것은 놀라운 하나님의 은혜입니다.

결론

(시6:8~9) "악을 행하는 너희는 다 나를 떠나라 여호와께서 내
울음 소리를 들으셨도다 여호와께서 내 간구를 들으셨음이여 여호
와께서 내 기도를 받으시리로다"

여호와 하나님이 우리의 부르짖음을 들으시면 문제는 해결됩니다. 예
수님은 십자가의 고통을 당하실 때 하나님 아버지께 부르짖었습니다. 하
나님 아버지는 들으셨습니다.

> "그는 육체에 계실 때에 자기를 죽음에서 능히 구원하실 이에게 심한 통곡과 눈물로 간구와 소원을 올렸고 그의 경건하심으로 말미암아 들으심을 얻었느니라"(히 5:7)

극심한 고통이 있을 때 우리는 예수 그리스도의 이름으로 하나님 아버지에게 부르짖으며 기도합시다. 하늘에 계신 우리 아버지가 들으십니다. 얼마나 좋습니까?

> "주 여호와의 말씀이니라 죽을 자가 죽는 것도 내가 기뻐하지 아니하노니 너희는 스스로 돌이키고 살지니라"(겔18:32)

> "내 모든 원수들이 부끄러움을 당하고 … 갑자기 부끄러워 물러가리로다"―그들로 부끄러움을 당케 하라. 내가 죽기를 열심히 바라는 그들의 기대는 혼비백산 깨질 것이다

8절에서 "악을 행하는 너희는 다 나를 떠나라 여호와께서 내 울음소리를 들으셨도다, 여호와께서 내 간구를 들으셨음이여 여호와께서 내 기도를 받으시리로다"

> "여호와께서 내 울음 소리를 들으셨도다"

하나님이 예수님 안에서 우리 죄를 다 용서해 주셨습니다. 하나님은 그 극진하신 사랑으로 독생자 예수 그리스도를 우리 대신 죗값을 치르게 하셨고 우리 구주 예수 그리스도는 죄와 사망을 십자가로 이기시고 살아나셨습니다. 그러므로 이제 누구든지 예수만 믿으면 멸망치 않고 영생을 얻습니다. 이것이야 말로, 말로 다할 수 없는 하나님의 은혜입니다.

우리가 죗값으로 죽는 것을 보겠다고 기다린 원수 마귀는 "부끄러움을

당하고 심히 떪이여 갑자기 부끄러워 물러가리로다" 아멘.

우리 하나님의 사랑하심을 찬양합시다. 그 은혜를 감사합시다.

"우리가 아직 죄인 되었을 때에 그리스도께서 우리를 위하여 죽으심으로 하나님께서 우리에게 대한 자기의 사랑을 확증하셨느니라" (롬 5:8).

Goal 우리는 죗값으로 고통스러운 일이 있을 때마다
예수님의 공로를 믿습니다.
하늘에 계신 우리 아버지께 기도하여 도우심 받기를
예수님의 이름으로 축복합니다.

의인이 받는 고난
(악을 저주하는 기도)

[다윗의 식가욘, 베냐민인 구시의 말에 따라 여호와께 드린 노래]

[1]   여호와 내 하나님이여 내가 주께 피하오니 나를 쫓아오는 모든 자들에게서 나를 구원하여 내소서

[2]   건져낼 자가 없으면 그들이 사자 같이 나를 찢고 뜯을까 하나이다

[3]   여호와 내 하나님이여 내가 이런 일을 행하였거나 내 손에 죄악이 있거나

[4]   화친한 자를 악으로 갚았거나 내 대적에게서 까닭 없이 빼앗았거든

[5]   원수가 나의 영혼을 쫓아 잡아 내 생명을 땅에 짓밟게 하고 내 영광을 먼지 속에 살게 하소서(셀라)

[6]   여호와여 진노로 일어나사 내 대적들의 노를 막으시며 나를 위하여 깨소서 주께서 심판을 명령하셨나이다

[7]   민족들의 모임이 주를 두르게 하시고 그 위 높은 자리에 돌아오소서

[8]   여호와께서 만민에게 심판을 행하시오니 여호와여 나의 의와 나의 성실함을 따라 나를 심판하소서

[9]   악인의 악을 끊고 의인을 세우소서 의로우신 하나님이 사람의 마음과 양심을 감찰하시나이다

[10]   나의 방패는 마음이 정직한 자를 구원하시는 하나님께 있도다

[11]   하나님은 의로우신 재판장이심이여 매일 분노하시는 하나님이시로다

[12]   사람이 회개하지 아니하면 그가 그의 칼을 가심이여 그의 활을 이미 당기어 예비하셨도다

[13]   죽일 도구를 또한 예비하심이여 그가 만든 화살은 불화살들이로다

[14] 악인이 죄악을 낳음이여 재앙을 배어 거짓을 낳았도다

[15] 그가 웅덩이를 파 만듦이여 제가 만든 함정에 빠졌도다

[16] 그의 재앙은 자기 머리로 돌아가고 그의 포악은 자기 정수리에 내리리로다

[17] 내가 여호와께 그의 의를 따라 감사함이여 지존하신 여호와의 이름을 찬양하리로다

Theme: 결국에는 자기들이 악인을 이길 것을 알고 있기 때문에 의인은 용감하다.
반면 그들의 원수들은 궁극적으로 그들 자신의 모략에 스스로 피해자가 되고 말 것이다.

"식가욘" — 악기의 일종이라고도 하고, 큰 소리로 부르짖는 기도라고 도 함

"베냐민인 구시" — 다윗의 적

서론

어떤 사람은 이 시는 성경에 들어오면 안 된다고 합니다. 왜냐하면 저주하는 기도이기 때문입니다. 그러나 하나님은 공의의 하나님이십니다. 그러므로 창세기에서 말씀했습니다(창18:25) "… 세상을 심판하시는 이가 정의를 행하실 것이 아니니이까" 정의는 선과 악을 분명하게 분별해 내는 것입니다. 그러므로 악을 저주한다는 말을 하지 않으면 정의가 아닙니다.

처음 제목을 봅시다. [다윗의 식가욘, 베냐민인 구시의 말에 따라 여호와께 드린 노래] "식가욘"이란 말은 "큰 소리로 부르짖는다"는 말입니다. 이것은 다윗이 그의 원수가 일어나 그를 칠 때, 큰 소리로 부르짖으며 기도한 시입니다. 다윗이 기도한 이 내용은 얼마나 통쾌한지 모르겠습니다. 9절에 "악인의 악을 끊고 의인을 세우소서." 그는 조금도 두려워하지 않고 담대하게 악한 자를 저주하고 다음 8장으로 넘어가면 자신 만만하게 하나님을 찬양하는 다윗을 봅니다. 본문이 우리에게 가르쳐주는 것은 "의인은 결국 자기들이 악인을 이길 것을 알고 있기 때문에 용기를 잃지 않게 되고, 반면 악인은 궁극적으로 그들 자신의 모략에 스스로 피해자가 될 것"이라는 것입니다.

I. 많은 사람이 죽이려고 따라올 때 다급하여 호소하는 기도

[1~2][다윗의 식가욘, 베냐민인 구시의 말에 따라 여호와께 드린 노래]

"여호와 내 하나님이여 내가 주께 피하오니 나를 쫓아오는 모든 자들에게서 나를 구원하여 내소서, 건져낼 자가 없으면 그들이 사자 같이 나를 찢고 뜯을까 하나이다"

Arno Gaebelein은 이것을 다음과 같이 번역했습니다. "여호와 나의 하나님이여 내가 주 안에 피하나이다. 나를 쫓는 자에게서 나를 구해 주시옵소서. 나를 건지시옵소서. 그가 사자 같이 나의 영혼을 갈기갈기 찢으려 하오니 주여 막아주소서. 나를 구원하는 자가 없나이다."
그 사자가 누구입니까? 사탄입니다.

"근신하라 깨어라 너희 대적 마귀가 우는 사자 같이 두루 다니며 삼킬 자를 찾나니"라고 베드로는 말했습니다 (벧전5:8).

II. 믿는 성도들이 고난을 받을 때 흔히 할 수 있는 말

[3~5] "여호와 내 하나님이여 내가 이런 일을 행하였거나 내 손에 죄악이 있거나, 화친한 자를 악으로 갚았거나 내 대적에게서 까닭 없이 빼앗았거든, 원수가 나의 영혼을 좇아 잡아 내 생명을 땅에 짓밟게 하고 내 영광을 먼지 속에 살게 하소서(셀라)"

"내 대적에게서 까닭 없이 빼앗았거든" – "오직 나는 나를 괴롭히는 자를 무상으로 구원하였도다.
다윗은 "화친한 자를 악으로" 갚지 않았고 그 "대적에게서 까닭 없이 빼앗"은 것도 없고 자기 손에 "죄악이 없다"고 말하고 만일 그런 악을 행하였다면 "원수로 나의 영혼을 좇아 잡아 내 생명을 땅에 짓밟게 하고 내 영광을 먼지 속에 살게 하소서(셀라)"라고 하나님께 고합니다.

다윗은 오히려 자기를 잡아 죽이려고 괴롭히는 사울을 아무것도 바라지 않고 무상으로 구원하여 주었다고 하나님께 고합니다. 다윗은 부하들을 저지시키어 자기를 좇는 사울을 죽이지 못하게 두 번이나 구해 주었습니다(삼상24:8; 26:8-9).
이 세상에서 정직한 사람이나 부정직한 사람이 다 고난을 받는 것은 참으로 이해하기 어려운 일입니다. 그러나 생각해 봅시다. 아무리 내가 나를 온전하다고 생각해도 하나님 앞에서 누가 온전하다고 하겠습니까?

다윗의 기도를 들어봅시다.

> "여호와여 돌아와 나의 영혼을 건지시며 주의 사랑으로 나를 구원하소서"(시6:4)

다윗은 "나의 원수를 갚아 주시고 변호하여 달라"고 기도합니다.
"진노로 일어나사 … 막으시며 … 나를 위하여 깨소서"—이것들은 하나님의 행동개시를 설명하는 비유다

> [6] 여호와여 진노로 일어나사 내 대적들의 노를 막으시며 나를 위하여 깨소서 주께서 심판을 명령하셨나이다

다윗은 하나님께 행동개시를 하시라고 호소합니다. "하나님이여 심판을 시작 하시옵소서"
우리는 변하는 세상에서 살고 있습니다. 생활 방식도 변하고 사상도 변하고, 언어도 변하고, 안 변하는 것 없이 다 변합니다. 그러나 변하지 않는 것이 하나 있는데 그것은 하나님의 말씀, 성경입니다.

요사이 예배의 변형을 많이 봅니다. 예배는 하나님께 드리는 것입니다. 하나님을 기쁘시게 해 드리는 예배는 하나님의 말씀에 순종하여 드리는 예배입니다. 하나님께 드리는 예배는 예배 형식은 조금 변한다 해도 그러나 기본적인 것은 변할 수 없습니다. 하나님의 칭호와 속성과 하신 일들을 믿고 감사하며 찬양하는 예배는 하나님의 영광을 계시합니다. 그런데 현대 많은 교회에서 하나님의 눈치는 전혀 보지 않고 교인들의 눈치만 보고 교인들이 좋아하는 대로만 예배의식을 진행시키는 잘못을 범하는 것을 종종 볼 수가 있습니다. 교인들이 지루해한다고 성경말씀은 한두 절만 보고 설교도 재미있게 해야 한다고 세상이야기만 합니다.

III. 의로우신 하나님의 심판을 봅시다

"민족들의 모임이 주를 두를 때에"—그들이 주께서 기름 부으신 왕, 나
를 대적하여 진 쳤나이다
"그 위에 오르사 높은 자리에 돌아오소서…" 그 위 (집회 위에)—높은
자리에 돌아오소서. "그들에게 판단을 내리소서" 하나님의 높은 곳
으로 돌아오시는 것이라는 이 말은 재판장 자리로 올라앉으시라는
표현이다.

[7] "민족들의 모임이 주를 두르게 하시고 그 위 높은 자리에 돌아
오소서"

"저들이 주께서 기름 부으신 왕 나를 대적하여 진을 쳤나이다" 다윗
은 말합니다. 그러므로 "민족들의 모임이 주를 두를 때에" "그 위에
오르사 높은 자리에 돌아오소서"—재판장 자리에 오르사 그들에게
판단을 내리소서.

하나님이 죄를 묵인하는 것처럼 보이면 하나님의 주권과 전능하심이
낮아짐 같이 보이므로 하나님은 높은 자리로 돌아오셔야 합니다. 의인은
단지 자기 개인의 구조를 위함이 아니고 하나님의 주권이 좀 더 널리 인
정되게 하기 위하여 구원을 소원합니다.

[8] "여호와께서 만민에게 심판을 행하시오니 여호와여 나의 의와
나의 성실함을 따라 나를 심판하소서"

이 말씀은 자기가 옳은 것을 증명해 달라기보다 높은 곳에 앉으셔서
절대적인 권위로 하나님의 주권을 보여 주셔야한다고 기도하는 것

입니다.

"주께서 명하신 심판을 이행하기 위하여"—주께서 명령하신 예정을 [실행하기 위하여] 주께서 내가 내 대적들을 정복하리라고 미리 말씀하셨나이다.

"여호와여 나의 의와 나의 성실함을 따라 나를 심판하소서" 하는 말은 자기가 의를 행했다고 하는 말이 아니라 하나님께서 다윗에게 네가 왕이 되리라고 약속한 그 약속을 믿고 기름 부음도 받았으며 오늘까지 사울을 피해 다녔다는 것입니다.

"의로우신 하나님이 사람의 마음과 양심을 감찰하시나이다." 결국은 공의가 이길 것이다. 하나님은 각 사람의 참된 성격을 아시고 그의 공의의 성격을 따라 갚으시기 때문이다.

> [9] "악인의 악을 끊고 의인을 세우소서 의로우신 하나님이 사람
> 의 마음과 양심을 감찰하시나이다"

반드시 공의가 실현될 것입니다. 사울의 행위와 다윗의 행위를 아시는 하나님은 그들의 마음과 행위를 다 아시오니 하나님의 공의가 실행되리이다.

> [10] "나의 방패는 마음이 정직한 자를 구원하시는 하나님께 있도다"

하나님은 마음이 정직한 사람을 구원하시고 악한 자를 멸하심으로 하나님은 반드시 자기를 도와 이기게 하시는 것을 다윗은 알고 있습니다.

[11] "하나님은 의로우신 재판장이심이여 매일 분노하시는 하나님이시로다"

[12] "사람이 회개하지 아니하면 그가 그의 칼을 가심이여 그의 활을 이미 당기어 예비하셨도다"

"사람이 회개하지 아니하면 하나님은" 매일 분노하신다. 불신자들의 주장과 반대로 하나님은 악을 보고도 못 보신 체하지 않으신다. 반드시 처벌하신다.

"그가 그의 칼을 가심이여"―사람이 (죄인이) 회개하지 아니하면 하나님은 보응의 **빠른** 도구를 이미 당기어 예비하셨다.

[13] "죽일 도구를 또한 예비하심이여 그가 만든 화살은 불화살들이로다"

사람이 회개하지 아니하면 하나님은 … 매일 분노하십니다. 불신자들의 주장과는 반대로 하나님은 악을 보고도 못 보신 체하지 않으십니다.

"저가 그 칼을 가심이여"―사람이 (죄인이) 회개하지 아니하면 보응의 **빠른** 도구를 이미 당기어 예비하셨습니다.

[14~15] "악인이 죄악을 낳음이여 재앙을 배어 거짓을 낳았도다, 그가 웅덩이를 파 만듦이여 제가 만든 함정에 빠졌도다"

"낳았도다… 빠졌도다"―죄인이 조심하여 길러낸 모든 계획은 자기를 위하여 아무것도 해 내지 못하고 실제로 그의 몰락을 가져올 것이다. [그가 악한 속임수로 악을 잉태하였으니 다만 실패를 낳았을 뿐이다.]

[16] "그의 재앙은 자기 머리로 돌아가고 그의 포악은 자기 정수리
에 내리리로다"

물론 믿지 않는 자는 말할 것도 없이 심판대를 거쳐 유황불로 들어가
지만 말씀을 멸시하고 예배를 하나님을 기쁘시게 하기 위하여 드리지 않
고 사람의 기분에 맞추어 드리는 자들을 하나님은 심판하십니다. 매일 분
노하시는 하나님이라고 하였습니다. 무서운 심판입니다.

[12~16] "사람이 회개하지 아니하면 그가 그의 칼을 가심이여 그
의 활을 이미 당기어 예비하셨도다 죽일 도구를 또한 예비하심이
여 그가 만든 화살은 불화살들이로다 악인이 죄악을 낳음이여 재
앙을 배어 거짓을 낳았도다 그가 웅덩이를 파 만듦이여 제가 만든
함정에 빠졌도다 그의 재앙은 자기 머리로 돌아가고 그 포악은 자
기 정수리에 내리리로다"

결론

심판 날에는 하나님의 주권이 나타나고 믿는 자는 할렐루야 하나님을
찬송합니다.

[17] "내가 여호와께 그의 의를 따라 감사함이여 지존하신 여호와
의 이름을 찬양하리로다"

지극히 높으신 하나님—지극히 높으신 전능자. 이 심판들로 말미암아
하나님은 만유 보다 위에 있는 하나님의 주권을 나타내신다.

그날에는 하나님께서 악을 뿌리째 뽑으십니다.

"지극히 높으신"─높으신 전능자, 하나님은 이 심판으로 만유 위에 자기의 주권을 나타내십니다.

믿는 자는 "할렐루야 우리 주 예수 그리스도의 은혜와 아버지 하나님의 사랑하심과 성령님의 교통하심을 찬양" 할 것입니다.

Goal 우리는 세상이 어떻게 하나님을 멀리하여도,
어떤 원수의 핍박이 있든지 승리할 것을 믿습니다.
담대하게 말씀을 귀히 여기고 예배를 잘 드려
하나님께 영광 돌리시기를 축복합니다.

창조와 구원의 신비

[다윗의 시, 인도자를 따라 깃딧에 맞춘 노래]

[1] 여호와 우리 주여 주의 이름이 온 땅에 어찌 그리 아름다운지요 주의 영광이 하늘을 덮었나이다

[2] 주의 대적으로 말미암아 어린 아이들과 젖먹이들의 입으로 권능을 세우심이여 이는 원수들과 보복자들을 잠잠하게 하려 하심이니이다

[3] 주의 손가락으로 만드신 주의 하늘과 주께서 베풀어 두신 달과 별들을 내가 보오니

[4] 사람이 무엇이기에 주께서 그를 생각하시며 인자가 무엇이기에 주께서 그를 돌보시나이까

[5] 그를 하나님보다 조금 못하게 하시고 영화와 존귀로 관을 씌우셨나이다

[6] 주의 손으로 만드신 것을 다스리게 하시고 만물을 그의 발 아래 두셨으니

[7] 곧 모든 소와 양과 들짐승이며

[8] 공중의 새와 바다의 물고기와 바닷길에 다니는 것이니이다

[9] 여호와 우리 주여 주의 이름이 온 땅에 어찌 그리 아름다운지요

Theme: 다윗은 하나님의 창조와 구원의 역사에서 하나님의 솜씨를 깨닫습니다. 인간이 이루는 모든 성취는 다 하나님의 선물임을 알게 됩니다. 특별히 인간이 범죄함으로 만물이 탄식하고 고통 하지만 하나님께서 예수 그리스도를 통하여, 다시 회복시키시는 것을 볼 때, 다윗은 하나님의 위대하신 능력을 찬송한 것입니다.

서론

제가 미국에 유학하던 시절입니다. 우리학교 바로 뒤에 아파트가 약 200동이 있는데 매 동 마다 지하실에 세탁기들이 있습니다. 미국 친구 한 명과 저와 둘이서 세탁실 문을 아침이면 열고 저녁이면 닫는 일을 하고 있었습니다.

어떤 밤 하늘이 맑은 여름날에 나이 많은 노부부가 잔디밭에 앉아 저를 부릅니다." 가까이 갔더니 너는 어디서 온 유학생이냐, 물어서 "예, 한국에서 왔습니다." "너! 저 하늘을 쳐다보아라. 저 반짝이는 달과 별을! 얼마나 아름다우냐, 저것을 보면서도 어떻게 하나님이 안계시다고 하겠느냐?" 하시면서 하나님께서 창조하신 것을 보며 감상하고 계셨습니다. 알고 보니 독일 나치군 대위 때 미국으로 망명하여 템플대학교 철학교수로 있는 분이였습니다.

오늘 본문 말씀은, 이 독일 철학교수가 하나님께서 창조하신 자연을 보고 하나님이 계신 것을 확신하여 감상하는 것처럼, "인간이 범죄함으로 만물이 탄식하고 고통 하지만 하나님께서 예수 그리스도를 통하여 다시 회복하셨습니다. 다윗은 그 하나님의 위대하신 능력을 찬송한 것입니다."

I. 하나님의 창조의 신비를 찬양합니다

[1] [다윗의 시, 인도자를 따라 깃딧에 맞춘 노래] "여호와 우리 주여 주의 이름이 온 땅에 어찌 그리 아름다운지요 주의 영광이 하늘을 덮었나이다"

"깃딧" 악기의 일종

"온 땅에 … 하늘 위에"―이 땅의 모든 양상이 창조주가 계심을 선포하고 우주의 광활함, 그리고 끝없는 은하계의 넓이 등 하늘 위의 놀라움이 이 메시지를 더욱 크게 공포하고 있다.

"여호와 우리 주여 주의 이름이 온 땅에 어찌 그리 아름다운지요"

다윗은 하나님이 창조하신 온 땅에서 주의 솜씨를 감지하고 아름다운 "주의 이름"을 찬송합니다.

땅을 볼 때 아름다운 꽃과 수풀이 있고, 나무에는 먹음직스러운 과일이 주렁주렁 달려있습니다. 새들은 그 사이를 날며 지저귀는데 하나님을 찬양하는 노래로 들렸습니다. 그뿐 아니라 하늘 높이 날아다니는 구름과 저녁노을로 붉은 서쪽 하늘은 하나님 외에는 그려놓을 수 없는 대장관의 예술작품입니다. 땅의 모든 것이 하나님의 영광을 찬양하는 것 같았습니다.

[3] "주의 손가락으로 만드신 주의 하늘과 주께서 베풀어 두신 달과 별들을 내가 보오니"

하늘을 볼 때 그는 밤 하늘에 수없이 반짝이는 별들과 공중에 달려 있는 아름다운 달도 하나님의 영광을 찬양함을 보았습니다.

하나님께서 창조하신 삼라만상이 창조주가 계심을 선포하고 있고 우주의 광활함, 그리고 끝없는 은하계의 넓게 퍼진 공간이 창조주 하나님을 더욱 크게 공포하고 있습니다.

II. 인간의 범죄와 구원의 역사

하나님께서는 창조하실 때 특별히 동물들을 창조하셨습니다. 공중의 새와 바다의 물고기들과 땅에서 뛰는 각종 짐승들을 창조하셨습니다. 맨 나중에 사람을 창조하시되 하나님의 형상을 따라 창조하셨습니다. 그리고 모든 동물들이 아담과 이브의 명을 따라 복종하고 따라가는 것을 볼 때 너무나 멋이 있었습니다.

> [2] "주의 대적으로 말미암아 어린 아이들과 젖먹이들의 입으로 권능을 세우심이여 이는 원수들과 보복자들을 잠잠하게 하려 하심 이니이다"

"어린 아이들과 젖먹이의 입으로" – 원수들과 보복자들을 잠잠하게 하기 위하여, 하나님은 인간에게 지성을 주셨다. 그것으로 부패하지 않았으면, 어린 아이들이라도 하나님의 손길을 인식한다. 부패되지 않은 지성은 인간을 위하여 하나님이 세우신 힘이다. 하나님을 부인하고 자유분방하게 자기들의 이기적인 쾌락을 추구하는 자들의 말을 그것으로 쉽게 물리칠 수 있다.

그러나 이브가 마귀의 꾐에 넘어가 하나님의 명령을 불순종함으로 하나님의 형상은 떠나가고 모든 동물들이 아담과 이브의 말에 불순종하게 되었습니다. 인간의 타락으로 세상에 죄가 들어오게 되고 동시에 인간에게는 병과 늙음과 사망이 다가왔습니다.

하나님께서는 즉시로 구원의 역사를 시작하셨습니다. 인간을 죄에서 구원해 줄 메시야를 보내 주시겠다고 약속하셨습니다. 하나님이 직접 말씀하셨으며 또한 선지자들을 보내서 예언하셨습니다.

때가 되매 하나님은 자기의 독생자 예수 그리스도를 모든 인간의 죗값을 지시고 십자가에서 죽도록 세상에 보내셨습니다.

[4] "사람이 무엇이기에 주께서 그를 생각하시며 인자가 무엇이기에 주께서 그를 돌보시나이까"

[연약한] 사람이 무엇이기에…

하나님의 창조의 광대하심을 묵상하면 인간이 보잘 것 없다는 생각이 사람 마음을 압도적으로 채웁니다. 다만 하나님의 은혜로 인간은 창조시 기능을 부여받아 만물의 영장 자리에 높이 올려졌던 것뿐입니다. 하나님이 자원으로 주신 만물을 인간의 통제 아래 두셨습니다.

더욱 놀랍고 황송한 것은 사람이 불순종하고 범죄하였을 때 사람을 죄에서 건지기 위하여 하나님이 치르신 참으로 비싼 값을 생각할 때입니다. 하나님은 자기의 독생자 예수 그리스도를 세상에 보내서서 인간이 받아야 할 모든 죗값을 대신 지시고 십자가에서 죽게 하셨습니다.

가장 귀한 것을 죄가 망가뜨렸기 때문에 그 값은 가장 귀한 것으로 치러야 함으로 하나님의 가장 귀한 독생자를 주시고 인간을 구원하신 것입니다.

III. 구원을 위한 이중 예언

[5] "그를 하나님보다 조금 못하게 하시고 영화와 존귀로 관을 씌우셨나이다"

"그를 하나님보다 조금 못하게 하셨나이다"—이 말씀은 죄인을 구원하시기 위하여 하나님께서 행하실 일에 대한 이중 예언입니다.

1. 예수 그리스도에 관한 예언입니다

예수님은 하나님 아버지와 꼭 같은 하나님이십니다. 단일하신 하나님에게는 삼위가 계시는데 본질과 권능과 영원성이 꼭 같은 성부 하나님, 성자 하나님, 성령 하나님이십니다. 예수 그리스도는 성부 하나님과 같은 하나님이시지만 우리 죄인을 구원하시기 위하여 인간의 몸을 입으시고 세상에 오셨습니다. 그러므로 "저를 하나님보다 조금 못하게 하시고"라고 하셨습니다.

예수님은 죄인의 육신을 입으시고 세상에 오셔서 만민을 구속하시기 위하여 인간의 죄를 다 지시고 죄인으로 십자가에서 죽으셨습니다. 그러므로 예수님이 행하신 역사를 다 믿으면 죄가 사함 받고 의인으로 하나님께서 인정해주십니다. 예수님은 죄인을 의인으로 만드시기 위하여 십자가에서 죽으시고 장사 지낸지 삼일 만에 무덤에서 살아나셨습니다. 예수님께서 부활하신 후 하나님 아버지께서는 하늘과 땅의 모든 권세를 예수 그리스도에게 주셨습니다. 그러므로 "영화와 존귀로 관을 씌우셨나이다"라고 말씀하셨습니다. 그러므로 "그를 하나님보다 조금 못하게 하시고 영화와 존귀로 관을 씌우셨나이다"라고 하신 것은 예수님에게 관한 예언입니다.

2. 이 말씀은 또한 예수를 믿는 사람들에게 대한 예언도 됩니다

사람은 본래 천사보다 못하지 않고 오히려 윗자리로 지으셨습니다. (개역은 '천사보다 조금 못하게'이나, 개역개정은 천사 대신 하나님으로 표현했다.) 천사는 사람을 수종하도록 되어 있었습니다. 그러나 범죄함으로 에덴에서 쫓겨났고 모든 동물을 다스리는 권능도 없어졌습니다. 그러므로 천사보다 조금 못하게 하셨습니다.

그러나 예수님이 우리의 죗값을 다 치러주셨음으로 우리는 예수님을 통하여 모든 잃어버린 것을 도로 찾을 수 있게 되었습니다. 우리가 세상에 있을 때는 육신이 죄를 완전히 떠날 수 없습니다. 이 죄된 육신을 벗어버리고 새 것을 받을 때는 예수님이 영화와 존귀로 관을 쓰신 것처럼 우리도 예수님의 은혜로 영화와 존귀로 관을 씌우심을 받는 날이 있습니다.

그러므로 6절과 7절에 이와 같이 말씀했습니다.

[6~7] "주의 손으로 만드신 것을 다스리게 하시고 만물을 그의 발 아래 두셨으니, 곧 모든 소와 양과 들짐승이며"

그날에는 모든 동물을 다스릴 권능도 회복되는 것입니다. 그러므로 "저를 하나님보다 조금 못하게 하시고 영화와 존귀로 관을 씌우셨나이다"하는 말씀은 예수님에게 대한 예언인 동시에 예수 믿는 사람에 대한 예언이기도 합니다.

[8] "공중의 새와 바다의 물고기와 바닷길에 다니는 것이니이다"

[9] "여호와 우리 주여 주의 이름이 온 땅에 어찌 그리 아름다운지요"

"여호와 우리 주여"—이 시편은 개시 구절을 반복함으로 끝납니다. 하나님이 은혜로 회복시켜준 인간의 고상한 위치가 오만하게 하나님을 없다 하고 부인하게 해서는 안 됩니다. 도리어 유리한 위치에서 인간은 하나님의 지배권(주 되심)을 더욱 힘 있게, 명석하게 인지해야 한다.

결론

 하나님의 창조하신 세계와 또한 하나님께서 멸망당할 죄인을 구원하시는 구속의 역사를 볼 때 시인은 "여호와 우리 주여 주의 이름이 온 땅에 어찌 그리 아름다운지요?" 하고 찬송을 부른 것입니다.

 우리가 처음 창조 받은 대로 다시 회복되려면 예수 그리스도를 믿고 의지할 것뿐입니다. 다른 길은 없습니다. 이 길뿐입니다. 우리를 믿고 구원 얻게 하기 위하여 성령 하나님께서 우리 마음에 오셔서 우리에게 예수님에 대하여 가르쳐 주시고 믿음도 주시고 의지하게도 하십니다. 우리에게 믿음도 주셨습니다.

Goal 그러므로 우리는 주신 믿음을 잘 지키고
이 믿음을 더 크게 키웁시다.
하나님이 주신 믿음을 행사합시다.
그리하여 오는 세상뿐 아니라, 지금 세상에서도,
영화와 존귀를 누리시는 성도들이 되시기를
예수님의 이름으로 축복합니다.

시편9편

성공하는 사람

[다윗의 시, 인도자를 따라 뭇랍벤에 맞춘 노래]

[1] 내가 전심으로 여호와께 감사하오며 주의 모든 기이한 일들을 전하리 이다

[2] 내가 주를 기뻐하고 즐거워하며 지존하신 주의 이름을 찬송하리니

[3] 내 원수들이 물러갈 때에 주 앞에서 넘어져 망함이니이다

[4] 주께서 나의 의와 송사를 변호하셨으며 보좌에 앉으사 의롭게 심판 하 셨나이다

[5] 이방 나라들을 책망하시고 악인을 멸하시며 그들의 이름을 영원히 지 우셨나이다

[6] 원수가 끊어져 영원히 멸망하였사오니 주께서 무너뜨린 성읍들을 기 억할 수 없나이다

[7] 여호와께서 영원히 앉으심이여 심판을 위하여 보좌를 준비하셨도다

[8] 공의로 세계를 심판하심이여 정직으로 만민에게 판결을 내리시리로다

[9] 여호와는 압제를 당하는 자의 요새이시요 환난 때의 요새이시로다

[10] 여호와여 주의 이름을 아는 자는 주를 의지하오리니 이는 주를 찾는 자들을 버리지 아니하심이니이다

[11] 너희는 시온에 계신 여호와를 찬송하며 그의 행사를 백성 중에 선포 할지어다

[12] 피 흘림을 심문하시는 이가 그들을 기억하심이여 가난한 자의 부르짖 음을 잊지 아니하시도다

[13] 여호와여 내게 은혜를 베푸소서 나를 사망의 문에서 일으키시는 주여 나를 미워하는 자에게서 받는 나의 고통을 보소서

[14] 그리하시면 내가 주의 찬송을 다 전할 것이요 딸 시온의 문에서 주의 구원을 기뻐하리이다

[15] 이방 나라들은 자기가 판 웅덩이에 빠짐이여 자기가 숨긴 그물에 자기 발이 걸렸도다

[16] 여호와께서 자기를 알게 하사 심판을 행하셨음이여 악인은 자기가 손으로 행한 일에 스스로 얽혔도다 (힉가온, 셀라)

[17] 악인들이 스올로 돌아감이여 하나님을 잊어버린 모든 이방 나라들이 그리하리로다

[18] 궁핍한 자가 항상 잊어버림을 당하지 아니함이여 가난한 자들이 영원히 실망하지 아니하리로다

[19] 여호와여 일어나사 인생으로 승리를 얻지 못하게 하시며 이방 나라들이 주 앞에서 심판을 받게 하소서

[20] 여호와여 그들을 두렵게 하시며 이방 나라들이 자기는 인생일 뿐인 줄 알게 하소서 (셀라)

Theme: 눈부신 성공을 했다 할지라도 악한 자는 망각 속으로 사라지고 믿음 생활을 하는 사람만이 살아남을 수 있다.

서론

시편 2편과 8편은 타락한 인간을 예수 그리스도를 통하여 회복시키시는 하나님의 역사를 보여주는데 말로 표현할 수 없도록 굉장합니다. 그러나 앞으로 나오는 일곱 편의 시는 신나기보다는 좌절을 말하는 시입니다.

9편과 10편은 서로 연관성이 있습니다. 이 두 시는 아크로스틱(Acrostic 히브리어 알파벳을 각 절의 처음에 두는 시의 기법으로 우리의 3행시 5행시 등과 같은 형식)으로 연결되어 하나의 시를 이루고 있습니다.

그러므로 70인역(Septuagint)과 라틴역(Vulgate)에서는 하나로 취급하였습니다.

9편은 찬양 대장에게 다윗이 Muth-labben에 맞추어 부르게 하였는데 "뭇랍벤"이라는 말은 "아들의 죽음"이라는 말입니다. 사람들은 흔히 생각하기를 다윗이 골리앗을 죽인데 대한 것이라고도 하고 밧세바의 아들의 죽음을 애도한 것이라고도 합니다. 그러나 아마도 애굽의 장자들의 죽음을 말한 것이 아닌가 합니다. 이 기사를 생각하며 하나님을 찬양한 것일 것입니다. 본문이 가르치시는 말씀은 "눈부신 성공을 했다 할지라도 악한 자는 망각 속으로 사라지고 믿음 생활을 하는 사람만이 살아남을 수 있다"는 것입니다.

I. 우리를 도우시는 하나님은 우리와 같이 계십니다

[1] "내가 전심으로 여호와께 감사하오며 주의 모든 기이한 일들을 전하리이다"

[2] "내가 주를 기뻐하고 즐거워하며 지존하신 주의 이름을 찬송하리니"

[3] "내 원수들이 물러갈 때에 주 앞에서 넘어져 망함이니이다"

[4] "주께서 나의 의와 송사를 변호하셨으며 보좌에 앉으사 의롭게 심판하셨나이다"

[1] [다윗의 시, 인도자를 따라 뭇랍벤에 맞춘 노래] "내가 전심으로 여호와께 감사하오며 주의 모든 기이한 일들을 전하리이다"

"뭇랍벤은 죽음에 맞추어"―라벤은 다윗과 이스라엘의 원수였다고 하는 해석도 있고. 또는 여러 가지 다른 해석들이 있다.

[2] "내가 주를 기뻐하고 즐거워하며 지존하신 주의 이름을 찬송하리니"

"지존자, 지극히 높으신 주"―인간의 힘은 어떤 것이든 모두 지존자의 뜻에 대항하면 무력이다.

그러므로 피조물은 창조주를 예배하고 순종함이 마땅하다. 우리가 지존자에게 예배드릴 때 우리 예배를 받아 주시면 그것이 우리의 영광이요 기쁨이 되지 않을 수 없다.

[3] "내 원수들이 물러갈 때에 주 앞에서 넘어져 망함이니이다"

"그들이 주 앞에서 넘어져 망함이니이다"―원수들은 넘어져서 주님 앞에서 망한다. 성도들의 원수가 망하는 것을 보면 명백하게 자연적인 쇠퇴인데도 실제로는 하나님의 계획에 따른 것이다. 성도들의 원수는 다 망하게 되어 있다는 것이 하나님의 예정이다.

[4] "주께서 나의 의와 송사를 변호하셨으며 보좌에 앉으사 의롭게 심판하셨나이다"

이 시편은 7편과 같이 처음부터 하나님 찬양으로 시작합니다. 또한 8편과 같이 여기서도 오실 주님을 간절히 기다리며 찬양합니다. 하나님은 그리스도를 잠시 천사보다 조금 낮은 자리에 두셨으나 사실은 만물을 그의 발아래 두시고 복종하게 하셨습니다.

처음 부분은(8편) 인자가 의와 평화의 보좌에 앉으실 때 지상에서 일어날 것을 예언한 말씀입니다. 그때 구원 얻은 성도는 주님을 찬양할 것입니다. 이것을 계시록에서는 말하기를 "각 나라와 족속과 백성과 방언에서 아무라도 능히 셀 수 없는 큰 무리가" 이스라엘에서 모여든 많은 사람과 함께 "아멘 찬송과 영광과 지혜와 감사와 존귀와 능력과 힘이 우리 하나님께 세세토록 있을지로다 아멘" 하며 24 장로와 같이 주를 찬양할 것이라 하였습니다.

다시 말씀드리면 시편 8 편에서 말씀한 것이 다 이루어질 때 곧 만물이 그의 발아래 복종할 때 잔 낙스(John Knox)의 말대로 "하나님과 같이 하는 사람은 허다한 무리"입니다.

사람이 하나님과 같이 있을 때 하나님이 나를 도와주실까 염려하겠습니까? 우리는 이미 하나님과 같이 있는 사람입니다. 우리는 지금 우리를 도우시는 하나님과 같이 있음을 확인해야 합니다.

II. 하나님은 악한 자를 멸하십니다

[5] "이방 나라들을 책망하시고 악인을 멸하시며 그들의 이름을 영원히 지우셨나이다"

이것은 안 믿는 이방을 책망하시고 악인을 멸하신다는 말씀입니다. 모든 나라를 다 책망하신다는 것이 아닙니다.

"그들의 이름을 영원히 지우셨나이다" — 여호와께서 영원히 왕좌에 앉으셨기 때문에 악한 자들은 기억도 없어졌다. 하나님이 파괴하신 것은 누구도 재건할 수 없다. 하나님의 힘과 뜻은 영원하기 때문이다.

[6] "원수가 끊어져 영원히 멸망하였사오니 주께서 무너뜨린 성읍
들을 기억할 수 없나이다"

원수가 끊어져 영원히 멸망하였사오니 주께서 무너뜨린 성읍들을 기억할 수 없나이다.—하나님이 무너뜨린 것을 아무도 다시 세울 수 없다. 하나님의 권능과 뜻은 영원하기 때문이다. 이것은 강한 심판이 오는 것을 말합니다. 우리는 여기서 질문하여 봅시다. 지금 목사들이 심판에 대하여 얼마나 설교를 합니까? 물론 하나님이 기뻐하시지 않고 복을 주시지 않는다는 식으로 설명하지만 지옥에 대하여 지옥의 심판을 설교하느냐 말입니다. 요사이 많이 듣는 설교는 교인들에게 위로를 주고 기분 좋은 소리만 들려주는 것입니다.

반대로 지옥불의 심판을 이야기하는 이들이 있는데 문제는 교인들에게 공포 분위기를 만들어 자기의 목적을 이루려고 하는 것입니다. 우리는 지옥에 대하여 설교하는 사람이 어떤 자인지 알아야 합니다. 복음을 설교하는 목사는 지옥도 무섭게 보여 주어야합니다. 그러나 지옥만 보여주는 것이 아니라 지옥 갈 백성이 예수 그리스도의 공로를 힘입어 믿음으로 구원을 얻게 된 것을 설교해야 합니다. 이것이 복음을 전하는 목사입니다.

그러므로 다음에 계속되는 것은 의의 보좌와 왕국에 대한 말씀입니다.

III. 우리 주님은 공의로 심판하십니다

[7~8] "여호와께서 영원히 앉으심이여 심판을 위하여 보좌를 준

비하셨도다, 공의로 세계를 심판하심이여 정직으로 만민에게 판결을 내리시리로다"

주님은 공의로 세상을 심판하십니다. 이것이 중요한 것입니다. 심판주는 여호와 하나님이십니다. 심판의 기준은 공의입니다. 공의는 빛과 어두움을 갈라내는 것입니다. 어두움이냐 아니면 빛이냐는 것입니다.
예수님은 세상에 빛으로 오셨습니다.

(요8:12) "예수께서 또 일러 가라사대 나는 세상의 빛이니 나를 따르는 자는 어두움에 다니지 아니하고 생명의 빛을 얻으리라" 말씀 하셨습니다.

또한 우리는 예수 그리스도를 믿음으로 주 안에서 빛이 되었습니다.

(마5:14) "너희는 세상의 빛이라 산 위에 있는 동네가 숨겨지지 못할 것이요"라고 하시며 우리도 빛을 비추라고 하셨습니다.

(마5:16) "이같이 너희 빛이 사람 앞에 비치게 하여 그들로 너희 착한 행실을 보고 하늘에 계신 너희 아버지께 영광을 돌리게 하라"

그러므로 우리 믿는 자들은 결코 어두운 자의 받는 심판은 받지 아니합니다.

[10] "여호와여 주의 이름을 아는 자는 주를 의지하오리니 이는 주를 찾는 자들을 버리지 아니하심이니이다"

—주님은 주를 찾는 자들을 [과거에] 버리신 적이 없다. 이와 같이 경험이 가르쳐 준 것은 하나님을 의지하는 자는 결코 버림을 받지 않는다는 것이다.

[11] "너희는 시온에 거하신 여호와를 찬송하며 그 행사를 백성 중에 선포할지어다"

[13] "여호와여 내게 은혜를 베푸소서 나를 사망의 문에서 일으키시는 주여 나를 미워하는 자에게서 받는 나의 고통을 보소서"

"여호와여 내게 은혜를 베푸소서"—지금, 나의 현재 고통 가운데서 내게 은혜를 베푸소서.

우리는 긍휼이 필요합니다. 심판을 공의로 하십니다. 우리는 예수 그리스도의 십자가의 공로로 믿음으로 의롭다 함을 받았으매 심판은 받지 아니합니다. 그러나 우리는 예수 그리스도의 긍휼히 여기심이 항상 필요합니다. 은혜를 베풀어 달라고 항상 기도해야 합니다.

IV. 구원 얻은 기쁨을 만인이 보도록 문에서 전하겠습니다

[14] "그리하시면 내가 주의 찬송을 다 전할 것이요 딸 시온의 문에서 주의 구원을 기뻐하리이다"

"그리하시면 내가 주의 찬송을 다 전할 것이요"—다음 16,17절을 내가 선포할 것이요.

"여호와께서 자기를 알게 하사 심판을 행하셨음이여 악인은 자기가 손으로 행한 일에 스스로 얽혔도다(힉가욘, 셀라), 악인들이 스올로 돌아감이여 하나님을 잊어버린 모든 이방 나라들이 그리하리로다"

"주의 구원을 기뻐" 할 자가 많이 있어야 합니다. 그러기 위해서 우리는 공의의 심판과 우리가 믿음을 통하여 의롭다함을 얻는 말씀을 계속 전해야 합니다. 만인이 보도록 많은 사람이 지나가는 정문 앞에서 기쁨으로 구원받은 것을 전하겠습니다. 시편 저자는 간증합니다.

> [15] "이방 나라들은 자기가 판 웅덩이에 빠짐이여 자기가 숨긴 그물에 자기 발이 걸렸도다"

> "이방 나라들은 자기가 판 웅덩이에 빠짐이여"—안 믿는 세상 사람은 자기가 너무 똑똑해서 자기가 판 웅덩이에 빠집니다.

지금 세상을 보세요, 사람들은 자기들이 너무 잘 알고 잘났다고 생각하다가 자기가 판 웅덩이에 빠집니다. 자기 덫에 자기가 걸립니다.

> [16] "여호와께서 자기를 알게 하사 심판을 행하셨음이여 악인은 자기가 손으로 행한 일에 스스로 얽혔도다(힉가욘, 셀라)"

> "여호와께서 자기를 알게 하사"—여호와께서 알려 지셨도다. 악인이 자기 꾀에 스스로 희생될 때, 거기에는 인도하시는 하나님의 손길이 우뚝 나타난다.

악인이 의인을 죽이려고 판 구덩이에 자기가 빠져 망하게 되는 것은 하나님의 계획입니다.

[17] "악인들이 스올로 돌아감이여 하나님을 잊어버린 모든 이방 나라들이 그리 하리로다"

"하나님을 잊어버린 모든 이방"—악인은 하나님을 잊어버린다.

하나님이 자기 백성의 곤경에 무관심하시는 것 같이 보이기 때문에, 악인은 하나님을 잊어버린다. 하나님을 잊어버린 모든 이방은 큰 실수를 했다. 겉으로 무관심하신 것 같이 보이나 이 무관심은 계획된 것이고 다만 일시적인 것이기 때문이다.

하나님이 자기 백성을 잊으시고 돌보시지 않는 것 같아 악한 자들이 마음 놓고 의인을 핍박합니다. 그러나 하나님은 곤경에 빠진 자기 백성에게 무관심 하시는 법이 없습니다. 항상 살피시고 돌보시다가 도와야 할 때는 시간을 놓치시지 않고 도우시고 구하십니다. 이것은 만세 전에 전능하신 하나님 아버지가 제정하신 법입니다. 하나님의 백성을 박해하고도 용서받지 못한 죄인은 다 지옥에 들어갑니다.

결론

[18] "궁핍한 자가 항상 잊어버림을 당하지 아니함이여 가난한 자들이 영원히 실망하지 아니하리로다"

우리 주님은 궁핍하고 가난한 자를 잊지 않으십니다.

(마5:3~4) "심령이 가난한 자는 복이 있나니 천국이 그들의 것임이요, 애통하는 자는 복이 있나니 그들이 위로를 받을 것임이요"

우리는 우리 마음을 비우고 말씀이 들어 갈 틈을 만들어야 말씀이 들어 갑니다. 너무 자기 지식으로 차 있으면 예수님의 말씀은 못 들어갑니다.

[19] "여호와여 일어나사 인생으로 승리를 얻지 못하게 하시며 이 방나라들이 주 앞에서 심판을 받게 하소서"

이것은 모든 나라를 다 책망하신다는 것이 아니고 다만 안 믿는 이방을 책망하시고 악인을 멸하신다는 말씀입니다.
주님 앞에서 심판을 받는 날이 오고야 맙니다.

(마 25:31~34) "인자가 자기 영광으로 모든 천사와 함께 올 때에 자기 영광의 보좌에 앉으리니 모든 민족을 그 앞에 모으고 각각 구분하기를 목자가 양과 염소를 구분하는 것 같이 하여, 양은 그 오른편에 염소는 왼편에 두리라 그 때에 임금이 그 오른편에 있는 자들에게 이르시되 내 아버지께 복 받을 자들이여 나아와 창세로 부터 너희를 위하여 예비된 나라를 상속받으라."

[20] "여호와여 그들을 두렵게 하시며 이방 나라들이 자기는 인생 일 뿐인 줄 알게 하소서(셀라)"

사람이 왜 미련하게 고집합니까? 자기의 지식이 제일인 줄 알고 하나님을 모르기 때문입니다. 애굽의 바로가 자기의 권세만 알았지 전능하신 하나님의 능력을 몰랐기 때문에 모든 애굽의 장자가 죽고 따라가던 군인들은 전부 수장을 당했습니다. 그러므로 다윗 왕은 하나님 앞에서 기도합니다.

[시 40:17] "나는 가난하고 궁핍하오나 주께서는 나를 생각하시오니 주는 나의 도움이시요 건지시는 이시라 나의 하나님이여 지체하지 마소서"

Goal 그러므로 우리는 항상 다윗 왕처럼 기도합시다.
나는 가난하고 궁핍하오나 주께서는 나를 생각하시오니
주는 나의 도움이시요 건지시는 이시라
나의 하나님이여 지체하지 마소서
주님의 은혜가 같이 하시기를 축복합니다.

심판을 위한 기도

[1] 여호와여 어찌하여 멀리 서시며 어찌하여 환난 때에 숨으시나이까

[2] 악한 자가 교만하여 가련한 자를 심히 압박하오니 그들이 자기가 베푼 꾀에 빠지게 하소서

[3] 악인은 그의 마음의 욕심을 자랑하며 탐욕을 부리는 자는 여호와를 배반하여 멸시하나이다

[4] 악인은 그의 교만한 얼굴로 말하기를 여호와께서 이를 감찰하지 아니하신다 하며 그의 모든 사상에 하나님이 없다 하나이다

[5] 그의 길은 언제든지 견고하고 주의 심판은 높아서 그에게 미치지 못하오니 그는 그의 모든 대적들을 멸시하며

[6] 그의 마음에 이르기를 나는 흔들리지 아니하며 대대로 환난을 당하지 아니하리라 하나이다

[7] 그의 입에는 저주와 거짓과 포악이 충만하며 그의 혀 밑에는 잔해와 죄악이 있나이다

[8] 그가 마을 구석진 곳에 앉으며 그 은밀한 곳에서 무죄한 자를 죽이며 그의 눈은 가련한 자를 엿보나이다

[9] 사자가 자기의 굴에 엎드림 같이 그가 은밀한 곳에 엎드려 가련한 자를 잡으려고 기다리며 자기 그물을 끌어당겨 가련한 자를 잡나이다

[10] 그가 구푸려 엎드리니 그의 포악으로 말미암아 가련한 자들이 넘어지나이다

[11] 그가 그의 마음에 이르기를 하나님이 잊으셨고 그의 얼굴을 가리셨으니 영원히 보지 아니하시리라 하나이다

[12] 여호와여 일어나옵소서 하나님이여 손을 드옵소서 가난한 자들을 잊지 마옵소서

[13] 어찌하여 악인이 하나님을 멸시하여 그의 마음에 이르기를 주는 감찰하지 아니하리라 하나이까

[14] 주께서는 보셨나이다 주는 재앙과 원한을 감찰하시고 주의 손으로 갚으려 하시오니 외로운 자가 주를 의지하나이다 주는 벌써부터 고아를 도우시는 이시니이다

[15] 악인의 팔을 꺾으소서 악한 자의 악을 더 이상 찾아낼 수 없을 때까지 찾으소서

[16] 여호와께서는 영원무궁하도록 왕이시니 이방 나라들이 주의 땅에서 멸망하였나이다

[17] 여호와여 주는 겸손한 자의 소원을 들으셨사오니 그들의 마음을 준비하시며 귀를 기울여 들으시고

[18] 고아와 압제 당하는 자를 위하여 심판하사 세상에 속한 자가 다시는 위협하지 못하게 하시리이다

Theme: 하나님은 악인을 벌하시고 짓밟힌 자를 옹호하신다.

서론

시편 2편과 8편은 메시아 시로서 아주 신나는 시였으나 9편과 10편은 내리막으로 가는 하향 길의 좌절을 느끼게 합니다.

9편과 10편은 아크로스틱(Acrostic)으로 연결되어 하나의 시를 이루고 있습니다. 70인역과 라틴역에서는 하나로 취급하였습니다.

이 시는 찬양대장에게 뭇랍벤(Muth-labben)에 맞추도록 한 것입니다.

그 뜻은 "아들의 죽음"이라는 것으로 다윗이 8편 후에 계속하여 쓴 것으로 골리앗의 죽음을 말하든가, 밧세바의 아들의 죽음을 의미하든가, 또는 애굽에서 이스라엘 백성이 나아올 때 애굽의 장자를 치신 사건을 말하는 것이 아닌가 생각합니다. 여하간 본문이 우리에게 보여주는 것은 "하나님께서 악한 자는 벌하시고 짓밟힌 자를 옹호하신다"는 것입니다.

I. 환란 중에 도와달라고 하나님께 호소하는 기도

1. 여호와여 어찌하여 멀리 서시며 어찌하여 환난 때에 숨으시나이까

악인이 즐거워 자랑할 때―왜 주는 숨어 계시나이까? 악인이 그의 모든 불법적인 욕심을 거침없이 만족시키며 자랑하고 있을 때 어찌하여 숨어 계시나이까

[2] "악한 자가 교만하여 가련한 자를 심히 압박하오니 그들이 자기가 베푼 꾀에 빠지게 하소서"

"악한 자가 교만하여"―교만한 자는 한마디로 자기보다 약한 자는 박해하고 곤경에 빠지게 하는 자를 말합니다.

하나님의 뜻은 생각하지 않고 자기의 유익한 대로 하는 사람입니다.

예를 들면 바로는 하나님의 뜻은 생각하지 않고 이스라엘 백성을 노예로 부리려고 약한 자를 박해하고 나중에는 아들을 낳으면 다 죽이라고 했습니다. 약자라고 사람을 마음대로 압박하는 것은 하나님이 심판하십니다. 압박이라는 말은 영어로는 Persecute이라고 하는데 강자가 약자를 자기 유익의 목적으로 자기 말대로 하지 않는다고 때리고 죽이는 것을 말합

니다. 애굽인들은 유대인들을 핍박하고 괴롭혔습니다. 오죽하면 아들을 낳으면 죽였겠습니까?

악한 자는 자기가 여호와를 모독했다고 하고 자기가 하나님의 뜻을 업신여겼어도 안전하다고 자랑합니다.

"그들이 자기가 베푼 꾀에 빠지게 하소서" 이것은 박해를 받는 자가 자기의 원수를 갚아 달라고 기도하는 것 같으나 그것보다 "하나님께 심판을 시작하시라"고 간구하는 기도입니다. 보세요! 애굽인들은 이스라엘 사람들이 아들을 낳으면 죽였으나 하나님은 애굽인들의 장자를 하룻밤에 다 죽이고 심지어 짐승까지 처음난 놈은 모조리 죽였습니다. 그뿐입니까? 이스라엘 백성을 잡으려고 따라오던 모든 애굽 군인을 홍해에서 몰살시켰습니다.

그야말로 "악한 자가 교만하여 가련한 자를 심히 압박하오니 그들이 자기의 베푼 꾀에 빠지게 하소서" 하신 대로입니다. 이것이 교만하여 악한 자가 받을 심판이요 말로입니다.

[3] "악인은 그의 마음의 욕심을 자랑하며 탐욕을 부리는 자는
여호와를 배반하여 멸시하나이다"

악인은 즐거워하는 교만한 자, 곧 모든 불법적인 욕심을 거침없이 만족시키며 자랑하는 자를 말합니다.

다음으로 심판 받을 악한 자는 "그의 마음의 욕심을 자랑하며 탐욕을 부리는 자"입니다.

"마음의 욕심"이나 "탐욕"은 다 욕심을 말합니다.

우리 하나님이 제일 미워하시는 것은 우상숭배인데 욕심은 우상숭배

라고 하였습니다.

(골3:5) "그러므로 땅에 있는 지체를 죽이라 곧 음란과 부정과 사욕과 악한 정욕과 탐심이니 탐심은 우상숭배니라"

그러므로 예수님께서 탐심을 물리치라고 하셨습니다

(눅12:15) "그들에게 이르시되 삼가 모든 탐심을 물리치라 사람의 생명이 그 소유의 넉넉한 데 있지 아니하니라"

이스라엘 백성들이 만나를 먹으면서 불평을 했습니다.

(민11:4~7) "그들 중에 섞여 사는 다른 인종들이 탐욕을 품으매 이스라엘 자손도 다시 울며 가로되 누가 우리에게 고기를 주어 먹게 하랴 우리가 애굽에 있을 때에는 값없이 생선과 오이와 참외와 부추와 파와 마늘들을 먹은 것이 생각나거늘 이제는 우리의 기력이 다하여 이 만나 외에는 보이는 것이 아무것도 없도다 하니 만나는 깟씨와 같고 모양은 진주와 같은 것이라"

하나님께서 탐욕을 품고 불평하는 자들에 어떻게 하셨나 봅시다.

(민11:31~34) "바람이 여호와에게서 나와 바다에서부터 메추라기를 몰아 진영 곁 이쪽 저쪽 곧 진영 사방으로 각기 하룻길 되는 지면 위 두 규빗쯤에 내리게 한지라 백성이 일어나 그 날 종일 종야와 그 이튿날 종일토록 메추라기를 모으니 적게 모은 자도 열

호멜이라 그들이 자기들을 위하여 진영 사면에 펴 두었더라 고기가 아직 이 사이에 있어 씹히기 전에 여호와께서 백성에게 대하여 진노하사 심히 큰 재앙으로 치셨으므로 그곳 이름을 기브롯 핫다아와라 불렀으니 욕심을 낸 백성을 거기 장사함이었더라."

"악인은 그의 마음의 욕심을 자랑하며 탐욕을 부리는 자는 여호와를 배반하여 멸시하나이다"ㅡ"악인은 자기를 칭찬하며"ㅡ도둑은 하나님이 없다하며 자기가 하나님의 뜻을 반항했어도 안전하다 하며 자기를 칭찬하나이다.

이스라엘이 왜 망했는지 아십니까? "악인은 그의 마음의 욕심을 자랑하며 탐욕을 부리는 자는 여호와를 배반하여 멸시하나이다" 여호와를 배반하고 자기 욕심대로 행했기 때문입니다.

II. 악인은 사람이 하는 일을 하나님이 모르시고, 또 하나님이 없다고 합니다

[4] "악인은 그의 교만한 얼굴로 말하기를 여호와께서 이를 감찰하지 아니하신다 하며 그의 모든 사상에 하나님이 없다 하나이다"

"하나님이 감찰하지 않으신다!"ㅡ악인은 하고 싶은 짓을 자기 마음대로 다 할 수 있다 하며, 하나님이 자기의 잘못을 벌하지 않으신다는 가정 하에 움직인다.

"여호와께서 이를 감찰하지 아니하신다" 하는 말은 하나님은 모르신다는 뜻입니다. 적그리스도는 무신론자입니다. 하나님께서 이스라엘 백성에게 시내 산에서 10계명을 주실 때 무신론자는 없었던 것 같습니다. 무신론자가 있었으면 거기에 대한 계명이 있었을 것입니다.

범신론자는 있었습니다. 그러므로 출애굽기 20장에 말씀하셨습니다.

(출20:3~4) "너는 나 외에는 다른 신들을 네게 두지 말라 너를 위하여 새긴 우상을 만들지 말고 또 위로 하늘에 있는 것이나 아래로 땅에 있는 것이나 땅 아래 물속에 있는 것의 어떤 형상도 만들지 말며"

1,2 계명 두 계명은 범신론에 관한 계명이며 무신론에 관한 계명은 없습니다. 그러나 다윗은 무신론자에 대하여 말하기를

(시14:1) "어리석은 자는 그의 마음에 이르기를 하나님이 없다 하는도다 그들은 부패하고 그 행실이 가증하니 선을 행하는 자가 없도다" 하였습니다.

[5] "그의 길은 언제든지 견고하고 주의 심판은 높아서 그에게 미치지 못하오니 그는 그의 모든 대적들을 멸시하며"

"주의 심판은 높아서 그에게 미치지 못하며" — 죄인은 하나님의 심판을 받지 않는 것 같다.
"그 모든 대적을 멸시하며" — 악인은 그의 모든 대적을 코웃음 치며 자기를 반대하고자 하는 자들을 쉽게 패배시킨다.

[6] "그의 마음에 이르기를 나는 흔들리지 아니하며 대대로 환난을 당하지 아니하리라 하나이다"

이것은 교만한 자가 자기의 번성함을 자랑하는 것입니다. 그는 하나님의 도움이 필요 없다고 생각합니다. 여기에 무신론자의 성격에 대하여 더 말씀하셨습니다.

[9] "사자가 자기의 굴에 엎드림 같이 그가 은밀한 곳에 엎드려 가련한 자를 잡으려고 기다리며 자기 그물을 끌어당겨 가련한 자를 잡나이다"

"가련한 자를"—도울 자 없고 가난하고 낙심한 자

[10] "그가 구푸려 엎드리니 그의 포악으로 말미암아 가련한 자들이 넘어지나이다"

"가련한 자들이 넘어지나이다"—도울 자 없고 가난하고 낙심한 자의 큰 무리

[13] "어찌하여 악인이 하나님을 멸시하여 그의 마음에 이르기를 주는 감찰하지 아니하리라 하나이까"

그는 믿지 아니할뿐 아니라 하나님을 멸시합니다.

III. 하나님은 다 보시고 아십니다

[14] "주께서는 보셨나이다 … 주는 벌써부터 고아를 도우시는 이시니이다"

"주께서는 보셨나이다 … 주는 벌써부터 고아를 도우시는 이시니이다"

악인은 오해하였다. 하나님은 감찰하시지 않는다고 생각하지만 하나님은 보셨다! 주님은 도우시는 자이다. 하나님은 재앙과 원한을 감찰하시고 적당한 때에 공의를 베푸실 것이다.

압박당하는 자는 안전하게 주를 의지할 것이다. 하나님이 항상 고아와 압박당하는 자를 도우시기 때문이다.

[15] "악인의 팔을 꺾으소서 악한 자의 악을 더 이상 찾아낼 수 없을 때까지 찾으소서"

"악한 재[살아남은 자]의 악을 더 이상 찾아낼 수 없을 때까지"—주는 살아남은 악한 자에게서 악을 찾으실 것이다. 하나님이 악인을 흩으시는 것을 목격할 때 그가 회개할 것이기 때문에 악인은 더 이상 남아 있지 않을 것이다. 하나님의 심판을 볼 때는 그때야 무서워서 악인이 회개할 것이다.

결론

여호와께서는 영원무궁하도록 왕이시니 이방 나라들이 멸망하고 겸손한 자의 소원은 이루어집니다.

[16] "여호와께서는 영원무궁하도록 왕이시니 이방 나라들이 주의 땅에서 멸망하였나이다"

"여호와께서는 영원무궁하도록 왕이시니 이방 나라들이 주의 땅에서 멸망하였나이다"—주와 그 백성을 반대하는 열국은 주의 땅에서 사라졌다. 그때, 하나님의 주권이 우주적으로 인정될 것이다.

"이방 나라들"은 무신론자를 말합니다. 이 말씀은 예언의 말씀으로 모든 무신론자는 멸망합니다.

[17] "여호와여 주는 겸손한 자의 소원을 들으셨사오니 그들의 마음을 준비하시며 귀를 기울여 들으시고"

"겸손한 자의 소원을 들으셨으니"―주께서 들으신 겸손한 자의 소원은 "악인의 팔을 꺾으소서 악한 자의 악을 더 이상 찾아 낼 수 없을 때까지 찾으소서" 다윗이 방금 올린 앞에 있는 기도다.
"그들의 마음을 준비하시며 귀를 기울여 들으시고"―하나님께 가까이 하고자 하는 진정한 소원이 있음에도, 사람은 자기 고난에 너무 정신이 팔려서 기도할 때 올바로 집중하지 못한다. 그는 자기 마음이 기도하는 동안 하나님께로 인도해 달라고 간구해야한다. 하나님은 그 때 귀를 기울여 응답하실 것이다.

[18] "고아와 압제 당하는 자를 위하여 심판하사 세상에 속한 자가 다시는 위협하지 못하게 하시리이다"

"고아와 압제 당하는 자"는 믿음을 지키기 위하여 압박당하고 고통을 당하는 자를 말합니다. 하나님이 심판하심으로 그들의 고통은 다 사라질 것을 예언하는 것입니다.

그러므로 우리는 예수 그리스도께서 심판하러 오실 때는 "하나님께서 악한 자는 반드시 벌 하시고 밟힌 자는 옹호하시"사 성도들의 소원을 만족하게 해 주실 것을 믿습니다.
믿는 자에게 약속하신 축복이 충만하기를 예수님의 이름으로 축원합니다.

곤경에 처한 성도

(현대 교역자들에게 좋은 설교)

[다윗의 시, 인도자를 따라 부르는 노래]

[1] 내가 여호와께 피하였거늘 너희가 내 영혼에게 새 같이 네 산으로 도망하라 함은 어찌함인가

[2] 악인이 활을 당기고 화살을 시위에 먹임이여 마음이 바른 자를 어두운 데서 쏘려 하는도다

[3] 터가 무너지면 의인이 무엇을 하랴

[4] 여호와께서는 그의 성전에 계시고 여호와의 보좌는 하늘에 있음이여 그의 눈이 인생을 통촉하시고 그의 안목이 그들을 감찰하시도다

[5] 여호와는 의인을 감찰하시고 악인과 폭력을 좋아하는 자를 마음에 미워하시도다

[6] 악인에게 그물을 던지시리니 불과 유황과 태우는 바람이 그들의 잔의 소득이 되리로다

[7] 여호와는 의로우사 의로운 일을 좋아하시나니 정직한 자는 그의 얼굴을 뵈오리로다

✎ **Theme:** 하나님은 세상을 우연에 버려두지 않으신다.
의인은 하나님의 뜻대로 살기 위하여 고난을 받으나,
오는 세상에서 보상을 받는다.
악을 행하는 자는 이 세상에서만 보상이 있고 결국은 멸망한다.

서론

이 시는 다윗이 어려운 곤경에 처했을 때 쓴 것이 틀림없을 것입니다. 우리가 아는 대로 다윗은 사울 왕에게 7년 동안 쫓겨 다닐 때 여러 번 죽을뻔 하였습니다. 그리고 자기의 친 아들 압살롬에게 쫓기어 왕궁까지 내어주고 도망했던 때가 있었습니다. 그러나 이 시를 쓴 것은 어느 때 어떤 경우에 썼는지 확실히 알 수 없습니다. 다만 우리가 아는 것은 다윗이 말할 수 없는 곤경에 처했을 때에 쓴 것은 확실합니다. 그러나 대개 많은 신학자들이 추측하기는 압살롬이 공격하여 올 때라고 합니다.

본문이 우리에게 가르쳐 주는 것은 "하나님은 세상을 우연에 버려두지 않으십니다. 의인은 하나님의 뜻대로 살기 위하여 주님을 붙들고 고난을 받으나, 오는 세상에서 보상을 받습니다. 그러나 악을 행하는 자는 이 세상에서만 보상이 있고 결국은 멸망한다."는 것입니다.

I. 사람들은 잘못된 충고를 합니다

[1] [다윗의 시, 인도자를 따라 부르는 노래] "내가 여호와께 피하였거늘 너희가 내 영혼에게 새 같이 네 산으로 도망하라 함은 어찌함인가"

"어찌하여 네가 감히 나에게 말하느냐"—네가 감히 나에게 하나님을 버리고 도망하라 말하느냐?

다윗이 자기에게 하나님께 의지하기를 버리라고 권하는 오만한 자들과 대결합니다. 그들은 "새 같이 네 산으로 도망하라" 합니다.

이 말씀은 현대 심리학자들이 주는 충고입니다. 그들은 문제를 가지고 있는 사람이 상담을 하러 오면 틀림없이 말하기를 "빨리 지금 고민하는 고민에서 벗어나야 합니다."라고 충고할 것입니다. 심리학자들은 "어디에 가서 휴식을 취하라" 또는 지금 "환경에서 벗어나 다 잊어버리고 휴식을 취하라"고 말합니다. 다 잊어버리고 어디로 떠나간다고 문제가 해결됩니까?

오래 전 평양에 있을 때, 제가 17살 때입니다. 평양 성화 신학교 교장으로 계시던 배덕용 목사님이 많은 학생들에게 설교를 하시면서 주신 교훈입니다. "깨진 바가지는 어디가나 새니 속히 기워야 한다" 그러시고 하시는 말씀이 "실수했으면 곧 고쳐야지 그 자리를 떠나서 다른 곳으로 간다고 문제가 해결되는 것이 아니다, 떠나가도 문제를 해결해 놓은 후에 떠나가라" 하셨습니다. 저는 순교하신 배덕용 목사님의 교훈을 잊지 않고 기억합니다. 문제는 그곳을 떠나간다고 문제가 해결되는 것이 아닙니다. 그러기 때문에 문제는 빨리 해결해야 합니다.

다윗이 나이 많았을 때 곤경에 처했습니다. 그때 다윗에게 충고합니다. "당신의 사랑하는 아들 압살롬이 많은 군사를 이끌고 예루살렘으로 쳐들어옵니다. 빨리 예루살렘을 빠져나가 외국으로 도망해야 합니다. 압살롬은 왕을 죽이려 합니다. 빨리 빠져나가야 합니다." 이런 충고는 보통으로 듣는 충고입니다.

II. 악한 자는 선한 자를 아무도 모르게 죽이려고 합니다

[2] "악인이 활을 당기고 화살을 시위에 먹임이여 마음이 바른 자

를 어두운 데서 쏘려 하는도다"

압살롬의 군인들은 저마다 전공을 새우고자 다윗을 죽이려고 합니다. 다윗은 큰 슬픔에 빠졌습니다. 다윗이 잠깐 피했다가 다시 반격하면 아들이 죽지 않으면 아버지가 죽을 것입니다. 그야말로 진퇴양난입니다. 그는 요압 군대 장관에게 부탁했습니다. "내 아들을 상하게 하지 말라, 죽이지 말라, 나는 그가 살기를 원하노라."

압살롬은 큰 실수를 했습니다. 다윗은 위대한 전략가입니다. 누가 그 전술을 당하겠습니까? 백전백승한 장군입니다. 더욱이 그는 전쟁할 때마다 하나님께 물어서 그의 전술은 하나님의 전법이었습니다. 압살롬이 도저히 이길 수가 없었습니다.

압살롬, 다윗이 사랑하는 아들에게 요압이 창을 꽂음으로 전쟁은 끝이 났습니다. 다윗은 전쟁에 승리하였으나 기쁨은 없고 더 큰 슬픔에 잠기게 되었습니다. 다윗은 죽을 때까지 틀림없이 그 슬픔이 떠나지 않았을 것입니다.

(삼하18:33) "왕의 마음이 심히 아파 문 위층으로 올라가서 우니라 그가 올라갈 때에 말하기를 내 아들 압살롬아 내 아들 내 아들 압살롬아 차라리 내가 너를 대신하여 죽었더면, 압살롬 내 아들아 내 아들아 하였더라"

압살롬의 무법한 행위로 말미암아 가정뿐 아니라 예배의 질서가 무너지고 하나님의 구속의 역사에 오점을 남겼습니다. 하나님 앞에 예배드리는 그 당시 모든 사람에게 근심을 끼치게 된 것입니다.

III. 하나님은 모든 것을 다 감찰하시고 아십니다

[3] "터가 무너지면 의인이 무엇을 하랴"

"터가 무너지면 의인이 무엇을 하랴"
기초가 파괴되었을 때 의로운 사람—의인이 무엇을 성취했는가? 악이
분명히 의를 이긴 승리를 보고 믿음의 기초가 흔들렸을 때 의인이 자
기의 모든 의로 성취한 것이 무엇인가?

의를 이루는 터는 믿음입니다. 믿음이 있어야 의를 이룹니다. 믿음이
없으면 아무런 의를 이룰 수 없습니다.

(롬5:1) "그러므로 우리가 믿음으로 의롭다 하심을 받았으니 우리
주 예수 그리스도로 말미암아 하나님과 화평을 누리자"

의의 기초는 믿음입니다. 믿음이 없으면 의가 없습니다.

[4] "여호와께서 그의 성전에 계시고 여호와의 보좌는 하늘에 있
음이여 그의 눈이 인생을 통촉하시고 그의 안목이 그들을 감찰하
시도다"

"여호와께서 그의 성전에 계시고"—이것이 오만한 자들의 도전에 대한
답변입니다. 비록 하나님은 무한히 높이 계시지만 주님은 철저히 인
간사를 알고 계십니다.

[5] "여호와는 의인을 감찰하시고 악인과 폭력을 좋아하는 자를
마음에 미워하시도다"

"여호와는 의인을 감찰하시고"—하나님은 의인을 감찰하시고 그들을

순결하게 하기 위하여 채찍질하신다. 하나님은 의인이 옳은 일을 하면서 참 기쁨과 꾸준함이 있는지 시험하신다. 만일 의로운 생활이 자동적으로 즉시 보상을 받게 하고 죄악이 즉시 처벌에 이르게 한다면 그러면 하나님의 뜻을 행하는데 자유의지의 행사가 아니라 이기심이 인간의 모든 행동의 동기가 될 것이다. 그러므로 의인의 고통은 하나님이 사랑하시는 증거이다. 실제로 의인이 도덕적으로 개선되고 더욱 큰 사람이 되게 하시려는 하나님의 관심의 증거가 된다.

"(그러나) 악인과 … 폭력을 좋아하는 자를 마음에 미워하시도다."—법이 없고 포악한 자들의 줄지 않는 행복은 실제로 하나님의 냉대의 표적이다. 그들은 하나님께 훈련받을 가치도 없다. 그들에게는 더 이상 그런 훈련에서 혜택을 받을 능력이 없기 때문이다.

여기에 큰 문제가 남아 있습니다. 오늘날 하나님의 말씀의 권위가 도전을 당하고 있습니다. 하나님의 말씀에 도전하는 사탄의 역사를 신신학이라고 합니다. 오늘날은 신신학이라고 하지 않고 "종교 다원주의"라고 합니다. 모든 종교는 다 선을 행하라고 가르치니 어느 종교를 믿어도 구원 얻는다는 것입니다. 지금부터 50년 전만해도 미국에 불당이나 무슬림 사원이 없었습니다. 그런데 지금 보시오. 군대에 중들이 군승으로 들어가 있습니다. 미국만 그런 것이 아니라 한국도 그렇습니다.

미국서는 이것을 흔히 "new morality"라고 합니다. 그것은 성경에서 볼 때 죄입니다. 한국말로 그대로 번역하면 "새 도덕률"이라고 하겠습니다. 좀 더 설명한다면 "현대 사람들의 도덕법"입니다. 이것은 하나님이 미워하시는 것입니다.

[6] "악인에게 그물을 던지시리니 불과 유황과 태우는 바람이 그

들의 잔의 소득이 되리로다"

[7] "여호와는 의로우사 의로운 일을 좋아하시나니 정직한 자는
그의 얼굴을 뵈오리로다"

"악인에게 억수로 내려치시리니"—지옥에서 그들이 받을 공정한 보응
을 말한다.
"정직한 자는 그의 얼굴을 뵈오리로다"—고난당하는 의인은 하나님이
정직하시고 의를 보상하시는 것을 보게 될 것이다. 이것은 악한 자가
지옥에서 받을 보응과 의인이 천국에서 받을 보상을 말합니다.

IV. 구원 얻는 길은 변하지 않았습니다

하나님은 오늘도 주목하여 우리를 보고 계십니다. 그리고 그는 우리를
시험하십니다. 우리가 주님께로 갈 수 있는 길은 오직 한 길뿐입니다. 우
리가 참으로 믿음이 있는가? 그 근거를 우리에게서 끌어내려고 할 때 하
나님을 얼마나 붙잡는가를 보면 알 수가 있습니다.

아브라함은 그 입장에 들어갔습니다. 아브라함이 하나님을 믿었다
할 때 그는 하나님을 끌어안았습니다. 그가 하나님을 믿을 때 그는 하나
님을 붙들었습니다. 우리는 어떤 때 고난을 받으면 할렐루야 기쁨으로
주님을 찬양하지 못할 때가 있습니다. 그러나 주님을 붙들고 묵묵히 순
종해 나가면 하나님은 우리의 소원을 이루어 주십니다. 우리 하나님은
우리에게 항상 주목하시고 시간을 놓치지 않으시고 도우시는 하나님이
십니다.

결론

하나님은 우리 예수 믿는 자를 도우십니다.

[5] "여호와는 의인을 감찰하시고 악인과 폭력을 좋아하는 자를 마음에 미워하시도다"

[6] "악인에게 그물을 던지시리니 불과 유황과 태우는 바람이 그들의 잔의 소득이 되리로다"

[7] "여호와는 의로우사 의로운 일을 좋아하시나니 정직한 자는 그의 얼굴을 뵈오리로다"

"정직한 자는 그의 얼굴을 보리로다"─하나님은 세상을 우연에 버려두지 않으신다. "정직한 자는 그의 얼굴을 보리로다"
이것을 R' Hirsch는 다음과 같이 해석한다. "그들의 얼굴은 정직한 이를 볼 것이요" 고난당하는 의인은 하나님이 정직하시고 의를 상급으로 주시는 것을 보게 될 것이다.

하나님은 우리를 시험하시는 것이 아니라 우리를 사랑하셔서 우리를 연단 시켜 주시는 것입니다. 그의 영광을 위하여 우리에게 더 큰 일을 맡기시려고 훈련시키시고 연단하십니다. 하나님은 악한 자를 미워하십니다. 주님은 결코 사탄의 하는 일을 좋아하지 않으십니다. 하나님은 죄인을 사랑하십니다. 그러나 죄는 미워하십니다. 우리가 죄에 빠져 계속하여 죄에서 나올 생각을 하지 않으면 우리는 하나님의 원수가 됩니다. 하나님은 죄를 미워하시는데 우리가 죄를 좋아하기 때문입니다. 그러므로 우리는 죄를 미워하여 하나님을 기쁘시게 해야 합니다. 악을 행하는 자는 이 세상에서만 잠깐 보상이 있고 결국은 멸망입니다. 그러므로 죄의 생활에서는 속히 떠나야 합니다.

의인은 고난을 받으나 하나님의 뜻대로 살기 위하여 주님을 붙들고, 그리하여야 오는 세상에서 보상을 받습니다.

Goal 그러므로 우리는 죄는 미워하고
어려운 일이 있을 때
하나님을 더욱 굳게 붙들어
시험에서 이기는
믿음의 장부가 되시기를 축복합니다.

Psalms

시편 **12**편
자기 백성을
지키시는 하나님

[다윗의 시, 인도자를 따라 여덟째 줄에 맞춘 노래]

[1] 여호와여 도우소서 경건한 자가 끊어지며 충실한 자들이 인생 중에 없어 지나이다

[2] 그들이 이웃에게 각기 거짓을 말함이여 아첨하는 입술과 두 마음으로 말하는도다

[3] 여호와께서 모든 아첨하는 입술과 자랑하는 혀를 끊으시리니

[4] 그들이 말하기를 우리의 혀가 이기리라 우리 입술은 우리 것이니 우리를 주관 할 자 누구리요 함이로다

[5] 여호와의 말씀에 가련한 자들의 눌림과 궁핍한 자들의 탄식으로 말미암아 내가 이제 일어나 그를 그가 원하는 안전한 지대에 두리라 하시도다

[6] 여호와의 말씀은 순결함이여 흙 도가니에 일곱 번 단련한 은 같도다

[7] 여호와여 그들을 지키사 이 세대로부터 영원까지 보존하시리이다

[8] 비열함이 인생 중에 높임을 받는 때에 악인들이 곳곳에서 날뛰는도다

✒ **Theme:** 많은 배교자들이 나와 교회를 어지럽히며 성도들을 미혹하여 믿음에서 떨어지게 하려고 온갖 힘을 다 쏟는다.
그러나 하나님은 자기백성을 지키시고 보호하신다.

서론

요사이 많은 사람들이 종말에 대하여 다양한 말을 하며 관심을 가지고 있는 것을 봅니다. 오늘 본문 말씀은 다윗이 종말에 대하여 예언한 기도의 시입니다. 최종적으로 종말에는 큰 환난이 있는데 그때 이스라엘 백성 중에 구원받을 자와 모든 믿는 자들에 대한 예언입니다. 이 말씀이 우리에게 가르치시는 말씀은 "많은 배교자들이 나와 교회를 어지럽히며 성도들을 미혹하여 믿음에서 떨어지게 하려고 온갖 힘을 다 쏟을지라도 하나님은 자기백성을 지키시고 보호하신다."는 말씀입니다.

I. 배교하는 자들을 볼 때 믿는 자들의 마음을 봅시다

[1] "여호와여 도우소서 경건한 자가 끊어지며 충실한 자들이 인생 중에 없어지나이다"

"여호와여 도우소서 경건한 자가 끊어지며" — 일단 경건하고 신실한 사람들이 없어지면, 눌린 자는 호소할 수 있는 데가 오직 하나님뿐이다. 변질한 사회, 인격대신 이기심과 사기가 판치는 곳에서 사람들을 믿어줄 수가 없다. 그들은 말로는 우정과 충성이나 행동은 배신이다.

[2] "그들이 이웃에게 각기 거짓을 말함이여 아첨하는 입술과 두 마음으로 말하는도다"

"두 마음으로" — 진지하지 못한 마음을 가지고 (직역: 마음과 마음) 겉으로는 우정을 보여주나 그들의 속마음은 적개심을 품고 있다.

"여호와여 도우소서 경건한 자가 끊어지며 충실한 자들이 인생 중에 없어지나이다" 환난이 있어 배교하는 자들이 나올 때 보면 권력이 무서워 교회를 떠나가는 자가 많이 있습니다. 그것을 보면 과연 "경건한 자가 끊어지며 충실한 자들이 인생 중에 없어지나이다" 한 기도를 이해할 만합니다. 열왕기상 19장을 보면, 하나님께서 엘리야를 불렀습니다.

[13] "엘리야야 네가 어찌하여 여기 있느냐"

[14] "그가 대답하되 내가 만군의 하나님 여호와를 위하여 열심이 유별하오니 이는 이스라엘 자손이 주의 언약을 버리고 주의 제단을 헐며 칼로 주의 선지자들을 죽였음이오며 오직 나만 남았거늘 그들이 내 생명을 찾아 빼앗으려 하나이다"

이때 하나님은 대답하십니다.

(왕상19:18) "그러나 내가 이스라엘 가운데에 칠천 명을 남기리니 다 바알에게 무릎을 꿇지 아니하고 다 바알에게 입맞추지 아니한 자니라"

"그들이 이웃에게 각기 거짓을 말함이여 아첨하는 입술과 두 마음으로 말하는도다." 이 배교자는 정치적으로나 어떤 권세를 가지고 성도를 탄압하는 배교자가 아니고 "이웃에게 각기 거짓을 말함이여 아첨하는" 배교자입니다. 이 배교자들은 목적이 돈과 권세를 얻으려는 것입니다. 우리는 지금 흔히 봅니다. 이름 있는 아무 목사님이 그곳에서 설교하고 천주교 아무 추기경이 기도하고 불당의 중도 나와서 기도하고 대통령이 거기에 참석하실 것이다. 그러니까 우리도 가야지. 그것이 무슨 예배입니까?

그것을 어떻게 예배라고 하겠습니까?

> "그들이 이웃에게 각기 거짓을 말함이여 아첨하는 입술과 두 마음
> 으로 말하는도다"

제가 시애틀에 살 때입니다. 그곳에서 국제 반공 대회가 모여 기도회를 가지게 되었습니다. 제가 한국 대표로 기도하게 됐습니다. 후에 알고 보니 제가 기독교 대표로 기도하고 천주교 대표로 그곳 추기경이 기도하고 불교 대표로 달라이라마가 기도하게 되어 있었습니다. 이것을 안 후 전화하여 나는 그런데 가서 기도 못하겠다고 거절하고 안 갔습니다. 성도 여러분들, 우리는 유명한 목사가 한다고 다 따라 다니다가는 마귀에게 지옥으로 끌려갑니다.

요사이 많은 사람들이 불교도 선한 일 하라고 가르친다. 선하게 살면 다 구원 얻는다고 말합니다. 서울에 있는 감리교 신학교 학장이 "불교에도 구원이 있다"고 했습니다. 그렇지 않습니다. 구원은 예수 믿어야만 얻습니다.

> (요14:6) "예수께서 가라사대 내가 곧 길이요 진리요 생명이니 나
> 로 말미암지 않고는 아버지께로 올 자가 없느니라"

예수 믿는 것이 곧 구원 얻는 길입니다. 이 한 길 밖에는 없습니다.

II. 하나님의 백성은 하나님이 지키십니다

> [3~5] "여호와께서 모든 아첨하는 입술과 자랑하는 혀를 끊으시

리니 그들이 말하기를 우리의 혀가 이기리라 우리 입술은 우리 것
이니 우리를 주관할 자 누구리요 함이로다 여호와의 말씀에 가련
한 자들의 눌림과 궁핍한 자들의 탄식으로 말미암아 내가 이제 일
어나 그를 그가 원하는 안전한 지대에 두리라 하시도다"

"그에 관하여 주는 말씀하시리라"ー주는 말씀하시리라[문자적 해석:
그는 숨을 내쉬리라] 그에 관하여. 하나님은 노략당한 가련한 자들,
궁핍한 자들에게 그를 안전한 지대에 두리라 하시도다

아첨하고 자랑하는 자들은 자기들을 이길 자가 절대로 없다고 교만하
게 말합니다. 사회적으로도 이름이 높고 권력도 있고, 돈도 많으니 누가
능히 나를 당하리요 합니다.

[5] "여호와의 말씀에 가련한 자들의 눌림과 궁핍한 자들의 탄식
으로 말미암아 내가 이제 일어나 그를 그가 원하는 안전한 지대에
두리라 하시도다"

하나님은 하나님의 백성들을 두 가지로, 원망하고 아첨하는 자에게서
보호하십니다.
첫째로는 원망하고 불평하고 아첨하는 자를 광야에서 40년 동안에 다
멸망시킨 것 같이 다 심판하십니다.
둘째로는 "그를 그가 원하는 안전한 지대에 두리라 하시도다" 예수님
을 헤롯이 없는 안전한 지대인 애굽으로 피난시키시듯 안전한 지대로 옮
겨 보호하십니다. 결코 하나님의 백성을 악한 자의 손에 맡기지 아니합
니다.

III. 하나님의 말씀대로 반드시 이루어집니다

[6] "여호와의 말씀은 순결함이여 흙 도가니에 일곱 번 단련한 은 같도다"

"말씀은 순결함이여" — 인간들의 진실하지 못한 말과는 대조적으로 무엇이나 여호와께서 미리 말씀하신 것은 전체적으로 또 순결하게 이루어진다.
"흙 도가니에 일곱 번 단련한 은 같도다" — 온 세상에 분명하다.

[7~8] "여호와여 그들을 지키사 이 세대로부터 영원까지 보존하시리이다 비열함이 인생 중에 높임을 받는 때에 악인들이 곳곳에서 날뛰는도다"

"그들을 지키사" — 주는 그들을 (전에 언급한 눌린 자들과 가난한 자들) 지키시리이다
"이 세대로부터" — 악인이 곳곳에서 날뛰는도다. 여호와는 항상 가난하고 눌린 자들을 악인이 의인을 둘러 진치고 공격하려는 이런 세대로부터 지키시리라

그들이 무슨 소리로든지 안 떠들겠습니까? 우리가 상상할 수 없는 거짓말로 악한 말을 하며 아첨하고 다닙니다. 그러나 하나님의 말씀은 순결합니다. 우리는 하나님의 말씀을 보고 듣고 믿습니다. 이 하나님의 말씀이야말로 우리의 피난처요, 요새입니다. 우리 주님은 우리가 늘 안전지대인 이 요새에 있도록 보호하십니다.

[8] "비열함이 인생 중에 높임을 받는 때에 악인이 곳곳에서 날뛰는도다"

우리는 지금 이런 악한 세대에 살고 있습니다. 그야말로 종말이요 대환난 시대가 온 것 같습니다. 참 복음만 전하는 교회는 부흥도 더디고 진리를 사수하는 교회는 오히려 핍박을 받는 때가 되었습니다. 강단에서 거짓말도 하여 교인들을 놀라게 하는 교회는 많은 사람이 모입니다. 그런 교회가 참 교회인 것 같습니다. 그래서 목사들에게 요술과 최면술을 가르치는 학교도 생겼습니다. 그러나 우리는 선지자 이사야가 하신 말씀을 들어 봅시다.

> (사66:5) "여호와의 말씀으로 말미암아 떠는 자들아 그의 말씀을 들을지어다 이르시되 너희 형제가 너희를 미워하며 내 이름으로 말미암아 너희를 쫓아내며 이르기를 여호와께서는 영광을 나타내사 너희 기쁨을 우리에게 보이시기를 원하노라 하였으나 그들은 수치를 당하리라 하셨느니라"

많은 배교자들이 나와 교회를 어지럽게 하며 성도들을 미혹하여 믿음에서 떨어지게 하려고 있는 힘을 다 쓸지라도 하나님은 자기백성을 지키시고 보호하십니다.

결론

말세에 많은 배교자들이 일어나 교인들에게 아첨하는 말로 많은 사람을 속이며 영광을 받고 우리는 수치를 당하는 것 같습니다. 두려워하지 말고 참 복음만 믿고 나아갑시다. 우리가 참 진리를 선포할 때 사람들은 우리를 미워하나 두려워하지 맙시다. 하나님이 원수를 갚아 주십니다. 인간의 우정이나 충성은 의심스러울 때가 많습니다. 그러나 하나님께서 주신 확언들은 순수하고 영원합니다.

Goal 그러므로 우리는 주님만 믿고
우리가 받은 참 진리만
담대히 전하다가
기쁜 그날 보시기를 축복합니다.

Psalms

시편 13편

슬픔에서 기쁨을 얻는 법

[다윗의 시, 인도자를 따라 부르는 노래]

[1] 여호와여 어느 때까지니이까 나를 영원히 잊으시나이까 주의 얼굴을 나에게서 어느 때까지 숨기시겠나이까

[2] 나의 영혼이 번민하고 종일토록 마음에 근심하기를 어느 때까지 하오며 내 원수가 나를 치며 자랑하기를 어느 때까지 하리이까

[3] 여호와 내 하나님이여 나를 생각하사 응답하시고 나의 눈을 밝히소서 두렵건대 내가 사망의 잠을 잘까 하오며

[4] 두렵건대 나의 원수가 이르기를 내가 그를 이겼다 할까 하오며 내가 흔들릴 때에 나의 대적들이 기뻐할까 하나이다

[5] 나는 오직 주의 사랑을 의지하였사오니 나의 마음은 주의 구원을 기뻐하리이다

[6] 내가 여호와를 찬송하리니 이는 주께서 내게 은덕을 베푸심이로다

✎ **Theme:** 망명생활은 길고, 어둡고 끝없는 밤 같으나
그러나 하나님을 믿고 의지하는한 그 사람은 실패하지 않는다.

서론

유대인들은 이 시가 다윗의 개인적인 경험보다도 이스라엘이 앞으로 나라를 잃어버리고 포로 생활을 할 것을 예견한 것이라고 대개 생각합니다.

그러나 이 시에서 우리는 아주 슬픔에 잠긴 다윗을 볼 수 있습니다. 시편 9편에서 15편까지는 어려운 환난이 닥쳐올 때 하나님께 부르짖는 기도입니다. 사울의 군대는 다윗을 따르고 블레셋 군대는 다윗을 추격하여 올 때 급하여 아둘람 굴로 들어가 숨는 심정이 이 시의 모습일 것입니다. 이런 절박한 상황에 처한 사람의 기도는 이것밖에 없을 것입니다. 이 시가 우리에게 가르쳐 주는 것은 망명생활은 길고, 어둡고 끝없는 밤 같으나 그러나 하나님을 믿고 의지하는한, 그 사람은 실패하지 않는다는 것입니다.

I. 다윗이 많은 원수들을 볼 때 무서움으로 근심에 빠졌습니다

[1] "여호와여 어느 때까지니이까 나를 영원히 잊으시나이까 주의 얼굴을 나에게서 어느 때까지 숨기시겠나이까"

"나를 영영히 잊으시나이까" —다윗은 망명 중에 있는 이스라엘의 모든 사람들을 대신하여 예언적으로 말한다. 이것은 또한 견딜 수 없고 끝이 없을 것 같은 고생 중에 고통하는 개인의 기도이다.

하나님께서 자기를 버리시고 영원히 돌보시지 아니 하시는 것 같은 느낌으로 부르짖는 기도입니다.

[2] "나의 영혼이 번민하고 종일토록 마음에 근심하기를 어느 때까지 하오며 내 원수가 나를 치며 자랑하기를 어느 때까지 하리이까"

"나의 영혼이 번민하고 종일토록 마음에 근심하기를 어느 때까지"—언제까지 내가 마음에 번민해야 하겠습니까? 얼마나 오래도록 내가 나의 괴로움에서 나를 빼어내기 위하여 계속 계획을 짜내야 하겠습니까? "종일토록"—낮[에까지도] 침울한 감정이 내 마음에 있나이다. 고생이 덜 심한 경우, 낮에는 여러 가지 활동이 마음을 전환시켜서 그 시간 동안은 우울한 기분을 억제시키기에 충분하다.

이를 테면 낮에 일할 때는 어느 정도의 괴로움은 잊을 수 있습니다. 그러나 심한 괴로움은 일 할 때도 잊지 못합니다. 다윗은 일하는 낮에도 종일토록 괴로움을 잊을 수가 없습니다.

다윗은 하나님께 묻습니다. 언제까지 내가 이 일을 당하게 됩니까? 나의 원수가 어느 때까지 나를 이기게 됩니까?

[3] "여호와 내 하나님이여 나를 생각하사 응답하시고 나의 눈을 밝히소서 두렵건대 내가 사망의 잠을 잘까 하오며"

"나의 눈을 밝히소서"—나를 삼킬 것같은 이 어두움과 우울증에 빛을 비추어 주소서.

다윗은 죽을 지경에 이르렀습니다. 그는 두려움에 빠졌습니다. 원수에게 잡혀서 그의 손에서 죽임을 당할까 두려움에 떱니다. 그러므로 그는 간절히 기도합니다. 주여 내가 죽도록 피곤하오니 나를 보호하사 주 안에서 잠자게 하옵소서.

[4] "두렵건대 나의 원수가 이르기를 내가 그를 이겼다 할까 하오며 내가 흔들릴 때에 나의 대적들이 기뻐할까 하나이다"

"나의 원수가 이르기를 내가 그를 이겼다 할까 하오며" — 만일 다윗이 그의 원수에게 잡히면 원수는 뛰놀 것이며 다윗이 수모를 당할 때 우리 하나님도 원수들에게서 수모를 당할 것이다.

II. 이것을 생각하고 그 광경을 자기의 눈을 떠서 볼 때 하나님을 본 다윗에게는 큰 믿음과 용기가 생겼습니다 할렐루야!

[5] "나는 오직 주의 사랑을 의지하였사오니 나의 마음은 주의 구원을 기뻐하리이다"

"나는 오직" — 나의 원수들은 나의 구주가 없다 하였사오나 나는 아오니 주는 나의 구주이십니다.
"주의 사랑을 의지하였사오니" — 비록 나는 받을 가치가 없사오나 주는 나에게 은총을 베푸실 것을 나는 믿습니다.

다윗은 자기의 어리석음을 깨달았습니다. 하나님의 인자하심을 생각할 때 불쌍한 처지에 있는 자기를 도와주실 인자하신 하나님을 보았습니다. 그는 하나님만이 자기를 도와주시고 구원하여 주실 것을 믿었습니다. 할렐루야!

[6] "내가 여호와를 찬송하리니 이는 주께서 내게 은덕을 베푸심이로다"

성도 여러분, 우리가 어디 있든지, 무엇을 하든지, 어떤 처지에 있든지 우리는 우리를 도우시는 하나님만 바라봅시다. 우리를 도우시는 하나님을 바라볼 때 우리에게는 소망이 생깁니다.

> "여호와는 나의 빛이요 나의 구원이시니 내가 누구를 두려워하리요 여호와는 내 생명의 능력이시니 내가 누구를 무서워하리요 악인들이 내 살을 먹으려고 내게로 왔으나 나의 대적들 나의 원수들인 그들은 실족하여 넘어졌도다 군대가 나를 대적하여 진 칠지라도 내 마음이 두렵지 아니하며 전쟁이 일어나 나를 치려 할지라도 나는 여전히 태연하리로다 내가 여호와께 바라는 한 가지 일 그것을 구하리니 곧 내가 내 평생에 여호와의 집에 살면서 여호와의 아름다움을 바라보며 그의 성전에서 사모하는 그것이라 여호와께서 환난 날에 나를 그의 초막 속에 비밀히 지키시고 그의 장막 은밀한 곳에 나를 숨기시며 높은 바위 위에 두시리로다 이제 내 머리가 나를 둘러싼 내 원수 위에 들리리니 내가 그의 장막에서 즐거운 제사를 드리겠고 노래하며 여호와를 찬송하리로다"(시 27:1~6).

결론

우리 주님을 알면 죽음도 무섭지 않습니다.

오래전 일입니다. 제가 부흥회를 많이 다닐 때였습니다. 시카고에서 부흥회를 인도할 때 병자들 여러분이 병에서 고침을 받았습니다. 그 소문만 듣고 믿지 않는 60세 된 암 환자가 병을 고쳐 달라고 제가 목회하는 시애틀에 찾아왔습니다. 딸 하나 데리고 부인과 같이 왔습니다.

폐암 말기였습니다. 저는 기도해주고 전도하기를 시작했습니다. 예수님이 누구이신 것과 우리가 믿는 믿음에 대하여 가르쳐주고 "병은 하나님이 고쳐주시는 것이고 예수 믿으면 하나님이 세상에서는 혹시 안 고쳐주시고 천국으로 데려갈 수도 있으나 천국에는 암이 없다, 하나님의 뜻을 기다리라"고 했습니다. 10개월이 지났습니다.

그분은 아파서 병원에 입원을 했습니다. 저는 그에게 기도를 해주고 말했습니다. 절대로 이번에는 "죽지 않고 집으로 가게 됩니다." 몇 주 후 의사가 퇴원을 시켜 집으로 돌아왔습니다. 한 달 후에 또 아프다고 병원에 입원했습니다. 제가 가서 기도해 주었습니다. 그때는 하나님이 데려가실 것 같아서 말해 주었습니다.

"이번에는 집에 못 가시고 하나님이 데려가십니다. 그러니까 기도하시고 예수님 앞에 서실 준비 하시오" 그분은 "예 그렇게 하겠습니다" 하고 대답했습니다. 몇 일 후입니다. 그때는 하나님이 곧 데려가실 것 같아서 말해 주었습니다. "이제 3일 내로 하나님이 데려가실 것이니 원망스러운 것 다 회개하고 내일 저녁에 성찬 줄 터이니 준비하시오 내일 오겠습니다." 다음 날 가서 딸과 부인과 저의 아내와 예배를 드리고 세상에서는 마지막 예배라고 말해주고 성찬식을 했습니다.

그분은 너무 기뻐서 예수님 만날 생각만 합니다. 다음 날 갔더니 일어나 앉아서 하는 말이 "예수님이 부르시지 않네요" 합니다. "예, 기다리시오" 하고 제가 부탁을 했습니다. "내가 네 살 때 우리 어머니는 세상 떠나셨습니다. 이제 천국 가시면 우리 어머니에게 내가 보고 싶어 한다고 말해주시오" 했습니다. 그이는 대답하기를 "예, 물론 내가 가서 예수님께 인사드리고는 목사님 어머님께 인사드리겠습니다" 그날 밤으로 그분은 하나님 나라에 갔습니다. 기쁘게 조금도 두려움 없이 가시는 것을 보았습니다.

사랑하는 성도들, 우리는 어려울 때 예수님 바라봅시다. 다윗은 어려울 때 일수록 하나님을 바라보았습니다.

(시23편) "여호와는 나의 목자시니 내게 부족함이 없으리로다 그가 나를 푸른 풀밭에 누이시며 쉴 만한 물 가로 인도하시는도다 내 영혼을 소생시키시고 자기 이름을 위하여 의의 길로 인도하시는도다 내가 사망의 음침한 골짜기로 다닐지라도 해를 두려워하지 않을 것은 주께서 나와 함께 하심이라 주의 지팡이와 막대기가 나를 안위하시나이다 주께서 내 원수의 목전에서 내게 상을 차려 주시고 기름을 내 머리에 부으셨으니 내 잔이 넘치나이다 내 평생에 선하심과 인자하심이 반드시 나를 따르리니 내가 여호와의 집에 영원히 살리로다"

Goal 그러므로 우리는 어떤 어려운 경우에 처해서도
평강의 왕 되시는 예수님만 바라보고 기쁨과 평강을 얻으시기를
예수님의 이름으로 축복합니다.

세상이 좋아 하는 교회

[다윗의 시, 인도자를 따라 부르는 노래]

[1] 어리석은 자는 그의 마음에 이르기를 하나님이 없다 하는도다 그들은 부패하고 그 행실이 가증하니 선을 행하는 자가 없도다

[2] 여호와께서 하늘에서 인생을 굽어살피사 지각이 있어 하나님을 찾는 자가 있는가 보려 하신즉

[3] 다 치우쳐 함께 더러운 자가 되고 선을 행하는 자가 없으니 하나도 없도다

[4] 죄악을 행하는 자는 다 무지하냐 그들이 떡 먹듯이 내 백성을 먹으면서 여호와를 부르지 아니하는도다

[5] 그러나 거기서 그들은 두려워하고 두려워하였으니 하나님이 의인의 세대에 계심이로다

[6] 너희가 가난한 자의 계획을 부끄럽게 하나 오직 여호와는 그의 피난처가 되시도다

[7] 이스라엘의 구원이 시온에서 나오기를 원하도다 여호와께서 그의 백성을 포로된 곳에서 돌이키실 때에 야곱이 즐거워하고 이스라엘이 기뻐하리로다

Theme: 교회와 세상이 타락하여 참 교회는
외면을 당하고 박해를 받으나 여호와 하나님은 피난처가 되신다.

서론

이 시편은 12편과 연관이 있는 시입니다. 그곳에 보면 마지막 때에 세상이 한없이 부패하고 썩은 것을 봅니다. 경건한 사람은 없어지고 악한 자들이 세상을 주관하게 됩니다. 세상은 거짓되고 무법하고 악이 판을 치는 세상이 됩니다. 우리는 지금이 마지막 때가 아닌가 합니다. 아닙니다. 마지막 환난 때는 이보다도 세상이 더 악해질 것입니다. 하나님은 우리 믿는 자들을 사랑하시어 우리는 그 환난에 참여하게 하시지 않을 것입니다. 주님은 말씀하셨습니다.

> (계3:10) "네가 나의 인내의 말씀을 지켰은즉 내가 또한 너를 지
> 켜 시험의 때를 면하게 하리니 이는 장차 온 세상에 임하여 땅에
> 거하는 자들을 시험할 때라"

이 시는 세 부분으로 나눌 수 있는데 처음은 세상이 부패한데 대한 것이고 다음은 하나님의 백성에 대한 적개심이요 끝으로는 구원을 위한 간절한 기도입니다. 본문이 우리에게 가르치는 것은 교회와 세상이 타락하여 참 교회는 외면을 당하고 박해를 받으나 여호와 하나님이 피난처가 되신다는 것입니다.

I. 세상의 부패

[1] 어리석은 자는 그의 마음에 이르기를 하나님이 없다 하는도다
그들은 부패하고 그 행실이 가증하니 선을 행하는 자가 없도다

"어리석은 자는 그의 마음에 이르기를"—그의 "마음에게"라기 보다 "그의 마음으로"가 맞다. 그는 자기 마음으로 말하기 때문이다. 그의 이성은 그의 감정의 지배를 받는다. 그래서 "이성을 가지고 자기감 정을 다스리며 마음에게는 아니다 (Shocher Tou; R' Hirsch).
"하나님이 없다 하는도다"—"하나님이 없다" 그는 하나님의 섭리도 부 인하고 하나님이 자기를 벌 주지 아니하신다는 가정 하에 이스라엘 을 핍박한다.
"선을 행하는 자가 없도다"—'선을 행하는 자 없다' 그가 비록 공로 있 는 행동을 해도 그것을 '선을 행하는 자'의 원칙의 문제로 하지 않는 다 (R' Hirsch).

그들은 부패하고 그 행실이 가증하여 선을 선으로 인정해주지 아니합 니다. 오히려 선을 행한 자가 낙심하고 후회하게 만들어 세상을 악하게 만듭니다.

히브리어로 "어리석음"은 "나발"이라고 합니다. 구약에 나오는 나발은 어리석은 자인데 아름답고 지혜 있는 여자와 결혼하였습니다. 사무엘상 25장에 나오는데 나발은 그 뜻이 단순하다, 바보다, 어리석다, 미친 놈이 다라고 번역할 수 있습니다.

친구들끼리 토론을 하면서 어떤 친구가 자기는 하나님이 없다고 생각 하며 사람은 영혼이 없고 죽으면 개가 죽은 것 같이 없어진다고 말했습니 다. 그러니까 옆에 친구가 물었습니다. 그러면 내가 한 가지 네게 묻겠으 니 대답해라. 네가 지금 말한 것이 사람들에게 인기를 얻으려고 한 소리 냐 아니면 성경에는 하나님이 없다고 하는 자는 어리석은 자라고 했는데 너는 사실 바보냐 아니면 미친놈이냐 했습니다. 그 때 아무 대답도 못했 습니다. 인기 얻으려고 했으면 하나님이 계시다는 뜻이고 사실이라면 자 기는 미친놈이라는 말이기 때문입니다. 참으로 미친 사람 아니고는 하나님이 안 계시다고 할 사람이 없습니다.

이 우주가 돌아가는 것을 보면 그렇게 정확 할 수가 없습니다. 어떤 시계로도 우주의 회전하는 것처럼 정확하게 돌아 갈 수가 없습니다. 이것은 하나님께서 하시는 것이므로 일초도 틀림이 없습니다.

대학교 교수뿐만 아니라 신학교 교수 중에도 하나님을 믿지 않고 성경을 가르치면서도 성경을 믿지 않는 박사들이 많이 있습니다. 이들은 미친 사람이요 또는 바보들이요 어리석은 사람이라고 성경이 말하는 것입니다.

[2] "여호와께서 하늘에서 인생을 굽어살피사 지각이 있어 하나님
을 찾는 자가 있는가 보려 하신즉"

"하늘에서"ㅡ비록 무한하게 높이 계시지만 하나님은 참으로 인간들
의 길을 살피신다.

[3] "다 치우쳐 함께 더러운 자가 되고 선을 행하는 자가 없으니
하나도 없도다"

"각 사람이 다 치우쳤으니"ㅡ열국 중의 아무도 자기 나라의 지도자들이
이스라엘을 대적하여 범한 잔학한 행위를 항의하지 않는다 (Rashi).
사도 바울은 로마서 3:12에 이 말씀을 인용했습니다.

"다 치우쳐 함께 무익하게 되고 선을 행하는 자는 없나니 하나도
없도다"

이것은 사도 바울만 말하는 것이 아닙니다. 또한 무신론자에게만 말하는 것도 아닙니다. 모든 사람에게 하시는 말씀입니다. 세상에 죄인 아닌 사람은 하나도 없습니다. 다 죄인입니다.

II. 하나님의 백성에 대한 적개심

[4] "죄악을 행하는 자는 다 무지하냐 그들이 떡 먹듯이 내 백성을 먹으면서 여호와를 부르지 아니하는도다"

"죄악을 행하는 자는 다 무지하냐" — 그들이 (하나님께서 자기들의 악행을 마음에 두지 않는다고 생각하는 자들…)깨닫지 못하는가? 거기서(그들의 권세의 절정에서) 하나님이 그들을 처벌하실 때 그들은 공포에 사로잡힌다는 것을 (Radak).

[5] "그러나 거기서 그들은 두려워하고 두려워하였으니 하나님이 의인의 세대에 계심이로다"

[6] "너희가 가난한 자의 계획을 부끄럽게 하나 오직 여호와는 그의 피난처가 되시도다"

"그들은 거기서 두려워하고 두려워하였으니" — 그들은 공포에 사로잡히게 될 것이다 (문자적으로는 과거형 공포에 잡혔다. 장차 분명히 일어날 사건들은 예언이지만 과거형으로 자주 설명돼 있다. 선지자는 이미 그 사건들이 일어난 것을 보았기 때문이다.)
"여호와는 그의 피난처가 되시도다" — 너희는 하나님이 계심을 부인하기 때문에, 택한 백성이 하나님의 도우심에 의지함을 비웃는다.

요사이 정치인들을 보면 거짓으로 가장 하는 이들이 많이 있습니다. 그들은 가난한 자들의 사정을 하나도 모르면서 자기는 다 이해하는 것처럼 이야기합니다. 마치 부자의 상 밑에서 주인이 먹는 것을 좀 떨어뜨리지 않는지 쳐다보다가 한 숟가락 주면 고마워서 기분 좋게 집어먹는 것을 보고 있는 정치인들이 얼마나 많이 있습니까? 예수님은 말씀하셨습니다.

> (눅16:20~21) "나사로라 이름하는 한 거지가 헌데 투성이로 그의
> 대문 앞에 버려진 채 그 부자의 상에서 떨어지는 것으로 배불리려
> 하매 심지어 개들이 와서 그 헌데를 핥더라"

나는 이런 가난한 사람을 이해하는 부자를 보지 못했습니다. 부자도 죽고 가난한 거지도 죽습니다. 죽은 후에, 심판대에서는 행한 대로 갚아 주십니다.

III. 구원을 위한 간절한 기도

> [7] "이스라엘의 구원이 시온에서 나오기를 원하도다 여호와께서
> 그의 백성을 포로된 곳에서 돌이키실 때에 야곱이 즐거워하고 이
> 스라엘이 기뻐하리로다"

이 말씀은 이스라엘을 위하여 시온에서 구원해 주실 것을 간절히 바랄 것을 예언하는 것입니다. 그날에는 야곱이 즐거워하며 온 이스라엘이 기뻐할 것입니다.

모든 구원은 시온에서 나옵니다. 시온은 하나님이 복을 주시는 지성소가 있는 곳입니다. 다윗은 앞으로, 후일에 예수 그리스도께서 만민의 죄를 사하시기 위하여 십자가에서 죽으실 것이요. 모든 믿는 자에게 새 생명을 주시기 위하여 장사 지낸 지 사흘 만에 부활하실 것임을 보았습니다. 그러므로 만민이 즐거워할 것입니다. 소망은 시온 산에 서실 예수 그리스도에게만 있습니다.

결론

세상은 날이 갈수록 험악해 갑니다. 교회의 예배도 하나님을 기쁘시게 하는 것이 예배의 목적이 아니요 사람을 기쁘게 하는 것이 목적이 되어 사람이 우상이 되었습니다. 사람 우상을 섬기는 교회가 되었습니다. 왜 사람을 섬깁니까? 사람이 돈입니다. 사람이 많이 모여야 돈도 많으니 말입니다. 그래서 요사이는 교회가 사람 우상, 돈 우상 섬기기가 쉽습니다. 사람을 섬기는 또 하나의 이유는 민주주의 국가에서는 "표"입니다. 선거할 때 표가 많아야 하므로 사람의 수가 권력입니다. 그러므로 사람을 섬깁니다.

지금 참 믿음을 지키는 교회는 외면을 당하고 참 신자는 교회에서나 사회에서 미움을 당합니다.

Goal 그러므로 우리는 기도해야 합니다.
어려울 때 믿음을 잘 지키게 하시옵고,
주여 속히 임하셔서 우리를 구원하여 주시옵고 도와주시옵소서.

시편 **15**편

성도의 바른 생활

[다윗의 시]

[1] 여호와여 주의 장막에 머무를 자 누구오며 주의 성산에 사는 자 누구
오니이까

[2] 정직하게 행하며 공의를 실천하며 그의 마음에 진실을 말하며

[3] 그의 혀로 남을 허물하지 아니하고 그의 이웃에게 악을 행하지 아니하
며 그의 이웃을 비방하지 아니하며

[4] 그의 눈은 망령된 자를 멸시하며 여호와를 두려워하는 자들을 존대하
며 그의 마음에 서원한 것은 해로울지라도 변하지 아니하며

[5] 이자를 받으려고 돈을 꾸어 주지 아니하며 뇌물을 받고 무죄한 자를
해하지 아니하는 자이니 이런 일을 행하는 자는 영원히 흔들리지 아니
하리이다

Theme: 하나님께 더 가까이 오는 길은
사람에게 후하고 정직한 것이다.

서론

이 시편은 제9편부터 시작하는 종말에 관한 것으로 그 끝을 내리는 시
입니다. 우리가 이 시들을 다시 살펴보면 확실히 조직적인 발전을 볼 수

있습니다.

9편과 10편은 교만하고 자랑하며 자만한 사탄의 사람을 보여줍니다.

11편은 의로운 사람을 시험하는 것입니다. "내가 여호와께 피하였거늘 너희가 내 영혼더러 새 같이 네 산으로 도망하라 함은 어찜함인가"

12편은 하나님을 믿지 않는 사람들 중에 있는 경건한 사람들과 대 환난이 임할 때 그 중에 버려지는 자들의 모습입니다. "여호와여 도우소서 경건한 자가 끊어지며 충실한 자들이 인생 중에 없어지나이다"

13편은 대 환난 때 하나님의 사람들의 상태를 말했습니다. "여호와여 어느 때까지니이까 나를 영원히 잊으시나이까 주의 얼굴을 나에게서 언제까지 숨기시겠나이까"

14편은 마지막 때의 것을 보여주며 또한 악인들의 반항과 무신론적 행위를 나타냅니다. "어리석은 자는 그의 마음에 이르기를 하나님이 없다 하는도다 그들은 부패하고 그 행실이 가증하니 선을 행하는 자가 없도다 여호와께서 하늘에서 인생을 굽어살피사 지각이 있어 하나님을 찾는 자가 있는가 보려 하신즉 다 치우쳐 함께 더러운 자가 되고 선을 행하는 자가 없으니 하나도 없도다"

15편은 왕국에 들어갈 사람들을 보여줍니다. 이 사람들은 여호와 하나님 앞에 갈 사람들입니다.

오늘 본문이 가르치는 말씀은 하나님께 더 가까이 오는 길은 사람에게 후하고 정직한 것입니다.

I. 믿음이 있어야 주님이 원하시는 뜻을 행할 수 있습니다

[1]. "여호와여 주의 장막에 머무를 자 누구오며 주의 성산에 사는

자 누구오니이까"

"머무를 자 누구오며 … 사는 자 누구인가?" ─세상에서 무슨 행동이 사
람의 영혼을 위하여 오는 세상에서 높은 자리를 얻게 할 것인가?
'머물다' 는 임시적 체류를 말하고 '살다' 는 영구적인 집을 말한다.

　사람이 장막에─성전에─들어가는 것은 자기 삶 전체를 바쳐 하나님
을 섬기려는 결심을 새롭게 하려는 것입니다. 이 결심은 다음에는 거룩한
산, 곧 그들의 중심점이 되는 성전을 둘러싸고 일어나는 일상생활의 영역
안에서 실행됩니다.
　성산 (Holy Hill)은 오직 하나뿐입니다. 이곳은 예수 그리스도가 다스
리는 곳입니다.
　예수 그리스도께서 산 자와 죽은 자를 심판하러 오실 때 예수 그리스
도에게 담대하게 나아갈 자가 누구입니까? 이 세상에서 우리가 무엇을
해야 주님의 자리, 심판 주와 같이 그 자리에 설 수 있는가 하는 것입니다.

　　(롬14:10) "네가 어찌하여 네 형제를 비판하느냐 어찌하여 네 형제
　　를 업신 여기느냐 우리가 다 하나님의 심판대 앞에 서리라"

　　(고후5:10) "이는 우리가 다 반드시 그리스도의 심판대 앞에 나타나
　　게 되어 각각 선악간에 그 몸으로 행한 것을 따라 받으려 함이라"

　　[2] "정직하게 행하며 공의를 실천하며 그의 마음에 진실을 말하며"

　　[3] "그의 혀로 남을 허물하지 아니하고 그의 이웃에게 악을 행하
　　지 아니하며 그의 이웃을 비방하지 아니하며"

"그 이웃에게 … 그 벗에게" ― 항상 접촉하는 사람들을 참소하는 것은 남을 죽이려고 계획하고 걸리도록 그물을 치는 것입니다.

다니엘 6장에 보면 다리오 왕이 메대 파사를 얻고 120도를 총리 3명에게 다스리게 하였습니다. 그중에 하나가 다니엘인데 다리오 왕이 보니 다니엘을 따라갈 사람이 없음으로 120도를 다스리는 총리로 세우기로 했습니다. 그 때 다른 총리들과 몇 사람이 모의하여 "앞으로 30일 동안은 왕에게만 경배하고 다른 신이나 사람에게 경배하면 사자 굴에 넣기"로 결정하고 어인을 받았습니다. 이것은 다니엘이 매일 예루살렘을 향하여 문을 열어 놓고 여호와 하나님께 경배하는 것을 알고 다니엘을 죽이려는 함정이었습니다. 다니엘은 이것을 알고도 동쪽 예루살렘을 향하여 예배하고 기도했습니다. 이 악한 사람들은 즉시 다리오 왕에게 보고하여 어인을 찍은 대로 다니엘을 잡아 사자 굴에 넣었습니다. 이렇게 남을 죽이려고 계획하는 것을 참소라고 합니다. 다니엘을 사자 굴에 던졌지만 하나님은 다니엘을 해하지 못하게 하셨습니다. 그때야 다니엘을 죽이려고 악한 자들이 참소한 것을 알게 된 다리오 왕이 말한 것을 봅시다. 다니엘 6장 24절입니다.

"왕이 말하여 다니엘을 참소한 사람들을 끌어오게 하고 그들을 그들의 처자들과 함께 사자 굴에 던져 넣게 하였더니 그들이 굴 바닥에 닿기도 전에 사자들이 곧 그들을 움켜서 그 뼈까지도 부서뜨렸더라"

"악을 행하지 아니하며" ― 자기에게 그렇게 한 사람들에게까지도 망신을 주지 아니한다.

"그 이웃을 비방하지 아니하며" 이 말은 자기의 가진 힘을 가지고 약자라고 협박하는 것을 말합니다. 앗수르 왕 산헤립이 온 메소보다미아 지방을 점령했습니다 북쪽 이스라엘 나라도 점령했습니다. 그리고 예루살렘으로 와서 협박을 합니다.

> (사36:18) "혹시 히스기야가 너희에게 이르기를 여호와께서 우리를 건지시리라 할지라도 속지 말라 열국의 신들 중에 자기의 땅을 앗수르 왕의 손에서 건진 자가 있느냐"

자기의 힘을 과시하고 협박합니다. 히스기야 왕이 이 소식을 듣고 하나님께 기도합니다.

> (사37:17) "여호와여 귀를 기울여 들으시옵소서 여호와여 눈을 뜨고 보시옵소서 산헤립이 사람을 보내어 살아 계시는 하나님을 훼방한 모든 말을 들으시옵소서"

하나님은 그날 밤에 천사 하나를 보내서 하룻밤에 18만 5000명을 쳐 죽였습니다. 그들은 하나님을 훼방한 죗값을 받았습니다. 자기가 힘이 있다고 약자를 훼방하지 맙시다. 약자를 하나님이 도우십니다.

[4] "그의 눈은 망령된 자를 멸시하며"

"who despises a vile man" – 그는 망령된 자들에게 가면을 쓰고 아첨하지 않는다.

망령된 자는 하나님이 없다 하는 자입니다. 그리고 또 참소하고 비방하는 악한 자들은 망령된 자들입니다. 이런 자들은 멸시해야 합니다. 옆에 붙여두면 안 됩니다. 그런 자들과 친구가 되고 같이 웃고 좋다고 떠드는 것은 아첨하는 것입니다. 그런 자들을 멸시해야 합니다.

"그의 눈은 망령된 자를 멸시하며" 지금 세상은 누구라도 멸시하면 안 좋게 봅니다. 우리는 누구도 멸시하는 태도를 보이면 당장 욕을 먹을 것입니다. 그러나 이 말씀, 망령된 자를 멸시하며-우리는 망령된 자들에게 가면을 쓰고 아첨하는 자가 되면 안 됩니다. 망령된 자의 잘못은 잘못이라고 말 할 수 있어야합니다.

그러나 예수님의 말씀대로

(마10:16) "보라 내가 너희를 보냄이 양을 이리 가운데로 보냄과 같도다 그러므로 너희는 뱀 같이 지혜롭고 비둘기 같이 순결하라"

하신 말씀을 기억해야 합니다.

"여호와를 두려워하는 자를 존대하며" 하는 말씀은 믿는 성도를 존대해야 한다는 말씀입니다. 여호와를 두려워하는 자는 누구든지 다 같은 하나님의 백성이요 같은 주님의 제자이므로 존귀합니다. 그러나 지금 세상은 십계명을 존중하는 이야기만 하면 멸시하는 세상이 되었습니다.

"마음에 서원한 것은 해로울지라도 변하지 아니하는 자"가 되어야 합니다. 하나님 아버지는 우리에게 예수 그리스도를 믿으면 구원하신다는 서약을 변하지 않으십니다. 신구약에서 약속한 모든 것을 하나도 변하지 않으시고 지키십니다. 그리고 우리에게 마음에 서원한 것은 해로울지라도 변치 아니하는 자가 되라고 하셨습니다.

II. 믿음에는 행위가 따라가야 합니다

[5] "이자를 받으려고 돈을 꾸어 주지 아니하며 뇌물을 받고 무죄한 자를 해하지 아니하는 자이니 이런 일을 행하는 자는 영원히 흔들리지 아니하리이다."

"이런 일을 행하는 자는" ─ 원칙 문제로 이렇게 행동하고 이런 태도들을 자기 인격의 일부로 만드는 사람

"영원히 흔들리지 아니하리이다" ─ 비록 그가 흔들리더라도 영원히는 되지 않을 것이다. 그는 다시 일어날 것이요 자기 설 자리를 다시 얻으리라

다윗이 말한 이 말씀은 야고보가 말한 것과 꼭 같습니다.

(약2:18) "어떤 사람은 말하기를 너는 믿음이 있고 나는 행함이 있으니 행함이 없는 네 믿음을 내게 보이라 나는 행함으로 내 믿음을 네게 보이리라 하리라"

칼빈(Calvin)은 이같이 말했습니다. "믿음만이 우리를 구원한다. 그러나 믿음만 하는 것은 아니다" 하나님을 믿으면 믿음이 의의 생활을 생산해 낸다고 하였습니다. 우리는 예수 그리스도께서 속히 오시리라고 말씀합니다. 정말 속히 오시기를 원하십니까? 또한 오시면 나는 말씀대로 살았다고 고백하겠습니까? 우리는 노력합시다. 행동합시다. 예수님은 반드시 오십니다.

결론

[1] [다윗의 시] "여호와여 주의 장막에 머무를 자 누구오며 주의 성산에 사는 자 누구오니이까"

[2] "정직하게 행하며 공의를 실천하며 그의 마음에 진실을 말하며"

[3] "그의 혀로 남을 허물하지 아니하고 그의 이웃에게 악을 행하지 아니하며 그의 이웃을 비방하지 아니하며"

[4] "그의 눈은 망령된 자를 멸시하며 여호와를 두려워하는 자들을 존대하며 그의 마음에 서원한 것은 해로울지라도 변하지 아니하며"

[5] "이자를 받으려고 돈을 꾸어 주지 아니하며 뇌물을 받고 무죄한 자를 해하지 아니하는 자니 이런 일을 행하는 자는 영원히 흔들리지 아니하리이다"

이런 사람만이 참으로 하나님이 요구하는 사람이요 천국의 백성입니다. 본시 이런 사람은 세상에 하나도 없습니다. 다시 말하면 자기가 잘해서 구원 얻을 자는 세상에 한 사람도 없다는 말입니다.

그러므로 하나님은 우리를 구원하시려고 자기의 독생자 예수 그리스도를 세상에 보내시어 우리 죄를 대신하여 십자가에서 죽게 하셨고 삼일 만에 부활하게 하셨습니다. 예수님이 내 죄를 위하여 죽으셨다는 것을 믿는 자는 구원하여 주시는 것입니다.

(요3:16~17) "하나님이 세상을 이처럼 사랑하사 독생자를 주셨으

니 이는 그를 믿는 자마다 멸망하지 않고 영생을 얻게 하려 하심
이라 하나님이 그 아들을 세상에 보내신 것은 세상을 심판하려 하
심이 아니요 그로 말미암아 세상이 구원을 받게 하려 하심이라"

　예수님은 부활 승천하셔서 성령까지 보내주셔서 성령님이 가르쳐 주
시고 감동시키셔서 예수 믿게 하사 의롭다함을 얻게 하시고 구원 하시는
것입니다.
　말하자면 "사람에게 후하고 정직한 것이 하나님께 더 가까이 오는 길"
인데 우리가 부족함으로 성령님이 우리가 해야 할 것을 가르쳐 주시고 믿
음을 주시어 할 수 있도록 도와주십니다. 힘을 주시고 도와주실 때 우리
는 힘써 순종합시다. 이 길만이 하나님께 더 가까이 가는 길입니다.

Goal 그러므로 우리는 예수님이 원하시는 대로
　　　사람들에게 후하고 정직하여 항상 어디서나
　　　떳떳한 성도가 되시기를 축복합니다.

시편 16편

주께 피하나이다

[다윗의 믹담]

[1] 하나님이여 나를 지켜주소서 내가 주께 피하나이다

[2] 내가 여호와께 아뢰되 주는 나의 주님이시오니 주 밖에는 나의 복이 없다 하였나이다

[3] 땅에 있는 성도들은 존귀한 자들이니 나의 모든 즐거움이 그들에게 있도다

[4] 다른 신에게 예물을 드리는 자는 괴로움이 더할 것이라 나는 그들이 드리는 피의 전제를 드리지 아니하며 내 입술로 그 이름도 부르지 아니하리로다

[5] 여호와는 나의 산업과 나의 잔의 소득이시니 나의 분깃을 지키시나이다

[6] 내게 줄로 재어 준 구역은 아름다운 곳에 있음이여 나의 기업이 실로 아름답도다

[7] 나를 훈계하신 여호와를 송축할지라 밤마다 내 양심이 나를 교훈하도다

[8] 내가 여호와를 항상 내 앞에 모심이여 그가 나의 오른쪽에 계시므로 내가 흔들리지 아니하리로다

[9] 이러므로 나의 마음이 기쁘고 나의 영도 즐거워하며 내 육체도 안전히 살리니

[10] 이는 주께서 내 영혼을 스올에 버리지 아니하시며 주의 거룩한 자를 멸망시키지 않으실 것임이니이다

[11] 주께서 생명의 길을 내게 보이시리니 주의 앞에는 충만한 기쁨이 있고 주의 오른쪽에는 영원한 즐거움이 있나이다

Theme: 인생의 행로를 결정하는 요인,
　　　　　 사람의 재능과 외부적 환경은 역사를 지도하시는
　　　　　 창조주의 도구임을 깨달아야 한다.

서론

6·25 한국 전쟁이 일어났을 때 평양성은 소망이 넘쳤습니다. 왜냐하면 지금 삼팔선 전역에서 (국방군대가) 이북으로 5리를 전진해 들어온다고 허위 보도를 하여 우리는 "이제는 살았다" 했습니다. 그러나 30분도 못되어 인민군대가 반격하여 서울을 향해 내려가기 시작했다는 것입니다. 그후 사흘 만에 서울을 함락했다는 것입니다. 실망했습니다. 우리 집에는 저와 친척들이 같이 숨어 있었습니다. 그런데 제 옆집에는 예수 믿지 않는 청년 하나가 있었습니다. 그 사람은 인민군이 서울을 탈환했다는 방송이 나온 후 자살을 했습니다.

우리는 실망을 하고 이북 방송을 듣지 않고 이남 방송만 들었습니다. 우리는 하나님께 기도할 것밖에 없었습니다. 이남 방송을 들으니 유엔군이 한국에 들어온다고 방송이 나옵니다. "이제는 살았다 싶었습니다."

인생의 행로를 결정하는 요인, 사람의 재능과 외부적 환경은 역사를 지도하시는 창조주의 도구임을 깨달아야 합니다.

I. 본문은 하나님의 도우심을 바라는 다윗의 시입니다

[1] [다윗의 믹담] "하나님이여 나를 지켜주소서 내가 주께 피하나

이다"

"믹담" 악기의 종류; 특별히 중요한 시편; (황금 보석의 시).

[2] "내가 여호와께 아뢰되(네가 말했다) 주는 나의 주님이시오니
주 밖에는 나의 복이 없다 하였나이다"

다윗은 자기 영혼에게 말한다: 내영혼아 네가 여호와께 아뢰되…
"나의 복"─하나님께서 내게 주시는 혜택들은 주님의 의무가 아니다─

　내가 지금 기도하는 기도는 주님께 내가 달라고 청구할 수 없는 것입니다. 진실로 나는 받을 자격이 없는 것입니다.
　이 시는 처음에 "다윗의 믹담"이라고 하였습니다. "믹담"이란 말은 히브리말인데 번역하는 이들이 "황금 보석의 시"라고 하였습니다. 왜냐하면 다윗이 어려움에 처하여 죽게 되었을 때 앞으로 자기의 후손을 통하여 예수 그리스도가 탄생하시고, 십자가에서 죽으시고, 부활하시고, 승천하실 것을 말하면서 소망을 가지고 어려움에서 승리한 기도의 시이기 때문입니다.
　"하나님이여 나를 지켜주소서" 하는 것은 주님만 믿기 때문에 주님이 아니면 도와줄 자가 없으니 하나님이 도우시사 원수에게서 구원해 주어야 하지 않겠습니까 하며 하나님만 붙들고 늘어지는 기도입니다. 다윗이 확실히 안 것은 사람이 아무리 힘이 있고 권세가 있다 할지라도 역사를 주관하시는 하나님의 권세 밑에서 기계처럼 움직일 뿐이라는 것을 그는 겸손하게 인정했습니다. 다윗은 인생의 삶의 길을 결정하는 인간의 힘과 권세는 역사를 지도하시는 창조주 하나님이 인간역사를 지도하시는데 쓰시는 도구임을 깨달았습니다. 그러므로 그는 부르짖습니다.

"하나님이여 나를 지켜주소서 내가 주께 피하나이다"

[3] "땅에 있는 성도들은 존귀한 자들이니 나의 모든 즐거움이 그
들에게 있도다"

땅에 묻힌 성도는: 이스라엘 백성을 애굽에서 인도하여 내신 후 시내
광야에서 하나님은 이스라엘 백성과 언약을 맺으셨다.
[오히려 그 성도들 때문에] 주님을 진리로 섬기고 땅에 묻힌 나의 의로
운 조상들을 위하여 주님은 모든 것을 나에게 주셨나이다.

이 말씀은 하나님의 마음을 알고 하나님께서 약속하신 것을 상기시키
며 하나님으로 도와주시지 않을 수 없게 하는 기도입니다. 이런 기도는
누구나 할 수 없고 하나님의 권능을 알고 하나님은 성도를 사랑하신다 하
는 것을 참으로 믿는 사람만 할 수 있는 기도입니다. 왜냐하면 하나님은
출애굽기 19:6 "너희가 내게 대하여 제사장 나라가 되며 거룩한 백성
이 되리라"고 약속했기 때문입니다. 우리 하나님은 우리를 제사장과 같
이 존귀한 자로 여기시고 우리를 기뻐하시는 하나님이십니다. 다윗은 이
런 확신을 가지고 기도한 것입니다.

[4] "다른 신에게 예물을 드리는 자는 괴로움이 더할 것이라 나는
그들이 드리는 피의 전제를 드리지 아니하며 내 입술로 그 이름도
부르지 아니하리로다"

"다른 신에게 예물을 드리는 자는" 하나님 외에 어떤 존재나 힘을 의지
하는 자들을 말한다.
"그 이름도" 그들의 이름, 이 우상들의 이름들.

다윗은 절대로 다른 신에게 제사를 드리지 않을 뿐 아니라, 입으로 그런 이름을 부르지도 않았습니다.

[5] "여호와는 나의 산업과 나의 잔의 소득이시니 나의 분깃을 지키시나이다"

"여호와는 나의 분깃" 내가 가진 모든 것은 오직 한 길 하나님으로부터 온 것이다. 어떤 사람이든지 그의 영과 마음이 그를 분발시켜, 사람들이 고안해 낸 수많은 생각들을 버려야한다. 하나님이 뜻하신 직행 코스를 따라 하나님을 섬기며 아는 일에 자신을 헌신하게 된 사람들은 그로 말미암아 높이 성화된다. 하나님은 그의 영원한 기업이 되시고 이 세상에서 그에게 필요한 모든 것은 주님이 제사장들과 레위인들을 위하여 공급하셨듯이 하나님이 공급하실 것이다.

[6] "내게 줄로 재어 준 구역은 아름다운 곳에 있음이여 나의 기업이 실로 아름답도다"

"내게 줄로 재어 준 구역은 아름다운 곳에 있음이여"—자기에게 대한 하나님의 사랑하시는 마음을 아는 사람은 어느 곳이든지 또는 어느 자리든지 하나님이 그를 위하여 예비하신 것은 다 즐거움으로 받을 것이다.
"나의 기업이 실로 아름답도다"—자기가 받은 기업에 대하여 감사하는 마음은 자주 다른 이가 더 받았을 것이라는 유감으로 말미암아 작아진다. 그러나 다윗에게는 하나님이 주신 분깃이면 무엇이나 아름다웠다.

이 말씀은 여호와 하나님만이 내 재산이라는 말씀입니다. 하나님께서 나의 필요한 모든 것을 공급해 주심으로 하나님이 나의 재산이라는 말씀입니다. 양의 재산이 무엇이겠습니까? 목자 한 사람입니다. 마찬가지로 다윗은 하나님만 자기 재산으로 삼았으니 하나님이 다윗에게 무진장으로 주서서 부족함이 없었습니다. 시편 23편이 바로 하나님을 자기의 재산으로 삼았을 때 받은 축복을 다윗이 노래한 것입니다.

> (시 23:) "여호와는 나의 목자시니 내게 부족함이 없으리로다 그가 나를 푸른 풀밭에 누이시며 쉴만한 물 가로 인도하시는도다 내 영혼을 소생시키시고 자기 이름을 위하여 의의 길로 인도하시는도다 내가 사망의 음침한 골짜기로 다닐지라도 해를 두려워하지 않을 것은 주께서 나와 함께 하심이라 주의 지팡이와 막대기가 나를 안위하시나이다 주께서 내 원수의 목전에서 내게 상을 차려주시고 기름을 내 머리에 부으셨으니 내 잔이 넘치나이다 내 평생에 선하심과 인자하심이 반드시 나를 따르리니 내가 여호와의 집에 영원히 거하리로다"

II. 다윗이 어떻게 이런 믿음을 가졌는가?

다윗은 이런 믿음을 가지기 위하여 하나님의 말씀을 묵상했습니다.

> [7] "나를 훈계하신 여호와를 송축할지라 밤마다 내 양심이 나를 교훈하도다"

"여호와를 송축할지라"—나로 하나님을 내 분깃으로 선택하게 인도하신 하나님을 나는 찬양하리라. 그러나 이 길에서 나를 지탱하기 위하여 나는 하나님의 도우심만 의지해서는 안 된다. 내 지성이 이 결심을 다시 단단하게 만들도록 나는 나의 밤—조용한 묵상의 시간 —을 사용해야만 한다.

"내 심장이"—나의 지성. (직역) 나의 신장들이, 성경 비유에서, 신장
은 인간 궁리의 자리다.

물론 이 믿음은 하나님께서 주신 선물입니다. 예수 그리스도를 확실히
앎으로 이런 믿음이 있었던 것입니다. 다윗은 또한 하나님의 약속을 믿었
습니다.

(창22:18) "또 네 씨로 말미암아 천하 만민이 복을 받으리니 이는
네가 나의 말을 준행하였음이니라 하셨다 하니라"

이같이 아브라함에게 약속하실 뿐 아니라 하나님은 다윗에게 직접 말
씀하셨습니다.

(삼하7:16) "네 집과 네 나라가 내 앞에서 영원히 보전되고 네 왕
위가 영원히 견고하리라 하셨다 하라"

다윗은 이 약속들을 믿음으로 자기의 후손에서 구주 예수 그리스도가
나실 것을 확실히 믿었습니다. 그러므로 8절부터 11절까지는 예수 그리
스도를 생각하며 노래한 것입니다.

III. 다윗이 예수 그리스도를 생각하여 찬양합니다

[8] "내가 여호와를 항상 내 앞에 모심이여 그가 나의 오른쪽에
계시므로 내가 흔들리지 아니하리로다"

"내 앞에 모심이여"—이 구절은 율법의 근본적 원칙을 가르친다. 그리고 하나님 앞에서 행하는 의인의 자질 중 하나를 보여준다. 사람의 사적 품행은 왕의 존전에서의 행위와 극적으로 다르다.—말하는 것이든지, 비즈니스 또는 자기의 신체적 요구를 처리할 때든지 확실히 사람이 왕 중 왕의 임재를 항상 느끼고 있다면 그것은 그의 행동을 심오하게 좌우할 것이다

이 찬송은 예수님의 탄생을 찬송한 것입니다. 하나님의 아들 예수 그리스도가 육신으로 세상에 오셔서

(마28:20) "볼지어다 내가 세상 끝날까지 너희와 항상 함께 있으리라" 하신 말씀 그대로 "내가 여호와를 항상 내 앞에 모심이여 그가 나의 오른쪽에 계시므로 내가 흔들리지 아니하리로다"

예수님의 탄생을 찬양한 것입니다.

[9] "이러므로 나의 마음이 기쁘고 나의 영도 즐거워하며 내 육체도 안전히 살리니"

"내 육체도 안전히 살리니"—하나님이 나를 이 세상에서 해를 당하지 않게 하시리니 이는 내 영혼을 스올에 버리지 아니하시고 주의 성도를 멸망시키지 않으실 것임이니이다.

이것은 예수 그리스도의 죽으심을 노래한 것입니다. 예수 그리스도께서 우리 죗값으로 십자가에서 죽으심으로 우리의 영혼이 구원받을뿐 아니라 우리의 육체 "내 육체도 안전히 살리니" 하고 노래한 것입니다.

[10] "이는 주께서 내 영혼을 스올에 버리지 아니하시며 주의 성도를 멸망시키지 않으실 것임이니이다"

"내 영혼을 스올에" — 일단 내가 인생의 마땅한 길을 선택하면, 주께서 내 영혼을 내 육체와 함께 스올에 내려가게 버리지 않을 것이라. 하나님은 내 영혼을 들어 하나님의 영광의 자리에 높이 올려 주실 것이다. 주께서 생명의 길로 — 하나님은 나에게 생명의 길을 영원히 알게 하실 것이요, 이 길은 사망이나 썩음을 알지 못한다. 그것은 한 생명에서 다른 생명으로 이동하는 연속이다.

이 말씀은 우리로 영생을 얻게 하시기 위하여 예수 그리스도께서 죽은 자 가운데서 부활하실 것을 찬양한 것입니다. "주의 성도를 멸망시키지 않으실 것임이니이다"

[11] "주께서 생명의 길을 내게 보이시리니 주의 앞에는 충만한 기쁨이 있고 주의 오른쪽에는 영원한 즐거움이 있나이다"

이 말씀은 예수님의 승천하심을 찬양한 것입니다. 예수님은 부활 승천하셔서 지금은 하나님의 우편에 앉아서 "영원한 즐거움"을 누리시는 것을 말합니다.

결론

다윗은 하나님의 약속을 믿을 때 예수 그리스도께서 탄생하시기 전에 이미 예수님이 세상에 오실 것과 우리를 위하여 죽으실 것과 부활하실 것과 승천하실 것을 믿고 하나님의 보호와 주실 복을 확신했습니다. 그때 그는 자기가 역사를 주관하시는 하나님 앞에서 바로 살아야겠다고 생각하며 자기를 돌아보았습니다.

우리 주님이 같이 하시고 내게 복을 주시는 것이 확실 할 때는 우리가 겸손해지고 자기를 매일 매일 돌아보게 됩니다. 다윗은 "나를 훈계하신 여호와를 송축할지라 밤마다 내 양심이 나를 교훈하도다" 하였습니다.

우리들도 다윗과 같이 "밤마다 내 양심이 나를 훈계" 하는 소리를 들어봅시다. 물론 각자가 다를 것입니다. 그러나 예수님이 우리에게 주신 말씀대로 "위로 하나님을 사랑하고" 하나님을 어떻게 사랑합니까? 예배 잘드리는 것입니다.

"네 이웃을 네 몸과 같이 사랑하라" 하신 말씀입니다. 우리는 사랑하는 마음으로 사람들에게 친절하게 말합시다.

"듣기는 속히 하고 말하기는 더디"(약1:19) 합시다. 사람들의 기분을 살피며 말합시다. 내 기분대로 말하고 내 기분대로 행동하지 말고 겸손한 태도로 예수님의 마음을 살피며 예수님께서 기뻐하실 수 있도록 말합시다.

그러므로 우리는, 다윗이 하나님을 역사의 주관자임을 확신하고 (잠3:5~6) "너는 마음을 다하여 여호와를 신뢰하고 네 명철을 의지하지 말라, 너는 범사에 그를 인정하라 그리하면 네 길을 지도하시리라"
하신 말씀대로 창조주 하나님 우리 아버지의 마음이
우리의 말하는 것과 행동을 통하여 기뻐하실 수 있게 되기를
예수님의 이름으로 기도합니다.

의인의 간구
(메시아 시)

[다윗의 기도]

[1] 여호와여 의의 호소를 들으소서 나의 울부짖음에 주의하소서 거짓 되지 아니한 입술에서 나오는 나의 기도에 귀를 기울이소서

[2] 주께서 나를 판단하시며 주의 눈으로 공평함을 살피소서

[3] 주께서 내 마음을 시험하시고 밤에 내게 오시어서 나를 감찰하셨으나 흠을 찾지 못하셨사오니 내가 결심하고 입으로 범죄하지 아니하리이다

[4] 사람의 행사로 논하면 나는 주의 입술의 말씀을 따라 스스로 삼가서 포악한 자의 길을 가지 아니하였사오며

[5] 나의 걸음이 주의 길을 굳게 지키고 실족하지 아니하였나이다

[6] 하나님이여 내게 응답하시겠으므로 내가 불렀사오니 내게 귀를 기울여 내 말을 들으소서

[7] 주께 피하는 자들을 그 일어나 치는 자들에게서 오른손으로 구원하시는 주여 주의 기이한 사랑을 나타내소서

[8] 나를 눈동자 같이 지키시고 주의 날개 그늘 아래에 감추사

[9] 내 앞에서 나를 압제하는 악인들과 나의 목숨을 노리는 원수들에게서 벗어나게 하소서

[10] 그들의 마음은 기름에 잠겼으며 그들의 입은 교만하게 말하나이다

[11] 이제 우리가 걸어가는 것을 그들이 에워싸서 노려보고 땅에 넘어뜨리려 하나이다

[12] 그는 그 움킨 것을 찢으려 하는 사자 같으며 은밀한 곳에 엎드린 젊은 사자 같으니이다

[13] 여호와여 일어나 그를 대항하여 넘어뜨리시고 주의 칼로 악인에게서 나의 영혼을 구원하소서

[14] 여호와여 이 세상에 살아 있는 동안 그들의 분깃을 받은 사람들에게서 주의 손으로 나를 구하소서 그들은 주의 재물로 배를 채우고 자녀로 만족하고 그들의 남은 산업을 그들의 어린 아이들에게 물려 주는 자니이다

[15] 나는 의로운 중에 주의 얼굴을 뵈오리니 깰 때에 주의 형상으로 만족하리이다

Theme: 의로운 사람이 하나님께 자기의 행위를 조사해 주시며, 자기 원수 에게서 보호해 주시길 구합니다. 그리하여 하나님께서 주시는 영광을 누릴 수 있게 해달라고 간구하는 기도입니다.

서론

17편은 다윗의 기도시라고 하였고 그 이상은 언제 어디서 썼는지 알 수 없습니다. 사울의 추격을 피하여 광야에서 곤란 중에 있을 때 한 기도로 추상됩니다. 다윗이 곤고한 중에도 하나님을 신뢰한 것이지만 이 시편은 예수 그리스도에 관하여 예언한 말씀이라고도 합니다. 이 시편은 다윗의 신앙 체험으로 간증하는 말씀입니다.

본문이 우리에게 가르쳐 주는 것은 "의로운 사람이 하나님께 자기의

행위를 조사해 달라고 하고, 자기 원수에게서 보호해 주시고 하나님께서 주시는 영광을 누릴 수 있게 해달라고 간구하는 기도입니다."

I. 의인의 기도

[1] "여호와여 의의 호소를 들으소서 나의 울부짖음에 주의하소서 거짓되지 아니한 입술에서 나오는 나의 기도에 귀를 기울이소서"

"여호와여 의의 호소를 들으소서"—내가 입 밖으로 토하는 기도의 말들은 진실하고 진지합니다. 하나님 앞에서 나의 자평이 정직합니다. 나는 나 자신을 객관적으로 또한 자기 망상 없이 관찰하기가 두렵지 않습니다.

다윗은 사울에게서 쫓겨다닐 때 마음의 고통과 육신의 괴로움이 다른 사람은 경험하지 못하는 극심한 고난을 겪었습니다.

어떤 날 자기를 잡으려는 사울의 군사가 따를 때 급해져서 굴로 들어가 숨었습니다. 마침 사울도 그곳에 와서 앉으려고 굴에 들어갔습니다. 그때 다윗의 부하들은 사울을 죽이려 했습니다. 그러나 기름 부음을 받은 하나님의 종을 다윗은 죽일 수가 없었습니다. 힘이 있어도 못 죽입니다.

제가 어려서 주일학교 선생님의 말씀을 들을 때, 예수님이 십자가에서 악당들에게 죽임을 당한 것은 힘이 없어서가 아니라고 했습니다. 하나님 아버지가 세상에 가서 죄인을 구원하기 위하여 십자가에서 죽으라고 해서 순종하기 위하여 죽으셨다고 했습니다. 그때 저는 생각했습니다. 나 같으면 십자가에 달려 있다가 뛰어내려와서 "이놈들아 내가 힘이 없어 죽는 줄 아느냐" 호령을 하고 다시 십자가에 올라가 죽었으면 사람들이 예수를 더 잘 믿었을 것이라고 했습니다.

예수님도 죄인을 살리시고 구원하시기 위하여 세상에 오셨음으로 얻어맞을 수 밖에 없었습니다. 예수님을 욕하고 때리고 미워하는 악한 자를 아버지 하나님이 구원해 내시기를 원하셨습니다. 그러므로 예수님은 그렇게 고난을 당하여도 미워하는 마음 없이 다 당하셨습니다. 예수님은 이런 죄인을 구원 하시러 세상에 오셨습니다. 그러나 다윗은 사울을 구원하려고 한 것이 아니라 하나님의 기름 부음을 받은 사람이므로 자기가 죽일 수 있었으나 죽이지 않은 것입니다.

[2] "주께서 나를 판단하시며 주의 눈으로 공평함을 살피소서"

주 앞에서 나오는 판단으로 나의 진실함을 입증하소서. 주의 눈이 거짓으로 나를 정죄하는 내 원수들과 같지 않게 내가 정직함을 보시옵소서.

"주께서 나를 판단하시며" 이 말씀은 자기가 판단하는 것이 주님이 생각하는 것과 같기를 원하는 소원입니다. 나의 뜻이 하나님 아버지의 뜻과 같기를 원한다는 것입니다. 이 기도는 의인의 기도입니다.

사울은 범죄하고 있습니다. 다윗은 사울 다음에 왕으로 기름 부음을 받은 사람입니다. 사울은 왕으로 기름 부음을 받은 다윗을 미워하며 죽이려 쫓아오니 죄를 짓고 있습니다. 이런 죄인, 특별히 자기를 죽이려고 따라다니는 자를 죽이지 말라고 말합니다.

"주의 눈으로 공평함을 살피소서" "주님은 정직한 것을 보시옵소서" 하는 것입니다. 다윗은 간구합니다. "하나님은 여기서 공의로 살피시지 마옵시고 하나님의 자비와 은혜로 판단하옵소서. 나는 하나님의 자비를 원합니다" 하나님이 인간의 죄악을 살피실진대 누가 하나님 앞에 서리이까?

[3] "주께서 내 마음을 시험하시고 밤에 내게 오시어서 나를 감찰하셨으나 흠을 찾지 못하셨사오니 내가 결심하고 입으로 범죄하지 아니하리이다"

"밤에 찾으셨다" ― 주께서 내 생각들을 시험하셨다. 밤은 사람이 생각하는 시간이다. 그때 그는 세상일에서 자유롭기 때문이다. 주님은 내 생각을 감찰하셨다. 그러나 "흠을 찾지 못하였나이다." 내 안에서 부적절한 것을 아무것도 찾지 못하셨나이다.

"내가 결심하고" ― 내 생각들이 내 입의 말들을 어기지 않나이다. 나는 속이지 않습니다. 나의 말들은 내 생각의 참된 반영입니다.

이 말씀은 사람에게는 합당치 못한 기도입니다. 그러므로 이 시는 예수 그리스도의 기도라고, 메시아 시로 구분한 것입니다.

다윗에게서는 흠을 찾을 수 있습니다. 그러므로 다윗의 이 기도는 예수 그리스도의 기도의 모형입니다. 1절에서 "거짓되지 않은 입술에서 나오는 내 기도"라고 한 것을 보아 이것은 예수님의 기도입니다. 죄 없는 자는 예수님뿐입니다.

베드로는 말했습니다.

(벧전2:22~23) "그는 죄를 범하지 아니하시고 그 입에 거짓도 없으시며, 욕을 당하시되 맞대어 욕하지 아니하시고 고난을 당하시되 위협하지 아니하시고 오직 공의로 심판하시는 이에게 부탁하시며"

[4] "사람의 행사로 논하면 나는 주의 입술의 말씀을 따라 스스로 삼가서 포악한 자의 길을 가지 아니하였사오며"

인간관계를 파괴하는 것은 사탄의 역사입니다. 다윗은 원수의 진지 안에 있었습니다. 사울에게서 피해 다녔습니다. 우리도 원수의 진지 가운데서 살고 있습니다. 이 땅은 사탄의 영역입니다. 예수님께서 버가모 교회에 편지하실 때,

> (계2:13) "네가 어디에 사는지를 내가 아노니 거기는 사탄의 권좌가 있는 데"라 하셨습니다.

우리는 비록 종종 사탄의 시험에 빠지나, 우리 주님은 한 번도 사탄의 유혹에 빠지지 아니 했습니다. 예수님은 자기를 욕하고 때리고 조롱하는 무리들 사이에서도 그들을 미워하는 죄를 짓지 아니하시고 오히려 그들을 위해 기도하셨습니다. 그러므로 우리는 이렇게 기도하신 예수님의 공로를 의지하여 믿고 기도할 수 있습니다.

II. 다윗은 하나님이 자기의 기도 들으신 것을 믿었습니다

> [5] "나의 걸음이 주의 길을 굳게 지키고 실족하지 아니하였나이다"

> [6] "하나님이여 내게 응답하시겠으므로 내가 불렀사오니 내게 귀를 기울여 내 말을 들으소서"

다윗은 자기의 기도가 이미 응답된 줄로 믿었습니다. 우리 주님은 기도하실 때 이미 아버지 하나님이 다 아시고 들으신 것으로 믿으셨습니다.

우리도 하나님께 믿고 기도하면 이미 다 받은 줄로 알아야 하겠습니다. 특별히 어려운 환란 가운데 있을 때는 하나님도 급히 응답하십니다.

[7] "주께 피하는 자들을 그 일어나 치는 자들에게서 오른손으로 구원하시는 주여 주의 기이한 사랑을 나타내소서"

"주의 기이한 사랑을 나타내소서"—주께 피하는 자를 구원하셔서 주의 인자를 분명하게 나타내소서.

[8] "나를 눈동자 같이 지키시고 주의 날개 그늘 아래 감추사"

"나를 눈동자 같이 지키시고"—주께서 눈꺼풀로 눈동자를 보호하게 만드심 같이 나를 지켜주소서
주의 기이한 사랑을 나타내소서—주께 피하는 자를 구원하셔서 주의 인자를 나타내소서. 광야에서 하나님께서는 이스라엘 백성들을 그 기이한 사랑으로 구원하셨습니다. 하나님은 말씀하셨습니다.

(출19:4) "내가 애굽 사람에게 어떻게 행하였음과 내가 어떻게 독수리 날개로 너희를 업어 내게로 인도하였음을 너희가 보았느니라"

우리를 하나님의 날개로 덮으신다는 말은 이와 같은 구원을 말합니다. 예수님도 예루살렘을 보시고 우셨습니다.

(마23:37) "예루살렘아 예루살렘아 선지자들을 죽이고 네게 파송된 자들을 돌로 치는 자여 암탉이 그 새끼를 날개 아래에 모음 같이 내가 네 자녀를 모으려 한 일이 몇 번이더냐 그러나 너희가 원하지 아니하였도다"

[9] "내 앞에서 나를 압제하는 악인들과 나의 목숨을 노리는 원수들에게서 벗어나게 하소서"

[10] "그들의 마음은 기름에 잠겼으며 그들의 입은 교만하게 말하나이다"

"그들이 기름에 잠겼으며"—그들의 기름이 자신을 둘러싸며—그들의 번영이 자신의 마음과 눈을 막아 하나님이 계심도 못 깨닫고, 하나님을 두려워함도 없나이다.

[11] "이제 우리가 걸어가는 것을 그들이 에워싸서 노려보고 땅에 넘어뜨리려 하나이다"

[12] "그는 그 움킨 것을 찢으려 하는 사자 같으며 은밀한 곳에 엎드린 젊은 사자 같으니이다"

III. 다윗은 부르짖습니다. 그리고 이미 받은 줄로 믿고 있습니다

[13] "여호와여 일어나 그를 대항하여 넘어뜨리시고 주의 칼로 악인에게서 나의 영혼을 구원하소서"

"주의 칼 … 악인에게서"—악인은 주의 칼이나이다.

악인은 독립적으로 행동한다고 생각한다(그러므로 그들의 범죄를 인하여 처벌을 받는다). 그러나 사실 그들은 다만 하나님의 심판을 실행하는 도구일 뿐이다.

[14] "여호와여 이 세상에 살아 있는 동안 그들의 분깃을 받은 사람들에게서 주의 손으로 나를 구하소서 그들은 주의 재물로 배를 채우고 자녀로 만족하고 그들의 남은 산업을 그들의 어린 아이들에게 물려주는 자니이다"

여호와여 주의 손으로 세상 사람에게서 내 영혼을 구원하소서. 이 잠깐 있는 세상에서 그들의 분깃은 이 땅의 것이고 주님은 주의 숨겨진 재물로 저희 배만 채워 주십니다. 그들은 자식과 함께 실컷 먹은 후에 그 남은 산업을 자녀에게 물려주는 자니이다.

[15] "나는 의로운 중에 주의 얼굴을 뵈오리니 깰 때에 주의 형상으로 만족하리이다"

내가 오는 세상의 생명과 투명함으로 깰 때에 나는 하나님을 보는 참 복을 누리리라. 이에 비교하면, 이 세상의 모든 것은 꿈에 취한 잠[일장춘몽] 같을 뿐이다.

다윗은 굴 안에서 부르짖습니다. 그는 하나님이 그를 거기서 구원해 주실 것이요, 어느 날은 하나님 앞에 설 것을 믿고 있습니다. 그러나 지금은 원수들이 강한 것을 봅니다.

결론

우리는 하나님의 자녀들입니다. 그러나 우리는 우리를 향한 세상의 원수들을 봅니다. 원수들을 볼 때 무섭고 떨리며 내 힘으로 도저히 감당 못할 것 같으나 우리를 도우시는 주님이 계십니다.

제가 어렸을 때입니다. 아마도 초등학교 5, 6학년 때입니다. 어른들과 논에 돌피를 뽑으러 나갔습니다. 7월이 되면 벼와 돌피가 다 커서 큰 돌피는 잘 뽑히지 않습니다. 그런데 제 앞에 큰 돌피가 있었습니다. 그것을 뽑는데 잘 나오지를 않아서 두 손으로 죽을 힘을 다해서 잡아 당겼는데 뽑아지면서 뒤로 나가 떨어졌습니다. 옆에서 보던 사람이 제게 하는 말이 "힘들지? 그렇게 큰 것은 나보고 뽑아달라고 그래" 하였습니다. 저는 "예, 감사합니다."라고 웃으며 대답했습니다.

세상에 성도들을 괴롭히는 자들이 논밭의 돌피보다 많습니다. 벼를 추수하기 전에 돌피는 걷어내야 합니다. 예수님이 말씀하셨습니다. 가라지는 먼저 거두어 단으로 묶어 불에 태우신다고 하셨습니다.

말세가 가까울수록 성도들을 괴롭히는 사탄의 역사는 더 많아집니다. 그러나 염려맙시다. 우리 힘으로 못 하는 것은 우리 옆에 계시는 우리 주님께 부탁합시다. 우리 주님은 아무리 큰 돌피도 다 뽑을 수 있습니다. 주님은 우리를 도우시려고 목숨까지 내 주셨습니다.

Goal 그러므로 신앙생활 할 때 모진 시험이 있어도
예수님이 도와주실 줄 믿고 열심히 싸워
모든 시험을 다 이기시고 기쁨을 얻으시기를
예수님의 이름으로 축복합니다.

길고 변화 많은 일생

**[여호와의 종 다윗의 시, 인도자를 따라 부르는 노래, 여호와께서 다윗을
그 모든 원수들의 손에서와 사울의 손에서 건져 주신 날에
다윗이 이 노래의 말로 여호와께 아뢰어 이르되]**

[1] 나의 힘이신 여호와여 내가 주를 사랑하나이다

[2] 여호와는 나의 반석이시요 나의 요새시요 나를 건지시는 이시요 나의
     하나님 이시요 내가 그 안에 피할 나의 바위시요 나의 방패시요 나의
     구원의 뿔이시요 나의 산성이시로다

[3] 내가 찬송 받으실 여호와께 아뢰리니 내 원수들에게서 구원을 얻으리
     로다

[4] 사망의 줄이 나를 얽고 불의의 창수가 나를 두렵게 하였으며

[5] 스올의 줄이 나를 두르고 사망의 올무가 내게 이르렀도다

[6] 내가 환난 중에서 여호와께 아뢰며 나의 하나님께 부르짖었더니 그가
     그의 성전에서 내 소리를 들으심이여 그의 앞에서 나의 부르짖음이 그
     의 귀에 들렸도다

[7] 이에 땅이 진동하고 산들의 터도 요동하였으니 그의 진노로 말미암음
     이로다

[8] 그의 코에서 연기가 오르고 입에서 불이 나와 사름이여 그 불에 숯이
     피었도다

[9] 그가 또 하늘을 드리우시고 강림하시니 그의 발 아래는 어두캄캄하도다

[10] 그룹을 타고 다니심이여 바람 날개를 타고 높이 솟아오르셨도다

[11] 그가 흑암을 그의 숨는 곳으로 삼으사 장막 같이 자기를 두르게 하심

이여 곧 물의 흑암과 공중의 **빽빽한** 구름으로 그리하시도다

[12] 그 앞에 광채로 말미암아 **빽빽한** 구름이 지나며 우박과 숯불이 내리도다

[13] 여호와께서 하늘에서 우렛소리를 내시고 지존하신 이가 음성을 내시며 우박과 숯불을 내리시도다

[14] 그의 화살을 날려 그들을 흩으심이여 많은 번개로 그들을 깨뜨리셨도다

[15] 이럴 때에 여호와의 꾸지람과 콧김으로 말미암아 물 밑이 드러나고 세상의 터가 나타났도다

[16] 그가 높은 곳에서 손을 펴사 나를 붙잡아 주심이여 많은 물에서 나를 건져 내셨도다

[17] 나를 강한 원수와 미워하는 자에게서 건지셨음이여 그들은 나보다 힘이 세기 때문이로다

[18] 그들이 나의 재앙의 날에 내게 이르렀으나 여호와께서 나의 의지가 되셨도다

[19] 나를 넓은 곳으로 인도하시고 나를 기뻐하시므로 나를 구원하셨도다

[20] 여호와께서 내 의를 따라 상 주시며 내 손의 깨끗함을 따라 내게 갚으셨으니

[21] 이는 내가 여호와의 도를 지키고 악하게 내 하나님을 떠나지 아니하였으며

[22] 그의 모든 규례가 내 앞에 있고 내게서 그의 율례를 버리지 아니하였음이로다

[23] 또한 나는 그의 앞에 완전하여 나의 죄악에서 스스로 자신을 지켰나니

[24] 그러므로 여호와께서 내 의를 따라 갚으시되 그의 목전에서 내 손이 깨끗한 만큼 내게 갚으셨도다

[25] 자비로운 자에게는 주의 자비로우심을 나타내시며 완전한 자에게는 주의 완전하심을 보이시며

[26] 깨끗한 자에게는 주의 깨끗하심을 보이시며 사악한 자에게는 주의 거스르심을 보이시리니

[27] 주께서 곤고한 백성은 구원하시고 교만한 눈은 낮추시리이다

[28] 주께서 나의 등불을 켜심이여 여호와 내 하나님이 내 흑암을 밝히시리이다

[29] 내가 주를 의뢰하고 적군을 향해 달리며 내 하나님을 의지하고 담을 뛰어넘나이다

[30] 하나님의 도는 완전하고 여호와의 말씀은 순수하니 그는 자기에게 피하는 모든 자의 방패시로다

[31] 여호와 외에 누가 하나님이며 우리 하나님 외에 누가 반석이냐

[32] 이 하나님이 힘으로 내게 띠 띠우시며 내 길을 완전하게 하시며

[33] 나의 발을 암사슴 발 같게 하시며 나를 나의 높은 곳에 세우시며

[34] 내 손을 가르쳐 싸우게 하시니 내 팔이 놋 활을 당기도다

[35] 또 주께서 주의 구원하는 방패를 내게 주시며 주의 오른손이 나를 붙들고 주의 온유함이 나를 크게 하셨나이다

[36] 내 걸음을 넓게 하셨고 나를 실족하지 않게 하셨나이다

[37] 내가 내 원수를 뒤쫓아가리니 그들이 망하기 전에는 돌아서지 아니하리이다

[38] 내가 그들을 쳐서 능히 일어나지 못하게 하리니 그들이 내 발 아래에 엎드러지리이다

[39] 주께서 나를 전쟁하게 하려고 능력으로 내게 띠 띠우사 일어나 나를 치는 자들이 내게 굴복하게 하셨나이다

[40] 또 주께서 내 원수들에게 등을 내게로 향하게 하시고 나를 미워하는 자들을 내가 끊어 버리게 하셨나이다

[41] 그들이 부르짖으나 구원할 자가 없었고 여호와께 부르짖어도 그들에게 대답하지 아니하셨나이다

[42] 내가 그들을 바람 앞에 티끌 같이 부숴뜨리고 거리의 진흙 같이 쏟아 버렸나이다

[43] 주께서 나를 백성의 다툼에서 건지시고 여러 민족의 으뜸으로 삼으셨으니 내가 알지 못하는 백성이 나를 섬기리이다

[44] 그들이 내 소문을 들은 즉시로 내게 청종함이여 이방인들이 내게 복종하리로다

[45] 이방 자손들이 쇠잔하여 그 견고한 곳에서 떨며 나오리로다

[46] 여호와는 살아 계시니 나의 반석을 찬송하며 내 구원의 하나님을 높일지로다

[47] 이 하나님이 나를 위하여 보복해주시고 민족들이 내게 복종하게 해 주
　　시도다
[48] 주께서 나를 내 원수들에게서 구조하시니 주께서 나를 대적하는 자들
　　의 위에 나를 높이 드시고 나를 포악한 자에게서 건지시나이다
[49] 여호와여 이러므로 내가 이방 나라들 중에서 주께 감사하며 주의 이름
　　을 찬송하리이다
[50] 여호와께서 그 왕에게 큰 구원을 주시며 기름 부음 받은 자에게 인자
　　를 베푸심이여 영원토록 다윗과 그 후손에게로다

Theme: 다윗은 자기의 길고 변화 많은 일생의 모든 시련과 승리 중에
하나님의 손길이 함께 하신 것을 깨달아서 하나님을 찬양할
권리를 얻었다.

서론

이 찬송 시는 처음에 이와 같이 시작합니다. "여호와께서 다윗을 그 모
든 원수들의 손에서와 사울의 손에서 건져 주신 날에 다윗이 이 노래의
말로 여호와께 아뢰어 가로되"

"그 날에 여호와께서 그를 그의 원수들에게서 구원하셨다" ─ 다윗은 이
노래를 그의 모든 환난이 지나간 노년기에 불렀다.

다윗에게는 큰 원수 둘이 있었습니다.
첫째는 블레셋입니다. 수많은 원수가 다윗을 죽이려고 따라다닙니다.
둘째로는 자기가 힘이 있어도 죽일 수 없는 원수입니다. 사울 왕인데

하나님의 기름 부음을 받은 주의 종이므로 자기가 죽일 수 없습니다.

이 두 원수는 보통 큰 원수가 아니며 자기 힘으로는 이길 수가 없는 특별한 원수입니다. 여기에서 구원하여 주실 때 하나님을 찬양하였는데 이 시는 사무엘하 22장을 재현시킨 찬송 시입니다.

다윗이 사울을 죽이려고 했으면 벌써 죽일 수 있었으나 그것이 하나님의 뜻을 이루는 것이 아니므로 모든 곤욕을 다 참고 하나님의 뜻이 이루어지기를 기다린 것입니다. 예수님이 힘이 없어서 잡혀 죽은 것이 아니라 원수를 다 멸할 수 있어도 오히려 당하신 것과 같습니다. 제자 중 하나가 칼을 뽑아 말고의 목을 치다 실수로 귀를 칠 때 예수님이 말씀하셨습니다.

> (마26:53-54) "너는 내가 내 아버지께 구하여 지금 열두 군단
> 더 되는 천사를 보내시게 할 수 없는 줄로 아느냐 내가 만일 그렇
> 게 하면 이런 일이 있으리라 한 성경이 어떻게 이루어지겠느냐 하
> 시더라"

예수님이 잡혀 죽으신 것은 힘이 없어서가 아니라 하나님 아버지의 뜻을 이루시기 위하여서 입니다. 하나님의 뜻을 이루시기 위하여 고생하였더니 결국 하나님의 방법으로 싸워 승리하셨습니다. 그러므로 본문이 우리에게 가르쳐 주시는 말씀은 "다윗은 길고 파란만장한 자기 일생의 모든 시련과 승리 중에 하나님의 손길이 함께 하신 것을 깨달음으로 하나님을 찬양할 권리를 얻었다"는 것입니다.

I. 오직 하나님의 도우심으로 승리했음을 깨달았습니다

[1] [여호와의 종 다윗의 시, 인도자를 따라 부르는 노래, 여호와 께서 다윗을 그 모든 원수들의 손에서와 사울의 손에서 건져 주신 날에 다윗이 이 노래의 말로 여호와께 아뢰어 가로되]

"나의 힘이신 여호와여 내가 주를 사랑하나이다"
"여호와께서 다윗을 그 모든 원수의 손에서 구원하시는 날에—다윗은 이 노래를 그의 노년기에, 그의 모든 환난이 이미 지나간 후에 노래했다.

[2] "여호와는 나의 반석이시요 나의 요새시요 나를 건지시는 이 시요 나의 하나님이시요 내가 그 안에 피할 나의 바위시요 나의 방패시요 나의 구원의 뿔이시요 나의 산성이시로다"

"나의 구원의 뿔"—성경에서 뿔은 힘을 말한다. 뿔 있는 짐승은 그 뿔 들로 적을 물리치고 싸우기 때문이다.

같은 말씀이 삼하 22:1-3절에 나옵니다.

"여호와께서 다윗을 모든 원수의 손과 사울의 손에서 구원하신 그 날에 다윗이 이 노래의 말씀으로 여호와께 아뢰어 이르되 여호와 는 나의 반석이시요 나의 요새시요 나를 위하여 나를 건지시는 자 시요 내가 피할 나의 반석의 하나님이시요 나의 방패시요 나의 구 원의 뿔이시요 나의 높은 망대시요 그에게 피할 나의 피난처시요 나의 구원자시라 나를 폭력에서 구원하셨도다"

특별히 주목할 것은 시편 18편과 사무엘하 22장에서 다윗은 하나님의 이름을 부를 때 "나의"라고 부른 것입니다.

> 여호와는 나의 반석이시요 나의 요새시요
> 나를 건지시는 자시요 나의 하나님이시요
> 나의 피할 바위시요 나의 방패시요
> 나의 구원의 뿔이시요 나의 산성이시로다

사무엘하 22 장에서는 여기에 "나를 폭력에서 구원하셨도다"를 더 첨가했습니다. 도마도 부활하신 예수님을 볼 때 그렇게 고백하였습니다.

> (요20:28) "도마가 대답하여 이르되 나의 주님이시요 나의 하나님이시니이다"

이것은 지금도 우리가 주님을 바라보며 주님을 붙들고 찬송하며 고백해야 할 말입니다. 우리 주님은 우리의 뿔이 되십니다. 우리 주님은 높은 망대이십니다. 높은 망대는 피난처가 되며 적이 오는 것을 다 보고 방어를 하는 곳입니다. 우리는 우리 주님이 사방을 돌아볼 수 있는 망대에 올라가서 사방을 돌아보며 우리를 어떻게 보호 하시는지 알고 안심하고 살아야 할 것입니다.

이 말씀들은 우리를 보호하시는 하나님의 이름으로 아주 적합한 이름들입니다. 여러분들과 나는 위험한 인생길을 갈 때 길을 확실히 잘 아는 인도자, 선생님이 절대로 필요합니다. 다윗처럼 우리도 예수님은 "나의 피난처시요 나의 구원자" 십니다 하고 고백해야 마땅합니다. "나는 주님을 사랑합니다." 이제 고백하시겠습니까? 우리 고백합시다.

"예수님은 나의 피난처시요 나의 구원자십니다. 나는 주님을 사랑합니다."

II. 하나님은 예배를 받으시기에 합당하십니다

[3] "내가 찬송 받으실 여호와께 아뢰리니 내 원수들에게서 구원을 얻으리로다"

영어로 예배를 Worship이라고 하는데 이 말은 영어의 Worth, 곧 "가치가 있다 또는 합당하다"라는 단어에서 나왔습니다. 그래서 예배라는 말은 이것을 받을만한 가치가 있는 이에게 드린다는 말입니다. 다윗이 여호와 하나님을 찬송할 때 "내가 찬송 받으실 여호와께 아뢰리니" 한 것은 예배를 받으시기에 합당하신 여호와를 찬송한다는 것입니다. 왜 가치가 있습니까? 사망에서 건져주셨기 때문입니다.

[4~5] "사망의 줄이 나를 얽고 불의의 창수가 나를 두렵게 하였으며 스올의 줄이 나를 두르고 사망의 올무가 내게 이르렀도다"

여러분들 장례식장에 가 보셨지요. 식이 끝나면 식구들끼리 둘러서서 목사가 기도하면 관을 닫고 장례사 직원은 자물쇠를 딸깍 채웁니다. 그리고 관을 시멘트관 속에 넣어서 흙으로 덮습니다. 다윗은 이것을 생각하며 "사망의 줄이 나를 얽고"라고 했습니다. 사람의 힘으로는 거기서 나올 수 없습니다.

"불의의 창수가 나를 두렵게 하였으며" 이 말은 영어 성경에서 이렇게 말했습니다. And the floods of ungodliness made me afraid. 하나님이 없다 하는 자 즉 사탄의 무리가 홍수 같이 몰려와서 나를 무섭게 하나이다. 다시 살 길이 없음을 말합니다.

[5] "스올의 줄이 나를 두르고 사망의 올무가 내게 이르렀도다"

나는 이 말씀을 볼 때 관을 쇠사슬에 달아매어 새로 판 무덤 속으로 끌어내리는 생각이 납니다. 우리가 그 관 속에 갇혀서 쇠사슬에 매달려 땅속으로 내려갈 때 누가 거기서 일어나 나오도록 도와주겠습니까? 세상에는 없습니다.

[6] "내가 환난 중에서 여호와께 아뢰며 나의 하나님께 부르짖었더니 그가 그의 성전에서 내 소리를 들으심이여 그의 앞에서 나의 부르짖음이 그 귀에 들렸도다"

다윗이 기도할 때 하나님은 그 기도를 들어주셨습니다

III. 기도를 들으신 하나님은 원수를 멸하십니다

[7] "이에 땅이 진동하고 산들의 터도 요동하였으니 그의 진노로 말미암음이로다"

"땅이 진동하고 부르짖었다…" – 여기 나오는 지질학적 그리고 기상학적 현상은 이스라엘의 막강한 원수들에게 쏟아진 재난들을 비유적으로 묘사한 것이다. 다른 주석가들은 이것이 바로와 애굽인들에게 내리셨던 심판을 구체적으로 언급한 것이라고 했다. 다윗은 하나님이 이스라엘에게 베푸시는 인애의 역사적 파노라마 같은 광경에 자기의 경험을 포함시킨다.

다윗이 환란 중에 기도하였더니 하나님이 들으시고 땅을 진동시켜 지진이 일어나 염려하던 관이 깨지고 관 속에 누워있던 모든 자가 부활하여 일어납니다. 마치 예수님이 십자가에서 죽으실 때 무덤이 열리고 무덤에 있던 자들이 부활한 것과 같습니다(마27:51~52). 그러니 우리는 감사할 것 밖에 없습니다. 할렐루야!

[8] "그의 코에서 연기가 오르고 입에서 불이 나와 사름이여 그 불에 숯이 피었도다"

"그 코에서 연기가 오르고"—여기에서 또 뒤따르는 구절들에서 하나님과 연관하여 사용된 신체적 속성들은 하나님이 원수들을 대적하여 실행된 하나님의 예정을 비유적으로 설명한 것이다.
"입에서 불이 나와 사름이여 그 불에 숯이 피었도다"
불로 멸하시는 것을 비유로 말씀합니다.

[9] "그가 또 하늘을 드리우시고 강림하시니"

그가 하늘 아래로 강림하셨도다. 하나님은 인간사 코스에 간섭하셨다.
"그의 발 아래는 어두캄캄하도다"
하나님은 자기 원수를 발로 밟아 흑암과 절망 속으로 던지신다.
원수를 하나님이 발로 밟으십니다.

[10] "그룹을 타고 다니심이여 바람 날개를 타고 높이 솟아오르셨
도다"

원수에 대한 하나님의 심판은 "빠르게" 왔습니다.

[11] "그가 흑암을 그의 숨는 곳을 삼으사 장막 같이 자기를 두르게
하심이여 곧 물의 흑암과 공중의 빽빽한 구름으로 그리하시도다"

빠르고 어안이 벙벙하게 인간사에 개입하시지만 그 때에도 하나님은
"물의 흑암과 공중의 빽빽한 구름으로" 숨어 계십니다. 인간은 그 모든
것 뒤에 계신 창조주를 무시합니다.

[12] "그 앞에 광채로 말마암아 빽빽한 구름이 지나며 우박과 숯불
이 내리도다"

보통 눈 앞에서는 가리워 계시지만 그렇게 깊은 흑암의 때에라도 생각
하는 자에게는 누구나 감지할 수 있게 가까이 계십니다.

[13] "여호와께서 하늘에서 우렛소리를 내시고 지존하신 이가 음
성을 내시며 우박과 숯불을 내리시도다"
[14] "그의 화살을 날려 그들을 흩으심이여 많은 번개로 그들을 깨
뜨리셨도다"
[15] "이럴 때에 여호와의 꾸지람과 콧김으로 말미암아 물 밑이 드
러나고 세상의 터가 나타났도다"

"물을 말려 버려서 물 밑이 드러나 보이게 되었고 세상의 터가 나타났도다"

그 "물" 곧 다윗과 이스라엘을 삼켜버리려던 것은 하나님으로 말미암아 없어졌습니다. 홍해를 갈라 이스라엘 백성을 구원하심을 말합니다.

[16] "그가 높은 곳에서 손을 펴사 나를 붙잡아 주심이여 많은 물에서 나를 건져내셨도다"

[17] "나를 강한 원수와 미워하는 자에게서 건지셨음이여 그들은 나보다 힘이 세기 때문이로다"

[18] "그들이 나의 재앙의 날에 내게 이르렀으나 여호와께서 나의 의지가 되셨도다"

IV. 다윗이 주를 의지하고 싸울 때는 이길 수 있도록 도우셨습니다

[21] "이는 내가 여호와의 도를 지키고 악하게 내 하나님을 떠나지 아니하였으며"—내가 악하게 내 하나님을 떠난 적이 없고, 범죄했다면, 그럴 뜻도 없이 저질렀던 것이다.

[28] "주께서 나의 등불을 켜심이여 여호와 내 하나님이 내 흑암을 밝히시리이다"

"여호와 내 하나님이 내 흑암을 밝히시리이다"—내 등불을 밝히실 분은 주님이십니다. 주님은 나의 곤고함에서 나를 구원하신다. 곤고는 흑암에 비유되고 불을 밝혔다는 것은 곤고함에서 벗어난 것을 말한다.

불을 밝힘 같이 하나님은 승리하도록 전술을 보여주셨습니다. 다윗의 전술은 하나님의 전술이었습니다.

[29] "내가 주를 의뢰하고 적군을 향해 달리며 내 하나님을 의지하고 담을 뛰어넘나이다"

"내가…적군을 달리며"—내가 적군을 쳐부수며
내가 적군을 뒤쫓으며 여호수아의 군대가 아말렉을 쳐부수듯 하였나이다.

[32] "이 하나님이 힘으로 내게 띠 띠우시며 내 길을 완전하게 하시며"

"내 길을 완전하게 하시며" 하나님은 내 길을 승리에 이르도록 포장해 주셨다.

[35] "또 주께서 주의 구원하는 방패를 내게 주시며 주의 오른손이 나를 붙들고 주의 온유함이 나를 크게 하셨나이다"

"주의 온유함이 나를 크게 하셨나이다"

하나님이 자신을 낮추사 나에게 특별히 주목해 주시니 비록 나는 진실로 가치가 없지만, 그것이 나를 위대하게 하였나이다.

[41] "그들이 부르짖으나 구원할 자가 없었고 여호와께 부르짖어도 그들에게 대답하지 아니하셨나이다"

"여호와께 부르짖어도 대답하지 아니하셨나이다"—이것은 다윗의 적군에 대한 언급이다. 적군이 아무리 하나님께 기도해도 들어주시지 않았습니다.

[42] "내가 그들을 바람 앞에 티끌 같이 부서뜨리고 거리의 진흙 같이 쏟아 버렸나이다"

[43] "주께서 나를 백성의 다툼에서 건지시고 여러 민족의 으뜸으로 삼으셨으니 내가 알지 못하는 백성이 나를 섬기리이다"

"주께서 나를 백성[유대인들]의 다툼에서 건지셨고"—유대인들의 다툼에서와 사울과 압살롬 같은 나의 유대인 원수들로부터 나를 구출하셨다.
"내가 알지 못하는 백성이 나를 섬기리이다"—다윗에게 정복당한 이방 열국들을 말한다. 그러므로 열국의 백성들[이방인들] 까지 나를 섬기게 되었습니다.

[44] "그들이 내 소문을 들은 즉시로 내게 청종함이여 이방인들이 내게 복종하리로다 "

[45] "이방 자손들이 쇠잔하여 그 견고한 곳에서 떨며 나오리로다"

"이방 자손들이 쇠잔하여" 그들은 나에게 거짓을 말한다. 내가 무서워서 그들은 한 번도 나를 반대한 일이 없다고 부인하려고 애쓴다.

결론

하나님의 은혜로 완전 승리를 얻으니 다윗은 주를 찬양합니다.

[46] "여호와는 살아 계시니 나의 반석을 찬송하며 내 구원의 하나님을 높일지로다"

"여호와는 살아 계시니"— 여호와 곧 나에게 이 모든 것을 허락하신 하나님은 생존하시고 영원히 높임을 받으신다. 그러므로 나는 그의 영원한 섭리를 확신하며 두려움 없이 산다.

"나의 반석을 찬송하며" 그의 찬송은 인간이 표현할 수 있는 찬송 훨씬 그 이상의 것이다.

[47] "이 하나님이 나를 위하여 보복해 주시고 민족들이 내게 복종하게 해 주시도다"

[48] "주께서 나를 내 원수들에게서 구조하시니 주께서 나를 대적하는 자들의 위에 나를 높이 드시고 나를 포악한 자에게서 건지시나이다"

"나를 대적하는 자들의 위에 나를 높이 드시고"—나의 대적들에게서 구조하실뿐만 아니라 하나님은 나를 들어 올리어 그들을 다스리게 주권까지 주셨다.

[49] "여호와여 이러므로 내가 이방 나라들 중에서 주께 감사하며 주의 이름을 찬송하리이다"

"이러므로 내가 이방 나라들 중에서 주께 감사하리라"—이러므로 나는 내 성공의 영광에서 즐기는 대신 나의 힘을 다 바쳐서 하나님을 알도록 내 백성들에게뿐만 아니라 여러 나라에 널리 선전하겠습니다.

[50] "여호와께서 그 왕에게 큰 구원을 주시며 기름 부음 받은 자에게 인자를 베푸심이여 영원토록 다윗과 그 후손에게로다"

하나님께서 다윗에게 큰 구원을 주신 것은, 왕으로 기름 부어 주실 때 약속 하신대로 영원토록 후손에게 왕위를 계속하게 하실 것입니다. 아멘.

Goal 다윗은 하나님의 약속을 믿고 오랜 세월을 참고
       주님의 뜻을 따라 살므로 마침내 승리하고
       모든 약속을 성취했습니다.
       우리도 믿음으로 참고 또 참아 승리하시기를 축복합니다.

세 가지 하나님의 계시

[다윗의 시, 인도자를 따라 부르는 노래]

[1] 하늘이 하나님의 영광을 선포하고 궁창이 그의 손으로 하신 일을 나타
내는도다

[2] 날은 날에게 말하고 밤은 밤에게 지식을 전하니

[3] 언어도 없고 말씀도 없으며 들리는 소리도 없으나

[4] 그의 소리가 온 땅에 통하고 그 말씀이 세상 끝까지 이르도다 하나님
이 해를 위하여 하늘에 장막을 베푸셨도다

[5] 해는 그의 신방에서 나오는 신랑과 같고 그의 길을 달리기 기뻐하는
장사 같아서

[6] 하늘 이 끝에서 나와서 하늘 저 끝까지 운행함이여 그의 열기에서 피
할 자가 없도다

[7] 여호와의 율법은 완전하여 영혼을 소성시키며 여호와의 증거는 확실
하여 우둔한 자를 지혜롭게 하며

[8] 여호와의 교훈은 정직하여 마음을 기쁘게 하고 여호와의 계명은 순결
하여 눈을 밝게 하시도다

[9] 여호와를 경외하는 도는 정결하여 영원까지 이르고 여호와의 법도는
진실하여 다 의로우니

[10] 금 곧 많은 순금보다 더 사모할 것이며 꿀과 송이꿀보다 더 달도다

[11] 또 주의 종이 이것으로 경고를 받고 이것을 지킴으로 상이 크니이다

[12] 자기 허물을 능히 깨달을 자 누구리요 나를 숨은 허물에서 벗어나게
하소서

[13] 또 주의 종에게 고의로 죄를 짓지 말게 하사 그 죄가 나를 주장하지
　　　못하게 하소서 그리하면 내가 정직하여 큰 죄과에서 벗어나겠나이다
[14] 나의 반석이시요 나의 구속자이신 여호와여 내 입의 말과 마음의 묵상
　　　이 주님 앞에 열납되기를 원하나이다

Theme: 자연에 대한 묵상과 율법의 연구는 둘 다 사람에게
조물주를 알아보게 할 것이다.
그러나 법과 영적 성취 즉 죄인이 구원 얻는 길은
창조물도 율법도 아니고 오직 예수 그리스도뿐이다.

서론

이것은 위대한 창조의 시입니다. 유대인 성경학자들은 이 시를 보통
두 가지로 나누는데, 하나는 창조요 다음은 하나님의 말씀인 율법의 계시
에 관하여서입니다. 그러나 우리는 3등분으로 나누는 것이 옳다고 생각
합니다. 첫째는 창조요, 둘째는 율법이요, 셋째로는 예수 그리스도입니
다. 여기에서는 하나님의 은혜로 죄인을 구속하시는 하나님의 역사를 논
하였는데 이것은 예수 그리스도에 관한 것입니다. 하나님이 인간들에게
이 세 가지를 확실하게 보여주시는 말씀입니다.

첫째는 1~6절까지입니다. 여기서는 하나님의 이름을 엘(EL)로 나타냈
는데 그 뜻은 전능자입니다. 그는 창조 하실 때 전능자로 창조하셨습니
다. (창1:1) "태초에 하나님이 천지를 창조하시니라" 여기에서는 엘로힘
(Elohim)이라고 복수형을 썼습니다. Elohim은 창조주의 이름입니다.

둘째로 7~11절입니다. "여호와의 율법은 완전하여" 또 그의 이름은 여호와 입니다. 여기에 하나님의 이름이 7 번 나오는데 끝에 두 번은 다른 이름으로 첨가되었습니다. Jehovah, Tzuri, Goeli, 이 의미는 "여호와는 나의 반석이요 구원자"이시다 라는 말씀입니다.

셋째로는 12~14절까지인데 여기에서 보여주시는 것은 신비스러운 창조물도 죄인에게 구원 얻는 길을 제시하지 못하고, 하나님의 주신 율법도 구원의 길을 보여주지 못합니다. 그러나 12~14절에서 죄인이 구원 얻을 수 있는 길을 가르칩니다. 그러므로 본문이 우리에게 확실하게 가르치시는 말씀은, "자연에 대한 묵상과 율법 연구는 둘 다 사람에게 조물주를 알아보게 할 것입니다. 그러나 법과 영적 성취 즉 죄인이 구원 얻는 길은 창조물도 율법도 아니고 오직 예수 그리스도뿐이다." 라는 것입니다.

I. 창조물 안에서 볼 수 있는 하나님

이 시편은 아침의 시편입니다. 처음 여섯 절에 창조의 시가 있습니다. 시편 8편은 창조 시였습니다. 그곳에서 달과 별들의 창조를 볼 수 있습니다. 그래서 밤의 시편입니다. 그러나 시편 19편은 낮의 시편이라고 합니다. 낮의 해가 비치어 밝히 볼 수 있게 하기 때문입니다.

[1] "하늘이 하나님의 영광을 선포하고 궁창이 그의 손으로 하신 일을 나타내는도다"

[2] "날은 날에게 말하고 밤은 밤에게 지식을 전하니"

"날은 날에게 말하고" – 하루가 지나면 또 다른 하루가 창조에 나타나는 하나님의 지혜를 점점 밝히 깨닫게 해줌으로 인간의 지식 영역을 확장시켜준다.

[3] "언어도 없고 말씀도 없으며 들리는 소리도 없으나"

"언어가 없고"―하늘은 말소리를 분명하게 내지 않는다. 하지만, 인간의 내적 영혼은 그 메시지를 분명하게 분별할 수 있다.

[4] "그의 소리가 온 땅에 통하고 그의 말씀이 세상 끝까지 이르도다 하나님이 해를 위하여 하늘에 장막을 베푸셨도다"

"그 소리가 온 땅에"―직역하면 그 줄이 온 땅에, 또는 '저희 정확성'이 온 땅에. 우주의 정밀성은 측량기사의 테이프와 같이 지구 끝까지 가도록 늘어난다는 말입니다. 이 말은 누가 보든지 우주의 정밀성이 온 땅에 분명하다는 뜻이다.
"그의 말씀이"―"그 말씀들이." 천체들의 연주는 입으로 말하는 것보다 더욱 유창하게 하나님의 지혜에 대하여 말해 주고 있다.
"해를 위하여 하늘에 장막을 베푸셨도다"―하나님의 메시지는 해에 의하여 가장 빛나게 선포되었다. 하나님은 해의 위치를 하늘에 지구로부터 생명의 유지를 위하여 필요한 정확한 거리에 항구적으로 고정해 놓으셨다.
"장막"―그 천정에 해를 고착해 놓은 장막으로 하늘을 비교하였다.

천체는 유창하게 하나님의 지혜를 설명해줍니다. 하늘을 그 꼭대기에 해를 고정시켜 놓은 장막으로 비유하고 있습니다. 해의 위치는 하늘에 항구적으로 고정해 놓으셨는데 지구로부터 그 거리는 생물이 살 수 있는 정확한 위치입니다. 그래서 해는 사람이 살 수 있는 기온을 맞추어 주게 했고 지구는 해 둘레를 빙빙 돌게 하되 일 년에 꼭 한 바퀴만 돌게 하였습니다. 지구는 해 둘레를 돌면서 또 자전을 하게 해서 해를 향한 쪽은 낮이요 반대쪽은 밤이 되게 하였습니다.

그리고 달은 지구를 하루에 한 바퀴씩 돌게 하면서 시간을 조정하게 하였습니다. 또 인력을 가지게 하여 하루에 두 번씩 조수가 들어오도록 하셨는데 이것은 기가 막힌 신비입니다. 우주 안에 있는 별들이 다 자기 위치를 지키는 것은 인력 작용입니다. 이것을 볼 때 하나님이 계신 것을 우리가 알게 됩니다.

[5] "해는 그의 신방에서 나오는 신랑과 같고 그의 길을 달리기 기뻐하는 장사 같아서"

"해는 그의 신방에서 나오는 신랑과 같고"—그것은 그의 신방에서 나오는 신랑과 같고 힘센 역전의 장사 같이 즐거워한다.

아침에 해는 환하게 빛나는 신랑과 같이 신방에서 나와서 자신 만만한 장사의 확실함을 가지고 그 전체 순환로를 달립니다. 말 없는 해는 그 메시지를 신랑 같이 장사 같이 빛을 발합니다. 해의 말 없는 동작과 표정은 말들로 하는 것보다 더욱 심오하게 그 감정을 선포합니다.

[6] "하늘 이 끝에서 나와서 하늘 저 끝까지 운행함이여 그의 열기에서 피할 자가 없도다"

"하늘 이 끝에서 나와서 하늘 저 끝까지 운행함이여"
'나와서 … 달려 … 그 순환로를' 다윗은 명백한 해의 동작을 인간의 관점에서 묘사한다. 성경의 1차적 목적은 우리에게 천문학을 가르치려는 것이 아니고 인간을 인도하여 그 일생의 사명을 완수하게 하려는 것이다. 이 목적을 위하여서는 날들과 해들 (Years)의 코스가 지구가 해를 공전함으로 결정된다든지 또는 지구의 주위를 해가 궤도를 그리며 회전하여 된다든지 그것은 해당사항이 아니다.

위대한 시편입니다. "하늘이 하나님의 영광을 선포하고" 바울은 이와 같이 말했습니다.

(롬1:20) "창세로부터 그의 보이지 아니하는 것들 곧 그의 영원하신 능력과 신성이 그가 만드신 만물에 분명히 보여 알려졌나니 그러므로 그들이 핑계하지 못할지니라"

하늘은 하나님의 지혜를 선포합니다. 하나님의 권능을 선포합니다. 하나님의 계획도 선포하고 하나님의 목적도 선포합니다. 제가 하나님의 지혜와 권능을 말씀해 드리겠습니다.

첫째로 해와 달과 지구의 창조입니다. 해는 창조하실 때 움직이지 않게 고정시켜 놓았습니다. 그리고 지구는 해 둘레를 돌지만 위치를 변하지 않고 돌게 하였습니다. 왜냐하면 해는 불덩어리인데 해 가까이 가면 타서 죽을 것이기 때문입니다. 그래서 생물이 살 수 있게 하셨습니다. 달은 지구를 돌게 하셨는데 달도 꼭 도는 궤도를 따라 지구를 돌아야합니다. 그리고 모든 창조물에는 잡아당기는 인력을 주셨습니다. 달의 인력으로 지구에 있는 물이 항상 움직여서 물이 썩지 않고 그 안에 있는 생물이 살게 되어 있습니다. 지구와 달이 둘 다 공전을 하며 자전을 하는데 시간을 정확하게 지키며 공전과 자전을 합니다. 몇 천 년이 가도 1초도 변함이 없습니다.

한 가지만 더 말씀드리지요. 하나님은 이 세상에 꼭 같이 만드신 것이 하나도 없습니다. 나뭇잎이 아무리 많아도 같은 것이 하나도 없습니다. 이것이 창조에서 보는 하나님의 지혜요 권능입니다.

II. 하나님의 율법과 교훈을 보면
창조주가 어떤 분인 것을 압니다

[7] "여호와의 율법은 완전하여 영혼을 소성시키며 여호와의 증거
는 확실하여 우둔한 자를 지혜롭게 하며"

"여호와의 율법은 완전하여 영혼을 소성시키며" — 여호와의 율법은 완
전하여 무엇이 잘못인지 깨닫게 하고 하나님이 원하시는 그 뜻을 깨
닫게 합니다.

율법은 인간의 생활 속에서 이것도 저것도 못하게 제한하고 한정시키
는 것이 아니라 잘못된 행위를 알게 합니다. 그래서 내 영혼을 소성시킨
다고 하였습니다. 또한 우리가 알 것은 다윗이 율법이라고 한 것은 율법
을 보여줌으로 잘못된 것을 사람이 아는데까지 이끌어 줍니다. 우리가 알
고 깨닫기를 기도하면 성령님이 선한 길로 인도 하십니다.

[8] "여호와의 교훈은 정직하여 마음을 기쁘게 하고 여호와의 계
명은 순결하여 눈을 밝게 하시도다"
[9] "여호와를 경외하는 도는 정결하여 영원까지 이르고 여호와의
법도 진실하여 다 의로우니"
[10] "금 곧 많은 순금보다 더 사모할 것이며 꿀과 송이꿀보다 더
달도다"
[11] "또 주의 종이 이것으로 경고를 받고 이것을 지킴으로 상이
크니이다"

"주의 종이…이것을 지킴으로 상이 크니이다" — 율법은 그 자체만으로

도 부나 세상적 쾌락보다 더욱 사모할 것이다. 하지만 그것을 지킬 때, 그것은 또한 위대한 상급을 가져온다.

"여호와의 율법은 완전하여 영혼을 소성시키고" - 하나님의 말씀은 옳고 그른 것을 모르는 인간에게 옳고 그른 것을 알게 합니다.

"여호와의 증거는 확실하여 우둔한 자를 지혜롭게 하며" - 여호와께서 가르치는 증거(율법)는 혹 백이 확실하여 우둔한자가 깨달아 지혜롭게 됩니다.

"여호와의 교훈은 정직하여" - 사람이 율법을 지킴으로 정직함에서 오는 기쁨을 압니다.

"여호와의 계명은 순결하여" - 눈을 밝게 하여 속이지 못하게 합니다.

"여호와를 경외하는 도는 정결하여" - 영원까지 이르고 변함이 없습니다.

"여호와의 법도 진실하여 다 의로우니" - 금 곧 많은 순금보다 더 사모할 것이며 꿀과 송이꿀보다 더 달고 달다고 하였습니다. 이런 고상한 율법을 누가 만들어 내겠습니까? 오직 하나님뿐이십니다.

그러므로 율법을 보아 하나님은 인자하시고 자비하시고 긍휼이 풍성하신 도덕적인 하나님이신 것을 알 수 있습니다.

III. 죄인이 구원 얻는 길은 하나님이 직접 가르쳐 주셔야 압니다

[12] "자기 허물을 능히 깨달을 자 누구리요 나를 숨은 허물에서 벗어나게 하소서"

"자기 허물을 능히 깨달을 자 누구리요?" - 비록 내가 주님의 계명을 지키려고 애쓰나 잘못을 부지중에 범하지 않을 자 누가 있겠습니까?

'허물'은 온전하지 못한 이해력 때문에 생긴 잘못을 말한다. (이에서 면제받을 자는 아무도 없다.) 오직 하나님의 도우심만, 인간의 타고 난 오류에서 보호할 수가 있다.

[13] "또 주의 종에게 고의로 죄를 짓지 말게 하사 그 죄가 나를 주장하지 못하게 하소서 그리하면 내가 정직하여 큰 죄과에서 벗 어나겠나이다"

"나를 주장하지 못하게 하소서" ─ 그것들이 나를 다스리지 못하게 하소 서 나의 악한 성향이 나를 압도하지 못하게 하소서. 하나님은 옳고 순전한 것 하기를 사모하는 자를 도우신다.
"그리하시면 내가 온전 하리이다." ─ (내가 정직하여 큰 죄과에서 벗어 나겠나이다.)
멋대로 악한 성향에 쓰러지는 것이 자유가 아니다. 자신의 충동을 억 제하는 것은 온전히 성령만이 참으로 그 사람을 자유하고 온전케 하 는 것이다.
"고의로 죄를 짓지 말게 하사" ─ 고의로 짓는 상습적인 죄는 용서해 줄 수 없는 죄를 말합니다. 사랑과 자비가 풍성하신 하나님은 모든 죄인 의 죄를 다 용서해 주시려고 자기의 독생자 예수 그리스도를 세상에 보내셨습니다. 모든 죄인의 죄를 다 지시고 십자가에서 죽게 하셨습 니다. 예수님이 내 죄 때문에 대신 죽으셨다고 믿기만 하면 모든 죄 가 사함 받게 되어 있습니다.

(롬6:23) "죄의 삯은 사망이요 하나님의 은사는 그리스도 예수 우 리 주 안에 있는 영생이니라"

하나님이 우리 죄인들에게 영생 얻는 길을 주셨습니다.

[14] "나의 반석이시요 나의 구속자이신 여호와여 내 입의 말과 마음의 묵상이 주님 앞에 열납 되기를 원하나이다"

"여호와여 내 입의 말과 마음의 묵상이 주님 앞에 열납 되기를 원하나이다"

"내 입술의 모든 표현과 마음의 생각이"—내가 드리는 기도 속에서 하나님은 내 마음속 깊이 있는 생각들을 들으소서. 그것은 내 입술로 말할 수 있는 것을 훨씬 넘는 것입니다.

나의 반석은 누구십니까? 예수님이 반석입니다.

(고전10:4) "다 같은 신령한 음료를 마셨으니 이는 그들을 뒤따르는 신령한 반석으로부터 마셨으매 그 반석은 곧 그리스도시라"

구속자는 누구십니까?

(사59:20) "여호와의 말씀이니라 구속자가 시온에 임하며 야곱의 자손 가운데에서 죄과를 떠나는 자에게 임하리라"

여호와 하나님이 말씀하십니다. 구속자는 시온에 임한다고 하셨습니다. 예수님은 시온에서 우리 죄를 대신하여 죽으시고 우리에게 영생을 주시려고 시온에서 부활하셨습니다. 그러므로 예수님이 우리의 구속자이십니다. 또 구속자는 "야곱의 자손 가운데에서 죄과를 떠나는 자"라고 하셨는데 야곱의 자손 중에서 죄가 없으신 이는 예수님뿐입니다. 그러므로 다윗은 예수님이 자기를 구원해 주실 줄 믿고 기도합니다.

결론

하나님은 우리에게 우주 만물을 통하여 창조하신 창조주가 계신 것을 알만한 지각을 주셨습니다. 또한 하나님이 주신 율법을 통하여 창조주 하나님은 선하시고 우리 인간에게 좋은 것만 주시고 상 주시기를 기뻐하시는 하나님이심을 알게 하셨습니다.

우리 인간은 누구나 죄인입니다. 우리의 반석이시며 구속자이신 독생자 예수 그리스도를 세상에 보내서 십자가에서 죽으심으로 우리 죗값을 치르게 하셨습니다. 예수님 안에서 하나님의 자녀가 되어 영생을 얻고 빛 가운데서 살게 하신 것을 찬양합니다.

Goal 그러므로 우리는 창조주 하나님의 전능하심을 마음껏 찬양하고
하나님이 주신 법을 잘 지켜 금생과 내세에 많은 상을 받읍시다.
세상에 사는 동안에 예수님 잘 믿고 그 말씀을 순종하여
우리 주님 기쁘시게 하고 영생 누리시기를
예수님의 이름으로 축복합니다.

시편 20편
하나님의 응답

[다윗의 시, 인도자를 따라 부르는 노래]

[1] 환난 날에 여호와께서 네게 응답하시고 야곱의 하나님의 이름이 너를 높이 드시며

[2] 성소에서 너를 도와 주시고 시온에서 너를 붙드시며

[3] 네 모든 소제를 기억하시며 네 번제를 받아 주시기를 원하노라 (셀라)

[4] 네 마음의 소원대로 허락하시고 네 모든 계획을 이루어 주시기를 원하노라

[5] 우리가 너의 승리로 말미암아 개가를 부르며 우리 하나님의 이름으로 우리의 깃발을 세우리니 여호와께서 네 모든 기도를 이루어 주시기를 원하노라

[6] 여호와께서 자기에게 기름 부음 받은 자를 구원하시는 줄 이제 내가 아노니 그의 오른손의 구원하는 힘으로 그의 거룩한 하늘에서 그에게 응답하시리로다

[7] 어떤 사람은 병거, 어떤 사람은 말을 의지하나 우리는 여호와 우리 하나님의 이름을 자랑하리로다

[8] 그들은 비틀거리며 엎드러지고 우리는 일어나 바로 서도다

[9] 여호와여 왕을 구원하소서 우리가 부를 때에 우리에게 응답하소서

✎ **Theme:** 환난의 때에 하나님은 응답하신다.

서론

시편 20 편은 메시아 시로 분류되지는 않았으나 메시아 시임에 틀림이 없는 줄 압니다. 메시아에 대한 예언과 그의 구속사업에 관하여 말씀하고 있기 때문입니다. 이스라엘 사람들은 이 시편을 예배 의식에 사용하였습니다.

어떤 학자들은 말하기를 예배 인도자가 이 시편을 혼자서 Chant(낭송)했다고 합니다. 이 시편은 하나님의 은혜에 관하여 말해 주고 있습니다. 본문은 우리가 환난의 때에 간구하면 곧 응답하시는 하나님을 보여주고 있습니다.

I. 왜 야곱의 하나님이라고 했는가?

[1] "환난 날에 여호와께서 네게 응답하시고 야곱의 하나님의 이름 이 너를 높이 드시며"

"환난 날에" 환난 날에, 너무 늦기 전에, 내가 패배하기 전에 도와달라 는 간청이다.

"야곱의 하나님" 야곱은 부끄러운 짓을 한 사람이다. 자기 꾀를 의지 하고 아버지를 속이고 형을 속여 형이 받을 유산을 도둑질한 사람이 다. 모든 족장들 중에 야곱은 가장 고생스러운 생활을 했다. 에서의 협박, 라반 아래서, 그리고 나중에는 바로 아래서 망명생활, 라헬의 죽음, 디나의 강간 사건, 요셉의 실종 … 그러나 하나님은 그를 보호 하셨다. 그러므로 환난 날에 우리는 야곱의 하나님을 부른다.

우리는 환난 날에 우리의 기도를 하나님이 들어주시기를 간절히 바랍니다. 이것은 다윗의 시편입니다. 왜 야곱의 이름이 여기에 들어왔습니까?

야곱은 부끄러운 짓을 한 사람입니다. 자기 꾀를 의지하고 아버지를 속이고 형을 속여 형이 받을 유산을 도둑질한 사람입니다. 그리고 모든 족장들 중에 야곱은 가장 고생스러운 생활을 했습니다. ─에서의 협박을 받으며 살았고, 라반 밑에서, 그리고 나중에는 바로 아래서 망명생활을 했으며. 사랑하는 아내 라헬의 죽음, 딸 디나의 강간 사건, 총애하던 아들 요셉의 실종─이런 파란만장한 삶을 야곱은 살았습니다. 그러나 하나님은 그를 보호하셨고 구원해 주셨습니다. 그러므로 환난 날에 우리는 야곱의 하나님을 부르는 것입니다. 야곱을 그 환난의 때에 구원하여 주신 하나님 아버지는 우리도 환난의 날에, 너무 늦기 전에, 곧 우리가 패배하기 전에 구원하여 주실 것이기 때문입니다.

[2] "성소에서 너를 도와주시고 시온에서 너를 붙드시며"

성소는 어느 성소입니까? 예루살렘에 있는 성소를 두고 말하는 것입니까? 시온은 어디를 말합니까? 우리 하나님은 이 세상에 있는 교회나 시온을 말씀하시는 것이 아닙니다. 다윗이 세상에 있는 것을 두고 말하는 것이 아니라 하늘나라를 두고 하는 말입니다. 우리의 도움도 성소에서 오기를 우리는 기도합니다. 거룩함에 기초한 도움입니다. 우리 편에서 싸워줄 이방 왕들의 손이나 군대들처럼 부정한 출처에서 오는 것이 아닙니다.

구약시대에는 예루살렘 성전에 하나님이 계셔서 거기서 복을 주시는 줄 알았습니다. 유대인 랍비의 말을 들어 봅시다.

"성소에서 너를 도와주시고"

"성전 안 지성소 거기는 여호와의 법궤가 있고 하나님의 영이 거하신다. 전쟁 중에 하나님의 도우심이 거기서부터 나갈 것이다. 우리의 도움도 우리 편에서 싸워줄 이방 왕들의 손이나 군대들처럼 부정한 출처에서 오는 것이 아니고 거룩함에 기초한 성소에서 오기를 기도한다. 하나님의 백성의 거룩함, 그들의 신성한 행위와 말, 그것이 전쟁 중에 저들의 주요 동맹군이다."(Radak)

Radak은 성전 안 지성소 거기는 여호와의 법궤가 있고 하나님의 영이 거하신다고 하고 거기서부터 전쟁 중에 하나님의 도우심이 나간다고 생각 했습니다. 유대인은 전적으로 자기들의 말과 행실이 거룩해서 하나님이 자기들을 도우시는 줄로 압니다. 자기들의 기도와 제사가 아름다워서 하나님이 들어주시는 것으로 압니다. 아닙니다.

II. 사람들이 드리는 제사와 기도는
온전한 것이 하나도 없습니다

하나님은 자비로우시고 은혜가 충만하셔서 그가 야곱 같은 우리를 도우시는 것뿐입니다

[3] "네 모든 소제를 기억하시며 네 번제를 받아 주시기를 원하노라(셀라)"

"네 번제를"—성전에서 드리는 이스라엘의 헌물 또는 위기에 하나님께 드리는 기도를 말한다.
"받으시기를"—흡족하여 받으시기를; 직역하면 재가 되도록 타는 것을 말한다.

사람이 온전한 제사를 드려서 하나님을 흡족하게 할 수 있습니까?

실상 이 말씀은 우리가 드리는 예배를 말하는 것이 아니라 예수 그리스도께서 만민의 죄를 대신하여 자기 자신을 십자가에서 드리신 희생과 그 후로 드리시는 예수님의 중보기도를 하나님이 늘 들으심을 말합니다. 우리는 기억해야 합니다. 우리 주님의 중보기도가 없으면, 우리가 아무리 울고 땅을 쳐도 응답은 없습니다. 그러므로 우리 주님이 같이 기도하는 기도가 있어야 합니다.

III. 예수님의 도우심으로만 승리합니다

[4] 네 마음의 소원대로 허락하시고 네 모든 계획을 이루어 주시기를 원하노라

[5] 우리가 너의 승리로 말미암아 개가를 부르며 우리 하나님의 이름으로 우리의 깃발을 세우리니 여호와께서 네 모든 기도를 이루어 주시기를 원하노라

[6] 여호와께서 자기에게 기름 부음 받은 자를 구원하시는 줄 이제 내가 아노니 그의 오른손의 구원하는 힘으로 그의 거룩한 하늘에서 그에게 응답하시리로다

"이제 내가 아노니" 하나님이 구원을 허락하신 후에야 내가 하나님이 도움과 승리의 원천이심을 알 것입니다.─사람은 하나님의 도움으로 승리한 후에야 도와주신 것을 비로소 깨닫습니다. 그 이전에는 알지 못합니다.

우리 하나님은 예수 그리스도의 기도를 항상 들으십니다. 예수님의 말씀을 기억합시다.

(요11:41~42) "돌을 옮겨 놓으니 예수께서 눈을 들어 우러러보시고 이르시되 아버지여 내 말을 들으신 것을 감사하나이다, 항상 내 말을 들으시는 줄을 내가 알았나이다 그러나 이 말씀 하옵는 것은 둘러선 무리를 위함이니 곧 아버지께서 나를 보내신 것을 그들로 믿게 하려 함이니이다"

둘러선 무리들은 예수님이 기도하시는 소리를 들으면서도 못 믿었습니다. 그러나 나사로가 무덤에서 나오는 것을 보고야 마리아와 마르다도 믿었습니다.

우리가 기도를 잘해서 도와주시는 것이 아니고 우리가 믿음이 완벽해서 구원해 주시는 것도 아닙니다. 다만 예수님의 희생과 기도로 모든 것이 이루어지는 것입니다.

결론

우리의 기도하는 소원이 이루어진 후에야 믿음이 생깁니다.

[7] "어떤 사람은 병거, 어떤 사람은 말을 의지하나 우리는 여호와 우리 하나님의 이름을 자랑하리로다"

"어떤 사람은 병거 어떤 사람은 말을"—어떤 원수들은 병거를 의지하고, 또 다른 원수들은 기갑부대를 의지하지만 우리는 하나님을 의지합니다.

[8] "그들은 비틀거리며 엎드러지고 우리는 일어나 바로 서도다"

[9] "여호와여 왕을 구원하소서 우리가 부를 때에 우리에게 응답
하소서"

"그들은"-도저히 꺾을 수 없을 것 같던 우리 원수들은 패배하고 떨
어졌고 우리는 지고 있었지만, 하나님의 이름을 크게 불러 아뢰었을
때에 일어났고 그들을 압도하고 승리했다.

여기에 "왕"은 예수 그리스도를 말합니다. 우리는 예수 그리스도의 이
름으로 기도합니다. "여호와여 우리를 구원하소서"라는 말이 영어 성경
에는 "Save us, Lord" 히브리어로는 "호산나" 입니다. 이 시편이야말로 위
대한 호산나 찬송 시입니다. 호산나! "여호와여 우리를 구원하소서" 하고
우리가 부를 때 하나님은 우리를 구원해 주십니다.

그러므로 우리 주님께서 내 안에서 나를 위해 나와 같이
기도하신다는 것을 믿습니다.
세상 권세나 무력을 의지하지 말고 오직 하나님만 의지하고
예수님의 이름으로 기도하여 우리 소원이 이루어지는 것을
보시기를 축복합니다.

권세 있는 자가 보여야 할 본
(메시야 시, 승천 시)

[다윗의 시, 인도자를 따라 부르는 노래]

[1] 여호와여 왕이 주의 힘으로 말미암아 기뻐하며 주의 구원으로 말미암아 크게 즐거워하리이다

[2] 그의 마음의 소원을 들어 주셨으며 그의 입술의 요구를 거절하지 아니하셨나이다(셀라)

[3] 주의 아름다운 복으로 그를 영접하시고 순금 관을 그의 머리에 씌우셨나이다

[4] 그가 생명을 구하매 주께서 그에게 주셨으니 곧 영원한 장수로소이다

[5] 주의 구원이 그의 영광을 크게 하시고 존귀와 위엄을 그에게 입히시나이다

[6] 그가 영원토록 지극한 복을 받게 하시며 주 앞에서 기쁘고 즐겁게 하시나이다

[7] 왕이 여호와를 의지하오니 지존하신 이의 인자함으로 흔들리지 아니하리이다

[8] 왕의 손이 왕의 모든 원수들을 찾아냄이여 왕의 오른손이 왕을 미워하는 자들을 찾아내리로다

[9] 왕이 노하실 때에 그들을 풀무불 같게 할 것이라 여호와께서 진노하사 그들을 삼키시리니 불이 그들을 소멸하리로다

[10] 왕이 그들의 후손을 땅에서 멸함이여 그들의 자손을 사람 중에서 끊으리로다

[11] 비록 그들이 왕을 해하려 하여 음모를 꾸몄으나 이루지 못하도다

[12] 왕이 그들로 돌아서게 함이여 그들의 얼굴을 향하여 활시위를 당기리
로다

[13] 여호와여 주의 능력으로 높임을 받으소서 우리가 주의 권능을 노래하
고 찬송하게 하소서

Theme: 왕들과 권세 있는 자들은 누구보다도 하나님의 인애하심을
승인함으로 본을 보여야한다.

서론

이 시편은 메시아에 관한 시입니다. 탈무드(Talmud)에도 이 시는 메시
아에 관한 시라고 하였습니다. 1040년에 출생한 유명한 Talmud 학자,
Rabbi Solomon Isaaci는 메시아 시라고 승인하였습니다. 그러나 이 시를
쓰지 않는 것이 좋은 것은 크리스천들이 예수님의 승천절에 많이 쓰기 때
문이라고 하였습니다.

우리는 예수님의 승천절을 별로 기억하지 않습니다. 성탄절, 부활절은
잘 지키지만 승천절은 별로 지키지 않습니다. 그러나 승천절도 대단히 중
요합니다. 본문이 우리에게 가르쳐 주시는 것은 "누구보다도 왕들과 권
세 있는 사람들은 하나님의 인자하심을 승인함으로 본을 보여야한다"는
것입니다.

I. 예수님은 하나님의 능력으로 부활하실 것을 알기에 십자가를 지고 죽는 자리에서도 하나님의 권능을 기뻐하십니다

[1] 여호와여 왕이 주의 힘으로 말미암아 기뻐하며 주의 구원으로 말미암아 크게 즐거워하리이다"

"여호와여, 주의 힘으로 말미암아 왕이 기뻐하며" − 유대인 왕은 자기 자신의 힘으로 말미암아 기뻐하지 않고 오직 여호와의 힘으로 말미암아 기뻐한다. 그에게 힘을 부여하시는 이는 여호와시니 아무것도 그 힘을 약하게 하거나 멸할 수가 없기 때문이다.
비록 다윗이 자기의 경험을 이야기하지만 사실은 예수 그리스도에 관하여 이야기하는 것입니다.
"왕이 주의 힘으로 말미암아 기뻐하며" − 여기에 "왕"은 예수 그리스도 요 "주"는 하나님 아버지를 가르칩니다. 히브리 12:2절을 보면 알 것 입니다.

(히12:2) "믿음의 주요 또 온전하게 하시는 이인 예수를 바라보자 그는 그 앞에 있는 기쁨을 위하여 십자가를 참으사 부끄러움을 개 의치 아니하시더니 하나님 보좌 우편에 앉으셨느니라"

예수님이 하나님 아버지를 기뻐한 것은 십자가에서 죽으셔도 다시 살 게 하실 능력이 하나님께 있고 또 자기를 높여 주실 것을 알고 믿기 때문 이라는 말씀입니다. 뿐만 아니라, 자기를 믿고 하나님께로 오는 모든 사 람을 다 온전히 구원하여 주실 수 있음으로 기뻐하시는 것입니다.

(히7:25) "그러므로 자기를 힘입어 하나님께 나아가는 자들을 온
전히 구원하실 수 있으니 이는 그가 항상 살아 계셔서 그들을 위
하여 간구하심이라"

이것이야말로 아름답고 위대한 찬송 시입니다.
또한 예수님은 자기가 하나님의 우편에서 받는 영광을 자기를 믿고 천
국에 오는 모든 사람에게 보여주고 싶어서 이와 같이 기도하셨습니다.

(요17:24) "아버지여 내게 주신 자도 나 있는 곳에 나와 함께 있어
아버지께서 창세 전부터 나를 사랑하시므로 내게 주신 나의 영광
을 그들로 보게 하시기를 원하옵나이다"

이 기도는 예수님께서 승천 하시자마자 즉시 이루어 주신 것입니다.
예수님이 승천 하시자마자 죽은 성도나 순교자들이 다 주님의 영광을 보
았고 우리도 볼 것입니다.

II. 예수님이 세상에 오신 것은 죄인을 구원하기 위하여 속전을 치르러 오셨습니다

[4] "그가 생명을 구하매 주께서 그에게 주셨으니 곧 영원한 장수
로소이다"

"영원한 장수로소이다"— 그 왕조는 그의 후손 대대에 영원하리라. 비
록 유대인 왕권이 일시적으로 중단되어도 그 왕조는 결국 다윗의 씨
에서 회복될 것이다.

다윗의 자손, 예수 그리스도의 왕국은 대대로 영원합니다.

[5] "주의 구원이 그의 영광을 크게 하시고 존귀와 위엄을 그에게 입히시나이다"

[6] "그가 영원토록 지극한 복을 받게 하시며 주 앞에서 기쁘고 즐겁게 하시나이다"

"그가 영원토록 지극한 복을 받게 하시고" ― 그의 성공이 그렇게 위대하기 때문에 그의 죽은 지 오랜 후에까지 사람들은 서로 축복하기를 하나님이 너로 그와 같게 하기를 원하노라 한다.
"주 앞에서 기쁘고 즐겁게 하시나이다" ― 왕은 자기의 실제 권세나 부로 말미암아 기뻐하지 않고 하나님의 은총, 곧 그것들이 그에게 주어지면서 보인 하나님의 임재로 말미암아 기뻐한다.

예수님은 인성을 입으시고 우리 가운데 오셔서 우리 죄를 위하여 속전을 치러 주시고 부활하심으로 우리에게 부활의 소망을 주셨습니다. 예수 그리스도의 성공이 너무나 위대한고로 그 후 오랜 세월이 지나간 후에까지 사람들은 서로 축복하기를 하나님이 너로 그와 같게 (예수님이 부활하신 것과 같게) 하기를 원하노라 한다고 하였습니다. 예수 믿는 모든 성도가 다 구원받고 주님 재림하실 때 부활할 것입니다.

[7] "왕이 여호와를 의지하오니 지존하신 이의 인자함으로 흔들리지 아니하리이다"

"지존하신 이의 인자함으로 흔들리지 아니하리이다" ― 모든 것이 전능하신 하나님의 권능 안에 있으므로 하나님께 충성된 자는 안전하여 요동하지 아니한다. 하나님은 계속하여 그들에게 인자를 베푸실 것이다.

III. 예수님은 심판주로 오십니다

[8] "왕의 손이 왕의 모든 원수들을 찾아냄이여 왕의 오른손이 왕
을 미워하는 자들을 찾아내리로다"

"왕의 손이 왕의 모든 원수들을 찾아냄이여"—다윗은 말합니다. 주여
주의 도우심으로 나는 나의 모든 원수를 패배시킬 수 있나이다. 그들
은 사실 하나님의 원수들이나이다. 그래서 나는 더 이상 다른 도움이
필요 없나이다.
"왕의 오른손이 왕을 미워하는 자들을 찾아내리로다."— 하나님의 원수
들은 하나님의 권능의 도구들을 피할 수가 없을 것이다.

하나님의 원수들은 하나님의 권능의 도구들의 손에서 **빠져나갈** 수가
없습니다.

[9] "왕이 노하실 때에 그들을 풀무불 같게 할 것이라 여호와께서
진노하사 그들을 삼키시리니 불이 그들을 소멸하리로다"

"왕이 그들을 풀무불 같게 할 것이라"—그들은 전적으로 불에 삼키울
것이다. 다르게 해석하면: 하나님이 노하시는 때에 하나님은 그들이
풀무불이 되게 할 것이라. 하나님은 악한 자를 하나님의 징계의 도구
로 사용하셔서 의로운 자를 정결케 하신다. 그들의 일이 완수되면 악
한 자는 자기의 불에 스스로 멸망될 것이다.

그는 구원의 하나님일 뿐만 아니라 또한 심판의 하나님이십니다. 그가
죄인을 위하여 십자가에서 죽으셨습니다. 그를 배반하는 자는 그의 원수
입니다. 지옥을 믿으십니까? 성경이 이것을 말하였습니다. 지옥이 있음

을 믿지 아니하면 성경을 믿지 아니하는 것입니다. 어떤 자는 말합니다. 자기는 지옥이 있다고 믿지 않는다고 합니다. 그러나 그는 마지막 날에 지옥이 있음을 볼 것입니다. 그때는 이미 늦었습니다. 지옥문에서는 회개하지 못합니다. 그곳에 들어갈 것뿐입니다.

> "왕이 노하실 때에 그들을 풀무불 같게 할 것이라 여호와께서 진노하사 그들을 삼키시리니 불이 그들을 소멸하리로다"

마지막 심판은 불로 하십니다.

> [10] "왕이 그들의 후손을 땅에서 멸함이여 그들의 자손을 사람 중에서 끊으리로다"

> [11] "비록 그들이 왕을 해하려 하여 음모를 꾸몄으나 이루지 못하도다"

> [12] "왕이 그들로 돌아서게 함이여 그들의 얼굴을 향하여 활시위를 당기리로다"

"왕이 그들로 돌아서게 함이여"—왕이 그들로 기업을 [따로] 세우리라. 하나님은 원수들을 완전히 다 몰아다 그들로 주의 처벌의 표적으로 세우신다.

> [13] "여호와여 주의 능력으로 높임을 받으소서 우리가 주의 권능을 노래하고 찬송하게 하소서"

IV. 우리는 이 시편에서 예수님을 봅니다

우리는 이 시편에서 예수 그리스도의 십자가를 봅니다.

> (히12:2) 믿음의 주요 또 온전하게 하시는 이인 예수를 바라보자
> 그는 그 앞에 있는 기쁨을 위하여 십자가를 참으사 부끄러움을 개
> 의치 아니하시더니 하나님 보좌 우편에 앉으셨느니라"

예수님의 기도는 응답 되었습니다. 지금 왕은 하늘에 계십니다. 우리
는 면류관을 쓰신 예수님을 봅니다. 예수님은 우리를 대신하여 천국에
계십니다. 그는 거기서 말 할 수 없는 기쁨으로 계시며 우리를 기다리십
니다.

이 시편은 예수 그리스도께서 심판하실 것을 보여줍니다. 예수 안 믿
는 그 사람뿐만 아니라 그의 후손까지 심판한다고 하셨습니다.

요한계시록에서 심판을 보여줍니다. 또한 사도 바울은 데살로니가후
서에서 말씀합니다.

> (살후1:7~8) "환난을 받는 너희에게는 우리와 함께 안식으로 갚으
> 시는 것이 하나님의 공의시니 주 예수께서 자기의 능력의 천사들
> 과 함께 하늘로부터 불꽃 가운데에 나타나실 때에 하나님을 모르
> 는 자들과 우리 주 예수의 복음에 복종하지 않는 자들에게 형벌을
> 내리시리니"

이것이 믿지 않는 자들에게 임할 형벌입니다.

(살후:9~10) "이런 자들은 주의 얼굴과 그의 힘의 영광을 떠나 영원한 멸망의 형벌을 받으리로다 그 날에 그가 강림하사 그의 성도들에게서 영광을 받으시고 모든 믿는 자들에게서 놀랍게 여김을 얻으시리니 이는 (우리의 증거가 너희에게 믿어졌음이라)"

결론

이 시편은 예수 그리스도의 영광스러운 승천에 대한 시입니다.

우리는 다 자문합시다. 나는 지금 이 예수와 어떤 관계를 가지고 있는가? 만일 그가 나의 구주가 아니라면, 만일 내가 이때까지 그의 죽으심이 나를 위하여서라고 믿지 않았다면, 하나님의 심판은 어느 날 내 머리 위에 내립니다. 그러나 예수 그리스도의 승천이 나를 위하여 하신 것이요 지금도 나를 기다리신다고 믿으면, 그리스도 안에서 하나님 아버지는 말할 수 없는 은혜와 복을 내려 주십니다.

 예수님이 세상에 오셔서 우리를 위해 십자가에서 죽으시고 지금은 하나님의 보좌 우편에 앉아서 우리를 기다리십니다. 또한 우리 위해서 기도하시는 것을 믿고 주님이 받으시는 영광을 우리도 받으십시다.
우리 온 성도들에게 이 영광이 있기를 우리 왕 되시는 예수님의 이름으로 축복합니다.

Psalms

시편 22편
가상 칠언

[다윗의 시, 인도자를 따라 아얠렛사할에 맞춘 노래]

[1] 내 하나님이여 내 하나님이여 어찌 나를 버리셨나이까 어찌 나를 멀리 하여 돕지 아니하시오며 내 신음 소리를 듣지 아니하시나이까

[2] 내 하나님이여 내가 낮에도 부르짖고 밤에도 잠잠하지 아니하오나 응답하지 아니하시나이다

[3] 이스라엘의 찬송 중에 계시는 주여 주는 거룩하시니이다

[4] 우리 조상들이 주께 의뢰하고 의뢰하였으므로 그들을 건지셨나이다

[5] 그들이 주께 부르짖어 구원을 얻고 주께 의뢰하여 수치를 당하지 아니하였나이다

[6] 나는 벌레요 사람이 아니라 사람의 비방거리요 백성의 조롱 거리니이다

[7] 나를 보는 자는 다 나를 비웃으며 입술을 비쭉거리고 머리를 흔들며 말하되

[8] 그가 여호와께 의탁하니 구원하실 걸, 그를 기뻐하시니 건지실 걸 하나이다

[9] 오직 주께서 나를 모태에서 나오게 하시고 내 어머니의 젖을 먹을 때에 의지 하게 하셨나이다

[10] 내가 날 때부터 주께 맡긴 바 되었고 모태에서 나올 때부터 주는 나의 하나님이 되셨나이다

[11] 나를 멀리 하지 마옵소서 환난이 가까우나 도울 자 없나이다

[12] 많은 황소가 나를 에워싸며 바산의 힘센 소들이 나를 둘러쌌으며

[13] 내게 그 입을 벌림이 찢으며 부르짖는 사자 같으니이다

[14] 나는 물 같이 쏟아졌으며 내 모든 뼈는 어그러졌으며 내 마음은 밀랍 같아서 내 속에서 녹았으며

[15] 내 힘이 말라 질그릇 조각 같고 내 혀가 입천장에 붙었나이다 주께서 또 나를 죽음의 진토 속에 두셨나이다

[16] 개들이 나를 에워쌌으며 악한 무리가 나를 둘러 내 수족을 찔렀나이다

[17] 내가 내 모든 뼈를 셀 수 있나이다 그들이 나를 주목하여 보고

[18] 내 겉옷을 나누며 속옷을 제비뽑나이다

[19] 여호와여 멀리 하지 마옵소서 나의 힘이시여 속히 나를 도우소서

[20] 내 생명을 칼에서 건지시며 내 유일한 것을 개의 세력에서 구하소서

[21] 나를 사자의 입에서 구하소서 주께서 내게 응답하시고 들소의 뿔에서 구원 하셨나이다

[22] 내가 주의 이름을 형제에게 선포하고 회중 가운데에서 주를 찬송하리 이다

[23] 여호와를 두려워하는 너희여 그를 찬송할지어다 야곱의 모든 자손이 여 그에게 영광을 돌릴지어다 너희 이스라엘 모든 자손이여 그를 경외 할지어다

[24] 그는 곤고한 자의 곤고를 멸시하거나 싫어하지 아니하시며 그의 얼굴 을 그에게서 숨기지 아니하시고 그가 울부짖을 때에 들으셨도다

[25] 큰 회중 가운데에서 나의 찬송은 주께로부터 온 것이니 주를 경외 하 는 자 앞에서 나의 서원을 갚으리이다

[26] 겸손한 자는 먹고 배부를 것이며 여호와를 찾는 자는 그를 찬송할 것 이라 너희 마음은 영원히 살지어다

[27] 땅의 모든 끝이 여호와를 기억하고 돌아오며 모든 나라의 모든 족속이 주의 앞에 예배하리니

[28] 나라는 여호와의 것이요 여호와는 모든 나라의 주재심이로다

[29] 세상의 모든 풍성한 자가 먹고 경배할 것이요 진토 속으로 내려가는 자 곧 자기 영혼을 살리지 못할 자도 다 그 앞에 절하리로다

[30] 후손이 그를 섬길 것이요 대대에 주를 전할 것이며

[31] 와서 그의 공의를 태어날 백성에게 전함이여 주께서 이를 행하셨다 할 것이로다

✎ Theme: 예수님이 죄인을 구원하시기 위하여 십자가에서 죽으실 때 일곱 가지를 말씀하셨습니다.

서론

예수님이 십자가에 달려 돌아가실 때 일곱 가지 말씀하신 것을 흔히 "가상 칠언"이라고 부릅니다. 가상 칠언을 찾으려면 사 복음 마태 마가 누가 요한복음을 다 봐도 찾기가 어렵습니다. 그러나 가상 칠언을 오늘 본문에서만 다 찾을 수 있습니다. 이 위대한 구원의 복음을 예수님 오시기 약 1000년 전에 하나님이 다윗 왕에게 계시로 보여주시어 다윗이 시편 22편에 상세히 기록한 것입니다.

I. 내 하나님이여 내 하나님이여 어찌 나를 버리셨나이까

[1] "내 하나님이여 내 하나님이여 어찌 나를 버리셨나이까"

이것이 처음 말씀입니다. 마태와 마가는 이같이 기록하였습니다.

(마27:46) "제구시쯤에 예수께서 크게 소리 질러 이르시되 엘리 엘리 라마 사박다니 하시니 이는 곧 나의 하나님, 나의 하나님, 어찌하여 나를 버리셨나이까 하는 뜻이라"

(막15:34) "제구시에 예수께서 크게 소리 지르시되 엘리 엘리 라

마 사박다니 하시니 이를 번역하면 나의 하나님, 나의 하나님, 어
찌하여 나를 버리셨나이까 하는 뜻이라"

[다윗의 시, 영장으로 아앨렛샤할에 맞춘 노래] "내 하나님이여 내 하나
님이여 어찌 나를 버리셨나이까 어찌 나를 멀리 하여 돕지 아니하시오며
내 신음 소리를 듣지 아니하시나이까" 하는 말씀입니다.

"아앨렛샤할" 악기의 이름: 다른 해석은 빛나는 사슴, 예수 그리스도를
정다운 사슴에 비교하고 있다. 새벽 같이 밝게 하는 사슴 [이 정다운 사슴
은 자기 짝에게 특별히 헌신적이다]. 우리의 신랑 되시는 예수님은 우리
에게 특별히 헌신적이시다.

　　"아앨렛"은 사슴 또는 힘; "샤할"은 새벽.
　　"어찌 나를 버리셨나이까."-예수 그리스도는 정녕 버림을 받았습니
·다. 실재로 십자가에서 죽음을 맛보셨습니다. 우리를 위하여 죽으셨
　　습니다.

　　(히2:9) "오직 우리가 천사들보다 잠시 동안 못하게 하심을 입은
　　자 곧 죽음의 고난 받으심으로 말미암아 영광과 존귀로 관을 쓰신
　　예수를 보니 이를 행하심은 하나님의 은혜로 말미암아 모든 사람
　　을 위하여 죽음을 맛보려 하심이라"

십자가에 달리심으로 인간의 괴로움을 몸소 겪으셨을 뿐만 아니라 고
통 중에 간절히 기도하는 괴로운 심정을 체험하셨습니다.
내 하나님이여 내 하나님이여 어찌 나를 버리셨나이까? 예수님은 우
리가 죽는 괴로움을 직접 체험하셨습니다.

[3] "이스라엘의 찬송 중에 계시는 주여 주는 거룩하시니이다"

"이스라엘의 찬송 중에"—이스라엘의 찬송 중에 보좌에 앉으신 주여,
태초부터 주는 이스라엘의 기도에 항상 귀를 기울이셨나이다. 그런
데 왜 지금 나의 부르짖음에 응답하지 않으시나이까?

왜 하나님께서 예수님을 버리셨는가? 예수님이 십자가에 계신 3시간
은 말 할 수 없는 흑암의 지옥 속에서 지옥의 고난을 당하신 것입니다. 잠
시 동안 버림을 받은 것도 우리의 죄를 대신해서 지옥의 고통, 하나님의
보호를 받지 못하는 고통을 경험하도록 하신 것입니다. 하나님은 예수 그
리스도의 고난을 통해서 세상과 화목하셨습니다. 예수님은 말씀하셨습
니다.

(요16:32) "보라 너희가 다 각각 제 곳으로 흩어지고 나를 혼자
둘 때가 오나니 벌써 왔도다 그러나 내가 혼자 있는 것이 아니라
아버지께서 나와 함께 계시느니라"

우리 하나님은 우리 주님과 항상 같이 하셨습니다. 매를 맞으실 때도,
십자가에서 죽으실 때도 같이 하셨습니다.

[6] "나는 벌레요 사람이 아니라 사람의 비방거리요 백성의 조롱
거리니이다"

"나는 벌레요"—집합적으로 유대민족은 여러 나라로부터 멸시와 조
롱을 당하였다. 그러나 여기서는 예수님을 지칭한 것이다.

주님은 괴로울 때 사자처럼 부르짖었습니다. 나는 벌레라고 하신 것은

가장 낮은 자리에 내려가신 것을 말합니다.

> (사53:3) "그는 멸시를 받아 사람들에게 버림받았으며 간고를 많
> 이 겪었으며 질고를 아는 자라 마치 사람들이 그에게서 얼굴을 가
> 리는 것 같이 멸시를 당하였고 우리도 그를 귀히 여기지 아니하였
> 도다"

"나는 벌레요" 하는 벌레는 큰 벌레가 아니라 coccus라는 눈에 보이지 않는 좀 벌레를 말합니다. 성전의 휘장은 주홍빛으로 염색한 두꺼운 명주로 만들었는데 이 좀 벌레는 주홍빛 성전 휘장을 먹어 휘장을 못 쓰게 만드는 좀 벌레입니다. 예수님은 "나는 벌레요" 하실 때 자기가 극히 낮은데 처하심으로 말미암아 막혔던 성전 휘장을 치워 버렸다는 뜻입니다.

II. 십자가 상에서 예수님은 기도하셨습니다

> [8] "그가 여호와께 의탁하니 구원하실 걸, 그를 기뻐하시니 건지
> 실 걸 하나이다"

이 말씀은 예수님이 아버지 하나님께 기도하시는 것을 보고 유대인들이 비웃는 것입니다.

"그가 여호와께 의탁하니" … 그가 여호와께 의탁하니 … 이 원칙이 조롱과 멸시를 받은 예수님을 재확신 시킵니다 그래서 그는 하나님께로 향하여 기도합니다.

죄인을 감옥에서 끌어내면 흔히 곤장을 치기도 하고 욕설을 퍼붓지만

아무리 살인자라 할지라도 십자가에 못 박아 올린 후에는 불쌍한 마음으로 보는 것입니다. 그러나 예수 그리스도는 십자가에 달려서도 바리새인과 서기관들 또 제사장과 악한 무리들에게 비웃음거리가 되었습니다.

예수님은 말할 수 없는 고통 속에서 자기를 괴롭히는 무리들을 보셨습니다. 보시고 우리 주님은 기도하셨습니다.

"아버지여! 저들의 죄를 사하시옵소서"

만일 예수님께서 이 기도를 하시지 않았으면 십자가에 못 박는데 가담한 자들은 죄 사함을 영원히 받지 못했을 것입니다. 그러나 주님의 기도로 백부장도 구원을 얻고 또 곁에서 본 바리새인과 그 후 주님을 핍박한 사람들도 구원을 얻게 되었습니다.

> (눅23:34) "이에 예수께서 이르시되 아버지 저들을 사하여 주옵소
> 서 자기들이 하는 것을 알지 못함이니이다"

본문에서 우리는 십자가에 달리신 피해자 예수님을 봅니다.

> [7] "나를 보는 자는 다 비웃으며 입술을 비쭉거리고 머리를 흔들
> 며 말하되"

"입술을 비쭉거리고" — 그들이 입을 넓게 열고 나에 대하여 조롱하며 말하나이다. '그들이 입술을 비쭉거리며 나를 비웃나이다.'
이 광경을 보는 우리 주님은 그들을 구원하시려고 더욱 기도하십니다.

> [8] "그가 여호와께 의탁하니 구원하실 걸, 그를 기뻐하시니 건지
> 실 걸 하나이다"

만일 예수님께서 이 기도를 하시지 않았으면 십자가에 못 박는데 가담한 자들은 죄 사함을 영원히 받지 못했을 것입니다. 그러나 주님의 기도로 백부장도 구원을 얻고 또 곁에서 본 바리새인과 그 후 주님을 핍박한 모든 사람들이 예수님을 믿고 구원 얻게 되었습니다.

III. "여자여! 저가 아들이니이다"

십자가에서 세 번째 하신 말씀입니다.

[9] "오직 주께서 나를 모태에서 나오게 하시고 내 어머니의 젖을 먹을 때에 의지하게 하셨나이다"

[10] "내가 날 때부터 주께 맡긴 바 되었고 모태에서 나올 때부터 주는 나의 하나님이 되셨나이다"

[11] "나를 멀리 하지 마옵소서 환난이 가까우나 도울 자 없나이다"

십자가에 달리신 예수님은 어머니 마리아를 요한에게 부탁하셨습니다. 예수님은 십자가에 달려서 자기를 미워하고 비웃는 무리를 보시지만 그러나 자기의 사랑하는 자들도 보십니다. 요한과 같이 서 있는 눈물에 찬 여인, 어머니를 봅니다. 어머니를 볼 때 고생하시며 마굿간에서 자기를 강보로 싸서 춥지 않게 꼭 안아 주시던 어머니를 생각하며 기도하십니다.

"오직 주께서 나를 모태에서 나오게 하시고 내 어머니의 젖을 먹을 때에 의지하게 하셨나이다 내가 날 때부터 주께 맡긴 바 되었고 모태에서 나올 때부터 주는 나의 하나님이 되셨나이다."(9~10)

주여 어찌 나를 지금 구원하시지 않을 수 있나이까? 내가 잉태된 그 순간부터 나를 기르시고 생명으로 나오게 하신 이가 주님이 아니십니까?

(요19:26) "예수께서 자기의 어머니와 사랑하시는 제자가 곁에 서 있는 것을 보시고 자기 어머니께 말씀하시되 여자여 보소서 아들 이니이다 하시고"

예수께서 어머니를 "여자여"라고 처음 부르신 것은 갈릴리 가나 혼인 잔칫집에서였습니다. 마리아는 예수님이 메시아인 것을 나타내 보이기 위하여 이적을 행하도록 말했습니다. 그때 예수님은

(요2:4) "여자여 나와 무슨 상관이 있나이까 내 때가 아직 이르지 아니하였나이다" 하셨습니다.

그 때가 어느 때입니까? 이 때는 역사적으로 죄인에게 제일 중요한 때입니다. 예수님이 십자가에서 죽으심으로 만민을 구원하신 때입니다. 아마도 예수님이 "여자여" 하고 어머니에게 두 번째 부르실 때는 "내 때가 아직 이르지 아니하였나이다" 한 그 때가 이르렀구나 하고 마리아는 깨달았을 것입니다.

[12] "많은 황소가 나를 에워싸며 바산의 힘센 소들이 나를 둘러쌌으며"

"많은 황소들이"―강대한 제국들.
"바산의 힘센 소들이"―바산 땅은 비옥한 초장들이 많아서 예외적으로 크고 힘 좋은 소들을 생산해 냈습니다.

예수님을 십자가에 못 박는 군인들을 가리켜 말씀한 것입니다.

[13] "내게 그 입을 벌림이 찢으며 부르짖는 사자 같으니이다"

자기를 십자가에 못 박는 로마 군인들을 짐승을 잡아 찢는 사자에게 비유한 것입니다.

[14] "나는 물 같이 쏟아졌으며 내 모든 뼈는 어그러졌으며 내 마음은 밀랍 같아서 내 속에서 녹았으며"

이 말씀은 로마 군인들이 예수 그리스도를 십자가에 못 박아 죽이는 것을 그대로 묘사한 것인데 다윗이 이 시편을 쓴 때는 로마제국이 생기기 900여 년 전입니다.

"나는 물 같이 쏟아졌으며" – 나는 완전히 녹았습니다. 큰 공포가 나를 움켜잡았기 때문입니다.
이 말은 십자가에서 죽을 때 햇빛 밑에서 한없이 쏟아지는 땀을 가르친 것입니다.
"내 모든 뼈는 어그러졌으며" – 사람을 십자가에 못 박으면 시간이 갈수록 늘어지면서 모든 뼈가 탈골이 되어 어그러진다고 합니다. 이것은 십자가에서 죽는 모습을 그린 것입니다. 요한은 물과 피를 보았습니다.

(요19:34) "그 중 한 군인이 창으로 옆구리를 찌르니 곧 피와 물이 나오더라"

"내 마음은 밀랍 같아서 내 속에서 녹았으며"

예수 그리스도의 마음은 완전히 녹아서 밀랍 녹듯 무너진 것입니다. 그 때 예수님의 마음은 무엇과도 비교할 수 없습니다.

Ⅳ. "내가 목마르다"

십자가에서 하신 네 번째 기도입니다.

[15] "내 힘이 말라 질그릇 조각 같고 내 혀가 입천장에 붙었나이다 주께서 또 나를 죽음의 진토 속에 두셨나이다"

"주께서 또 나를 죽음의 진토에 속에 두셨나이다."—마치 주님을 흙에 파묻으려고 준비하는 것 같습니다.

예수님이 목이 말라 신음하는 소리 "내가 목마르다" 하는 소리를 군병들이 십자가 밑에서 들었습니다.

[16] "개들이 나를 에워쌌으며 악한 무리가 나를 둘러 내 수족을 찔렀나이다"

"개들이 나를 에워쌌으며" – '황소들' 과 '바산의 힘센 소들' 만 아니라 '개들' 에게도 나는 에워싸였습니다.

"개들"—땅의 가장 가장 비열한 요소들을 다 포함한 미쳐버린 폭도들에게도 나는 에워싸였습니다.

"개" 는 이방인을 말합니다. 그의 손과 발이 이방인들의 손에 못 박혀 십자가에 달린 것을 말합니다.

"내 수족을 찔렀나이다" –내 수족이 사자의 먹이 같이 되었다.

내 두 손과 두 발은 사자의 입에 물린 듯 망가졌나이다. 나의 두 손은 못 박혔음으로 내가 나를 방어할 수도 없고 나의 두 발도 못 박혀 내가 움직일 수도 없는데 목이 말라 견딜 수 없다는 뜻입니다.

[17] "내가 내 모든 뼈를 셀 수 있나이다 그들이 나를 주목하여 보고"

"내가 내 모든 뼈를 셀 수 있나이다"—내 몸이 얼마나 말랐는지 내 모든 **뼈**가 튀어나왔고 쉽게 셀 수가 있습니다.

밤새도록 채찍에 맞고 물과 피를 쏟으신 주님의 몸은 모든 **뼈**가 튀어나왔고 그 모든 **뼈**를 쉽게 셀 수가 있었습니다.

[18] "내 겉옷을 나누며 속옷을 제비 뽑나이다"

"내 겉옷을 나누며"—로마 군인들은 예수님을 약탈하고 그의 등에 걸친 의복까지 벗겨가고 예수님의 속옷까지 제비뽑아 나누어 가졌습니다.

십자가에 달리실 때 예수님은 속옷까지 벗겨져 부끄럽게 죽으셨습니다.

V. "오늘 네가 나와 함께 낙원에 있으리라"

다섯 번째 말씀입니다.

[25] "큰 회중 가운데에서 나의 찬송은 주께로부터 온 것이니 주를 경외하는 자 앞에서 나의 서원을 갚으리이다"

"큰 회중 가운데에서 나의 찬송은 주께로부터 온 것이니"—하나님은 내가 부르는 찬송의 원인이십니다. 주께서 나를 구원 하셨음이니이다. "주를 경외하는 자 앞에서 나의 서원을 갚으리이다"—나의 구원의 때에 나의 고난 중에 했던 나의 서원을 나는 온 세상 앞에서 갚으리이다. 그러면 온 세상이 하나님을 두려워 경외 하리이다.

[23] "야곱의 모든 자손이어"

하나님과 가까운 정도에 따라 각각 드리는 찬송이 다르다. 야곱의 자손들은 사랑과 경배로 하나님을 섬길 것이다.

[26] "겸손한 자는 먹고 배부를 것이며 여호와를 찾는 자는 그를 찬송할 것이라 너희 마음은 영원히 살지어다"

"너희 마음은 영원히 살지어다"—너희 마음은 더 이상 환난으로 어두워지지 않을 것이요 너는 네 땅에서 영원한 행복으로 즐거워하리로다. 너희는 영생을 상으로 받으리라.

십자가에 달린 강도는 말하였습니다.

(눅23:42) "예수여 당신의 나라에 임하실 때에 나를 기억하소서 하니"

(눅23:43) "예수께서 이르시되 내가 진실로 네게 이르노니 오늘 네가 나와 함께 낙원에 있으리라 하시니라"

강도는 즉시로 구원을 받았습니다. "여호와를 찾는 자는 그를 찬송할 것이라. 너희 마음은 영원히 살지어다."

[27] "땅의 모든 끝이 여호와를 기억하고 돌아오며 모든 나라의
모든 족속이 주의 앞에 예배하리니"

[29] "세상의 모든 풍성한 자가 먹고 경배할 것이요 진토 속으로
내려가는 자 곧 자기 영혼을 살리지 못할 자도 다 그 앞에 절하리
로다"

"모든 나라의 모든 족속이 주의 앞에 예배하리니"(27)
"세상의 모든 풍성한 자" "진토 속으로 내려가는 자"(29)

세상에서 풍부한 자나 가난한 자가 모두 주의 앞에 나와 예배할 것이
다. 그러나 그 가운데는 무덤으로 내려가고 하나님이 그 영혼을 다시 살
리지 않으실 자들이 있다. 그러나 회개하는 자들은 구원을 얻을 것이다.

VI. "아버지여 내 영혼을 아버지 손에 부탁하나이다"

여섯 번째 기도하는 말씀입니다. 이같이 말씀하시고 예수님은 운명하
셨습니다.

[19] "여호와여 멀리하지 마옵소서 나의 힘이시여 속히 나를 도우
소서"

[20] "내 생명을 칼에서 건지시며 내 유일한 것을 개의 세력에서
구하소서"

"내 유일한 것을"—나의 요소, 나의 영혼 그것은 죽을 껍데기에 거하는 고이 간직된 보물입니다.

하나님은 예수님을 "이는 내 사랑하는 아들이요 내 기뻐하는 자라"고 소개하셨습니다(마3:17).

그러므로 운명하실 때 이와 같이 기도하셨습니다.

"아버지여 내 영혼을 아버지 손에 부탁하나이다"(눅23:46)

말씀하시고 예수님은 운명하셨습니다.

만민을 구원하는 역사를 이루실 때 예수님은 "내 생명을 칼에서 건지시며 내 유일한 것을 개의 세력에서 구하소서"(20)라고 부르짖었습니다. 여기서 주목할 것은 "주께서 내게 응답하시고 들소의 뿔에서 구원하셨나이다"(21) 우리 말로는 '들소'라고 번역하였는데 영어로는 유니콘(Unicorn)입니다. 이 동물은 신화에나 있습니다. 뿔은 하나뿐인데 구약 성경은 뿔을 복수형으로 썼습니다. 그러므로 두 마리 이상을 말합니다.

지금 고고학적 증명을 보면 실재로 유니콘이 있었습니다. 뿔은 하나이며 코끼리보다 조금 작으나 맹수로서 당할 짐승이 없는 빠르고 무서운 동물입니다. 하나님 아버지는 이 무서운 맹수의 뿔에서 예수님을 구해 주셨습니다.

VII. 결론 "다 이루었다" 일곱 번째 기도입니다

십자가상에서 예수를 믿는 만민의 죄를 다 용서하시고 의인으로, 하나님의 자녀로 삼으시는 모든 작업을 "다 이루었다" 하시고 고개를 숙이고 운명하셨습니다.

[30] "후손이 그를 섬길 것이요 대대에 주를 전할 것이며"

"하나님을 섬긴 자들의 후손에 대하여"—하나님이 예수 믿는 자의 자손에 대하여 행하신 모든 것에 대하여 하나님은 후대에서까지 찬송을 받을 것이다.

[31] "와서 그의 공의를 태어날 백성에게 전함이여 주께서 이를 행하셨다 할 것이로다"

"그의 공의를 태어날 백성에게 전함이여"—하나님의 구원을 경험한 그들은 태어날 백성에게 하나님의 구원을 전할 것이다.

하나님 앞에서 더러운 걸레 같은 자라도 그리스도의 십자가의 공로로 의롭다 함을 받습니다.

"다 이루었다." 하는 말의 원문은 테텔레스타이(tetelestai)로서 "끝냈다" 입니다. 이신칭의의 구령사업을 끝냈다는 것입니다. 강도라도 예수를 믿으면 '의롭다' '죄가 없다' 선언해 주시는 구령사업을 예수님은 모두 끝냈습니다. 예수님을 믿으면 우리는 의롭다 칭하심을 받고 하나님 앞에 나아감을 받게 되었습니다.

 그러므로 우리는 항상 하나님께 감사하며 말씀에 순종하여
주님의 영광을 위해 살아갑시다.
우리 후손들도 조금이라도 주님을 기쁘시게 해 드리는
성도들이 되어 구원 얻기를 예수님의 이름으로 축복합니다.

위대한 목자

[다윗의 시]

[1]   여호와는 나의 목자시니 내게 부족함이 없으리로다

[2]   그가 나를 푸른 풀밭에 누이시며 쉴 만한 물 가로 인도하시는도다

[3]   내 영혼을 소생시키시고 자기 이름을 위하여 의의 길로 인도하시는도다

[4]   내가 사망의 음침한 골짜기로 다닐지라도 해를 두려워하지 않을 것은 주께서 나와 함께 하심이라 주의 지팡이와 막대기가 나를 안위하시나 이다

[5]   주께서 내 원수의 목전에서 내게 상을 차려 주시고 기름을 내 머리에 부으셨으니 내 잔이 넘치나이다

[6]   내 평생에 선하심과 인자하심이 반드시 나를 따르리니 내가 여호와의 집에 영원히 살리로다

✒ **Theme:** 푸른 풀밭에서든지 메말라 터진 광야에서든지
하나님은 우리가 필요한 모든 것을 공급하신다.

서론

시편 23편을 잘 이해하려면 22편과 24편을 다 알아야 합니다.

23편은 "위대한 목자" 시입니다. 히브리서의 결론을 보세요.

> (히13:20~21) "양들의 큰 목자이신 우리 주 예수를 영원한 언약의 피로 죽은 자 가운데서 이끌어 내신 평강의 하나님이 모든 선한 일에 너희를 온전하게 하사 자기 뜻을 행하게 하시고 그 앞에 즐거운 것을 예수 그리스도로 말미암아 우리 가운데서 이루시기를 원하노라 영광이 그에게 세세무궁토록 있을지어다 아멘"

여기서는 예수님을 "큰 목자"라고 했습니다. 베드로 사도는 "목자장"이라고 했습니다.

> (벧전5:4) "그리하면 목자장이 나타나실 때에 시들지 아니하는 영광의 관을 얻으리라"

우리는 22편에서 십자가를 보고, 23편에서는 주의 지팡이를 보고, 24편에서는 왕의 면류관을 봅니다.

22편에서 그리스도는 구원자시요, 23편에서는 부족함이 없이 만족하게 하시는 분이시요, 24편에서는 다스리시는 분입니다.

또 22편에서는 예수님은 죽으시는 분이시요, 23편에서는 사시는 분이시요, 24편에서는 심판주로 오시는 분이십니다.

I. "나의 목자"

[1] "여호와는 나의 목자시니 내게 부족함이 없으리로다"

여호와 하나님은 "나의 목자"시며, 또 "부족함이 없으시다" —우리의 필요한 것을 다 주시는 하나님이십니다.

"부족함이 없으리로다" —양들이 아무런 걱정을 모르듯이, 그들의 목자가 그들이 쓸 것을 다 챙겨 주시기 때문에 우리도 우리의 완전한 만족을 표현한 것입니다. 어떤 것이든지 합법적으로 필요한 것을 하나님께서 안 주시지 않음을 알기 때문입니다.

[2] "그가 나를 푸른 풀밭에 누이시며 쉴 만한 물 가로 인도하시는도다"

"여호와는 나의 목자시다" 하는 것은 하나의 선언입니다. 나의 개인적인 목자라는 것입니다. 하나님과 나 사이에 아무것도 없습니다. 하나님은 나의 목자십니다. 그러므로 나의 필요한 것을 다 공급하여 주시고 책임져 주시니 더 이상 원할 필요가 없는 것입니다. 그러므로 마태복음 6장 33절에 이같이 말씀하셨습니다.

(마6:33) "너희는 먼저 그의 나라와 그의 의를 구하라 그리하면 이 모든 것을 너희에게 더하시리라"

[2] "그가 나를 푸른 풀밭에 누이시며 쉴 만한 물가로 인도 하시는도다"

"푸른 풀밭에" —목초지 곧 양들의 자연적 서식지.
"그가 나를 푸른 풀밭에 누이시며" 하는 말씀은 양이 풀을 많이 먹고 더 이상 원할 것이 없다는 말입니다.
양은 배가 고프면 눕지 아니합니다. 푸른 초장에 누워있는 양은 부족함이 없다는 뜻입니다. 예수 그리스도는 우리의 만족입니다.

(요6:35) "예수께서 이르시되 나는 생명의 떡이니 내게 오는 자는 결코 주리지 아니할 터이요 나를 믿는 자는 영원히 목마르지 아니하리라"

"쉴 만한 물 가로 인도하시는도다" 전번(구역) 번역에는 "잔잔한 물가으로 인도하시도다"라고 했습니다. 양은 물살이 빠른 것도 싫어하고 폭포처럼 쏟아지는 물도 싫어합니다. 잔잔한 물가를 좋아합니다. 그 물에 더러운 돼지가 들어오면 돼지하고 같이 먹지도 않습니다. 목자가 주는 양식을 양은 사랑합니다.

이것은 우리도 필요합니다. 우리의 육신과 영혼이 고달프고 피곤할 때가 있습니다. 다윗은 시편55:6에서 자기의 피곤함을 말했습니다.

"나는 말하기를 만일 내게 비둘기 같이 날개가 있다면 날아가서 편히 쉬리로다" (시 55:6)

그는 이 고달픈 세상에서 탈출하기를 원했습니다. 그러면서 그는 주 안으로 피할 것을 배웠습니다. 주 안에서 쉬고 주 안에서 참고 기다렸습니다. 예수님이 말씀하셨습니다.

(마11:28) "수고하고 무거운 짐 진 자들아 다 내게로 오라 내가 너희를 쉬게 하리라"

II. 목자의 생각

[3] "내 영혼을 소생시키시고 자기 이름을 위하여 의의 길로 인도

하시는도다"

"나를 의의 길로 인도하시는도다"-목자는 그 길을 조심해서 선택합니다. 자기 양떼가 너무 힘들지 않게 합니다. 그와 같이, 의로운 백성들에게는 현저한 하나님의 보호가 있습니다. 이 하나님의 보호는 그들을 도와서 그들이 옳은 길에서 벗어나지 않게 합니다.

[4] "내가 사망의 음침한 골짜기로 다닐지라도 해를 두려워하지 않을 것은 주께서 나와 함께 하심이라 주의 지팡이와 막대기가 나를 안위하시나이다"

"사망의 음침한 골짜기"-무시무시한 골짜기는 사망의 모습을 드러냅니다. 다르게 해석하면, 그것은 너무 위험한 곳이라 무덤처럼 어둡고 무섭다는 뜻입니다.

"해를 두려워하지 않을 것은 … 주께서 함께 하심이라" 공포에 질린 아이는 자기 부모가 가까이 있음을 알면 아직 위험의 출처가 그대로 있는데도 조용해지고 안심합니다

"주의 지팡이와 막대기가"-주의 막대기는 죄에 대한 하나님의 엄하신 벌을 말하고 반면에 주의 지팡이는 나의 고난의 때에 나를 붙잡아 주시는 하나님의 지지를 말합니다. 이 두 가지가 다 똑같이 위로가 됩니다. 성도들의 가장 큰 위로는 자기가 바람에 불리는 의미 없는 쭉정이가 아니라는 것이기 때문입니다. 도리어 하나님은 자기의 행동을 알고 계시며 그에 따라 상급을 주시거나 벌을 주십니다.

"내 영혼을 소생시키시고"-다윗은 이 말을 할 때 자기의 지은 죄를 생각합니다. 그는 죄를 짓고 양떼들에게서 떨어져서 혼자 방황했습니다. 이때 주님께서는 방황하는 양을 찾아 그 영혼을 소생시키셨습니다.

"자기 이름을 위하여 의의 길로 인도하시는도다"-우리는 인도하실 때 주님을 따라가야 합니다. 예수님은 당시 종교 지도자들, 실상 원수들에게 말씀하셨습니다.

(요10:25~27) "예수께서 대답하시되 내가 너희에게 말하였으되 믿지 아니하는도다 내가 내 아버지의 이름으로 행하는 일들이 나를 증거하는 것이거늘 너희가 내 양이 아니므로 믿지 아니하는도다 내 양은 내 음성을 들으며 나는 그들을 알며 그들은 나를 따르느니라"

양은 자기의 목자를 따라가게 되어 있습니다. 예수님 당시에는 목자가 양을 뒤에서 몰고 가는 일이 없었습니다. 반드시 앞에서 인도했습니다. 그러나 지금은 몰고 가는 때가 더 많이 있습니다.

"내가 사망의 음침한 골짜기로 다닐지라도 해를 두려워하지 않을 것은 주께서 나와 함께 하심이라"

제가 성지 순례를 갔을 때 예수 믿는 안내자 겸 택시 운전수를 만나서 안내를 받았습니다. 예루살렘에서 여리고로 가는 길 중간쯤에 주막집이 있습니다. 거기서 동쪽으로 보면 멀리 골짜기가 보입니다. 그 골짜기 안에 들어가면 샘물이 흐르므로 사람이 살 수 있다고 합니다. 그곳에서 도둑들이 나와서 물건을 빼앗고 또 어떤 자는 잡아 가지고 물건을 짊어진 채로 데리고 가서 골짜기에서 죽인다고 합니다. 그래서 그곳에 잡혀가면 살아서 못 나온다고 그 골짜기 이름을 "사망의 음침한 골짜기"라고 합니다. "선한 사마리아" 사람의 비유를 말씀해 주시면서 예수님이 언급하신 위험한 곳이 바로 그곳입니다.

(눅10:30) "예수께서 대답하여 이르시되 어떤 사람이 예루살렘에서 여리고로 내려가다가 강도를 만나매 강도들이 그 옷을 벗기고

때려 거의 죽은 것을 버리고 갔더라"

(눅10:33~36) "어떤 사마리아 사람은 여행하는 중 거기 이르러 그를 보고 불쌍히 여겨 가까이 가서 기름과 포도주를 그 상처에 붓고 싸매고 자기 짐승에 태워 주막으로 데리고 가서 돌보아 주니라 그 이튿날 그가 주막 주인에게 데나리온 둘을 내어 주며 이르되 이 사람을 돌보아 주라 비용이 더 들면 내가 돌아올 때에 갚으리라 하였으니 네 생각에는 이 세 사람 중에 누가 강도 만난 자의 이웃이 되겠느냐"

예수님이 강도 만난 사람의 비유 중에 말씀한 주막집이 지금도 있습니다. 다윗이 "사망의 음침한 골짜기"라고 한 그곳은 잡혀 들어가면 죽임을 당하고 나올 수 없는 곳을 말한 것입니다.

"내가 사망의 음침한 골짜기로 다닐지라도 해를 두려워하지 않을 것은 주께서 나와 함께 하심이라 주의 지팡이와 막대기가 나를 안위하시나이다" 우리 주님과 같이 할 때 주님의 온전한 보호를 받음으로 근심 걱정이 없다는 것입니다.

[5] "주께서 내 원수의 목전에서 내게 상을 차려 주시고 기름을 내 머리에 부으셨으니 내 잔이 넘치나이다"

[6] "내 평생에 선하심과 인자하심이 반드시 나를 따르리니 내가 여호와의 집에 영원히 살리로다"

"주께서 내 원수의 목전에서 내게 상을 차려 주시고"—이것이 무슨 상입니까? 이것은 지금 우리가 받는 성찬 상입니다. 성찬 상은 예수 그리스도와 같이 한 상에서 만찬을 나누는 것입니다. 기쁨이 충만한 상을 말합니다.

성찬이 무엇인지 알면 기뻐 춤출 것입니다. 우리 성도들이 원수 앞에서 만왕의 왕 되시는 예수님과 식사를 같이 앉아 먹는다면 얼마나 자랑스럽겠습니까? 누구도 두려울 것이 없습니다. 이것은 우리에게 영적인 복인 동시에 육적인 복을 겸한 것입니다.

"기름을 내 머리에 부으셨으니"—이 기름은 성령을 말합니다. 우리는 오늘도 이 기름이 필요합니다.

"내 잔이 넘치나이다"—이것은 기쁨을 상징하는 말입니다. 우리는 항상 주안에서 기쁜 생활을 할 수 있습니다. 주님은 말씀하셨습니다.

(요10:10) "도둑이 오는 것은 도둑질하고 죽이고 멸망시키려는 것 뿐이요 내가 온 것은 양으로 생명을 얻게 하고 더 풍성히 얻게 하려는 것이라"

우리 주님은 우리가 주님의 기쁨으로 충만하기를 원하십니다.

결론

이 시편의 끝은 양들을 시냇물 가로 또한 푸른 초장으로 인도하시고 편히 쉬게 하시는 선한목자를 즐거운 마음으로 따르는 양들과 주님의 모습입니다.

[6] "내 평생에 선하심과 인자하심이 반드시 나를 따르리니 내가 여호와의 집에 영원히 살리로다"

"선하심과 인자하심이"—선하심은 영적으로 풍성케 해주심을 말하고 인자하심 (Kindness)은 다른 이들의 영성에 대한 걱정을 말합니다. 이 두 단어의 병합은 자신의 영적 성장을 경험하는 동시에 남을 돕기를 소홀히 하지 않기를 원하는 소원을 표현하고 있습니다.

주님께서는 말씀하십니다.

(요14:2~3) "내 아버지 집에 거할 곳이 많도다 그렇지 않으면 너희에게 일렀으리라 내가 너희를 위하여 거처를 예비하러 가노니, 가서 너희를 위하여 거처를 예비하면 내가 다시 와서 너희를 내게로 영접하여 나 있는 곳에 너희도 있게 하리라"

우리는 양의 순수한 종자가 아닙니다. 그러나 우리의 목자는 훌륭한 목자입니다. "여호와는 나의 목자시니 내게 부족함이 없으리로다." 이 목자가 나의 목자시며, 이 주님이 우리의 주님이므로 우리는 부족함이 없습니다.

 그러므로 부족함이 없는 이 예수 그리스도가
우리 목자가 되어서 영원 무궁토록 인도하실 것을 믿습니다.
모든 성도들은 목자장 되시는 예수님의 음성을 들으며 순종하여
주님만 따르시기를 예수님의 이름으로 축복합니다.

시편의 면류관

[다윗의 시]

[1] 땅과 거기에 충만한 것과 세계와 그 가운데에 사는 자들은 다 여호와의 것이로다

[2] 여호와께서 그 터를 바다 위에 세우심이여 강들 위에 건설하셨도다

[3] 여호와의 산에 오를 자 누구며 그의 거룩한 곳에 설 자가 누구인가

[4] 곧 손이 깨끗하며 마음이 청결하며 뜻을 허탄한 데에 두지 아니하며 거짓 맹세하지 아니하는 자로다

[5] 그는 여호와께 복을 받고 구원의 하나님께 의를 얻으리니

[6] 이는 여호와를 찾는 족속이요 야곱의 하나님의 얼굴을 구하는 자로다 (셀라)

[7] 문들아 너희 머리를 들지어다 영원한 문들아 들릴지어다 영광의 왕이 들어가시리로다

[8] 영광의 왕이 누구시냐 강하고 능한 여호와시요 전쟁에 능한 여호와시로다

[9] 문들아 너희 머리를 들지어다 영원한 문들아 들릴지어다 영광의 왕이 들어가시리로다

[10] 영광의 왕이 누구시냐 만군의 여호와께서 곧 영광의 왕이시로다 (셀라)

✐ **Theme:** 이 시는 두 장으로 나뉘는데 처음에는 왕국으로 입성하는 왕과 그 동행하는 사람들이요 (1~6절)
다음에는 왕국을 세우러 오시는 왕 (7,8절)에 관한 것이다.

I. 왕국으로 입성하는 왕과 동행하는 사람들

독창

[3] "여호와의 산에 오를 자가 누구며 그의 거룩한 곳에 설 자가 누구인가"

누가 거룩한 곳에 서겠는가? 다음절에 나옵니다.

"오를자 누구인가"—비록 하나님은 지구 전체를 일반적으로 인류의 거주지로 만드셨지만, 이스라엘을 위하여서는 주님의 성산을 예루살렘에 예비하셨습니다.

하나님의 가장 강렬한 임재는 성전에서 느끼게 됩니다. 그러므로 하나님께 가까이 나아가 그 광채를 느끼고 알기를 원하는 자들은 특별히 가치가 있어야 합니다.

독창자(Soloist)가 대답합니다.

[4] "곧 손이 깨끗하며 마음이 청결하며 뜻을 허탄한 데에 두지 아니하며 거짓 맹세하지 아니하는 자로다"

"손이 깨끗하며"— '오르기 위하여' 서는 반드시 깨끗한 손을 가져야 합니다. 즉 사람들과의 행동이 정직해야만 하며 하나님을 향한 그의 태도는 경건해야 합니다.

영적 향상을 구하는 사람은 반드시 자기 행동을 품위 있게 해야 합니다.

"거짓 맹세하지 아니하는 자로다"—내 영혼으로, 내 이름으로, 하나님이 '말씀하셨다. 거짓말하지 아니하는 자를 가르칩니다. 하나님의 이름을 망령되이 부르지 아니함을 말합니다.

참으로 정결한 자들뿐입니다. 곧 손이 깨끗하며 마음이 청결하며 뜻

을 허탄한 데에 두지 아니하며 거짓 맹세하지 아니하는 자라고 했습
니다.

"그는 여호와께 복을 받고" — 그는 마음으로 또한 행동으로 여호와의
이름을 존귀하게 하기 때문에 그런 사람은 하나님의 복과 인애와 구
원을 얻는다는 말씀입니다.

그러므로 나를 들여다 볼 때 나는 못 들어갑니다. 다 더러워서 어떻게
들어가겠습니까? 그러나 나는 들어갑니다. 어떻게 들어갑니까? 예수를
믿음으로 의롭다 함을 얻었기 때문에 들어갑니다. 나는 예수님이 믿음으
로 의롭다 여겨 주셨습니다.

독창과 합창 소리

[5] "그는 여호와께 복을 받고 구원의 하나님께 공의를 얻으리니"

[6] "이는 여호와를 찾는 족속이요 야곱의 하나님의 얼굴을 구하
는 자로다 (셀라)"

이들은 예루살렘으로 행진하여 들어갑니다. 이들은 하나님께 복을 받
아서 의롭다 함을 받은 자들입니다. 우리는 예수 그리스도를 믿음으로 의
롭다 함을 얻었습니다.

II. 왕국을 세우러 오시는 왕

[7] "문들아 너희 머리를 들지어다 영원한 문들아 들릴지어다 영

광의 왕이 들어가시리로다"

문들아 열릴지어다. 영광의 왕이 들어가시리로다 하며 합창대가 노래합니다.

"문들아 너희 머리를 들지어다."—솔로몬이 여호와의 법궤를 성전으로 가져오려고 노력했을 때에 아무리 간구했어도 문들은 굳게 닫혀 있었습니다. 성전 건축을 위하여 필요한 모든 준비를 다한 다윗의 공로를 보시고 하나님은 문들을 열어달라고 솔로몬이 기도하였을 때에야 열렸습니다. 이와 같이 이 구절은 솔로몬의 장래 기도를 언급하고 있습니다. 문들에게 한 이 간구는 제3 성전이 건축될 때 법궤의 재 입장을 암시하기 위하여 나중에 반복되었습니다.

"영원한 문들아"—성전 문의 성결함은 영원하다는 말입니다.

"영광의 왕"—하나님은 하나님을 경외하는 자들에게 영광을 주시기 때문에 영광의 왕이라 부른다

[8] "영광의 왕이 누구시냐 강하고 능한 여호와시요 전쟁에 능한 여호와시로다"

[9] "문들아 너희 머리를 들지어다 영원한 문들아 들릴지어다 영광의 왕이 들어가시리로다"

(시24:8~9) 문에서 소리가 들립니다. "영광의 왕이 누구시냐? 그래서 합창대(Chorus)가 대답합니다.

(시24:10) "영광의 왕이 누구시냐 만군의 여호와께서 곧 영광의 왕이시로다 (셀라)"

결론

이 말씀은 예수 그리스도께서 재림하셔서 우리 믿는 모든 자들을 데리고 천국으로 입성하는 광경입니다. 우리를 천국으로 인도하시는 영광의 왕은 누구시냐? "만군의 여호와께서 곧 영광의 왕이시로다" 예수 그리스도는 만군의 여호와입니다.

처음에는 이 세상에 우리를 구원하시기 위하여 하나님의 아들이 사람의 몸을 입고 종의 형체로 오셨습니다. 십자가에서 죽으시고 부활하셔서 지금은 하나님의 우편에 앉아 계십니다. 이제 산 자와 죽은 자를 심판하러 오실 때는 영광의 왕으로 오십니다. 믿는 자는 다 같이 이 영광에 참여하게 됩니다.

 그러므로 우리는 영광의 왕으로 오실 예수 그리스도를 다 같이 두 팔 활짝 벌리고 맞으십시다.
영원토록 이 영광을 감사하며 찬송하며 누리시는 성도들이 될 것을
영광의 왕으로 오실 예수 그리스도의 이름으로 축복합니다.

시편 25편

긍휼하시고
인자하신 하나님

[다윗의 시]

[1]   여호와여 나의 영혼이 주를 우러러보나이다

[2]   나의 하나님이여 내가 주께 의지하였사오니 나를 부끄럽지 않게 하시
      고 나의 원수들이 나를 이겨 개가를 부르지 못하게 하소서

[3]   주를 바라는 자들은 수치를 당하지 아니하려니와 까닭 없이 속이는 자
      들은 수치를 당하리이다

[4]   여호와여 주의 도를 내게 보이시고 주의 길을 내게 가르치소서

[5]   주의 진리로 나를 지도하시고 교훈하소서 주는 내 구원의 하나님이시
      니 내가 종일 주를 기다리나이다

[6]   여호와여 주의 긍휼하심과 인자하심이 영원부터 있었사오니 주여 이
      것들을 기억하옵소서

[7]   여호와여 내 젊은 시절의 죄와 허물을 기억하지 마시고 주의 인자하심
      을 따라 주께서 나를 기억하시되 주의 선하심으로 하옵소서

[8]   여호와는 선하시고 정직하시니 그러므로 그의 도로 죄인들을 교훈하
      시리로다

[9]   온유한 자를 정의로 지도하심이여 온유한 자에게 그의 도를 가르치시
      리로다

[10] 여호와의 모든 길은 그의 언약과 증거를 지키는 자에게 인자와 진리로다

[11] 여호와여 나의 죄악이 크오니 주의 이름으로 말미암아 사하소서

[12] 여호와를 경외하는 자 누구냐 그가 택할 길을 그에게 가르치시리로다

[13] 그의 영혼은 평안히 살고 그의 자손은 땅을 상속하리로다

[14] 여호와의 친밀하심이 그를 경외하는 자들에게 있음이여 그의 언약을
      그들에게 보이시리로다

[15] 내 눈이 항상 여호와를 바라봄은 내 발을 그물에서 벗어나게 하실 것
      임이로다

[16] 주여 나는 외롭고 괴로우니 내게 돌이키사 나에게 은혜를 베푸소서

[17] 내 마음의 근심이 많사오니 나를 고난에서 끌어내소서

[18] 나의 곤고와 환난을 보시고 내 모든 죄를 사하소서

[19] 내 원수를 보소서 그들의 수가 많고 나를 심히 미워하나이다

[20] 내 영혼을 지켜 나를 구원하소서 내가 주께 피하오니 수치를 당하지
      않게 하소서

[21] 내가 주를 바라오니 성실과 정직으로 나를 보호하소서

[22] 하나님이여 이스라엘을 그 모든 환난에서 속량하소서

Theme: 하나님의 백성은 고난이 있을 때 하나님께 가까이 나아가
회개하며 그의 인애를 찬양하며 구원을 청해야 한다.

서론

특별히 시편 25 편에서 39 편까지는 다윗 왕이 개인적으로 체험한 경
험담과 관계하여 15 편의 시를 엮어 놓은 것입니다. 그러기 때문에 이것
은 우리에게 내 자신이 경험하는 것 같은 느낌을 줍니다. 과거에도 있었
고 현재에도 있고 미래에도 있을 수 있는 나의 생활인 것 같은 인상을 줍
니다.

특별히 우리가 어디에 가서 혼자 외로울 때, 또는 어려움을 당했을 때

이 시편은 나에 관한 것을 하나님을 향한 나의 기도인 것처럼 느껴지게 합니다. 이 시편이 우리에게 보여주는 것은 "하나님의 백성은 고난이 있을 때 하나님께 가까이 나아가 회개하며 그의 인애를 찬양하며 구원을 청한다."는 것입니다.

I. 내가 주를 의지하오니 부끄러움을 당하지 않게 하소서

성도여러분! 여러분들 중에 어려울 때 가족에게나 친구에게 도와달라고 청원했다가 거절당해 본 때가 있습니까? 거절당하면 기분도 나쁘고 부끄럽지요? 오늘 본문은 내가 부탁했다가 거절당하면 부끄러움을 당하지 않게 해 달라고 기도하는 것으로 시작합니다.

하나님께 기도로써 도움을 청했다가 거절당하여 부끄러움을 당하지 않게 해 달라는 기도입니다.

[1] "여호와여 나의 영혼이 주를 우러러보나이다"

[2] "나의 하나님이여 내가 주께 의지하였사오니 나를 부끄럽지 않게 하시고 나의 원수들이 나를 이겨 개가를 부르지 못하게 하소서"

이 시편은 다른 몇 시편들과 함께 기본적으로 '알파벳' 배열을 따르고 있습니다. 그 Theme의 성격이 근본적이고 포함적임을 의미하고 있습니다.

알렙-베이스 (the Aleph-Beis) 구조는 '우리는 하나님을 찬양합니다. 발음기관(음성)에 소리를 낼 수 있는 것은 다 사용하여 찬양합니다.' 를 상징하는 것을 말하며 시편 저자들과 지혜자들은 사람들이 더욱 쉽게 이

해하거나 암기하기를 원했던 것에서 Aleph—Beis 형식을 사용했다고 합니다.

"나의 영혼이 주를 우러러" 내가 내 영혼을 드나이다. 나는 오직 주께만 도움을 얻기 위하여 의지합니다. 다르게 해석한다면, 나는 내 영혼을 주께 선물—제사로 드리나이다; 나는 완전히 주님을 섬김에 헌신합니다. 나는 조금도 정신 팔림 없이 기도 가운데 나의 온 의식을 주께 향하나이다.

"나로 부끄럽지 않게 하소서"—내 기도가 거절당해 나로 부끄러움을 당하지 않게 하소서. 내가 주님을 믿고 의지한 후에 내 기도가 거절당해 나로 부끄러움을 당하지 않게 하소서.

이 기도는 온전히 하나님만 의지하는 기도입니다. 어디에서도 도움을 얻지 못할 때가 있습니다. 이스라엘 백성들이 앗수르나 바벨론에 포로되어 갔을 때 외국에 끌려가 누구의 도움을 기다리겠습니까? 그야말로 하나님만 바라보게 되고 하나님께로만 가까이 나아가 의지하게 될것입니다.

우리가 살 때 개인생활에서도 막막한 때가 있고 사업하다가도 그런 때가 있습니다. 가정에도 그런 때가 있습니다. 교회생활에도 그런 때가 있습니다. "내가 주를 우러러 보나이다" "나를 부끄럽지 않게 하시고 나의 원수들이 개가를 부르지 못하게 하소서" 주님께로 더욱 가까이 가게 됩니다.

[3] "주를 바라는 자들은 수치를 당하지 아니하려니와 까닭 없이 속이는 자들은 수치를 당하리이다"

"까닭 없이 속이는 자는 수치를 당하리이다"—내가 그들을 해치지 않았음에도 까닭 없이 [나를] 배신하는 자들을 부끄럽게 하소서. 저희가 하나님보다 다른 세력을 의지함을 부끄럽게 하소서.

까닭 없이 속이는 자는 내가 자기에게 잘못한 것이 없는데도 불구하고 나를 배신하는 자는 수치를 당하게 하소서 라는 기도입니다.

II. 내게 갈 길을 보여 주옵소서라고 기도하게 됩니다

[4] "여호와여 주의 도를 내게 보이시고 주의 길을 내게 가르치소서"

사람 앞에는 언제든지 두 길이 놓여 있습니다. 한 길은 하나님이 주시는 길이요. 다른 하나는 자기가 원하는 길입니다. 하나님은 우리가 선택하라고 하십니다. 우리는 주님에게 유리한 길을 선택해야 합니다.

(잠14:12) "어떤 길은 사람이 보기에 바르나 필경은 사망의 길이니라"

우리는 하나님이 보여주시는 진실된 길로 가야합니다.
어떤 때는 어떻게 해야 주님의 길인지 모를 때가 있습니다.

[5] "주의 진리로 나를 지도하시고 교훈하소서 주는 내 구원의 하
나님이시니 내가 종일 주를 기다리나이다"

다윗은 어려울 때 기도하지만 어떻게 해야 주님의 길인지 몰라 하나님께 호소합니다. 우리도 주의 길을 따르고자 하나 어느 길이 주의 길인지 모를 때가 있습니다. 그래서 다윗은 계속 기도합니다.

(잠 3:5~6) "너는 마음을 다하여 여호와를 신뢰하고 네 명철을

의지하지 말라, 너는 범사에 그를 인정하라 그리하면 네 길을 지
도하시리라"

이 말씀대로 우리는 범사에 기도하며 성령의 역사를 기다려야합니다.

III. 기도할 때는 긍휼하시고 인자하신 하나님을 기억해야 합니다

[6] "여호와여 주의 긍휼하심과 인자하심이 영원부터 있었사오니
주여 이것들을 기억하옵소서"

다윗은 기도할 때 "주여 이것들을 기억하옵소서" 하나님께 이것들을
기억하라고 말합니다. 무엇을 기억하라는 것입니까?

"주여 주의 긍휼하심을 기억하옵소서"—주의 긍휼하심으로 전에 나를 항
상 도와주신 것처럼 지금도 그리 하옵소서.

여호와 하나님은 긍휼하실 뿐만 아니라 인자하신 하나님이십니다. 긍
휼은 무엇이고 인자는 무엇이냐? 긍휼은 (tender mercies) 불쌍히 여기는
것입니다. 인자는 (loving kindness) 사랑하는 마음으로 불쌍히 여기는 것
입니다. 배고파하는 사람을 볼 때 불쌍해서 먹을 것을 주는 것은 긍휼이
요, 인자는 불쌍해서 뿐만 아니라 사랑해서 친절을 베푸는 것입니다.

긍휼하시고 인자하신 하나님은 언제 우리에게 긍휼과 인자를 베푸시
느냐? 회개할 때 우리 죄를 기억하지 않으시는 하나님이십니다.

[7] "여호와여 내 젊은 시절의 죄와 허물을 기억하지 마시고 주의

인자하심을 따라 나를 기억하시되 주의 선하심으로 하옵소서"

"주의 인자하심을 따라 나의 의로운 행위만 기억하소서.

다른 해석: 우리가 기도합니다. 주는 주의 인자하심으로 우리를 은총의 빛으로 기억하시고 우리 과거의 허물을 못보신듯 하시고 우리를 바른 길로 인도하소서.

다윗은 인자하심과 선하심이 풍부한 하나님을 생각하며 기도합니다. 주여 나에게 하나님의 선하심과 인자하심이 충만하시기를 원합니다.

(시23:6) "내 평생에 선하심과 인자하심이 반드시 나를 따르리니 내가 여호와의 집에 영원히 살리로다" 하였습니다.

IV. 하나님 안에서만 안심할 수 있습니다

[8] "여호와는 선하시고 정직하시니 그러므로 그의 도로 죄인들을 교훈하시리로다"

"그의 도로"—회개의 도로.

우리가 하나님과 사귀려면 회개를 철저히 해야 합니다 하나님은 죄가 없으신 분이므로 먼저 회개하여 죄 사함을 받아야 주님과 관계를 가질 수 있습니다.

[9] "온유한 자를 정의로 지도하심이여 온유한 자에게 그의 도를 가르치시리로다"

"온유한 자를 정의로 지도하심이여"—하나님이 지도하시고 가르치시기를 기뻐하시는 온유한 자는 누구냐? 겸손히 회개한 자들입니다. 하나님 앞에서 온유 겸손한 자라야 회개합니다.

[10] "여호와의 모든 길은 그의 언약과 증거를 지키는 자에게 인자와 진리로다"

"여호와의 모든 길은"—여호와의 율법의 모든 계명들의 진리와 선함은 그것들에게 순종하는 이들에게만 이해가 된다. 그러나 그 길을 곡해하고 배척하는 자들은 알 수 없다.

여호와의 모든 길은 하나님이 우리에게 지키라고 주신 십계명을 비롯하여 율례와 법도를 말합니다. 하나님이 주신 율례와 법도를 잘 지키는 자에게는 사랑을 베푸시고 진리로 인도하신다는 것입니다.

[11] "여호와여 나의 죄악이 크오니 주의 이름으로 말미암아 사하소서"

"주의 이름으로 말미암아"—그것은 모든 정황에서 주의 사랑하시는 섭리를 나타낸다.

내가 범죄 할지라도 주의 사랑이 크시오니 주의 사랑으로 가르쳐 주시면 회개 하겠사오니 사하여 주시옵소서라고 기도합니다.

V. 여호와를 경외하여 이같이 하는자는 복을 받습니다

[12] "여호와를 경외하는 자 누구냐 그가 택할 길을 그에게 가르치시리로다"

"여호와를 경외하는 자 누구냐" — 하나님은 주님을 두려워하는 자는 누구든지 바른 길을 보여주신다.

하나님을 사랑하고 두려워하는 자에게는 바른 길로 갈수 있도록 성령께서 도와주시고 가르쳐주십니다.

[13] "그의 영혼은 평안히 살고 그의 자손은 땅을 상속하리로다"

"그의 영혼은 평안히 거하고" — 하나님을 경외하는 자는 다음 세상에서 그의 영혼은 인자함 안에서 편히 쉴 것입니다. 그의 자손은 세상에서도 재물의 축복을 받습니다.

하나님을 두려워하고 사랑하는 자가 세상을 떠날 때는 그 영혼이 하나님 나라에서 평안히 쉬고 그의 자손들은 세상에서 재물의 축복을 받는다는 것입니다.

[14] "여호와의 친밀하심이 그를 경외하는 자들에게 있음이여 그의 언약을 그들에게 보이시리로다"

"여호와의 친밀" — 하나님은 자기를 경외하는 자들에게 친밀하게 주님의 비밀을 보여 주시고 약속하신 모든 복을 다 주신다는 말씀입니다.

결론

[21] "내가 주를 바라오니 성실과 정직으로 나를 보호하소서"

"내가 주를 바라오니 성실과 정직으로 나를 보호하소서"—오늘 다윗의 찬송을 종합해 보면 다음과 같습니다. 하나님만 승리나 패배를 결정하실 수 있습니다. 그러므로 다윗은 이같이 기도합니다.

하나님은 나의 소망이시오니 하나님의 은총과 약속하신 복으로 나를 보호하소서. 하나님은 하나님을 경외하는 자에게 약속하신 복을 주시나이다. 내가 하나님을 경외하나이다.

하나님을 경외하는 자에게 약속하신 복

1) 하나님은 나를 바른 길로 인도하시고

2) 하나님 나라에서 내 영혼이 평안이 쉴 때 나의 자손은 세상에서 재물의 축복을 받게 하시고

3) 주님이 약속하신 비밀을 나와 내 후손이 깨닫게 하시고 약속하신 모든 복을 주실 줄 믿습니다 라고 기도했습니다.

 그러므로 하나님의 말씀을 믿고 이대로 우리도 순종하여 이 위대한 하늘의 복과 땅의 복이 여러분들과 나의 복이 되기를 예수님의 이름으로 기도하며 축복합니다.

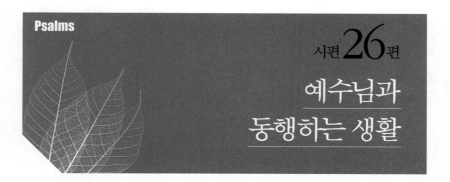

시편 26편

예수님과
동행하는 생활

[다윗의 시]

[1]   내가 나의 완전함에 행하였사오며 흔들리지 아니하고 여호와를 의지
      하였사오니 여호와여 나를 판단하소서

[2]   여호와여 나를 살피시고 시험하사 내 뜻과 내 양심을 단련하소서

[3]   주의 인자하심이 내 목전에 있나이다 내가 주의 진리 중에 행하여

[4]   허망한 사람과 같이 앉지 아니하였사오니 간사한 자와 동행하지도 아
      니하리이다

[5]   내가 행악자의 집회를 미워하오니 악한 자와 같이 앉지 아니하리이다

[6]   여호와여 내가 무죄하므로 손을 씻고 주의 제단에 두루 다니며

[7]   감사의 소리를 들려 주고 주의 기이한 모든 일을 말하리이다

[8]   여호와여 내가 주께서 계신 집과 주의 영광이 머무는 곳을 사랑하오니

[9]   내 영혼을 죄인과 함께, 내 생명을 살인자와 함께 거두지 마소서

[10] 그들의 손에 사악함이 있고 그들의 오른손에 뇌물이 가득하오나

[11] 나는 나의 완전함에 행하오리니 나를 속량하시고 내게 은혜를 베푸소서

[12] 내 발이 평탄한 데에 섰사오니 무리 가운데에서 여호와를 송축하리이다

✒ **Theme:** 의로운 사람은 순수함과 조심함으로 행하고
       인생의 함정들을 피하기 위하여 하나님의 도우심을 기도한다.

서론

25편에서는 다윗이 자기의 죄를 고백하였습니다. 그는 큰 죄를 지은 사람입니다. 그러나 26편에 와서는 자기는 의인으로 말합니다. 제가 여러분을 다 알 수 없으나 나는 의인입니다.

> (고전1:30) "너희는 하나님으로부터 나서 그리스도 예수 안에 있
> 고 예수는 하나님으로부터 나와서 우리에게 지혜와 의로움과 거룩
> 함과 구원함이 되셨으니"

우리 주님은 나를 구원하여 주시는 동시에 나를 의인으로 만들어 주셨습니다. 우리는 구원받는 동시에 하나님께로부터 여러 가지를 많이 받았습니다. 우리는 다 의롭다 함을 얻었습니다. 그러므로 나도 의인이요 여러분들도 의인인 줄 믿으시기 바랍니다.

오늘 본문이 가르쳐 주시는 것은 이렇게 예수 그리스도를 믿음으로 의롭다 함을 얻은 우리는 "의로운 사람은 순수하게 그리고 조심스럽게 행동하며, 인생의 함정들을 피하는 데 있어서 하나님의 도우심을 받기 위하여 기도한다."는 것입니다.

I. 하나님께서 도와주시면 흠과 티가 없는 생활을 할 수 있다고 결심했다

> [1] "내가 나의 완전함에 행하였사오며 흔들리지 아니하고 여호와
> 를 의지하였사오니 여호와여 나를 판단하소서"

"나를 판단하소서"—다윗은 하나님께 자신은 시험받을 준비가 되어 있다고 선포합니다. 자기에게 죄악의 가장 작은 흔적이라도 있는 지 살펴보시라고 합니다.

"흔들리지 아니하고 여호와를 의지하였사오니"—주님께서 내 마음이 순수 하도록 도우실 것을 믿고 주님을 의지하기 때문에 나는 나의 의로움에서 흔들리지 아니할 것을 확신합니다.

[2] "여호와여 나를 살피시고 시험하사 내 뜻과 내 양심을 단련하소서"

"살피시고 시험하사 … 단련하소서"—보시옵소서 나는 완전히 순수합니다. חֹֹפָה '싸르파'를 '나를 씻으소서'라 해석합니다. 나는 도덕적 완벽을 성취하기 위하여 내 최선을 다해 왔나이다. 나를 '살피시고' 내가 얼마나 진전하였는지 확정하소서. 보소서 내가 앞으로 더 진전할 수 있는지 '시험하시고' 나를 씻으소서—나는 나의 도덕적 고상함을 더욱 진전시킬 것이면 징계라도 원합니다.

산헤드린은 설명하기를 여기서 다윗은 주님께 자기를 살피고 시험하시기를 청했는데 그것은 순수성에 있어서 자기가 아브라함, 이삭과 야곱과 비슷함을 보일 수 있기 위함이었습니다. 주님은 다윗을 밧세바 사건으로 시험하셨고 다윗은 실패했습니다. 그리고 나서 다윗은 자기의 주제넘은 요구를 후회하였고 그리고 말했습니다.

"나의 생각이나 내 입술의 말이 범죄하지 않았다고 생각했습니다. 나는 속이지 않습니다."

다윗이 자기가 결심하면 할 수 있다고 생각하였으나 밧세바를 보고 범죄하여 후회하는 것입니다.

다윗은 큰 죄를 지었습니다. 그러나 그는 그런 죄를 계속 짓지 않았습니다. 다윗은 회개하고 다시 그런 죄에 빠지지 않았습니다. 그는 죄에 빠지지 않으려고 조심 또 조심스럽게 행동하였습니다. 그러므로 이스라엘의 모든 왕들을 재는 표준자가 되었습니다. 다윗과 같이 하지 못했으면 악한 왕이요 다윗과 같이 했으면 선한 왕이라고 하였습니다.

이 시편은 첫 번째 시편입니다. 보십시다. "내가 나의 완전함에 행하였사오며 흔들리지 아니하고 여호와를 의지하였사오니 여호와여 나를 판단하소서."

그는 주님 믿고 의지하고 행하여 죄로 미끄러져 들어가지 않았습니다. 그가 강해서가 아니라 하나님을 의지한 까닭으로 하나님의 성령이 도와주심으로 죄에 다시 빠지지 않았습니다.

II. 허망하고 간사하고 행악하는 자들과는 사귀지 아니합니다

[3] "주의 인자하심이 내 목전에 있나이다 내가 주의 진리 중에 행하여"

"주의 인자하심이 내 목전에 있나이다." ─나는 바른 길에서 벗어난 적이 없나이다. 나의 목표는 사람들의 비위를 맞추려는 것이 아니고 다만 하나님의 인자하심에 합당하게 되는 것이기 때문입니다.

[4] "허망한 사람과 같이 앉지 아니하였사오니 간사한 자와 동행하지도 아니하리이다"

[5] "내가 행악자의 집회를 미워하오니 악한 자와 같이 앉지 아니하리이다"

"내가 행악자의 집회를 미워하고"—일단 널리 퍼지면 악도 잔인해 보이지 않습니다. 그것이 개인 혼자라면 하지 않을 짓인데 일단 세상 사람들이 다 하게 되면 그것은 반대할 것이 안 됩니다. 그러므로 다윗은 자기는 온 커뮤니티가 인정한 때라도 악은 미워한다고 선언합니다.

또한 이 말씀은 자기가 악한 자들과 아무 것도 같이 하지 않겠다는 맹세입니다.

[3] "주의 인자하심이 내 목전에 있나이다 내가 주의 진리 중에 행하여"

[4] "허망한 사람과 같이 앉지 아니하였사오니 간사한 자와 동행하지도 아니하리이다."

[5] "내가 행악자의 집회를 미워하오니 악한 자와 같이 앉지 아니하리이다"

이 말씀은 내가 나의 행위를 조심하였사오나 앞으로도 계속하여 조심하겠다는 맹세이기도 합니다.

III. 내가 예배하러 성전에 올 때 모든 행위를 조사하고 예배 중에 회개합니다

[6] "여호와여 내가 무죄하므로 손을 씻고 주의 제단에 두루 다니며"

"내가 씻고 … 주의 제단에 두루 다니며"—나는 하나님을 예배하러 옵니다. 죄에 더러워진 채로 아니고 참으로 회개하면서 옵니다.

우리의 믿음은 우리의 선한 행위가 보증을 해야 합니다. 이 말은 현대 사람들에게는 그렇게 좋아할 말은 아닙니다. 믿음과 행위를 별개로 만들려고 합니다. 왜냐하면 방종한 생활을 할 수 없기 때문입니다. 방종한 생활로는 하나님을 기쁘시게 할 수 없습니다. 이 시는 하나님을 기쁘시게 하는 시이기 때문입니다.

[7] "감사의 소리를 들려주고 주의 기이한 모든 일을 말하리이다"

[8] "여호와여 내가 주께서 계신 집과 주의 영광이 머무는 곳을 사랑하오니"

이 말씀은 의인이, 주님을 사랑하고 감사하는 찬송의 소리입니다. 그러므로 악한 무리들과 같이 있기를 원하지 아니하여 기도합니다.

IV. 하나님께 간구합니다

[9] "내 영혼을 죄인과 함께, 내 생명을 살인자와 함께 거두지 마소서"

"내 영혼을 죄인들과 함께 거두지 마소서."—내가 바른 길과 의로운 무리를 선택하였사오니 나를 악인의 사망으로 정죄하지 마시고 다만 나의 영혼에게 의인의 영원한 생명을 주시옵소서.
다르게 말하면, 이것은 기도이다. 즉 하나님께서 사람을 그의 의 가운데 보존하시고 정황들이 그로 악한 자의 무리 가운데로 굴러 넘어져 빠지지 못하게 하소서.

[10] "그들의 손에 사악함이 있고 그들의 오른손에 뇌물이 가득하오나"

[11] "나는 나의 완전함에 행하오리니 나를 속량하시고 내게 은혜를 베푸소서"

결론

[12] "내 발이 평탄한 데에 섰사오니 무리 가운데에서 여호와를 송축하리이다"

"내 발이 평탄한 데에 섰사오니"—내 발이 곧은 길에 섰사오니 '내 발이 평탄한 곳에 섰을 때…' 라고 해석합니다.

"내 발이 평탄한 데에 섰사오니" 하는 말은 그는 반석 위에 든든히 서 있다는 말씀입니다. 그는 반석 위에 섰습니다. 산 위에 미끄러질 곳에 섰으면 언젠가 넘어집니다. 요사이 많은 성도들이 그런 자리에 서 있습니다. 악한 자들을 친구로 사귑니다. 돈이면 무슨 일이라도 하는 사람과 친구합니다. 음탕한 생활을 하는 사람을 친구로 사귑니다. 이런 사람들과 가까이합니다. 사람이 갈 데 못갈 데가 있고, 설 데 못설 데가 있습니다. 아무데나 서다가는 미끄러져 죄의 웅덩이에 빠져 들어갑니다.

제가 잘 아는 친구 목사님이 미국서 살다가 자녀들이 다 장성하여 부부 두 사람은 한국으로 갔습니다. 약 2년 후에 대학교 다니던 아들 하나가

갱단에 들어가서 나쁜 짓을 한다는 말을 들었습니다. 제가 그 집에 찾아가서 그 학생에게 물었습니다. 대답하기를 자기가 나오려고 해도 못나온다고 합니다. 그래서 한국으로 보냈습니다. 1년 후에 다시 들어왔는데 갱들이 찾아와서 또 나쁜 아이들과 사귀면서 못된 데 어울려 다니다가 밤에 술 먹고 시내서 90 마일로 달리다가 차 사고로 죽었습니다.

여러분들 주위에 있는 친구들은 어떤 사람들이며 여러분은 어디에 서 있습니까? 반석 위에 섰습니까? 아니면 미끄러져 빠져 죽을 곳에 섰습니까?

[12] "내 발이 평탄한 데에 섰사오니 무리 가운데에서 여호와를 송축하리이다"

시인과 같이 반석 위에 서서 하나님을 찬송하고 은혜스러운 생활을 하시기를 바랍니다. 예수 그리스도 안에서만 우리는 의롭다 함을 얻고 의로운 생활을 계속할 수 있습니다. 의로운 사람은 순수하게 그리고 조심스럽게 행동하며, 인생의 함정들을 피하는데 있어서 하나님의 도우심을 받기 위하여 기도해야 합니다. 기도하면 하나님의 성령님이 도와주십니다.

 그러므로 우리는 예수님과 항상 같이하고
예수님이 서시는 곳에 서서 예수님과 동행하는 생활이
되시기를 축복합니다.

긍정적으로
응답하는 자

[다윗의 시]

[1] 여호와는 나의 빛이요 나의 구원이시니 내가 누구를 두려워하리요 여호와는 내 생명의 능력이시니 내가 누구를 무서워하리요

[2] 악인들이 내 살을 먹으려고 내게로 왔으나 나의 대적들, 나의 원수들인 그들은 실족하여 넘어졌도다

[3] 군대가 나를 대적하여 진 칠지라도 내 마음이 두렵지 아니하며 전쟁이 일어나 나를 치려 할지라도 나는 여전히 태연하리로다

[4] 내가 여호와께 바라는 한 가지 일 그것을 구하리니 곧 내가 내 평생에 여호와의 집에 살면서 여호와의 아름다움을 바라보며 그의 성전에서 사모하는 그것이라

[5] 여호와께서 환난 날에 나를 그의 초막 속에 비밀히 지키시고 그의 장막 은밀한 곳에 나를 숨기시며 높은 바위 위에 두시리로다

[6] 이제 내 머리가 나를 둘러싼 내 원수 위에 들리리니 내가 그의 장막에서 즐거운 제사를 드리겠고 노래하며 여호와를 찬송하리로다

[7] 여호와여 내가 소리 내어 부르짖을 때에 들으시고 또한 나를 긍휼히 여기사 응답하소서

[8] 너희는 내 얼굴을 찾으라 하실 때에 내가 마음으로 주께 말하되 여호와여 내가 주의 얼굴을 찾으리이다 하였나이다

[9] 주의 얼굴을 내게서 숨기지 마시고 주의 종을 노하여 버리지 마소서 주는 나의 도움이 되셨나이다 나의 구원의 하나님이시여 나를 버리지

마시고 떠나지 마소서

[10] 내 부모는 나를 버렸으나 여호와는 나를 영접하시리이다

[11] 여호와여 주의 도를 내게 가르치시고 내 원수를 생각하셔서 평탄한 길
로 나를 인도하소서

[12] 내 생명을 내 대적에게 맡기지 마소서 위증자와 악을 토하는 자가 일
어나 나를 치려 함이니이다

[13] 내가 산 자들의 땅에서 여호와의 선하심을 보게 될 줄 확실히 믿었도다

[14] 너는 여호와를 기다릴지어다 강하고 담대하며 여호와를 기다릴지어다

✒ **Theme:** 우리 믿는 성도들은 고통과 근심과 실망이
소용돌이치는 바다 속에 살고 있습니다.
그러나 하나님은 영구한 위로와 안전한 섬을 우리에게 제공해 주십니다.
다윗의 목표는 언제나 거기서 사는 것입니다.

서론

시편 27편 처음 6절은 우리 성도들에게 주 안에서 자신 있는 생활을 보여줍니다. 그리고 7절 이하는 하나님의 도우심을 구하는 기도입니다.

우리가 예수를 믿어도 무섭기도 하고 떨리기도 하며 겁이 나기도 합니다. 남의 일이 아니고 막상 내가 어려움에 닥쳤을 때 예수 믿는다고 무섭지 않습니까? 떨립니다. 제가 한국전쟁 때 하나님의 은혜로 그 동네 세포위원장의 부인이 집사님이어서 그 집에 숨어 있었습니다.

국군이 평양으로 들어오는 바로 그 날입니다. 제가 숨어 있던 곳은 바로 평양에서 10리 밖에 되지 않았습니다. 이남 방송을 몰래 듣는데 국군과 미군이 지금 평양으로 들어간다는 것입니다. 그래서 국군을 맞으려고

종이와 물감을 꺼내 놓고 태극기를 그리는데 바로 우리 옆에서 "박격포"라는 소리가 들립니다. 인민군들이 후퇴하면서 자기들의 암호를 외치는 것입니다. 우리가 숨어서 태극기를 그리던 방 밖의 수비대와 마주쳤는데 불과 한 걸음 정도의 거리일뿐입니다.

얼마나 놀랐는지 그 때 놀란 가슴이 지금도 뛰는 것 같습니다. 막판에 거기서 그들에게 들키면 그 자리에서 쏴 죽일 것입니다. 태극기를 그리던 것을 전부 걷어치우고 비밀 구멍으로 기어들어갔던 때가 있었습니다. 그 때는 얼마나 놀랐던지 예수님 생각도 나지 않고 겁만 납니다. 나는 사람이 예수를 믿어도 급하면 겁만 나고 기도도 나오지 않는 경험을 그 때 했습니다.

오늘 성경말씀이 가르쳐 주는 말씀은 "우리 믿는 성도들은 고통과 근심과 실망의 소용돌이치는 바다 속에 살고 있지만 하나님은 영구한 위로와 안전한 섬을 우리에게 제공해 주십니다. 다윗의 목표는 언제나 거기서 사는 것입니다."

I. 다윗이 기도하는 기도의 근거를 보십시다

[1] "여호와는 나의 빛이요 나의 구원이시니 내가 누구를 두려워하리요 여호와는 내 생명의 능력이시니 내가 누구를 무서워하리요"

동방박사들은 동방 먼 곳에서부터 별이 비추는 빛을 보고 베들레헴까지 왔습니다. 베들레헴에서 구주 예수 그리스도가 계시는 말구유까지도 어김없이 갔습니다. 이와 같이 틀림없이 인도하여 주시는 하나님을 가리켜 "여호와는 나의 빛이요 나의 구원이시"라고합니다.

그러나 문제는 여호와 하나님이 우리 눈에 보이지 아니 함으로 믿지를 못하는 것입니다. 동방박사들에게 별이 보이듯 보이면 얼마나 좋겠습니까? 우리는 기도를 하면서도 믿지를 못합니다. 우리는 생각해 봅시다. 다윗이 이 시를 쓰며 기도할 때 빛을 보았겠습니까? 다윗은 보지 못했으나 믿었습니다. 어떻게 믿었습니까? 약속하신 하나님의 말씀을 믿었습니다.

시편 119편 105절 말씀입니다.

"주의 말씀은 내 발의 등이요 내 길의 빛이니이다."

다윗은 구약뿐이었지만 우리에게는 구약과 신약이 있습니다. 더욱이 예수님께서 말씀하시기를

"나는 세상의 빛이니 나를 따르는 자는 어둠에 다니지 아니하고 생명의 빛을 얻으리라"(요8:12). 하셨습니다.

이 시편은 "그와 (여호와)나"의 시편입니다. "여호와는 나의 빛이요" 그는 거룩하신 하나님이십니다.

그는 "나의 구원"이시라고 하였는데 그것은 하나님의 사랑을 말했습니다. 하나님은 그의 사랑으로 자기 백성을 구원하십니다.

(요3:16) "하나님이 세상을 이처럼 사랑하사 독생자를 주셨으니 이는 그를 믿는 자마다 멸망하지 않고 영생을 얻게 하려 하심이라"

하나님은 세상을 이처럼 사랑하사 세상을 구원하시지 않았습니다. 하나님은 세상을 이처럼 사랑하사 죄인을 위하여 구원을 예비하였습니다.

> (행 4:12) "다른 이로서는 구원을 얻을 수 없나니 천하 사람 중에 구원을 받을 만한 다른 이름을 우리에게 주신 일이 없음이라 하였더라"

II. 모든 원수에게서 보호하십니다

> [2~3] "악인들이 내 살을 먹으려고 내게로 왔으나 나의 대적들, 나의 원수들인 그들은 실족하여 넘어졌도다 군대가 나를 대적하여 진 칠지라도 내 마음이 두렵지 아니하며 전쟁이 일어나 나를 치려 할지라도 나는 여전히 태연하리로다"

"내 살을 먹으려고" "나를 참소하려고" (단3:8)
"나는 여전히 태연하리로다" (내가 이것을 믿었도다) 첫 절에 말한 좌우명을 나는 믿습니다.

다윗은 어떤 원수가 자기에게 다가오고 자기를 에워싸도 결단코 자기를 해하지 못할 것을 믿었습니다. 왜냐하면 여호와 하나님이 반드시 인도하여 주시고 구원하여 주실 것을 믿기 때문입니다.

그는 "나의 빛과 구원" 이십니다. "여호와는 나의 생명의 능력" 입니다. 나에게 생명을 주실 뿐만 아니라 살도록 능력까지 주십니다.

"내가 누구를 무서워하리요" 크롬웰은 두려움을 모르는 영국의 장군입니다. 그에게 누가 묻기를 "당신은 어떻게 무서운 것을 모르느냐?" 할 때 대답하기를 "내가 배운 것은 하나님을 두려워하면 다른 것은 두려울 것이 없다"고 했습니다.

[4] "내가 여호와께 바라는 한 가지 일 그것을 구하리니 곧 내가 내 평생에 여호와의 집에 살면서 여호와의 아름다움을 바라보며 그의 성전에서 사모하는 그것이라"

"내가 여호와께 바라는 한 가지 일" 한 가지를 나는 여호와 하나님께 청하였습니다.

"사모하는 그것이라"—묵상하는 그것이라 인간의 소원은 항상 변합니다. 매 순간마다 새로운 변덕과 새로운 요구사항들을 만들어 냅니다. 그러나 나는 오직 한 가지 소원만 가지고 있습니다. 뿐만 아니라 나는 계속 그것을 구하리니, 이 소청이 나의 소원의 전부이기 때문입니다. 즉 하나님을 섬기고 주님의 길을 깨닫는 것이다"(Malbin의 주석).

다윗은 그의 생전에 구하는 것이 있습니다. 바울도 있었습니다.

(빌3:13~14) "형제들아 나는 아직 내가 잡은 줄로 여기지 아니하고 오직 한 일 즉 뒤에 있는 것은 잊어버리고 앞에 있는 것을 잡으려고 푯대를 향하여 그리스도 예수 안에서 하나님이 위에서 부르신 부름의 상을 위하여 달려가노라"

여러분들이 바라고 기도하는 것은 무엇입니까? 다윗은 "평생에 여호와의 집에 살면서 여호와의 아름다움을 바라보며 그의 성전에서 사모"하는 것입니다. 바울은 전도하다가 "그리스도 예수 안에서 하나님이 위에서 부르신 부름의 상을 위하여" 일하는 것입니다. 위대한 사람들입니다. 나는 내가 원하는 것은 무엇인가를 생각해 보았습니다. 나의 인생은 목적없이 허비한 것만 같습니다. 그러나 나의 지금 소원이 무엇인가 물으면, 우리 주님을 더 많이 알고 하나님의 크신 능력을 더 많이 알기를 원합니다. 주여 도와주시옵소서.

> [5] "여호와께서 환난 날에 나를 그의 초막 속에 비밀히 지키시고 그의 장막 은밀한 곳에 나를 숨기시며 높은 바위 위에 두시리로다"
>
> "그 장막 은밀한 곳에 나를 숨기시며"—다윗은 선언합니다. '자주, 내가 위험에 처했을 때 은밀한 장막이 우연한 일처럼 나타나곤 했습니다. 내가 잘못 안 것이 아닙니다. 하나님께서 친히 이 구원을 예비해 주신 것과 그것이 그의 은밀한 장막인 것을 나는 알고 있습니다.'

성전 안에 비밀히 숨을 곳은 지성소뿐입니다. 그곳은 언약궤가 있는 곳이고 그 위에는 시은소가 있습니다. 시은소는 하나님이 은혜를 주시는 곳입니다. 이곳에는 제사장만이 반차를 따라 들어가고 외인은 누구도 못 들어갑니다. 들어가면 죽습니다. 죽지 않게 안전히 보호받을 곳은 지성소뿐입니다. 시은소에는 제사를 드릴 때 피를 뿌립니다. 그러나 예수 그리스도께서 십자가에서 죽으신 후에는 다시 피 뿌림이 없습니다. 한 번으로 충분합니다. 다윗은 여러 번 죽을 뻔하였으나 하나님의 능력으로 항상 피할 길을 주셨습니다. 다윗은 이것을 "그 은밀한 곳에 나를 숨기시며"라고 하였습니다. 하나님께서 나에게도 여러 번 그렇게 숨겨 주셨습니다.

[6] "이제 내 머리가 나를 둘러싼 내 원수 위에 들리리니 내가 그의 장막에서 즐거운 제사를 드리겠고 노래하여 여호와를 찬송하리로다"

하나님께서 이렇게 구원하여 주실 때 기쁨으로 찬송하지 않을 수 없습니다.

III. 하나님께 부르짖는 기도

[7] "여호와여 내가 소리 내어 부르짖을 때에 들으시고 또한 나를 긍휼히 여기사 응답하소서"

"여호와여 내가 소리 내어 부르짖을 때에 들으소서"—이전에, 다윗은 사람의 군대들을 대항하는 전쟁을 의논했었습니다. 그런 전쟁에서 그는 하나님의 구원을 확신했습니다. 지금 그는 모든 것 중에서 가장 어려운 투쟁, 즉 악의 성향에 대항하는 투쟁에 그의 주의를 돌립니다.

우리 하나님은 육의 전쟁이건 영적 전쟁이건 상관없이 도우십니다. 구약 시대는 지성소, 비밀한 곳에서 은혜를 주시는 하나님이 계십니다. 하나님은 우리가 위기에 처했을 때 은혜를 주시려고 비밀한 곳에 오셔서 계십니다. 위기에 처할 때 비밀한 곳을 찾아가세요. 하나님이 은혜 주시려고 기다리십니다. 육적 전쟁이건 영적 전쟁이건 상관없이 도우십니다.

[8] "너희는 내 얼굴을 찾으라 하실 때에 내가 마음으로 주께 말
하되 여호와여 내가 주의 얼굴을 찾으리이다 하였나이다"

"너희는 내 얼굴을 찾으라 하실 때에 내가 마음으로 주께 말하되"—하나
님의 얼굴을 찾고자 하는 소원을 표현함에 있어서 내 마음은 마치 그
것이 하나님의 사절이나 된 것 같이 말하고 있다. 성도들의 마음속에
그 평생 여호와의 집에 살고자 하는 고상한 열망을 심어준 이는 하나
님이시다.

다윗은 하나님이 벌써 자기를 초청하였다고 했습니다. 그러므로 하나
님이 "내 얼굴을 찾으라" 하실 때 그의 마음이 대답하기를 "내가 주의 얼
굴을 찾으리이다" 하고 대답했습니다. 여러 성도님들, 하나님이 성도들
을 사모하고 계시는 것을 아십니까? 결혼이 무엇입니까? 결혼이 남편은
돈이나 벌어다 주고 아내는 집에서 밥이나 해주고 빨래나 하는 것인 줄
아십니까? 아닙니다. 피차에 사랑해서 사랑을 고백하기도 하고 사모해서
보고 싶기도 해서 쓸데 없어도 불러보기도 하는 것입니다. 예수님은 우리
의 남편입니다. "내 얼굴을 찾으라" 하는 것은 보고 싶다는 말씀입니다.
"내가 주의 얼굴을 찾으리이다" 하는 것은 내가 남편 되시는 주님을 보고
싶습니다 라는 애정의 표현입니다. 우리 주님 우리와 교제하고 사귀기를
원하십니다.

[9] "주의 얼굴을 내게서 숨기지 마시고 주의 종을 노하여 버리지
마소서 주는 나의 도움이 되셨나이다 나의 구원의 하나님이시여
나를 버리지 마시고 떠나지 마소서"

다윗은 범죄하였을 때 하나님이 자기를 못 보게 얼굴을 가리는 것 같

았습니다. 그는 하나님과 교제가 끊어지는 것 같았습니다. 기쁨이 사라졌습니다. "나의 구원의 하나님이시여 나를 버리지 마시고 떠나지 마소서" 애타게 간구합니다.

[10] "내 부모는 나를 버렸으나 여호와는 나를 영접하시리이다"

"내 부모는 나를 버렸으나" 청소년기가 지난 후에 그들은 나를 스스로 세상에서 개척해 나가도록 내어보냈습니다.

이 말씀은 다윗의 부모가 참으로 버렸다는 말이 아닙니다. 다윗이 장성하여 청년이 되었고 왕이 되어 우리아의 아내를 취하였는데 왕에게 누가 감히 말해 줄 이도 없고 더욱이 이것을 바로잡을 자가 있겠습니까? 하나님 밖에는 이 문제를 해결할 분이 없습니다. 다윗은 부모에게 그 잘못을 어렸을 때 같으면 고백하고 싶었을 것입니다. 그러나 부모도 도와줄 수 없는 문제입니다. 이런 상황을 시로써 표현할 때 "내 부모는 나를 버렸으나 여호와는 나를 영접 하시리이다" 하나님께 간청하는 기도입니다.

[11] "여호와여 주의 도를 내게 가르치시고 내 원수를 생각하셔서
        평탄한 길로 인도하소서"

"내 원수를 생각하셔서" — 나를 감시하는 원수를 생각하셔서; 그들은
        악의와 질투로 나의 흠을 찾으려고 내 길을 조사하나이다[노려보다]

다윗은 기도합니다. "나는 원수 앞에서 좋은 간증을 보이기를 원합니다. 왜냐하면 그들은 나를 비웃고 정죄할 것이기 때문입니다. 주여 나를 지키시고 보호하시사 원수로 나 때문에 주님을 곤란하게 못하게 하소서"

결론

[12] "내 생명을 내 대적에게 맡기지 마소서 위증자와 악을 토하는
자가 일어나 나를 치려 함이니이다"

[13] "내가 산 자들의 땅에서 여호와의 선하심을 보게 될 줄 확실
히 믿었도다"

"산자의 땅에"—생명의 땅에—장차 올 세상에 대한 언급입니다.

[14] "너는 여호와를 기다릴지어다 강하고 담대하며 여호와를 기
다릴지어다"

"너는 여호와를 기다릴지어다"—소망을 하나님께 두라. 주님을 믿는
나의 한량없는 믿음 때문에, 나는 주님의 도우심을 어느 때나 바란
다. 그리고 내 원수들을 중시하지 않는다.
"네 자신을 강하게 하라"—우리가 강하고 담대하려면 한길 밖에 없습
니다

우리가 강하고 담대하려면 한길 밖에 없습니다. "너는 여호와를 기다
릴지어다 강하고 담대하며 여호와를 기다릴지어다" 무슨 말입니까? 우
주 만물을 말씀 한마디로 창조하시고 말씀으로 마음대로 운행하시는 전
능하신 하나님만 바라고 믿고 의지하라는 것입니다. 여호와 하나님만 바
라고 의지하면 믿음도 강해지고, 예수님이 좋아져서 성경 말씀이 가르치
는 율례와 법도를 따라 사는 것이 기뻐집니다. 주님의 교회를 섬길 때 "강
하고 담대해져서" 신바람이 나서 기뻐서 주의 일을 하게 됩니다.
　우리가 하나님의 은혜를 구하는 것도 우리가 이 땅에서 살고 있을 때

이지 죽어서는 구할 것이 없고 심판뿐입니다. 믿음도 이 땅에 있을 때 믿는 것입니다. 우리가 살아서 하나님의 도우심을 바라고 구하면 새로운 힘을 주십니다.

Goal 그러므로 우리들은 다윗 왕과 같이
"여호와여 내가 소리 내어 부르짖을 때에 들으시고 또한
나를 긍휼히 여기사 응답하소서."
내가 주님만 바라오니 "강하고 담대하게" 하소서.
"예수 그리스도만 믿어 구원 얻고 하나님의 율례와 법도를
따라서만 살아서 복과 상 받는 하나님의 자녀가 되게 하옵소서"
다윗 왕 같은 복을 받아 누리는 성도들이 되시기를
예수님의 이름으로 축복합니다.

시편 **28**편

우리의 힘

[다윗의 시]

[1] 여호와여 내가 주께 부르짖으오니 나의 반석이여 내게 귀를 막지 마소서 주께서 내게 잠잠하시면 내가 무덤에 내려가는 자와 같을까 하나이다

[2] 내가 주의 지성소를 향하여 나의 손을 들고 주께 부르짖을 때에 나의 간구하는 소리를 들으소서

[3] 악인과 악을 행하는 자들과 함께 나를 끌어내지 마옵소서 그들은 그 이웃에게 화평을 말하나 그들의 마음에는 악독이 있나이다

[4] 그들이 하는 일과 그들의 행위가 악한 대로 갚으시며 그들의 손이 지은 대로 그들에게 갚아 그 마땅히 받을 것으로 그들에게 갚으소서

[5] 그들은 여호와께서 행하신 일과 손으로 지으신 것을 생각하지 아니하므로 여호와께서 그들을 파괴하고 건설하지 아니하시리로다

[6] 여호와를 찬송함이여 내 간구하는 소리를 들으심이로다

[7] 여호와는 나의 힘과 나의 방패이시니 내 마음이 그를 의지하여 도움을 얻었도다 그러므로 내 마음이 크게 기뻐하며 내 노래로 그를 찬송하리로다

[8] 여호와는 그들의 힘이시요 그의 기름 부음 받은 자의 구원의 요새이시로다

[9] 주의 백성을 구원하시며 주의 산업에 복을 주시고 또 그들의 목자가 되시어 영원토록 그들을 인도하소서

Theme: 여호와 하나님은 주를 그 마음에 두지 않는 악한 자들은 버리신다.
하나님을 찬송하며 간구하는 소리는 들으시고 기뻐하시고
주의 백성을 구원하시며 주의 산업에 복을 주신다.
또 그들의 목자가 되사 영원토록 지키시고 보호하신다.

서론

이 시편은 다윗이 어려움을 당하여 하나님께 부르짖는 기도입니다. 그러나 이 시편은 이스라엘이 환난을 당해 슬플 때에 대한 예언입니다. 이 기도는 원수 위에 하나님의 심판을 내려 주실 것을 간구하는 기도입니다.

> [2~5] "나의 간구하는 소리를 들으소서 악인과 악을 행하는 자들과 함께 나를 끌어내지 마옵소서 그들은 그 이웃에게 화평을 말하나 그의 마음에는 악독이 있나이다 그들이 하는 일과 그들의 행위가 악한 대로 갚으시며 그들의 손이 지은 대로 그들에게 갚아 그 마땅히 받을 것으로 그들에게 갚으소서 그들은 여호와께서 행하신 일과 손으로 지으신 것을 생각하지 아니하므로 여호와께서 그들을 파괴하고 건설하지 아니하시리로다."

다윗은 악한 자들이 행한 대로 갚아 줄 것을 기도합니다. 우리 하나님은 믿지 않는 자들에게는 행한 대로 갚아 주십니다.

하나님의 백성에게는 행한 대로 갚아 주시지 않고 예수님의 십자가의 공로로 기도할 때 모든 죄를 사하여 주십니다. 그래서 우리는 또한 하나님의구원이 있을 것을 믿고 하나님을 찬양합니다.

그리고 이 시는 29편의 전주로서 쓴 것입니다. 이 시편이 우리에게 가르치시는 말씀은 "여호와 하나님은 주를 그 마음에 두지 않는 악한 자들은 버리십니다. 하나님을 찬송하며 간구하는 소리는 들으시고 기뻐하시고 주의 백성을 구원하시며 주의 산업에 복을 주십니다. 또 그들의 목자가 되사 영원토록 지키시고 보호하신다"는 말씀입니다.

I. 다윗은 죽기를 각오하고 기도합니다

[1] [다윗의 시] "여호와여 내가 주께 부르짖으오니 나의 반석이여 내게 귀를 막지 마소서 주께서 내게 잠잠하시면 내가 무덤에 내려가는 자와 같을까 하나이다"

"내게 귀를 막지 마소서"―간청하오니 하나님이여 나의 뜨거운 간구를 거절 하지 마소서, 죄인의 유혹하는 길을 저항하는데 하나님의 도우심을 구하나이다 (3절)
"무덤에"―직역하면, 구덩이에.

이 기도는 죽기를 각오하고 드리는 기도입니다. 하나님이 도와주시지 않으면 "내가 무덤에 내려가는 자와 같을까 하나이다."라고 하였습니다.
이스라엘 사람들은 이 반석이 무엇인지 잘 알고 있습니다. 이스라엘은 거절했습니다. 모세는 울었습니다.

(신32:15) "그런데 여수룬이 기름지매 발로 찼도다 네가 살찌고 비대하고 윤택하매 자기를 지으신 하나님을 버리고 자기를 구원하신 반석을 업신여겼도다"

반석은 구원하는 곳입니다. 이것은 든든한 기도를 만드는 것입니다. 우리 믿는 사람들은 이것을 잘 알고 있습니다. 사도 바울은 말했습니다.

> (고전 3:11) "이 닦아 둔 것 외에 능히 다른 터를 닦아 둘 자가 없으니 이 터는 곧 예수 그리스도라"

> [2] "내가 주의 지성소를 향하여 나의 손을 들고 주께 부르짖을 때에 나의 간구하는 소리를 들으소서"

> "내가 주의 지성소를 향하여 나의 손을 들고…"─사람이 기도할 때는 자기 몸과 영혼을 성전으로 향하고 한다.

구약 시대에 은혜의 보좌는 예루살렘 성전 안에 있는 지성소에만 있습니다. 그러나 지금은 예수님이 말씀 하신대로,

> (요4:23~24) "아버지께 참되게 예배하는 자들은 영과 진리로 예배할 때가 오나니 곧 이 때라 아버지께서는 자기에게 이렇게 예배하는 자들을 찾으시느니라 하나님은 영이시니 예배하는 자가 영과 진리로 예배할지니라"

우리가 어디서나 신령과 진정으로 예배드리면 하나님이 찾아오셔서 예배를 받으십니다. "아버지께 참되게 예배하는 자들은 영과 진리로 예배할 때가 오나니 곧 이 때라 아버지께서는 자기에게 이렇게 예배하는 자들을 찾으시느니라" 예수 그리스도가 은혜의 보좌입니다. 우리가 항상 하나님께 신령과 진정으로 기도하면 들어 주신다고 하셨습니다. 우리 하나님은 들으십니다.

[5] "그들은 여호와께서 행하신 일과 손으로 지으신 것을 생각하지 아니하므로 여호와께서 그들을 파괴하고 건설하지 아니하시리로다"

"그들은 … 생각하지 아니하므로" — 그들이 하나님의 행적과 손으로 하신 일들을 생각만 했더라면, 그들 손의 행사 즉 "그들은 그 이웃에게 화평을 말하나 그 마음에는 악독이 있나이다"가 달랐을 것입니다. 그들의 행사는 하나님의 섭리를 부인함에 그 기초를 둔 것입니다

"그들은 여호와께서 행하신 일과 손으로 지으신 것을 생각하지 아니하므로"라는 것은 하나님의 반대편에 있는 원수입니다. 그러므로 그것들이 승리하면 절대로 안 됩니다. 멸망해야 합니다.

II. 우리가 하나님께서 하신 일을 찬송하면 하나님도 우리 일을 칭찬합니다

[6] "여호와를 찬송함이여 내 간구하는 소리를 들으심이로다"

"내 간구하는 소리를 들으심이로다" — 다윗은 예언적으로 그의 기도가 열납 될 것을 보았습니다. 다른 번역은, 이것은 자기 기도를 들으신다고 하나님을 확신하는 다윗의 절대적 신뢰를 나타내고 있다.

하나님이 우리의 기도를 들어주시는 것은 하나님의 하시는 모든 일을 "찬송" 하기 때문입니다. 다른 말로는 하나님 편이라는 것입니다. 자기가 하는 일을 찬송하는 이는 자기 편입니다. 우리가 간구하면 들으시고 응답하십니다. 왜냐하면 하나님께서 하시는 일을 우리가 찬송함으로 우리가

하는 일을 하나님도 찬송하여 들어주십니다. 그래서 다윗은 기도한 결과를 이루어 주신 것으로 말했습니다.

[7] "여호와는 나의 힘과 나의 방패이시니 내 마음이 그를 의지하여 도움을 얻었도다. 그러므로 내 마음이 크게 기뻐하며 내 노래로 그를 찬송하리로다"

[8] "여호와는 그들의 힘이시요 그의 기름 부음 받은 자의 구원의 요새이시로다"

"여호와는 그들의 힘이시요"—여호와는 그들 즉 하나님의 백성의 힘이시라 그들의 주님을 의지합니다. 기도를 드리면서 시편 저자는 자기 개인의 걱정을 뛰어 넘어 전체주의 백성을 대신하여 기도합니다.

[9] "주의 백성을 구원하시며 주의 산업에 복을 주시고 또 그들의 목자가 되시어 영원토록 그들을 인도하소서"

"주의 산업"—주의 백성은 율법에 기록된 대로 하나님의 산업이다. 하나님의 분깃은 그 백성이기 때문이다. 야곱은 그 택하신 기업이다.

(신32:9) "여호와의 분깃은 자기 백성이라 야곱은 그가 택하신 기업이로다"

하나님의 능력은 전능하십니다. 그는 그의 백성들이 위험 할 때 방패가 되십니다. 우리는 하나님의 능력이 내 능력이냐? 하나님의 방패가 내 방패냐? 할 것입니다. 만일 내 마음으로 하나님의 능력을 믿고 그 하나님이 나의 방패가 되실 줄 내 마음으로 믿으면 하나님의 능력과 방패가 내 것이 됩니다.

다윗이 구함으로 어떻게 되었습니까?

"내 마음이 그를 의지하여 도움을 얻었도다"(7절)

우리는 기도의 응답을 받을 때 다윗처럼 감사하고 찬송해야 합니다.
"그러므로 내 마음이 크게 기뻐하며 내 노래로 그를 찬송하리로다"

III. [8] "여호와는 그들의 힘이시요 그의 기름 부음 받은 자의 구원의 요새이시로다"

[9] "주의 백성을 구원하시며 주의 산업에 복을 주시고 또 그들의 목자가 되시어 영원토록 그들을 인도하소서"

"영원토록 그들을 인도하소서" — 그들 원수들의 위로 그들을 들어 올리소서. 다르게 한다면, 그들에게 원수들을 제어하는 지배권을 주소서. 또는 목자가 그 떼 중에서 약한 양들을 들어 나르듯이 그들을 들어 나르소서 하는 것이다

"여호와는 그들의 힘이시요 그의 기름 부음 받은 자의 구원의 요새이시로다"

"그의 기름 부음 받은 자"는 누구십니까" 메시아는 곧 예수 그리스도 이십니다. 다윗은 여호와 하나님을 찬송할 때는 자주자주 기름 부음을 받은 메시아 곧 그리스도를 찬송하였습니다. 그는 이 찬송을 끝내면서, "주의 백성을 구원하시며 주의 산업에 복을 주시고 또 그들의 목자가 되시어 영원토록 그들을 인도하소서"

메시아 그리스도는 주의 백성을 구원하시고, 주의 산업에 복을 주시고, 또 그들의 목자가 되시어 영원토록 그들을 인도하소서라고 기도했습니다. 메시아 그리스도는 우리의 영원하신 목자로서 우리를 보호하시고 인도하십니다. 이사야는 말했습니다.

> (사40:11) "그는 목자 같이 양 떼를 먹이시며 어린 양을 그 팔로 모아 품에 안으시며 젖먹이는 암컷들을 온순히 인도하시리로다"

결론

우리 인생은 죄악 세상에서 살 때 세 가지가 절대로 필요합니다.
첫째는, 죄악에서 구원해 줄 구주가 절대로 필요합니다.
둘째로, 생활에 필요한 물질이 절대로 필요합니다.
셋째로, 모든 환경에서 인도해 줄 인도자가 절대로 필요합니다.
다윗은 메시아 예수 그리스도가 이 세 가지를 그를 믿고 의지하는 자에게 다 주신다고 했습니다. 여호와 하나님은 주를 마음에 두지 않는 악한 자들은 버리시지만 하나님을 찬송하며 간구하는 기도 소리는 들으십니다.

주의 백성을 구원하시며 주의 산업에 복을 주시고 또 그들의 목자가 되시어 영원토록 지키시고 보호하십니다.

 그러므로 우리는 이 세 가지를 주시기 위해
십자가에서 죽으신 예수님만 믿고 의지하여
이 모든 복을 받으시는 성도들이 되기를 축복합니다.

[다윗의 시]

[1] 너희 권능 있는 자들아 영광과 능력을 여호와께 돌리고 돌릴지어다

[2] 여호와께 그의 이름에 합당한 영광을 돌리며 거룩한 옷을 입고 여호와께 예배할지어다

[3] 여호와의 소리가 물 위에 있도다 영광의 하나님이 우렛소리를 내시니 여호와는 많은 물 위에 계시도다

[4] 여호와의 소리가 힘 있음이여 여호와의 소리가 위엄차도다

[5] 여호와의 소리가 백향목을 꺾으심이여 여호와께서 레바논 백향목을 꺾어 부수시도다

[6] 그 나무를 송아지 같이 뛰게 하심이여 레바논과 시룐으로 들송아지 같이 뛰게 하시도다

[7] 여호와의 소리가 화염을 가르시도다

[8] 여호와의 소리가 광야를 진동하심이여 여호와께서 가데스 광야를 진동시키시도다

[9] 여호와의 소리가 암사슴을 낙태하게 하시고 삼림을 말갛게 벗기시니 그의 성전에서 그의 모든 것들이 말하기를 영광이라 하도다

[10] 여호와께서 홍수 때에 좌정하셨음이여 여호와께서 영원하도록 왕으로 좌정하시도다

[11] 여호와께서 자기 백성에게 힘을 주심이여 여호와께서 자기 백성에게 평강의 복을 주시리로다

Theme: 하나님의 권능과 영광은 모든 창조물에 널리 퍼져 있고,
모든 창조물은 오직 하나님의 뜻대로만 작용한다.

서론

이 시는 자연에 대한 시이지만 처음 보는 자연에 대한 시도 아닙니다.
이미 8편에서

1) [시8:3] "주의 손가락으로 만드신 주의 하늘과 주께서 베풀어 두신 달과 별들을 내가 보오니"

2) 또 19편 [1~4] "하늘이 하나님의 영광을 선포하고 궁창이 그의 손으로 하신 일을 나타내는도다 날은 날에게 말하고 밤은 밤에게 지식을 전하니 언어도 없고 말씀도 없으며 들리는 소리도 없으나 그의 소리가 온 땅에 통하고 그의 말씀이 세상 끝까지 이르도다 하나님이 해를 위하여 하늘에 장막을 베푸셨도다"

3) 29편은 눈에 보이지 않고 귀로 알 수 있는 우렛소리의 창조에 관한 것입니다. 처음 두절은 서곡으로 [1] "너희 권능 있는 자들아 영광과 능력을 여호와께 돌리고 돌릴지어다" [2] "여호와께 그의 이름에 합당한 영광을 돌리며 거룩한 옷을 입고 여호와께 예배할지어다"

[10] "여호와께서 홍수 때에 좌정하셨음이여 여호와께서 영원하도록 왕으로 좌정하시도다"

[11] "여호와께서 자기 백성에게 힘을 주심이여 여호와께서 자기 백성에게 평강의 복을 주시리로다"

우리가 본론으로 들어가기 전에 한 가지 생각 할 것은 3-9절 사이에 "여호와의 소리"가 7번 나옵니다.

1. 여호와의 소리가 물 위에 있도다
2. 여호와의 소리가 힘 있음이여
3. 여호와의 소리가 위엄차도다
4. 여호와의 소리가 백향목을 꺾으심이여
5. 여호와의 소리가 화염을 가르시도다
6. 여호와의 소리가 광야를 진동시키시도다
7. 여호와의 소리가 암사슴으로 낙태하게 하시고

본문 말씀이 우리에게 가르치시는 말씀은 "하나님의 권능과 영광은 모든 창조물에 널리 퍼져 있고, 모든 창조물은 오직 하나님의 뜻대로만 작용한다."는 것입니다.

I. 권능 있는 자들에게 하는 말씀입니다

[1] [다윗의 시] "너희 권능 있는 자들아 영광과 능력을 여호와께 돌리고 돌릴지어다"

"권능있는 자들아"-아브라함과 이삭과 야곱의 자손들을 권능있는 자라고 불렀습니다.
아브라함과 이삭과 야곱의 자손들, 권능있는 의인들아 라고 불렀습니다.
"여호와께 돌리고 돌릴지어다"-이 시편에는 입에 올리기도 황송한 하나님의 이름이 18번이나 나옵니다. 따라서 지혜자들은 쉐모네

에스레이(Shemoneh Esrei)의 18가지 축복을 제정했습니다.(유대
인들이 아침 점심 저녁 3차례에 걸쳐 드리는 18가지 기도문이다.
자리에서 일어나서 소리내지 않고 묵상으로 하는 기도이다. 먼저
앞으로 3걸음 나아가서 기도하고 다시 뒤로 3걸음 물러나는 형식
이다.)

[2] "여호와께 그의 이름에 합당한 영광을 돌리며 거룩한 옷을 입
고 여호와께 예배할지어다"

"여호와께 그의 이름에 합당한 영광" ─ 하나님의 이름마다 하나님의 위
대하심의 상이한 면을 상징합니다.

하나님의 이름마다 하나님의 위대하심의 상이한 면을 상징합니다. 예
를 들면 '하셈'은 긍휼을, '엘로힘'은 엄한 심판을 나타냅니다. 어떤 이름
을 우리가 부르든지 거기에 합당한 영광을 돌려야 합니다. 그리하여 하
나님의 위대하심을 구체적으로 나타나게 해야 합니다. 다시 예를 들어
말하면 "은혜와 사랑이 풍성하신 하늘에 계신 우리 아버지"라고 부르면
하나님이 내게 주신 은혜와 사랑이 무엇인지 알고 감사하며 부르라는 것
입니다.

"거룩한 옷을 입고" ─ 참된 광채와 아름다움은 거룩함을 기준으로 측
량할 수 있습니다. 하나님의 말씀은 사람의 생활 모든 면을 변화시킵
니다.

참된 광채와 아름다움은 거룩함을 기준으로 측량할 수 있습니다. 하나
님의 말씀은 사람의 생활 모든 면을 변화시킵니다. 그것은 무엇이나 하나

님의 헌신된 성도에게 합당하지 아니한 것은 제거해야 합니다. 오직 그때에만 참된 아름다움이 나타납니다. 이것이 성결의 광채입니다.

1. "너희 권능 있는 자들아"

권능 있는 자들은 누구를 가르치느냐하면 세상을 이길 힘, 곧 믿음을 가진 자들을 말합니다. 믿음만이 죄의 권세를 이길 수 있습니다. 믿음만이 마귀의 권세와 시험을 이길 수 있습니다. 믿음만이 사망의 권세를 이기고 천국에 갈 수 있습니다.

2. "영광과 권능을 여호와께 돌릴지어다"

"여호와께 돌리고 돌릴지어다"—이 시편에는 입에 올리기도 황송한 하나님의 이름이 18번이나 나온다. 따라서 지혜자들은 쉐모네 에스레이(Shemoneh Esrei)의 18가지 축복을 제정했다.

사람들은 자기가 공적(credit)을 가지려고 노력합니다. 영광은 하나님께 돌려야지 자기에게 돌리지 말라는 것입니다. 자기 자랑하는 것은 하나님의 사람이 아닙니다. 우리 주님께 영광을 돌려야 합니다. 우리는 "나"를 자랑하지 맙시다. 우리 하나님이 우리에게 믿음을 주셔서 이겼으면 하나님께 감사하는 것이 마땅하거니와 "내가" "나"를 내세우면 무식하고 몰상식한 사람입니다.

II. "여호와의 소리"

[3] "여호와의 소리가 물 위에 있도다 영광의 하나님이 우렛소리

를 내시니 여호와는 많은 물 위에 계시도다"

"여호와의 소리" 성경 전체를 통하여 '여호와의 소리' 는 단지 하나님이 사람과 하시는 의사소통을 말할 뿐, 결코 천둥 같이 커다란 자연의 소리를 말하지 않는다. 자연의 모든 양상은 하나님의 물리적 질서의 산물일 뿐 아니라 또한 세상을 다스리는 주님의 도덕적 통치의 도구이다. 즉 하나님이 인간에게 전달하신 하나님의 율법을 실행하는 도구다.

[4] "여호와의 소리가 힘 있음이여 여호와의 소리가 위엄차도다"

"여호와의 소리가 … 힘 있음이여 … 위엄차도다"
여호와의 소리는 권능으로 임합니다. 얼마나 압도적인지 그것을 저항하는 것은 쓸데없음을 모두가 인정할 것입니다.

[5] "여호와의 소리가 백향목을 꺾으심이여 여호와께서 레바논 백향목을 꺾어 부수시도다"

"백향목을 꺾으심이여" — 외국인의 왕들은 거만하게, 레바논 산들은 힘 있고 위엄찬, 백향목 숲처럼 서 있었습니다. 그들은 하나님 손에 꺾여 굴복 당한다는 말씀이다.

외국인의 왕들은 거만하게, 레바논 산들은 힘 있고 위엄찬, 백향목 숲처럼 서 있습니다. 그러나 그들은 하나님 손에 꺾여 굴복 당한다는 말씀입니다.

[6] "그 나무를 송아지 같이 뛰게 하심이여 레바논과 시룐으로 들송아지 같이 뛰게 하시도다"

"들 송아지" '르 에이밈', 이 단어는 외뿔 송아지, 코뿔소, 들소, 영양, 그 외 다른 여러 가지로 번역됐는데 성경에서 쓰인 것을 보면, 그것은 길고 강력한 뿔을 가지고 있는 것이다.

[7] "여호와의 소리가 화염을 가르시도다"

"화염을 가르시도다"—미드라시는 하나님께서 10계명을 주셨을 때, 선포되는 바로 그 말마다 불처럼 튀어나와서, 말하자면, 율법이 돌판을 불태우며 들어갔다고 가르친다. 토라도 (율법) 인간의 마음속을 불로 지지며 들어갔음이 틀림없다.

미드라시는 하나님께서 10계명을 주셨을 때, 선포되는 바로 그 말마다 불처럼 튀어나와서, 말하자면, 율법이 돌판 속으로 불태우며 들어갔다고 가르칩니다.

[8] "여호와의 소리가 광야를 진동하심이여 여호와께서 가데스 광야를 진동시키시도다"

"가데스 광야를 진동시키도다"— '가데스' 는 '코데시' (거룩하다는 뜻)에서 나온 단어로 시내 광야의 이름이기도 하다. 거기서 이스라엘은 율법을 받고 거룩하게 구별되었다. 사람이 습관이 안 된 거룩함과 갑자기 대면하면 떨리는 것처럼 사막이 된 광야가 그와 같이 진동했다. 말하자면, 하나님의 임재, 그 두렵고 놀라운 광경을 주도하면서 가데스 광야는 진동했다.

[9] "여호와의 소리가 암사슴을 낙태하게 하시고 삼림을 말갛게 벗기시니 그의 성전에서 그의 모든 것들이 말하기를 영광이라 하도다"

"암 사슴으로 낙태하게 하시며"—시편 저자는 미래로 향한다. 곧게 서서 사슴처럼 끄떡도 안하는 열국들이 무서워서 떨게 될 것이라는 것이다.

"삼림을 말갛게 벗기시고"—권능 있는 자는 나무들이 말갛게 껍대기를 벗기듯이 그들의 권력이 박탈당할 것이다.

다윗 왕은 예루살렘 높은 성 위에서 사방이 홍수로 휩쓸리는 것을 보았습니다. 실제가 아니라 영감으로 보았습니다.

1. 여호와의 소리가 물 위에 있도다
2. 여호와의 소리가 힘 있음이여
3. 여호와의 소리가 위엄차도다
4. 여호와의 소리가 백향목을 꺾으심이여
5. 여호와의 소리가 화염을 가르시도다
6. 여호와의 소리가 광야를 진동시키심이여
7. 여호와의 소리가 암사슴으로 낙태하게 하시고

여기에 여호와의 소리가 7번 나오는 중에 홍수와 뇌성으로 천지를 부서 뜨리는데 거기에 여호와의 소리가 빠진 데가 없습니다. 어떤 위험한 곳에서도 여호와 하나님의 음성은 있어서 믿는 자를 보호하십니다.

결론

홍수 때 왜 왕으로 좌정하십니까?

[10] "여호와께서 홍수 때에 좌정하셨음이여 여호와께서 영원하도록 왕으로 좌정하시도다"

"홍수 때에 좌정하셨음이여 영원하도록 왕으로"—하나님의 전능하심이 노아 시대 홍수 때처럼 밝게 드러나기는 드문 일입니다. 그 때, 우주는 정지되었고 생명은 거의 다 멸종 되었습니다. 지구 전체가 물로 덮였을 때, 하나님만 침묵 중에 다스리셨습니다. 그동안 하나님께 불순종한 사람들과 동물들은 다 물에 쓸려 나갔습니다. 그런 정도의 절대적 주권이 이제 메시아 시대에 다시 나타날 것입니다. 그때 우상숭배와 악은 뿌리 뽑힐 것입니다.

[11] "여호와께서 자기 백성에게 힘을 주심이여 여호와께서 자기 백성에게 평강의 복을 주시리로다"

"힘 … 평강의 복을'—그 때가 오면, 한때 낮아졌던 하나님의 백성이 영적 성숙에 기초한 인간 권능의 보물창고가 될 것입니다. 하나님은 주의 백성에게 평강과 화합의 최종 축복을 주실 것입니다.

왕이 하는 직분 3 가지가 있습니다.
첫째는 백성이 먹고 사는 문제를 해결해 주는 것입니다.
둘째로는 평안히 살도록 안녕과 질서를 유지하는 것입니다.
셋째로는 국민을 해하려는 적에게서 보호하는 것입니다.

1. "여호와께서 홍수 때에 좌정하셨음이여"

우리 인간이 죄로 멸망당할 때, 쓰나미 홍수 속에 싸였을 때, 여호와 하나님께서 자기의 독생자 예수 그리스도를 우리에게 보내사 구원하여 주셨습니다.

(롬8:32) "자기 아들을 아끼지 아니하시고 우리 모든 사람을 위하여 내주신 이가 어찌 그 아들과 함께 모든 것을 우리에게 은사로 주시지 아니하겠느냐"

또한 성령을 보내사 우리로 회개하게 하여주시고 믿음을 주시사 깨닫고 믿게 하여 주셨습니다. 그야말로 홍수 때에 좌정하셨습니다.

2, "영원하도록 왕으로 좌정하시도다 "

예수 그리스도는 왕으로 오셨습니다. 왕은 자기 백성을 적에게서 보호하고 평안히 안심하고 잘 살도록 모든 것을 부모처럼 돌보는 이를 말합니다. 그러므로 왕을 국부라고 하는 것입니다. 예수님은 영원하도록 왕으로 좌정하십니다.

3. "여호와께서 자기 백성에게 힘을 주심이여"

우리가 "예수는 나의 힘이요" 찬송을 부르는 것은 예수님께서 우리에게 힘을 주실뿐 아니라 힘이 되십니다.

4. "여호와께서 자기 백성에게 평강의 복을 주시리로다"

예수님은 평강의 왕으로 오셔서 우리에게 평강의 복을 주십니다. 세상에 있을 때 모든 환난에서 보호하시고 세상을 떠나서는 영원하도록 우리의 왕이 되십니다. 하나님의 권능과 영광은 모든 창조물에 널리 퍼져있고, 모든 창조물은 오직 하나님의 뜻대로만 작용하며 하나님은 성도들을 보호하십니다.

그러므로 우리는 우리의 왕 되시는 예수 그리스도를
마음에 모시고 그의 기쁘신 뜻을 따라 행동합시다.
성령님께서 우리를 지도하시는 대로 순종하여
살아가는 그 길이 형통하시기를 축복합니다.

성전 낙성식 노래

[다윗의 시, 곧 성전 낙성가]

[1] 여호와여 내가 주를 높일 것은 주께서 나를 끌어내사 내 원수로 하여금 나로 말미암아 기뻐하지 못하게 하심이니이다

[2] 여호와 내 하나님이여 내가 주께 부르짖으매 나를 고치셨나이다

[3] 여호와여 주께서 내 영혼을 스올에서 끌어내어 나를 살리사 무덤으로 내려가지 아니하게 하셨나이다

[4] 주의 성도들아 여호와를 찬송하며 그의 거룩함을 기억하며 감사하라

[5] 그의 노염은 잠깐이요 그의 은총은 평생이로다 저녁에는 울음이 깃들일지라도 아침에는 기쁨이 오리로다

[6] 내가 형통할 때에 말하기를 영원히 흔들리지 아니하리라 하였도다

[7] 여호와여 주의 은혜로 나를 산 같이 굳게 세우셨더니 주의 얼굴을 가리시매 내가 근심하였나이다

[8] 여호와여 내가 주께 부르짖고 여호와께 간구하기를

[9] 내가 무덤에 내려갈 때에 나의 피가 무슨 유익이 있으리요 진토가 어떻게 주를 찬송하며 주의 진리를 선포하리이까

[10] 여호와여 들으시고 내게 은혜를 베푸소서 여호와여 나를 돕는 자가 되소서 하였나이다

[11] 주께서 나의 슬픔이 변하여 내게 춤이 되게 하시며 나의 베옷을 벗기고 기쁨으로 띠 띠우셨나이다

[12] 이는 잠잠하지 아니하고 내 영광으로 주를 찬송하게 하심이니 여호와 나의 하나님이여 내가 주께 영원히 감사하리이다

서론

이 찬송은 하나님께서 다윗의 집을 세워주시는 낙성식 노래입니다. 어렵고 무서운 태풍이 다윗 왕의 집을 강타한 후 다윗은 하나님을 찬송하며 예배하였습니다. 이 찬송을 어느 때 지었는지 확실히 알 수는 없으나 신학자들은 대개 두 가지로 말하고 있습니다.

첫째로는 여호와의 법궤가 오벳에돔의 집에 있던 것을 예루살렘으로 가져와 예루살렘 성막 안에 여호와의 법궤를 모시고 나서 기쁨이 넘쳐 여호와 하나님을 찬양한 노래라고 합니다.

둘째로는 다윗 왕이 하나님을 의지하지 않고 사람을 의지하려고 인구 조사를 하여 범죄하였습니다. 하나님께서 진노하사 이스라엘 백성에게 재앙을 내리시여 7만 명이 전염병으로 죽었습니다. 그때 선지자 갓이 다윗을 찾아가 여부스 사람 아라우나의 타작마당을 사서 하나님께 제사를 드리라고 하셨습니다. 아라우나의 타작마당에 관하여 세 번 나오는데 사무엘하 24:16절 이하와 역대상 22:1과 역대하 3:1절입니다.

여기에 보면 아라우나의 타작마당이라고도 했고 오르난의 타작마당이라고도 했습니다. 이것은 두 사람이 아니요 한 사람입니다. 다윗 왕이 제사 드린 이 자리가 솔로몬이 예루살렘 성전을 지은 자리입니다. 이 자리에서 다윗이 여호와 하나님께 제사 드렸고 다윗이 이 자리에 성전 건축을 원했으나 하나님께서 허락하지 않았습니다. 훗날 솔로몬이 예루살렘 성전을 건축 하였는데 이곳을 가르쳐 다윗은 이같이 말했습니다

(대상22:1) "다윗이 이르되 이는 여호와 하나님의 성전이요 이는 이스라엘의 번제단이라 하였더라"

그러므로 다윗이 성전은 못 지었으나 그곳에 성전 짓기를 준비하던 그 기쁨을 여기에 노래한 것이라고 합니다.

특별히 이 찬송이 우리에게 가르쳐 주는 말씀은 "예수 믿는 사람에게는 비록 캄캄한 날이 앞에 있을지라도 어두움이 물러가면 새벽이 오는 것 같이 반드시 밝고 기쁜 날이 온다는 것입니다.

I. 하나님은 우리의 원수로 기뻐하지 못하게 하십니다

시편 30편 [1] [다윗의 시, 곧 성전 낙성가] "여호와여 내가 주를 높일 것은 주께서 나를 끌어내사 내 원수로 하여금 나로 말미암아 기뻐하지 못하게 하심이니이다"

"다윗의 시 성전 낙성가"—(언젠가는 있을)성전 낙성식에 부를 노래로 다윗의 지은 것.] 이 시편이 오직 다윗의 병만을 다루고 있는데 어떻게 성전 봉헌과 관계가 되는가? Radak은 설명하기를 솔로몬이 꼭 하게 될 성전 낙성은 다윗의 원수들이 하는 조롱과 비난에서 그를 변호해 주는 다윗의 변호입니다. 만일 다윗이 죄인이었더라면, 그의 자식에게 성전 건축의 특권은 허락될 수가 없었을 것이라는 것입니다.

이 시편은 삼하 24장에 나오는 사건들을 위하여 작문한 것이라 합니다. 다윗이 인구조사를 한 벌로 하나님은 전염병을 내리셨습니다.

다윗이 책임을 인정했을 때:

> (삼하24:17) "다윗이 백성을 치는 천사를 보고 곧 여호와께 아뢰어 이르되 나는 범죄하였고 악을 행하였거니와 이 양 무리는 무엇을 행하였나이까 청하건대 주의 손으로 나와 내 아버지의 집을 치소서 하니라"

선지자 갓은 다윗에게 장래 정확히 성전이 설 그 자리에 제단을 쌓으라고 지도했습니다.

> (대상21:26) "다윗이 거기서 여호와를 위하여 제단을 쌓고 번제와 화목제를 드려 여호와께 아뢰었더니 여호와께서 하늘에서부터 번제단 위에 불을 내려 응답하시고"

이 구절은 다윗이 만든 제단에 하나님이 하늘에서 불을 내려 보내셨다 합니다. 이와 같이 다윗은 장래 성전을 "낙성"한 것입니다.

여호와 하나님께서 "나를 끌어 내사" 어디에서 끌어 내셨나 하면 원수들이 기뻐할 자리에서 또 죽이려는 자리에서 끌어 내셨습니다. 이스라엘 나라 주위에는 많은 원수 나라가 있었습니다. 애굽, 암몬, 모압, 시리아, 에돔, 블레셋 모두 다 원수 나라입니다. 이스라엘 나라에 전염병이 퍼져 사람들이 다 죽는다 하면 모두 춤출 사람들입니다. 하나님께서는 이런데서 다윗 왕을 구원하사 원수로 기뻐하지 못하게 하셨다는 것입니다.

[2] "여호와 내 하나님이여 내가 주께 부르짖으매 나를 고치셨나
이다"

우리는 다윗 왕이 병으로 죽게 되었다는 기사는 성경에서 찾아보지 못
합니다. 하나님께서 고치셨다고 하면 육신의 병보다는 오히려 심령의 병
일 것입니다. 우리아의 아내를 빼앗아 살면서 당한 마음 고통이야 얼마나
컷겠습니까? 다윗의 아들 암논이 자기의 누이동생 다말을 강탈 (삼하 13
장) 했다는 소식을 들을 때 그 마음이 어떠했겠습니까? 또한 자기의 누이
동생이 자기의 이복형 암논에게서 강간을 당했다는 소식을 듣고 다말의
오라비 압살롬이 앙심을 품고 형을 때려 죽였다는 소식을 들을 때 그 심
경이 어떠했겠습니까? 또 압살롬이 모반하여 전쟁을 일으켜 다윗 왕이
왕궁을 비워 주고 도망가야 할 때 그 마음은 얼마나 아팠겠습니까? 우리
는 그 고통을 짐작할 수 있습니다.

하나님께서는 이러한 모든 악 조건에서 다윗을 구원하여 주셨습니다.
그가 마음 아프고 상하여 고통 중에 빠졌을 때 그야말로 환경도 고쳐주시
고 죽을 자리에서 살려주시고 마음의 아픔도 고쳐 주셨습니다. 그러므로
그는 이런 것들을 생각 할 때 하나님께 감사하였습니다.

[3] "여호와여 주께서 내 영혼을 스올에서 끌어내어 나를 살리사
무덤으로 내려가지 않게 하셨나이다"
[4] "주의 성도들아 여호와를 찬송하며 그의 거룩함을 기억하며
감사하라"

"여호와여 주께서 내 영혼을 스올에서 끌어내어"
여기서 우리가 배우는 것은 사람이 살아 있는 동안에도 일시적인 징벌

의 고뇌를 당할 수 있다는 것입니다. 탈무드(Nedarim 22a)가 가르치는 것 같이 "노하는 자마다 모든 종류의 지옥을 겪게 될 것입니다. 초조함, 고뇌와 우울증의 불꽃들은 지옥의 불과 같은 것입니다. 시편 전권을 통하여, 음부로 떨어진다."는 언급은 이런 식의 감정적 지옥을 말합니다.

> [5] "그의 노염은 잠깐이요 그의 은총은 평생이로다 저녁에는 울음이 깃들일지라도 아침에는 기쁨이 오리로다"

"그의 노염은 잠깐이요"—[주님의 은총의 결과로 나오는 풍성한 평생에 비교하면] 그 노염은 잠깐 지나가는 순간일 뿐입니다. 어떤 이들은 해석하기를 '주님의 노염의 순간에도 하나님의 소원은 생명이다.'라고 하였습니다. '하나님의 진노는 다만 우리를 좀 더 하나님께서 장차 주실 은총에 합당하게 만들려고 하는 것입니다'

II. 자기의 어리석었던 것을 고백합니다

> [6] "내가 형통할 때에 말하기를 영원히 흔들리지 아니하리라 하였도다"

다윗은 생각하기를 이렇게 큰 나라가 되어 주변 국가들이 조공을 바치고 다윗과 겨루어 싸울 자가 없게 될 때 마음이 교만하여져서 "내가 형통할 때에 말하기를 영원히 흔들리지 아니하리라 하였도다." 이와 같이 교만할 때 하나님께서는 '혼자 서 봐라' 하고 내버려 두었더니 당장 근심이 찾아왔습니다.

[7] "여호와여 주의 은혜로 나를 산 같이 굳게 세우셨더니 주의 얼굴을 가리시매 내가 근심하였나이다"

"나를 산 같이 굳게 세우셨더니"—나의 위대함. 직역하면 나의 산.

하나님의 은혜로 돈 좀 벌고 모든 것이 잘 풀려 나가면 하나님 없이도 얼마든지 살 수 있을 것 같습니다. 이같이 교만해진 상태를 다윗은 "나를 산 같이 굳게 세우셨더니"라고 했습니다. 그리 하였더니 "주의 얼굴을 가리시매" 하나님께서 '그러면 네 힘으로 살아라' 하고 돌보지 않으셨다는 것입니다. 그러시니까 당장 "근심"이 찾아왔습니다.

III. 근심 중에 하는 기도를 들으시는 하나님

[8] "여호와여 내가 주께 부르짖고 여호와께 간구하기를"

[9] "내가 무덤에 내려갈 때에 나의 피가 무슨 유익이 있으리요 진토가 어떻게 주를 찬송하며 주의 진리를 선포하리이까"

"진토가 어떻게 주를 찬송하며" 비록 저 세상에서도 영혼은 계속하지만, 그것은 사람들 사이에서 하나님에 대한 지식을 전파할 기회를 잃어버렸다.

[10] "여호와여 들으시고 내게 은혜를 베푸소서 여호와여 나를 돕는 자가 되소서 하였나이다"

이 기도를 보면 두 가지입니다.

첫째로는, 만일 내가 죽으면 어떻게 주님을 찬송하고 예배드리겠습니까? 이것은 나를 불쌍히 여기사 살려주시면 내가 이제부터 하나님께 찬송하고 예배드리는 것을 게을리하지 않고 열심히 하겠습니다. 하는 기도입니다.

둘째로, 다윗의 기도는 "주의 진리를 선포" 하겠다는 맹세의 기도입니다. 다윗은 왕입니다. 그때는 제사장도 아니요 선지자도 아닙니다. 물론 우리는 다윗을 선지자라고 혹시 부르지만 그러나 그는 왕이였습니다. 그는 왕으로서 진리를 후대에까지 전할 성전을 짓기로 결심한 것입니다.

내가 하나님께 예배 잘 드리고 진리의 말씀 전파하는 일에 전심하겠습니다. 그러니 살려 주시옵소서 하고 기도한 것입니다. 자비하신 하나님께서는 기도를 들어주셨습니다.

IV. 기도를 응답해 주신 하나님께 감사드립니다

[11] "주께서 나의 슬픔이 변하여 내게 춤이 되게 하시며 나의 베옷을 벗기고 기쁨으로 띠 띠우셨나이다"

[12] "이는 잠잠하지 아니하고 내 영광으로 주를 찬송하게 하심이니 여호와 나의 하나님이여 내가 주께 영원히 감사하리이다"

다윗은 하나님께 기도한대로 하나님께 감사하며 예배하는 일과 말씀 전하는 일을 죽기까지 열심히 하며 죽을 때 솔로몬 아들에게 이것을 유언까지 하였습니다.

결론

후세 모든 믿는 사람들에게 하나님의 축복받기 위하여 자기처럼 하라고 권면까지합니다.

> [4] "주의 성도들아 여호와를 찬송하며 그의 거룩함을 기억하며 감사하라"

> [5] "그의 노염은 잠깐이요 그의 은총은 평생이로다 저녁에는 울음이 깃들일지라도 아침에는 기쁨이 오리로다"

다윗은 경험과 믿음을 통하여 권면 하는 말씀은 아무리 어려운 일이 내 앞에 있어도 "주님을 믿는 사람에게 어두움이 물러가면 밝은 새벽이 있음 같이 반드시 밝고 기쁜 일이 온다."는 것입니다.

여호와 하나님께 찬송하고 감사하라는 것입니다. 왜냐하면 우리가 비록 범죄하여도 그의 노여움은 잠깐이요 그의 은총은 평생토록 끊어지지 아니하기 때문입니다. 비록 어려움과 슬픔이 우리에게 온다 할지라도 이것은 밤이 잠깐 지나가고 아침 광명이 오듯이 우리의 어려움을 없이 해 주시고 기쁨을 회복시켜 주시기 때문입니다. 우리 주님은 믿는 성도들이 죄악과 고생과 탄식 속에서 죽도록 버려두시지 아니합니다. 어두움은 지나가고 새벽빛이 비추듯이 하나님께 고하면 즉시로 기쁜 세상이 옵니다.

제가 훼이스 신학교에 부총장으로 있을 때입니다. 그때 우리학교 분교가 한국에도 있었고 뉴욕에도, L.A.에도 있었습니다. 그래서 제가 각 곳에 저 대신 일 해줄 사람들을 임명해 두었습니다.

각 처에 있는 한국 목사들이 제게 대하여 모략을 하였습니다. 서울서는 신○○ 목사가 나에게 본교에 주라고 5만 불을 주었다고 하고 부산에

최○○ 목사는 2억 원을 주었다고, 한국 검찰에 고소를 했습니다. LA에 있는 강○○ 목사는 제가 여기서 20만 불을 모금해 먹었다고 총장에게 투서를 했습니다. 그래서 총장은 한국 검찰청장에게 제게 대하여 철저하게 조사하여 자기에게 줄 돈을 찾아 달라고 편지를 냈습니다. 그래서 한국 나갔을 때 검찰청에 소환당하여 영락없이 감옥으로 가게 되었는데 하나님의 도우심으로 감옥에는 안가고 40일간 출국정지 되어 호텔에 40일 간 있다 왔습니다. 매일 검찰청에 가서 전말서를 쓰고 조사를 받고 죄가 없으니까 할 수 없이 내보내 주었습니다.

그때 저를 도와준 부장 검사가 있는데 그이 말이 한국사람 몇 사람이 저를 잡으려고 토끼몰이하듯 한다고 합디다. 그때 참으로 답답합디다. 그래서 어떤 날 검사 앞에서 제가 신○○ 목사님의 손을 잡고 말했습니다. 우리가 목사들인데 손잡고 기도합시다. 만일 내가 거짓말을 하면 나와 내 자손이 망할 것이요, 만일 신 목사님이 거짓말을 하면 목사님과 목사님 후손이 망하게 해달라고 기도합시다 했더니 손을 빼면서 '안합니다.' 하였습니다.

성도 여러분, 어떤 때는 답답하고 죽을 것 같은 때가 있습니다. 저는 여러 번 죽을 자리에 들어갔을 때가 있습니다. 앞이 캄캄 할 때 기도하면 들어주셨습니다. 나는 경험했습니다. "주님을 믿는 사람에게는 캄캄한 날이 앞에 있을지라도 어두움이 새벽 앞에 있는 것처럼 있을 뿐이요 어두움 뒤에 새벽이 있음 같이 반드시 밝고 기쁜 새벽이 온다는 것입니다.

Goal 그러므로 해결 못할 답답한 일이 있을 지라도
예수 믿는 우리에게는 어두움 뒤에 새벽이 있음 같이
반드시 밝고 기쁜 새벽이 올 것을 예수님의 이름으로 축복합니다.

하나님의 긍휼과 도우심

[다윗의 시, 인도자를 따라 부르는 노래]

[1] 여호와여 내가 주께 피하오니 나로 영원히 부끄럽게 하지 마시고 주의 공의로 나를 건지소서

[2] 내게 귀를 기울여 속히 건지시고 내게 견고한 바위와 구원하는 산성이 되소서

[3] 주는 나의 반석과 산성이시니 그러므로 주의 이름을 생각하셔서 나를 인도하시고 지도하소서

[4] 그들이 나를 위하여 비밀히 친 그물에서 빼내소서 주는 나의 산성이시니이다

[5] 내가 나의 영을 주의 손에 부탁하나이다 진리의 하나님 여호와여 나를 속량하셨나이다

[6] 내가 허탄한 거짓을 숭상하는 자들을 미워하고 여호와를 의지하나이다

[7] 내가 주의 인자하심을 기뻐하며 즐거워할 것은 주께서 나의 고난을 보시고 환난 중에 있는 내 영혼을 아셨으며

[8] 나를 원수의 수중에 가두지 아니하셨고 내 발을 넓은 곳에 세우셨음이니이다

[9] 여호와여 내가 고통 중에 있사오니 내게 은혜를 베푸소서 내가 근심 때문에 눈과 영혼과 몸이 쇠하였나이다

[10] 내 일생을 슬픔으로 보내며 나의 연수를 탄식으로 보냄이여 내 기력이 나의 죄악 때문에 약하여지며 나의 뼈가 쇠하도소이다

[11] 내가 모든 대적들 때문에 욕을 당하고 내 이웃에게서는 심히 당하니

내 친구가 놀라고 길에서 보는 자가 나를 피하였나이다
[12] 내가 잊어버린 바 됨이 죽은 자를 마음에 두지 아니함 같고 깨진 그릇과 같으니이다
[13] 내가 무리의 비방을 들었으므로 사방이 두려움으로 감싸였나이다 그들이 나를 치려고 함께 의논할 때에 내 생명을 빼앗기로 꾀하였나이다
[14] 여호와여 그러하여도 나는 주께 의지하고 말하기를 주는 내 하나님이시라 하였나이다
[15] 나의 앞날이 주의 손에 있사오니 내 원수들과 나를 핍박하는 자들의 손에서 나를 건져주소서
[16] 주의 얼굴을 주의 종에게 비추시고 주의 사랑하심으로 나를 구원하소서

Theme: 다윗은 끊임없이 쫓겨 다녔으나 기도하고 하나님께 맡겨 긍휼과 도우심을 받았다.
우리도 환난을 당할 때 기도하고 다윗처럼 하나님의 긍휼과 도우심에 맡겨야 한다.

서론

1945년 7월 무더운 여름날. 일본 사람들의 눈을 피하여 망명 생활하던 어떤 날이었습니다. 항상 나는 두려움과 공포로 싸여 있었습니다. 그때 나에게는 두 가지 공포심이 있었습니다.

첫째로는 일본 사람들의 무서운 고문입니다. 독립운동하다 잡히면 보통 거꾸로 매달아 놓고 콧구멍에 물을 붓습니다. 손톱눈에 참대 바늘을 꽂습니다. 그렇기 때문에 손톱 발톱이 다 빠집니다. 또한, 두 어깨를 바위 줄로 뒤로 묶어서 달아맵니다. 그리고 비행기 태운다고 그네처럼 밀고 당

기고 합니다. 그러므로 두 어깨가 다 빠져 종신토록 힘을 못 씁니다. 이런 말을 어려서 하도 들었기 때문에 하루에 백리 이상 산길을 걷고, 옮겨 다니며 망명 생활을 하면서 가슴을 조렸습니다.

두 번째로 내가 두려운 것은 저의 아버지와 같이 독립운동을 하던 사람들을, 제가 심부름을 하고 다녔음으로 전부 다 압니다. 그러므로 내가 잡히면 저의 아버지와 같이 독립운동 하던 사람들이 다 잡힐 수가 있습니다. 물론 죽어도 모른다고 하겠지만 정신 나가서라도 이름을 다 가르쳐 주면 어떻게 하나 하는 근심이었습니다.

나는 이런 생활할 때 어떤 날 피곤에 지쳐서 하나님께 깊은 산중에서 기도하기를 "하나님 어느 때까지입니까? 나는 예수님 밖에는 도와 달라고 말할 데도 없습니다. 나를 구원하여 주시옵소서" 하였습니다. 하나님은 내 기도를 들어주셔서 이와 같이 자유인이 되었습니다.

오늘 본문 말씀이 우리에게 가르쳐 주시는 것은 "다윗은 끊임없이 쫓겨 다녔으나 하나님의 긍휼과 도우심을 믿음으로 구조를 받은 것처럼" 우리도 그와 같이 하나님의 긍휼과 도우심에 맡기라는 것입니다.

I. 다윗은 기도가 응답되지 않아서 부끄럼을 당하지 않게 해 달라고 기도합니다

[1] "여호와여 내가 주께 피하오니 나를 영원히 부끄럽게 하지 마시고 주의 공의로 나를 건지소서"

"나를 영원히 부끄럽게 하지 마시고"—내가 주님을 믿고 의지한 후에 내 기도가 거절당해 나로 부끄러움을 당하지 않게 하소서.

[2] "내게 귀를 기울여 속히 건지시고 내게 견고한 바위와 구원하
는 산성이 되소서"

무엇이 부끄러운 일이냐 하면, 우리 주님이 전능하신 하나님이요 나의
아버지신데 내가 기도할 때 안 들어주시면 내가 얼마나 부끄러운 일이냐
는 것입니다.

[3] "주는 나의 반석과 산성이시니 그러므로 주의 이름을 생각하
셔서 나를 인도하시고 지도하소서"

"주의 이름을 생각하셔서"―우리 주님은 모든 일에 우리와 같이 하셔
서 복을 주시겠다고 약속하신 하나님이십니다. 그러므로 우리 아버
지를 사랑의 하나님이라 고 부릅니다.

[4] "그들이 나를 위하여 비밀히 친 그물에서 빼내소서 주는 나의
산성이시니이다"

[5] "내가 나의 영을 주의 손에 부탁하나이다 진리의 하나님 여호
와여 나를 속량하셨나이다"

"내가 나의 영을 주의 손에 부탁하나이다"―나는 언제나 나를 주께 부
탁하나이다 주는 [언제나] 곤란에서 구속해 주셨기 때문입니다.
"진리의 하나님"―'엘' 은 하나님의 권능을 가르칩니다. 진리는 변치
않는 것.

이 말씀은 '네가 왕이 되리라' 고 다윗에게 약속하신 그 약속을 이루실
권능이, 하나님께 있고 변하지 않는 진리의 하나님이시므로 꼭 이루실 것
을 믿는다는 말씀입니다.

[6] "내가 허탄한 거짓을 숭상하는 자들을 미워하고 여호와를 의지하나이다"

"허탄한 거짓을 숭상하는 자들"-신접한 자와 점쟁이들을 의지하는 자들, 또는 인간의 도움을 의지하는 자들을 미워하나이다.
"내가 … 여호와를 의지하나이다"

[7] "내가 주의 인자하심을 기뻐하며 즐거워할 것은 주께서 나의 고난을 보시고 환난 중에 있는 내 영혼을 아셨으며"

"내가 … 즐거워할 것은"-주께서 내 원수의 수중에서 나를 구원하셨기 때문입니다.

[8] "나를 원수의 수중에 가두지 아니하셨고 내 발을 넓은 곳에 세우셨음이니이다"

"내 발을 넓은 곳에 세우셨음이니이다."-내 발을 넓은 곳에 서게 만드셨고, 또 나를 환난의 감옥에서 풀어 놓으사 나의 발을 자유하게 하셨기 때문입니다.

II. 다윗이 자신의 고통을 호소하며 도움을 간구합니다

[9] "여호와여 내가 고통 중에 있사오니 내게 은혜를 베푸소서 내가 근심 때문에 눈과 영혼과 몸이 쇠하였나이다"

[10] "내 일생을 슬픔으로 보내며 나의 연수를 탄식으로 보냄이여 내 기력이 나의 죄악 때문에 약하여지며 나의 뼈가 쇠하도소이다"

"나의 죄악 때문에"―다윗은 자기의 고통이 자기가 지은 죄 때문에 온 것이라 합니다.

[11] "내가 모든 대적들 때문에 욕을 당하고 내 이웃에게서는 심히 당하니 내 친구가 놀라고 길에서 보는 자가 나를 피하였나이다"

"내가 모든 대적들 때문에 욕을 당하고"―나를 괴롭히는 모든 대적들로 말미암아 나는 치욕거리가 됐나이다. 나의 많은 대적들이 나를 깎아 내려 만든 이 처량한 상태 때문에 보는 사람들에게 나는 멸시의 대상이 되게 하였나이다. 그렇게도 많은 대적들이 나를 대적하여 일어났습니다. 그러므로 사람들은 나의 인격을 의심하고 비방하나이다.
"내 이웃에게서는 심히 당하니"―나의 동류―성도들이 나를 멸시합니다. 이것이 특별히 고통스럽습니다.
"내 친구가 놀라고"―나를 아는 사람들에게 즉 나의 가족들과 친구들에게 나는 공포가 되었나이다. 그들은 내가 마침내 사울에게 피해자가 될 것이라고 두려워합니다.
"그들이 나를 피하고 길에서 보는 자가 나를 피하였나이다."―사람이 끔찍한 광경을 보면 피하듯이 그들이 나를 피하나이다. 그들이 나와 같이 일하기를 두려워합니다.

[15] "나의 앞날이 주의 손에 있사오니 내 원수들과 나를 핍박하는 자들의 손에서 나를 건져주소서"

"나의 앞날이 주의 손에 있사오니"―하나님은 인생의 모든 흥망성쇠를 정하신 분이오니 나를 도와주시옵소서 기도합니다.

[16] "주의 얼굴을 주의 종에게 비추시고 주의 사랑하심으로 나를 구원하소서"
도움을 간청하는 기도입니다.

결론

간청하는 기도를 들어주심을 믿고 감사합니다. 그 이름을 찬송합니다.
막다른 골목에 들어가 온 몸이 무섭고 떨릴 때 하나님께 다윗은 호소
하였더니 기도를 들어주셨습니다.

> [22] "내가 놀라서 말하기를 주의 목전에서 끊어졌다 하였사오나 내
> 가 주께 부르짖을 때에 주께서 나의 간구하는 소리를 들으셨나이다"

그러므로 다윗왕은 주를 찬양합니다.

> [19] "주를 두려워하는 자를 위하여 쌓아 두신 은혜 곧 주께 피하
> 는 자를 위하여 인생 앞에 베푸신 은혜가 어찌 그리 큰지요"

"베푸신 은혜가 어찌 그리 큰지요"

> [22] "내가 놀라서 말하기를 주의 목전에서 끊어졌다 하였사오나
> 내가 주께 부르짖을 때에 주께서 나의 간구하는 소리를 들으셨나
> 이다"

어려울 때, 나는 희망이 없다고 포기할 때도 도와주시기 위하여 수난
을 당하신 우리 하나님을 찬양한 것입니다. 여호와 하나님은 시간을 놓
치지 않고 하나님의 백성을 어떤 어려움에서든지 도와 승리하게 하십
니다.

Goal 오늘 예수님은 우리를 대신하여 수난을 당하시려 나귀를 타고 입성하셨습니다.

다윗이 끊임없이 쫓겨 다녔으나 하나님의 긍휼과 도우심을 믿음으로 구조를 받았습니다.

우리도 그와 같이 하나님의 긍휼과 도우심을 믿고 맡기고 참으면 주님의 긍휼과 도우심을 받아 승리할 것을 예수님의 이름으로 축복합니다.

[다윗의 마스길]

[1] 허물의 사함을 받고 자신의 죄가 가려진 자는 복이 있도다

[2] 마음에 간사함이 없고 여호와께 정죄를 당하지 아니하는 자는 복이 있도다

[3] 내가 입을 열지 아니할 때에 종일 신음하므로 내 뼈가 쇠하였도다

[4] 주의 손이 주야로 나를 누르시오니 내 진액이 빠져서 여름 가뭄에 마름 같이 되었나이다 (셀라)

[5] 내가 이르기를 내 허물을 여호와께 자복하리라 하고 주께 내 죄를 아뢰고 내 죄악을 숨기지 아니하였더니 곧 주께서 내 죄악을 사하셨나이다 (셀라)

[6] 이로 말미암아 모든 경건한 자는 주를 만날 기회를 얻어서 주께 기도할지라 진실로 홍수가 범람할지라도 그에게 미치지 못하리이다

[7] 주는 나의 은신처이오니 환난에서 나를 보호하시고 구원의 노래로 나를 두르시리이다 (셀라)

[8] 내가 네 갈 길을 가르쳐 보이고 너를 주목하여 훈계하리로다

[9] 너희는 무지한 말이나 노새 같이 되지 말지어다 그것들은 재갈과 굴레로 단속하지 아니하면 너희에게 가까이 가지 아니하리로다

[10] 악인에게는 많은 슬픔이 있으나 여호와를 신뢰하는 자에게는 인자하심이 두르리로다

[11] 너희 의인들아 여호와를 기뻐하며 즐거워할지어다 마음이 정직한 너희들아 다 즐거이 외칠지어다

Theme: 구원 받은 자가 죄를 짓고 회개하지 않을 때에는 하나님이 고통을 허락하시나 깨닫고 회개할 때는 복과 기쁨을 주신다.

서론

이 시는 영적 보화라고 말합니다. 이 시의 제목을 보면 "다윗의 마스 길"이라고 되어 있습니다. 히브리어로 "마스길"이라는 말은 "교훈을 준 다" 또는 "이해한다"는 말입니다.

다윗은 이스라엘 백성이 깨닫지 못하고 죄를 짓고도 회개치 않을 때 얼 마나 큰 어려움이 올 것을 가르치면서 복받아 잘될 수 있는 길을 가르쳐주 신 것이 본문에 나오는 시입니다. 죄를 지었어도 곧 깨달으면, 회개하고 용서함 받을 뿐 아니라 복받아 행복한 생활을 할 수 있습니다. 그러므로 깨닫는 것이 중요합니다. 다시 간단하게 본문 말씀이 우리에게 가르쳐주 는 말씀은 "구원받은 자가 죄를 짓고 회개하지 않을 때는 하나님이 고통 을 허락하시나 깨닫고 회개할 때에는 복과 기쁨을 주신다."는 것입니다.

I. 죄를 짓고 회개하지 않는 자는 고통을 당합니다

[1] 다윗의 마스길 "허물의 사함을 받고 자신의 죄가 가려진 자는 복이 있도다"

"마스길" – 직역하면, 지혜로운 사람. 이런 식으로 소개된 시편은 사 투리로, 배우지 못한 사람에게, 현명한 웅변가로 설명된다.

[2] "마음에 간사함이 없고 여호와께 정죄를 당하지 아니하는 자는 복이 있도다"

"마음에 간사함이 없고"—그는 다시는 자기의 죄를 반복하지 않겠다는 단단한 결심으로 회개하는 사람을 말합니다.

[3] "내가 입을 열지 아니할 때에 종일 신음하므로 내 뼈가 쇠하였도다"

"내가 입을 열지 아니할 때에"—침묵 중에 나의 범죄의 크기를 숙고하니 나는 종일토록 두려움과 근심에 사로잡혔나이다.

[4] "주의 손이 주야로 나를 누르시오니 내 진액이 빠져서 여름 가뭄에 마름 같이 되었나이다(셀라)"

"주의 손이 주야로 나를 누르시오니"—무겁게 나를 [벌받을 두려움] 주의 손이 누르오니 이 두려움 때문에.
"내 진액"—나의 신선함. 나의 힘은 거의 다 빠져 버렸나이다.

다윗 왕은 자기가 경험한 것으로 말하는 것입니다. 물론 자기가 우리야의 아내를 취하고 범죄한 때에 자기가 회개한 사실을 경험담으로 말하는 것이지만 범죄하고 고통받을 때 이야기는 아닙니다. 시편 51 편에서 자기가 범죄했을 때, 고통을 받을 때, 회개할 때 사건을 낱낱이 기록하였습니다. 그러므로 32 편은 그때 자기의 경험을 통하여 이스라엘 백성들에게 훈계하는 것입니다.

사람들은 자기가 한 일을 누구도 모르는 줄 알고 죄가 없다고 버팁니다. 다윗은 왕위에 앉아서 누구도 모르게 한 일이요 또한 신하 중 아는 사람이 혹시 하나둘 있다 할지라도 감히 왕의 일을 누가 폭로하겠습니까?

목이 달아날 일입니다. 그러므로 다윗은 숨기고 없는 체 했습니다. 그러나 양심이 있어서 찌르는데 견딜 수가 없었습니다. 얼마나 괴로웠든지 "뼈가 쇠하였도다"고 했습니다. 뼈가 쇠하면 일어날 수가 없습니다.

여러분들! 만일 여러분들이 하나님의 자녀가 아니면 모르지만, 하나님의 자녀이면 절대로 그 고통을 면할 수가 없습니다. 그것이 하나님의 자녀와 아닌 사람의 차이점입니다. 만일 여러분이 세상에 속한 사람이면 잠깐 동안 그것으로 기뻐할 수도 있고 만족할 수도 있습니다. 그러나 하나님의 자녀는 아닙니다. 하나님이 주야로 내려 누르십니다. 하나님의 심판의 손이 내려 누를 때 터져 죽을 것 같습니다. 사도 바울은 말씀했습니다.

> (고전11:31~32) "우리가 우리를 살폈으면 판단을 받지 아니하려니와 우리가 판단을 받는 것은 주께 징계를 받는 것이니 이는 우리로 세상과 함께 정죄함을 받지 않게 하려 하심이라"

만일 우리가 이런 고통을 당하지 아니하면 하나님의 심판을 받게 됩니다. 사무엘하 12장을 보십시다. 선지자 나단이 와서 비유로 다윗에게 말할 때 다윗은 깨닫지 못했습니다. 그러므로 4배나 갚아줘야 한다고 했습니다. 나단이 왕에게 당신이 그 사람이라고 지적할 때야 깨달았습니다. 그는 회개의 눈물을 한없이 흘렸습니다. 죄를 짓고 회개하지 않는 자에게는 반드시 큰 고통이 있습니다.

II. 회개하고 죄 사함 받은 자는 복이 있습니다

[1~2절] "허물의 사함을 받고 자신의 죄가 가려진 자는 복이 있도

다, 마음에 간사함이 없고 여호와께 정죄를 당하지 아니하는 자는
복이 있도다"

다윗은 여기서 회개하고 죄 사함 받은 자가 얼마나 복이 있는 자인 것을 말해줍니다. 그는 하나님께 죄를 다 고백했더니 용서함 받고 완전히 회복된 것을 느꼈습니다. 그는 하나님의 품에서 보호 받음을 느꼈습니다. 그는 구원의 노래를 자기에게 주신 것을 깨달았습니다.

"복이 있도다" 하는 말은 행복하게 되었다는 말입니다. 우리는 복 있는 자라는 말을 시편 1 편에서 봅니다.

"복 있는 사람은 악인들의 꾀를 따르지 아니하며 죄인들의 길에
서지 아니하며 오만한 자들의 자리에 앉지 아니하고" 그리고 계속
해서 "오직 여호와의 율법을 즐거워하여 그의 율법을 주야로 묵상
하는도다"라고 했습니다.

그러므로 1절에서 말씀한 것처럼 "허물의 사함을 받은 자는 복이 있도다." 하였습니다. 예수님이 우리의 허물을 위하여 죽으셔서 우리가 죄 사함 받고 복 있는 자가 된 것입니다. 우리가 예수 그리스도를 믿는 믿음을 하나님께서는 우리의 의로 보시는 것입니다.

III. 여기에 마스길, 교훈이 있습니다

다윗은, 회개하지 않을 때는 고통이 있으나 회개할 때는 복이 있다는 것을 가르쳐주면서 몇 가지를 교훈합니다.

1. 첫째는 죄 짓고 숨기지 말라는 것입니다.

하나님은 용서하시기를 기뻐하심으로 즉각 용서하신다는 교훈입니다.

[5] "내가 이르기를 내 허물을 여호와께 자복하리라 하고 주께 내
죄를 아뢰고 내 죄악을 숨기지 아니하였더니 곧 주께서 내 죄악을
사하셨나이다"

"내 죄를 아뢰고"—내 죄를 주께 알리나이다. 비록 주님이 그것을 이
미 다 알고 계시지만, 나는 그것을 주께 고백합니다.

2. 둘째로는 용서하실 뿐 아니라 그 후부터는 보호하신다는 것입니다.

어려움이 있을 때 하나님께 기도만 하면 어떤 어려움도 당하지 않도록
보호하신다는 것입니다.

[6~7] "이로 말미암아 모든 경건한 자는 주를 만날 기회를 얻어
서 주께 기도할지라 진실로 홍수가 범람할지라도 그에게 미치지
못하리로다 주는 나의 은신처이오니 환난에서 나를 보호하시고 구
원의 노래로 나를 두르시리이다 (셀라)"

3. 셋째로는 죄를 용서하신 하나님은 갈 길을 가르쳐주십니다.

[8] "내가 네 갈 길을 가르쳐 보이고 너를 주목하여 훈계하리로다"

"내가 네 갈길을 가르쳐 보이고"—내가 [내 눈이 목도한 것으로] 너희
를 가르치리라. 다윗은 자기 경험으로 배운 것으로 인생의 바른 길을
가르치겠다고 제안합니다.

이것은 하나님이 다윗에게 "내가 내 눈으로 네게 신호를 주리라" (잠 16:30 참조) 하신 말씀과 같습니다. 하나님은 미묘하게 가야 할 정로가 무엇임을 사람에게 알려 주십니다. 사람은 그 신호에 주파수를 맞추기만 하면 됩니다.

결론

악인은 많은 고난이 있으며, 회개하지 않고 죄를 숨기는 자는 많은 슬픔과 괴로움이 있으나, 여호와 하나님을 신뢰하는 자, 즉 예수 그리스도를 믿는 자에게는 주님의 인자하심이 항상 같이 하십니다.

우리가 믿는 우리 하나님, 예수 그리스도를 확실히 알면 기뻐하지 않을 수가 없습니다. 그러므로 마지막 절에서 하는 말씀은 "너희 의인들아 여호와를 기뻐하며 즐거워할지어다" 다시 말하면 너희 예수 믿는 사람들아 여호와를 기뻐할지어다. "마음이 정직한 너희들아 다 즐거이 외칠지어다" 회개한 자들아 다 즐거이 외칠지어다 하였습니다. 구원받은 자가 죄를 짓고 죄를 회개하지 않을 때는 하나님이 고통을 허락하시나 깨닫고 회개할 때에는 복과 기쁨을 주신다는 것입니다.

 그러므로 우리는 항상 죄를 숨기지 말고 회개하고
하나님이 주시는 모든 복을 받아 누리시고
주 안에서 항상 기쁜 생활하시기를 축복합니다.

내가 주께 구하는 분량대로

[1] 너희 의인들아 여호와를 즐거워하라 찬송은 정직한 자들이 마땅히 할 바로다

[2] 수금으로 여호와께 감사하고 열 줄 비파로 찬송할지어다

[3] 새 노래로 그를 노래하며 즐거운 소리로 아름답게 연주할지어다

[4] 여호와의 말씀은 정직하며 그가 행하시는 일은 다 진실하시도다

[5] 그는 공의와 정의를 사랑하심이여 세상에는 여호와의 인자하심이 충만하도다

[6] 여호와의 말씀으로 하늘이 지음이 되었으며 그 만상을 그의 입 기운으로 이루었도다

[7] 그가 바닷물을 모아 무더기 같이 쌓으시며 깊은 물을 곳간에 두시도다

[8] 온 땅은 여호와를 두려워하며 세상의 모든 거민들은 그를 경외할지어다

[9] 그가 말씀하시매 이루어졌으며 명령하시매 견고히 섰도다

[10] 여호와께서 나라들의 계획을 폐하시며 민족들의 사상을 무효하게 하시도다

[11] 여호와의 계획은 영원히 서고 그의 생각은 대대에 이르리로다

[12] 여호와를 자기 하나님으로 삼은 나라 곧 하나님의 기업으로 선택된 백성은 복이 있도다

[13] 여호와께서 하늘에서 굽어보사 모든 인생을 살피심이여

[14] 곧 그가 거하시는 곳에서 세상의 모든 거민들을 굽어살피시는도다

[15] 그는 그들 모두의 마음을 지으시며 그들이 하는 일을 굽어살피시는 이로다

[16] 많은 군대로 구원 얻은 왕이 없으며 용사가 힘이 세어도 스스로 구원하지 못하는도다

[17] 구원하는 데에 군마는 헛되며 군대가 많다 하여도 능히 구하지 못하는도다

[18] 여호와는 그를 경외하는 자 곧 그의 인자하심을 바라는 자를 살피사

[19] 그들의 영혼을 사망에서 건지시며 그들이 굶주릴 때에 그들을 살리시는도다

[20] 우리 영혼이 여호와를 바람이여 그는 우리의 도움과 방패시로다

[21] 우리 마음이 그를 즐거워함이여 우리가 그의 성호를 의지하였기 때문이로다

[22] 여호와여 우리가 주께 바라는 대로 주의 인자하심을 우리에게 베푸소서

Theme: 하나님께서 보이는 세계를
불변의 법칙에 의하여 일하도록 창조하심과 같이
그의 구원 하시는 도리와 윤리도 불변하고 불가침이다.

서론

우리는 이 시편에서 구원 얻은 백성이 찬양하는 것을 볼 수 있습니다. 하나님은 창조주로서 또한 섭리의 통치자로서 예배를 받으시는 것입니다. 그는 위엄 있고 비할 수 없는 은혜에 대하여 찬송하는 것입니다. 여기에 처음으로 악기에 대하여 말을 합니다. 이것은 고아와 같은 시편인데 저자의 이름이 없습니다. 아마도 이것은 다윗의 시는 아닐 것입니다. 이 시를 누가 썼는가가 문제가 되는 것이 아니라 이 말씀은 하나님의 말씀이므로 귀한 것입니다.

본문 말씀이 우리에게 가르치시는 말씀은 "하나님께서 보이는 세계를 불변의 법칙에 의하여 일하도록 창조하심과 같이 그의 구원하시는 도리와 윤리도 불변하고 불가침이다."라는 것입니다.

I. 우주를 말씀으로 불변하게 창조 하셨습니다

[6] "여호와의 말씀으로 하늘이 지음이 되었으며 그 만상을 그의 입 기운으로 이루었도다"

하나님의 말씀에는 능력이 있습니다.

(창1:3) "하나님이 이르시되 빛이 있으라 하시니 빛이 있었고"

여러분들, 전기가 언제 생겼는 지 아십니까? 하나님이 창조 하실 때 다 말씀으로 창조 했습니다. 전기는 눈에 보이지 아니합니다. 그러나 말씀으로 창조 하셨습니다. 나는 말씀으로 모든 것을 다 창조 하신 것을 압니다. 그러므로 모든 창조물은 창조주를 찬양할 것뿐입니다. 그러므로 말씀하십니다.

[1] "너희 의인들아 여호와를 즐거워하라 찬송은 정직한 자들이 마땅히 할 바로다"

우리는 하나님 앞에서 즐거워해야 합니다. 이것은 아름다운 찬양의 시올시다.

[2] "수금으로 여호와께 감사하고 열 줄 비파로 찬송할지어다"

수금은 아마도 현악기일 것입니다.

[3] "새 노래로 그를 노래하며 즐거운 소리로 아름답게 연주할지
어다"

우리는 새 노래로 노래해야할 것인데 새 노래가 무엇입니까? 여러 시
편이 우리가 장차 부를 새 노래에 대하여 말했습니다. 새 노래를 부를 때
는 아마도 새 노래를 부를 사람들이 있을 것입니다. 나도 그때는 새 몸을
얻을 것이므로 새 노래를 부를 것입니다. 하나님이 천국에서 나보고도 부
르라고 할 것입니다.

(계5:9) "그들이 새 노래를 불러 이르되 두루마리를 가지시고 그
인봉을 떼기에 합당하시도다 일찍이 죽임을 당하사 각 족속과 방
언과 백성과 나라 가운데에서 사람들을 피로 사서 하나님께 드리
시고"

하나님을 찬송하는 노래를 부르도록 시편 저자는 우리를 격려하고 있
습니다. 왜냐하면 그는 우리의 창조주이시기 때문입니다. 그러나 이 노래
는 예수님이 천국에 계시기 때문에 천국에서 부르게 될 것입니다.

(계14:3) "그들이 보좌 앞과 네 생물과 장로들 앞에서 새 노래를
부르니 땅에서 속량함을 받은 십사만 사천 밖에는 능히 이 노래를
배울 자가 없더라"

그러므로 새 노래는 미래에 부를 것입니다.

또 여기서 "아름답게 연주할지어다"라고 했습니다. 여러분들, 만일 거기서 찬송을 부르려면 잘 불러야 하겠습니다. 요새 교회 음악들을 보면 참으로 부끄럽습니다. 교회가 음악을 가르쳐주지를 않습니다. 떠들기만 하지 음악을 안 가르쳐줍니다. 우리 교회에서는 찬송을 가르쳐 줘야겠습니다. 그리하여 교회에서 찬송소리가 신나게 나와야겠습니다.

II. 윤리 도덕도 불변의 법칙입니다

[4] "여호와의 말씀은 정직하며 그가 행하시는 일은 다 진실하시도다"

"그가 행하시는 일은 다 진실하시도다"[다 성령 충만으로 됐다.]
자연의 힘은 믿을 만하고 일관성이 있습니다. 그와 같이 하나님의 계명들과 도덕적 명령들은 절대적이고 모든 시대를 통하여 영원합니다.

"여호와의 말씀"이 진실한 것처럼 "그의 행사"도 다 진실합니다. 그러므로 인간에게 행하도록 주신 말씀도 진실하여 고칠 것이 없고 바꿀 수도 없습니다. 쉽게 말해서 십계명은 우리가 지키고 살아야 할 윤리 도덕경인데 이것은 진실하여 변경할 수도 없고 바꿀 수도 없습니다. 아울러 하나님께서 주신 말씀도 우리는 변경할 수가 없습니다. 성경 말씀은 그대로 지켜야지 가하거나 감할 수 없습니다.

(계22:18,19) "내가 이 두루마리의 예언의 말씀을 듣는 모든 사람

에게 증언 하노니 만일 누구든지 이것들 외에 더하면 하나님이 이
두루마리에 기록된 재앙들을 그에게 더하실 터이요 만일 누구든지
이 두루마리의 예언의 말씀에서 제하여 버리면 하나님이 이 두루
마리에 기록된 생명나무와 및 거룩한 성에 참여함을 제하여 버리
시리라"

말씀을 해석하는 것도 성경 말씀에 위배되도록 해석해도 죄가 됩니다.
성경은 말씀합니다.

(요14:6) "예수께서 이르시되 내가 곧 길이요 진리요 생명이니 나
로 말미암지 않고는 아버지께로 올 자가 없느니라"

예수 믿어야 구원 얻지 다른 길로는 절대로 구원 얻지 못합니다. 요사
이 목사들 중에 불교를 믿어도 선한 일 많이 하면 구원 얻는다는 사람들
이 있는데 그 말 따라가면 지옥갑니다.

[5] "그는 공의와 정의를 사랑하심이여 세상에는 여호와의 인자하
심이 충만하도다"
"여호와의 인자하심이 충만하도다"

비록 하나님은 공의와 정의를 사랑하시지만, 그것을 주님의 긍휼 충만
한 인애로 조절하셨습니다. 우리도 또한 주님을 닮아 단순히 공정하게만
말고, 같은 사람들에게 후하게 관계해야만 합니다. 그러나 늘 기억해야
할 것은 하나님의 공의와 공정성은 변할 수 없습니다. 우리 하나님은 사
랑이시어서 공정하게 처리하지 않고 후하게 처리한다는 것은 잘못된 것

입니다. 사랑이신 우리 하나님은 예수 그리스도를 내어 주심으로 완전히 사랑을 행하였으며 의와 공정성을 행하셨습니다. 예수님이 세상에 오셔서 십자가에서 죽으신 것은 인간이 범죄하고 의와 공정하게 행치 못하였으므로 예수님이 죄인 대신 잘못을 다 갚아 주셨습니다. 그러므로 하나님이 공의와 공정성을 변하고 범한 적이 없습니다. 또한 사랑도 더럽게 잘못한 것도 좋은 것이 좋다고 회개함 없이 의인과 같이 대우하시지 않습니다. 하나님의 사랑은 온전합니다.

> [7] "그가 바닷물을 모아 무더기 같이 쌓으시며 깊은 물을 곳간에 두시도다"

"무더기 같이 쌓으시며" 하나님은 강력한 바다에 한계를 정하셔서 바다가 육지를 뒤덮지 못하게 하셨습니다.

이것은 하나님의 권능을 말한 것입니다. 물을 바닷물처럼 쌓아두시고 곳간에 잡아넣어 한계를 정하사 더 나오지 못 하게할 능력은 하나님께만 있습니다.

> [8] "온 땅은 여호와를 두려워하며 세상의 모든 거민들은 그를 경외할지어다"

> [9] "그가 말씀하시매 이루어졌으며 명령하시매 견고히 섰도다"

"그가 명령하시매 견고히 섰도다" 단지 하나님께서 그렇게 하라고 명령하셨기 때문에 세상은 계속 존재합니다. 태초에 하나님이 천지를 창조 하실 때 말씀한 대로 조금도 변함없이 만물은 순종하고 복종합니다.

[10] "여호와께서 나라들의 계획을 폐하시며 민족들의 사상을 무효하게 하시도다"

"그가 열방 사이에 판단하시며 많은 백성을 판결하시리니 무리가 그들의 칼을 쳐서 보습을 만들고 그들의 창을 쳐서 낫을 만들 것이며 이 나라와 저 나라가 다시는 칼을 들고 서로 치지 아니하며 다시는 전쟁을 연습하지 아니하리라"(사2:4)

여러분들, 이 말씀 지금 UN에 합당합니까? 시편 33편 10절이 합당합니다.

"여호와께서 나라들의 계획을 폐하시며 민족들의 사상을 무효하게 하시도다"

말씀은 부쳐 놓는 것이 아니라 지켜 행해야 합니다.

III. 하나님의 기업으로 선택된 백성은 복이 있습니다

[12] "여호와를 자기 하나님으로 삼은 나라 곧 하나님의 기업으로 선택된 백성은 복이 있도다"

나는 이 말씀이 좋습니다. 우리는 이 말씀을 정부 청사마다 게시 할 것입니다. 백악관을 비롯하여 시 정부까지, 또 카운티 사무실까지 부쳐야합니다. 미국이 "여호와로 자기 하나님을 삼은 나라"로 예수님만 인정할 때는 복을 받고 평안하고 번성하더니 종교는 자유라고 내세우기 시작한 때부터 미국은 기울어지기 시작했습니다. 우리나라가 복을 받으려면 "여호와를 자기 하나님으로 삼은 나라 곧 하나님의 기업으로 선택된 백성은 복이 있도다." 하신 말씀을 믿고 조상이 하나님을 섬기던 때로 돌아가야합니다.

[13] "여호와께서 하늘에서 굽어보사 모든 인생을 살피심이여"
[14] "곧 그가 거하시는 곳에서 세상의 모든 거민들을 굽어살피시는도다"

"여호와께서 … 굽어보사 모든 인생을 살피심이여" 이 표현들은 하나님의 두 가지 상이한 형태의 감독을 내포하고 있습니다. 일반적 감독이 있습니다. 이것은 자연 법칙의 감독입니다. 하나님이 멀리서 내려다보시는 것 같은 그런 의미에서 말하는 것입니다. 그러나 하나님은 또한 가까운 감독도 하십니다.

"살피심이여" 각 사람을 그의 행위대로 보십니다.

하나님은 두 가지로 세상을 살피시고 감찰하십니다.
첫째는 우주를 창조하실 때 말씀으로 정해놓은 법으로 감찰하시고 둘째로는 지금 모든 사람의 행위를 감찰하십니다.

[15] "그는 그들 모두의 마음을 지으시며 그들이 하는 일을 굽어살피시는 이로다"

"그들 모두의 마음을 지으시며" 그들의 마음을 지으신 이는 그들의 행위를 알 수 있고 그리고 다 아십니다.

[16] "많은 군대로 구원 얻은 왕이 없으며 용사가 힘이 세어도 스
스로 구원하지 못하는도다"

나폴레옹은 말하기를 "하나님은 대 부대 옆에 계시다."라고 자기의 군
력을 과시했으나 그는 워털루 전쟁에서 패하였습니다. 하나님은 역시 큰
폭탄 옆에도 아니계시고 대 부대 옆에도 아니계십니다.

[18] "여호와는 그를 경외하는 자 곧 그의 인자하심을 바라는 자를
살피사"
[19] "그들의 영혼을 사망에서 건지시며 그들이 굶주릴 때에 그들
을 살리시는도다"

우리 하나님은 여호와 하나님을 경외하고 그의 인자를 바라는 자를 도
우시고 모든 기근과 죽는 자리에서도 도우사 살게 하십니다.

결론

하나님께서는 보이는 세계를 불변의 법칙에 의하여 일하도록 창조하
심과 같이 그의 구원 하시는 도리와 윤리도 불변하고 불가침입니다. 그러
므로 시편 기자는 이것을 알고 하나님을 찬송합니다.

[20] "우리 영혼이 여호와를 바람이여 그는 우리의 도움과 방패시
로다"

"여호와를 바람이여"―하나님은 언제나 우리 마음과 생각을 우리가

주께 향하는 분량대로 주의 인자하심을 우리에게 부으십니다.

우리 주님은 우리가 하나님을 바라고 신봉하는 만큼 우리를 도우시고 복을 주십니다. 절대로 모른다고 하시지 않으십니다.

[21] "우리 마음이 그를 즐거워함이여 우리가 그의 성호를 의지하였기 때문이로다"
[22] "여호와여 우리가 주께 바라는 대로 주의 인자하심을 우리에게 베푸소서"

"우리가 주께 바라는 대로" 하나님은 언제나 주의 인자하심을, 우리가 우리 마음과 생각이 주께 향하는 분량대로 우리를 향해 돌리십니다.

우리가 하나님의 이름을 의지하면, 우리 마음에 기쁨을 주십니다. 그러므로 우리가 주님을 바라고 기뻐하는 대로 우리에게 인자하심으로 늘 도와주십니다.

Goal 그러므로 우리들은 세상이 어떻게 변하든지
누가 무슨 말을 하든지 듣지도 말고 관심도 가지지 말고
오직 우리 주 예수 그리스도만 믿고 의지하고 사는 가운데
은혜와 복이 충만하시기를 기도합니다.

시편 34:1~8편
주님을 찬양할 이유

[다윗이 아비멜렉 앞에서 미친 체하다가 쫓겨나서 지은 시]

[1] 내가 여호와를 항상 송축함이여 내 입술로 항상 주를 찬양하리이다

[2] 내 영혼이 여호와를 자랑하리니 곤고한 자들이 이를 듣고 기뻐하리로다

[3] 나와 함께 여호와를 광대하시다 하며 함께 그의 이름을 높이세

[4] 내가 여호와께 간구하매 내게 응답하시고 내 모든 두려움에서 나를 건지셨도다

[5] 그들이 주를 앙망하고 광채를 내었으니 그들의 얼굴은 부끄럽지 아니하리로다

[6] 이 곤고한 자가 부르짖으매 여호와께서 들으시고 그의 모든 환난에서 구원하셨도다

[7] 여호와의 천사가 주를 경외하는 자를 둘러 진 치고 그들을 건지시는도다

[8] 너희는 여호와의 선하심을 맛보아 알지어다 그에게 피하는 자는 복이 있도다

Theme: 우리가 고통에 빠져 실망할 때 믿음이 없어지기 쉬우나 우리 주님은 시간을 놓치지 않고 죽게 된 자리에서 건져 내신다.

서론

다윗은 사울 왕을 피하여 광야에서 굴속으로, 또는 골짜기로 숨어 다녔지만 광야에 더 이상 있을 수가 없어서 서쪽 해변의 블레셋으로 가게 되었습니다. 그는 육신도 허약해졌지만 마음은 더욱 약해졌습니다. 사람은 지나치게 고생할 때 마음이 약해지는 법입니다. 얼마나 사울이 두려우면 원수의 나라 블레셋으로 피해 갔겠습니까? 그러나 블레셋 신하 중에는 다윗의 귀순을 믿지 않고 블레셋 왕 아기스에게 다윗을 죽일 것을 권유하였습니다.

> (삼상21:11~13) "아기스의 신하들이 아기스에게 말하되 이는 그 땅의 왕 다윗이 아니니이까 무리가 춤추며 이 사람의 일을 노래하여 이르되 사울이 죽인 자는 천천이요 다윗은 만만이로다 하지 아니하였나이까 한지라 다윗이 이 말을 그의 마음에 두고 가드 왕 아기스를 심히 두려워하여 그들 앞에서 그의 행동을 변하여 미친 체하고 대문짝에 그적거리며 침을 수염에 흘리매"

다윗은 그때 참으로 위험함을 알았습니다. 그래서 그는 미친 체하고 미친 사람 노릇을 한 것입니다. 그때 왕은 미친놈 내보내라고 해서 거기서 나와 이스라엘 땅 광야 굴속에 들어가서 생각했습니다. "내가 하나님만 믿어야 하는 것을!"

여기에 보면 사무엘상 21장에는 아기스라고 했고 시편 34편에서는 아비멜렉이라고 하여 이것은 틀리기 때문에 하나님의 말씀이 아니라고 합니다. 그러나 애굽 왕을 바로라고 하는 것처럼 블레셋 왕을 아비멜렉이라고 했습니다.

이 사건은 다윗이 사자 굴에 들어갔다 살아나온 것과 같은 것입니다.

오늘 본문이 우리에게 가르쳐 주시는 것은 "우리가 고통에 빠져 실망하고 믿음이 없어지나 우리 주님은 시간을 놓치지 않고 죽게 된 자리에서 건져 내신다."는 것입니다.

I. 다윗의 기도

[1] [다윗이 아비멜렉 앞에서 미친 체하다가 쫓겨나서 지은 시] "내가 여호와를 항상 송축함이여 내 입술로 항상 주를 찬양하리이다"

"그가 미친 체했다"—창조 된 것은 다 각각 자기 자리가 있습니다. 하나님의 위대하심은 가장 고통스러운 심연에서도 인지할 수 있습니다. 다윗은 한 때 하나님께 말하기를 "주께서 창조하신 것은 다 아름답습니다. 그리고 지혜는 그 모든 것 중에 가장 아름답나이다. 그러나 정신착란의 가치는 내가 이해할 수 없고 감상할 수도 없나이다. 미치광이를 창조하신 후에 무슨 만족감을 얻을 수 있었습니까? 미치광이는 걸어 다니면서 옷을 찢고 어린 아이들에게 쫓겨다니고 모두에게 조롱을 받습니다."

하나님은 대답하셨습니다. "다윗아, 어느 날 지금 네가 비평하는 이 광증이 필요할 날이 있을 것이다. 뿐만 아니라 너는 이 광증을 달라고 나에게 기도까지 할 것이다."

그 후 얼마 안가서 다윗은 목숨을 구하려고 사울 왕에게서 도망하지 않을 수 없었습니다. 갈 데는 없고 오직 이스라엘의 불구대천의 원수인 블레셋에서 안전을 찾게 됐습니다. 그러나 거기서도 그는 이스라엘의 가장 위대한 장군임이 탄로나서 죽음의 위협을 받게 됐습니다. 그는 미친 체하였습니다. 그리고 아비멜렉 왕은—다윗의 미친 행동

에 역정이 나서―그를 내쫓아 버렸습니다. [삼상 21:11~16]

"내가 송축함이여"―다윗의 깜짝 놀랄 경험, 그리고 그의 기적적인 도피는 그에게 영감을 주어 하나님이 길이 인자하신 것을 깊이 이해하게 되었습니다. 그래서 그는 송축으로 응답했습니다.

여러분들은 아주 어려움을 당할 때 실망하고 이제는 다 글렀다 해 본 적이 있습니까? 다윗은 있었습니다. 그는 계속 뛰고 또 뛰며 도망했습니다. 소망 없는 것처럼 뜁니다. 그는 실망했습니다. 이제 멀지 않아 나는 잡혀 죽는구나 했습니다. 그러나 그는 살아 나와 말하기를 "내가 여호와를 항상 송축함이여 내 입술로 항상 주를 찬양하리로다"

성도 여러분, 우리는 모든 것이 잘 풀려 나갈 때는 주님을 찬양하기 쉽습니다. 그러나 고난이 겹겹이 닥쳐올 때 찬양하기는 어렵습니다. 그러나 하나님의 구원하시는 손길을 본 후 다윗은 "내 입술로 항상 주를 찬양하리이다" 했습니다.

[2] "내 영혼이 여호와를 자랑하리니 곤고한 자들이 이를 듣고 기뻐하리로다"

이것은 다윗이 자기의 미친 행위를 간증하는 것입니다.

[3] "나와 함께 여호와를 광대하시다 하며 함께 그의 이름을 높이세"

"나와 함께 여호와를 광대하시다 하며"―단순히 구원받은 것만으로 만족하지 않고 그는 자기 구원이 다른 이들에게 교훈이 되기를 원했습니다.

"사람마다 하나님의 위대하심을 선포하라."

나는 우리 온 교인들이 여호와 하나님은 광대하시다, 자랑스럽다, 영광스럽다, 전능하시도다. 하고 항상 찬송을 올리기를 바랍니다. 그의 전능하심을 어떻게 찬양하면 좋을지, 또 어떻게 하면 우리 주님을 높일지 모르겠습니다. 우리는 주님을 찬양합시다 라고 화답하는 것입니다.

II. 왜 주님을 찬양해야할 지 이유를 말해 줍니다

[4] "내가 여호와께 간구하매 내게 응답하시고 내 모든 두려움에서 나를 건지셨도다"

이것이 주님을 찬송할 이유입니다. "내가 여호와께 간구하매 내게 응답하시고 내 모든 두려움에서 나를 건지셨도다"

[5] "그들이 주를 앙망하고 광채를 내었으니 그들의 얼굴은 부끄럽지 아니하리로다"
[6] "이 곤고한 자가 부르짖으매 여호와께서 들으시고 그의 모든 환난에서 구원하셨도다"

"이 곤고한 자"—그의 겸손 중에 다윗은 자신을 곤고하고 분수에 맞지 않는 자로 봅니다.
"이 곤고한 자가 부르짖으매 여호와께서 들으시고 그의 모든 환난에서 구원하셨도다."
"여호와께서 들으시고"—하나님은 들으십니다. 주는 들으시고 간구하는 자가 기도를 마치기도 전에 응답하십니다.

오 주여 감사합니다. 하나님이 나를 죽을 자리에서 몇 번이나 구원하여 주셨습니다. 하나님은 그때마다 피할 길을 주셨습니다. 주여 내 손 잡고 영원히 가시옵소서.

> [7] "여호와의 천사가 주를 경외하는 자를 둘러 진 치고 그들을 건지시는도다"

"여호와의 사자"라고 시편에는 3번만 나옵니다.

34편 7절과 35편 5~6에 있는 것이 전부입니다. 여기 여호와의 천사는 누구신가. 예수님 탄생하시기 전에 예수님이 나타나신 것입니다. 예수님이 세상에 오신 후부터는 천사로 나타나지 않았습니다. 왜냐하면 예수님이 십자가에서 죽으심으로 천사로 오셔서 우리를 구원해 주시지 않고 사람으로 오셔서 죽으심으로 우리를 구원해 주셨습니다. 예수님이 구약에서 나타날 때는 천사로 나타났습니다. "여호와의 천사가 주를 경외하는 자를 둘러 진 치고 그들을 건지시는도다"

> (히13:5) "…그가 친히 말씀하시기를 내가 결코 너희를 버리지 아니하고 너희를 떠나지 아니하리라 하셨느니라"

> (마28:20) "볼지어다 내가 세상 끝날까지 너희와 항상 함께 있으리라 하시니라"

결론

다윗은 경험을 통하여 권면합니다.

[8] "너희는 여호와의 선하심을 맛보아 알지어다 그에게 피하는 자는 복이 있도다"

"맛보아 알지어다" —너희는 깊이 생각하여 보라. 사건을 지성적으로 분석하고 하나님의 행하신 일을 보라. 하나님의 선하심을 네가 알리라. 하는 말씀입니다. 주를 믿는 자는 복받은 자요 행복한 자입니다.

사울은 다윗을 잡으려고 오랫동안 찾아 다녔습니다. 그는 굴속에 숨고 광야의 짐승 같은 인간이 되었습니다. 그러나 하나님은 다윗이 어디에 있든지 같이 하셨습니다.

"너희는 여호와의 선하심을 맛보아 알지어다"

우리는 우리를 도우시는 전능하신 하나님의 사랑을 깊이 생각하여야 합니다. 독생자 예수 그리스도까지 보내시사 살려주시고 도우시는 하나님 아버지의 사랑하심을 깊이 생각하십시다. 그리하면 "맛보아 알지어다" 말씀하시는 우리 하나님께서 반드시 알려 주십니다. 밀톤은 기도하다가 자기를 보호하는 천군 천사가 이 땅에 가득함을 보았습니다.

 "그가(예수님이) 친히 말씀하시기를
내가 과연 너희를 버리지 아니하고 과연 너희를 떠나지 아니하리라.
약속하신 우리 주님이 우리 모든 성도들과 같이 하실 것을
예수님의 이름으로 축복합니다.

믿는 자만 구원하신다

[9] 너희 성도들아 여호와를 경외하라 그를 경외하는 자에게는 부족함이 없도다

[10] 젊은 사자는 궁핍하여 주릴지라도 여호와를 찾는 자는 모든 좋은 것에 부족함이 없으리로다

[11] 너희 자녀들아 와서 내 말을 들으라 내가 여호와를 경외하는 법을 너희에게 가르치리로다

[12] 생명을 사모하고 연수를 사랑하여 복 받기를 원하는 사람이 누구뇨

[13] 네 혀를 악에서 금하며 네 입술을 거짓말에서 금할지어다

[14] 악을 버리고 선을 행하며 화평을 찾아 따를지어다

[15] 여호와의 눈은 의인을 향하시고 그의 귀는 그들의 부르짖음에 기울이시는도다

✎ **Theme:** 우리가 고통에 빠져 실망할 때 믿음이 없어지나 우리 주님은 시간을 놓치지 않고 죽게 된 자리에서라도 부르짖는 소리를 들으시고 즉시 건져 내신다.

서론

다윗은 사울 왕을 피하여 광야에서 굴속으로, 또는 골짜기로 숨어 다

넜지만 광야에 더 이상 있을 수가 없어서 서쪽 해변가 블레셋으로 가게 되었습니다. 그는 육신도 허약해졌지만 마음은 더욱 약해졌습니다. 사람은 지나치게 고생할 때 마음이 약해지는 법입니다. 오죽이나 사울이 두려우면 원수의 나라 블레셋으로 피해 갔겠습니까? 그러나 블레셋 신하 중에는 다윗의 귀순을 믿지 않고 블레셋 왕 아기스에게 다윗을 죽일 것을 권유하였습니다.

> (삼상21:11~13) "아기스의 신하들이 아기스에게 말하되 이는 그 땅의 왕 다윗이 아니니이까 무리가 춤추며 이 사람의 일을 노래하여 이르되 사울이 죽인 자는 천천이요 다윗은 만만이로다 하지 아니하였나이까 한지라 다윗이 이 말을 그의 마음에 두고 가드 왕 아기스를 심히 두려워하여 그들 앞에서 그의 행동을 변하여 미친 체하고 대문짝에 그적거리며 침을 수염에 흘리매"

다윗은 그때 참으로 위험함을 알았습니다. 그래서 그는 미친 체하고 미친 사람 노릇을 한 것입니다. 그때 왕은 "미친놈 내보내라"고 해서 이스라엘 땅 광야로 나와 굴속에 들어가서 생각했습니다.

아비멜렉과 원수들 사이에서 미치광이 노릇을 하여 죽지 않고 살아난 것은 온전히 하나님이 자기를 살려준 것으로 그는 믿었습니다. 자기가 미치광이 노릇을 잘해서가 아니라 오직 하나님의 은혜로만 (100%) 살아났다는 것입니다. 그러므로 오늘 본문 말씀이 우리에게 가르쳐 주시는 말씀은 우리가 고통에 빠져 실망할 때 믿음이 없어지나 우리 주님은 시간을 놓치지 않고 죽게 된 자리에서 부르짖는 소리를 들으시고 즉시 건져 내신다는 말씀입니다.

I. 유대인들이 말하는 성도는 누구인가?

유대인들은 아브라함과 이삭과 야곱의 후손만 하나님의 선택받은 "성도들"이라고 생각합니다. 그들이 생각하는 "성도들" 즉 유대인은 지금까지도 반드시 행해야 할 것이 있습니다. 유대인들은 어렸을 때부터 철저하게 교육시키는 것이 있습니다.

첫째가 하나님께서 이스라엘 백성이 애굽에서 종살이를 할 때 유월절 양을 잡아 먹고 피를 문설주에 바르라고 했습니다. 그날 밤에 재앙이 내리는데 양의 피를 바른 집은 재앙이 지나갔으나 양의 피가 없는 사람의 집에만 들어가 맏아들을 비롯하여 짐승까지 처음 난 것은 다 죽였습니다. 이스라엘 백성은 다 이적으로 구원하시고 홍해를 육지 같이 건넜으나 뒤를 따라오는 애굽 군인은 다 바다에서 몰살했습니다.

40년간 광야에서 메추라기와 만나를 주어 먹고 살게 하셨다는 것을, 가장이 자기 식구에게 유월절 예배를 드리며 유대인은 여호와 하나님을 잘 섬겨야 할 것을 철저하게 교육시키게 되어 있습니다.

둘째로 안식일에는 하루 종일 예배드리는 일과 하나님의 일을 하는 것입니다.

셋째로는 십일조를 자기 가족이 속하여 있는 회당에 바치게 되어 있습니다. 유대인 가족은 하나로 뭉쳐있고 교회와 국가가 하나로 든든하게 뭉쳐 있는 것입니다. 그러므로 이스라엘 나라가 지금부터 약 2600년 전에 바벨론 나라에 의하여 망했지만 그 민족은 굳게 뭉쳐서 내려오다가 이차 대전에서 일본이 패전한 후 1948년 한국이 독립할 때, 같이 독립한 것입니다.

이스라엘 백성은 이상의 세 가지만 철저하게 지키는 것이 아니라 이외에도 구제 사업에 힘씁니다. 유대인 랍비가 9절 말씀을 주석한 것을 보았습니다.

[9] "너희 성도들아 여호와를 경외하라 그를 경외하는 자에게는 부족함이 없도다"

"너희 성도들아" — 거룩한 백성이란 그가 용돈으로 쓸 수 있는 돈까지도, 통제하는 사람들이다. 다시 말하면 자기가 용돈으로 쓸 수 있는 돈이 100불이라 하면 적어도 10불은 누군가를 위해 써야한다고 람반(Ramban) 유대인 랍비가 말했습니다.

그러므로 유대인들의 말을 빌리면, 참 성도는

첫째로 하나님이 자기들의 조상을 유월절에 어떻게 구원하신 것을 식구들과 후손에게 반드시 말해 주어야 하고,

둘째로 안식일을 잘 지켜야 하고,

셋째로 십일조를 온 식구가 나가는 교회에 바쳐야 하고, 그리고도 용돈의 10 분의 1은 다른 사람을 위해 써야 참 성도라는 것입니다.

우리는 여기에서 오해해서는 안 될 것이 있습니다. 물론 이상에서 말씀드린 그대로 하면 좋습니다. 참으로 복 받을 일입니다. 그러나 확실히 알아야 할 것은 우리가 유대인처럼 행함으로, 그 행함으로 구원 얻는 것은 아닙니다.

선한 일을 몇 가지 했다 하더라도, 생각으로, 마음으로, 눈으로, 말로, 알고 지은 죄 모르고 지은 죄 한없이 많은 죄를 다 어떻게 사함받겠습니까?

(롬6:23) "죄의 삯은 사망이요"

이 모든 죄를 사함 받지 못하면 사망이요, 지옥갑니다.

II. 하나님은 죄인들이 구원 얻을 길을 예비 하셨습니다

우리 하나님은 (시145:8) "여호와는 은혜로우시며 긍휼이 많으시며 노하기를 더디 하시며 인자하심이 크시도다"

그러므로 죄인이 죄로 죽는 것을 기뻐하시지 않고 살 길을 예비하신 것입니다. 하나님은 자기의 아들을 대신 죽게 하시고, 예수 그리스도를 믿는 자는 멸망하지 않고 살아서 영생하도록 하는 새로운 법을 만들었습니다. 예수님이 직접 말씀하셨습니다.

(요3:16~18) "하나님이 세상을 이처럼 사랑하사 독생자를 주셨으니 이는 그를 믿는 자마다 멸망하지 않고 영생을 얻게 하려 하심이니라 하나님이 그 아들을 세상에 보내신 것은 세상을 심판하려 하심이 아니요 그로 말미암아 세상이 구원을 받게 하려 하심이라 그를 믿는 자는 심판을 받지 아니하는 것이요 믿지 아니하는 자는 하나님의 독생자의 이름을 믿지 아니하므로 벌써 심판을 받은 것이니라"

III. 행함으로 구원은 얻지 못하지만 복을 받습니다

행함으로는 죄 사함을 절대로 받지 못합니다. 죄 사함은 예수 그리스도를 믿음으로만 받습니다.

(약1:25) "자유롭게 하는 온전한 율법을 들여다보고 있는 자는 듣고 잊어버리는 자가 아니요 실천하는 자니 이 사람은 그 행하는 일에 복을 받으리라"

우리가 율법을 지킴으로 구원받는다는 하나님의 말씀은 신구약 다 털어 보아도 없습니다. 그러므로 이것은 신구약에서 볼 수 있는 말씀, 공식입니다.

- 공식: 예수 그리스도를 믿음으로 구원을 얻고, 율법을 지킴으로 복을 받는다.
- 예수 그리스도를 믿는 믿음: 하나님의 아들, 독생자 예수 그리스도가 내 모든 죄를 지시고, 내가 죽을 자리에서 내 대신 고난을 당하시고 십자가에서 죽으셨습니다. 내 죄는 다 없어져서 나는 의인이 되어 지옥 가지 않고 구원 얻어 천국에 갑니다. 이것이 예수를 믿는 믿음입니다.
- 율법을 지킴: 우리가 율법을 지키는 것으로는 복을 받습니다.

IV. [10] "젊은 사자는 궁핍하여 주릴지라도 여호와를 찾는 자는 모든 좋은 것에 부족함이 없으리로다"

"여호와를 찾는 자"는 누구냐 하면 항상 "주여! 주여!" 하면서 주님 곁을 떠나지 않는 자입니다.
"젊은 사자는 궁핍하여 주릴지라도"
"모든 좋은 것에 부족함이 없으리로다"

우리 주님은 시간을 놓치지 않고 도와주십니다.

한창 때의 사자 같이 강하고, 활기 찬 사람들조차 속수무책이 되고 궁핍하여 주리게 되더라도 그러나 하나님은 주를 의지하는 자들에게 공급하십니다.

"모든 좋은 것에 부족함이 없으리로다" —그들이 그 이웃들의 즐기는 모든 사치를 다 가지지 못했을 수도 있습니다. 그러나 아무것도 부족함을 느끼지 못할 것이다. 그들은 가진 것으로 만족하기 때문입니다.

다윗은 사자 새끼가 먹이를 찾으려고 다니는 것을 보았습니다. 또한 우리 주님을 찾으려고 애쓰는 자에게 손을 펴시는 것을 보았습니다. 어미 사자도 새끼에게 모이를 주려고 찾아 헤매는 데 하물며 우리 주님이 나와 여러분이 꼭 필요한 것을 구할 때 주시지 않겠느냐는 말씀입니다. 다윗은 경험으로 배웠습니다.

[11] "너희 자녀들아 와서 내 말을 들으라 내가 여호와를 경외하는 법을 너희에게 가르치리로다"

"너희 자녀들아 와서" —이 의미에서 가라, 오라는 말은 목표를 달성하라는 권고입니다. 이것은 누구든지 하나님 경외함을 배우라는 것입니다.

[12] "생명을 사모하고 연수를 사랑하여 복받기를 원하는 사람이 누구뇨"

"생명을 사모하고 연수를 사랑하여 복받기를 원하는 사람이 누구뇨"

오는 세상에서 생명을 사모하는 자가 누구뇨? 다른 말로 하면, 시편 저자는 사람들에게 그들의 생활을 뜯어고치라 권면합니다. 이 세상에서 험담하고 중상하는 짓을 피하라고 합니다. 다윗은 끊이지 않는 중상모략의 희생자였습니다. 그리하여 그의 세대는 전투에서 패배를 당했습니다.

[13] "네 혀를 악에서 금하며 네 입술을 거짓말에서 금할지어다"

[14] "악을 버리고 선을 행하며 화평을 찾아 따를지어다"

"악에서 … 거짓말에서" 중상, 거짓증언, 그리고 악담에서. 악한 계획을 감추고 있는 성실치 못한 우정을 말합니다. 또한 남의 흠을 뜯기 위하여 그 기초 작업으로 과장된 칭찬을 하는 것도 여기 포함됩니다.
"그는 참 훌륭한 사람인데 그러나…"

[19] "의인은 고난이 많으나 여호와께서 그의 모든 고난에서 건지시는도다"

"의인은 고난이 많으나"—아무도 고난 없이는 참으로 의인이 되지 못합니다.

[20] "그의 모든 뼈를 보호하심이여 그 중에서 하나도 꺾이지 아니하도다"

아무도 고난 없이는 참으로 의인이 되지 못한다. 이 말은 고난을 많이 참으면 의인이 되는 줄 아는 사람들이 있습니다. 그러나 의인은 없나니 하나도 없다고 했습니다. 예수 그리스도를 믿음으로만 의인이 됩니다.

결론

[21] "악이 악인을 죽일 것이라 의인을 미워하는 자는 벌을 받으리로다"

[22] "여호와께서 그의 종들의 영혼을 속량하시나니 그에게 피하는 자는 다 벌을 받지 아니하리로다"

현재 우리의 믿음을 점검합시다.

여러분 나는 우리 아버지가 목사님인데 절대로 목사 하려고 안했습니다. 왜요? 물론 여러 가지 이유가 있지만 그중에 하나는 목사는 말하는 직업이고 교인은 한 귀로 듣고 한 귀로 내보내기만 합니다. 교인들은 기도하는 것이 사실 필요해서 기도하는 것이 아닌 것 같았고 목사도 교인도 진짜 같이 보이지 않았습니다. 보시오. "하나님 영광 받으시옵소서." 영광 받을 일은 하나도 안 하고 영광 받으시옵소서 하면 영광을 어떻게 받으란 말이냐는 말입니다. 가짜 성도로 보였습니다.

성령으로 충만하게 하옵소서. 기도하지만 성령 받기를 원하지 않습니다. 원하지도 않는 기도 왜 합니까? 성령 받았으면 변해야지요.

어떤 기자가 글을 쓰는데, 교인들은 스테인드글라스 안에 있을 때와 밖에 있을 때가 다르다고 했습니다. 스테인드글라스 안은 교회를 말하고 밖은 세상을 말합니다. 제가 어렸을 때 그것을 보았습니다.

왜 우리 생활이 이렇습니까? 하나님이 과거에 도와주신 은혜를 다 잊어버렸기 때문입니다. 다윗은 하나님의 도우심을 진짜 경험했습니다. 오늘 시편뿐만 아니라 다윗이 기록한 모든 말씀은 다윗이 경험한 간증서입니다.

저는 다윗의 말한 것을 그대로 믿습니다. "내가 여호와께 구하매 응답
하시고 내 모든 두려움에서 나를 건지셨도다" 여러분들 믿으세요? 나는
믿습니다. 우리가 우리 주님께 구하면 반드시 이루어 주실 줄 믿습니다.
예수님의 약속입니다.

> (마7:7~8) "구하라 그리하면 너희에게 주실 것이요 찾으라 그리
> 하면 찾아낼 것이요 문을 두드리라 그리하면 너희에게 열릴 것이
> 니 구하는 이마다 받을 것이요 찾는 이는 찾아낼 것이요 두드리는
> 이에게는 열릴 것이니라"

우리가 고통에 빠져 실망할 때 믿음이 없어지나 우리 주님은 시간을
놓치지 않고 죽게 된 자리에서 건져 내십니다. 나는 경험했습니다.

한국동란 때 내가 구동창이라는 동네에 숨어 있었을 때 일입니다. 인
민군 50여 명이 후퇴하면서 이 동네에 와서 젊은 사람들을 모조리 잡아
죽였습니다. 그날 그 동네 목사님도 잡혀 총살당해 순교하셨고 그 외 72
명이 잡혀 무참하게 죽었습니다.

그날 나는 그 동네 노동당 세포 위원장 집에 숨어 있었습니다. 그 부인
이 교회 신실한 집사님이라 나를 자기 집에 숨겨 주었던 것입니다. 그 집
에는 소 외양간 밑에 밀실이 있었습니다. 거기 들어가려면 외양간 옆에
있는 방 아궁이로 들어가 구들 골을 지나서 외양간 밑으로 들어가야 합니
다. 머리 위에는 흙이요 그 위에는 소똥으로 가득 덮혀 있는 외양간 바닥
입니다. 거기 큰 황소 한 마리가 눈을 번들거리고 서 있었습니다. 거기 숨
어 있는데 땅 밑에 숨어 있는 사람을 잡으려고 인민군들이 떡 치는 방망
이로 땅을 치는 소리가 꽝꽝 들립니다. 나는 하나님께 살려달라고 기도했
습니다.

"소 외양간 밑의 기도"

오! 주여 나를 살려주십시오.
제가 소 외양간 밑에 있습니다.

내가 머리에 흙과 소똥을 쓰고
주님께 엎드려 기도합니다.
저 무리를 쫓아 주소서
붉은 마귀는 나를 죽이려고
이 동리에 가득 찼나이다.

나의 가슴은 졸여들고
사지는 무서움에 떨리나이다.

어찌하여 구원의 손길이 보이지 아니하나이까?
나를 도우시는 주님의 손길이 어디 있나이까?
주의 구원의 손으로 나를 잡으소서.
주님 밖에는 구원할 자 없사오니
주여 지체치 마옵소서.

주는 나를 의롭다 하신 구원자시니
나를 버리시겠나이까?

주여! 내가 주님만 바라보며
용감하게 죽기를 각오합니다.
나를 도우소서.

내가 주님만 바라보며 죽기를 각오하였더니
나를 잡으려던 붉은 마귀가 물러갔네!!

주여, 보이지 않아서 안 계신 줄 알고
혼자 애가 타서 애걸복걸하였나이다.

나를 도우시는 주여 내가 주를 찬송하리이다.
나를 구원하신 주여 내가 주님만을 전파하리이다.
아멘. 아멘.

Goal 그러므로 우리는 다급 할 때 기도에 즉시 응답해 주시는
하나님께 지체 말고 기도합시다.
우리 주님 응답하십니다.

시편 35:1-9편
배신자들에 대한 기도

[다윗의 시]

[1] 여호와여 나와 다투는 자와 다투시고 나와 싸우는 자와 싸우소서

[2] 방패와 손 방패를 잡으시고 일어나 나를 도우소서

[3] 창을 빼사 나를 쫓는 자의 길을 막으시고 또 내 영혼에게 나는 네 구원이라 이르소서

[4] 내 생명을 찾는 자들이 부끄러워 수치를 당하게 하시며 나를 상해하려 하는 자들이 물러가 낭패를 당하게 하소서

[5] 그들을 바람 앞에 겨와 같게 하시고 여호와의 천사가 그들을 몰아내게 하소서

[6] 그들의 길을 어둡고 미끄럽게 하시며 여호와의 천사가 그들을 뒤쫓게 하소서

[7] 그들이 까닭 없이 나를 잡으려고 그들의 그물을 웅덩이에 숨기며 까닭 없이 내 생명을 해하려고 함정을 팠사오니

[8] 멸망이 순식간에 그에게 닥치게 하시며 그 숨긴 그물에 자기가 잡히게 하시며 멸망 중에 떨어지게 하소서

[9] 내 영혼이 여호와를 즐거워함이여 그의 구원을 기뻐하리로다

Theme: 다윗은 자기를 배신한 자들과 싸울 때 도와 달라고 하나님께 호소한다.

그와 꼭 같이 이스라엘 나라가 도와준 나라들이 이스라엘을 압박할 때 그들을 물리쳐 달라고 하나님께 호소한다.

서론

이 시는 다윗이 사울에게서 핍박을 받으며 쫓겨 다닐 때 지은 시입니다. 내용을 보면 사무엘상 24~26장 내용을 배경으로, 하나님께 자기를 해하려는 원수를 처단해 달라는 간절한 기도입니다.

어떤 사람은 말하기를 어떻게, 믿는 사람이 원수를 갚아 달라고 기도할 수 있느냐고 말합니다. 그러나 예수님께서도 비유로 말씀하실 때;

> (눅18:3) "그 도시에 한 과부가 있어 자주 그에게 가서 내 원수에 대한 나의 원한을 풀어 주소서"

> (눅18:5~8) "이 과부가 나를 번거롭게 하니 내가 그 원한을 풀어 주리라 그렇지 않으면 늘 와서 나를 괴롭게 하리라 하였느니라 주께서 또 이르시되 불의한 재판장이 말한 것을 들으라 하물며 하나님께서 그 밤낮 부르짖는 택하신 자들의 원한을 풀어주지 아니하시겠느냐 그들에게 오래 참으시겠느냐 내가 너희에게 이르노니 속히 그 원한을 풀어 주시리라"

그러므로 사도 바울은 말씀하셨습니다.

> (롬12:19) "내 사랑하는 자들아 너희가 친히 원수를 갚지 말고 하나님의 진노하심에 맡기라 기록되었으되 원수 갚는 것이 내게 있으니 내가 갚으리라고 주께서 말씀하시니라"

우리 믿는 사람들이 원수를 직접 갚는 것은 하나님이 허락하지 아니하였습니다. 그러나 원수를 갚아 달라고 기도하는 것은 마땅한 일입니다. 그러므로 다윗은 모든 원수를 다 갚아달라고 하나님께 간구합니다.

[4] "내 생명을 찾는 자들이 부끄러워 수치를 당하게 하시며 나를 상해하려 하는 자들이 물러가 낭패를 당하게 하소서"

[5] "그들을 바람 앞에 겨와 같게 하시고 여호와의 천사가 그들을 몰아 내게하소서"

"여호와의 천사가"—하나님의 예정으로.

[6] "그들의 길을 어둡고 미끄럽게 하시며 여호와의 천사가 그들을 뒤쫓게 하소서"

"어둡고 미끄럽게 하시고"—어둠 속에서는 길에 있는 미끄러운 부분들을 피할 수 없습니다.

[7] "그들이 까닭 없이 나를 잡으려고 그들의 그물을 웅덩이에 숨기며 까닭 없이 내 생명을 해하려고 함정을 팠사오니"

[8] "멸망이 순식간에 그에게 닥치게 하시며 그가 숨긴 그물에 자기가 잡히게 하시며 멸망 중에 떨어지게 하소서"

"순식간에"—그리하여 그가 거기에 잡히지 않을 아무 조심도 하지 못하게.

다윗은 자기가 원수를 갚지 않고 하나님께 원수를 갚아 달라고 간절히 구한 것입니다. 이 본문이 우리에게 가르치는 말씀은 "원수를 친히 갚지 말고 원통한 사정을 다 하나님께 아뢰고 내 원한을 하나님이 갚아 주시옵소서 하고 기도하라"는 것입니다.

I. 다윗은 가난한 중에서도 주님을 찬양하였습니다

사무엘상 24~26장의 말씀이 시편 35편의 배경이라고 합니다. 여기에는 그의 당한 고난을 계속 말하였습니다. 다윗과 그와 같이하는 군인들은 심히 가난했습니다. 그들은 백성들을 도와주고 일 삯처럼 얻어먹으면서 다녔습니다. 그 때 나발의 재산을 돌보아 주고 군인들을 보내어 먹을 것을 구할 때 나발은 이와 같이 대답하였습니다.

> (삼상25:10~11) "나발이 다윗의 사환들에게 대답하여 이르되 다윗은 누구며 이새의 아들은 누구냐 요즈음에 각기 주인에게서 억지로 떠나는 종이 많도다 내가 어찌 내 떡과 물과 내 양털 깎는 자를 위하여 잡은 고기를 가져다가 어디서 왔는지도 알지 못하는 자들에게 주겠느냐 한지라"

다윗은 사울을 피해 다니며 심히 배고픔과 가난함을 당해 봤습니다. 다윗은 이 가난에서도 보호하여 주신 하나님을 찬송했습니다.

> [9] "내 영혼이 여호와를 즐거워함이여 그의 구원을 기뻐하리로다"
>
> [10] "내 모든 뼈가 이르기를 여호와와 같은 이가 누구냐 그는 가난한 자를 그보다 강한 자에게서 건지시고 가난하고 궁핍한 자를 노략하는 자에게서 건지시는 이라 하리로다"

II. 배신자들을 벌해 달라고 기도합니다

> [16] "그들은 연회에서 망령되이 조롱하는 자 같이 나를 향하여 그들의 이를 갈도다"

"망령되이 조롱하는 자 같이"—빵 한 조각을 위하여 아첨하며 조롱하며,—불량배가 먹고 마시는 것에 대한 보답으로 자신을 기쁘게 팔며 그런 호의를 위하여서 나의 원수들에게 아첨하고 노하여 나를 치며 나에 대하여 그들에게 험담을 합니다.

망령되이 조롱하는 자가 있습니다. 누가 선을 행하고 의를 행하면 말을 비틀어서 우습게 만드는 것입니다. 다윗이 사울을 죽일 수 있었으나 못 죽인 것은 하나님의 기름 부음을 받아서가 아니라 무서워서 못 죽였다고 조롱하는 것입니다. 다윗이 골리앗은 죽였어도 사울은 못 죽였습니다. 은근히 다윗의 미덕을 깎아내리는 "망령되이 조롱하는" 말입니다.

26장에는 사울이 3,000명을 이끌고 또 다윗을 잡으려고 따라다니다 밤에 피곤하여 잠을 잡니다. 다윗이 요압의 동생 아브넬이 사울 가까이 가서 사울이 자기 머리맡에 꽂아 놓은 창과 물통을 가져왔습니다. 이때도 죽일 수 있었으나 죽이지 않았습니다. 이때도 망령되이 조롱하는 자는 여전히 있습니다.

"망령되이 조롱하는" 행위는 하나님의 백성으로 합당하지 않습니다. 그러므로 다윗은 "망령되이 조롱하는" 자를 멸해 달라고 계속 기도합니다. 우리는 "망령되이 조롱하는 자"를 많이 봅니다. 그런 사람이 교회에 있으면 안 됩니다.

[17] "주여 어느 때까지 관망하시려 하나이까 내 영혼을 저 멸망자
에게서 구원하시며 내 유일한 것을 사자들에게서 건지소서"

"망령되이 조롱하는 자"를 "멸망자" 또는 사람을 잡아먹는 "사자"라고
했습니다.
"망령되이 조롱하는 자"를 "나의 원수" "무고히 나를 미워하는자"라
고 했습니다.
"망령되이 조롱하는 자"를 "평안히 땅에 사는 자" "거짓말로 모략" 하
는 자라고 했습니다.

[19] "부당하게 나의 원수된 자가 나로 말미암아 기뻐하지 못하게 하
시며 까닭 없이 나를 미워하는 자들이 서로 눈짓하지 못하게 하소서"

나의 환난을 기뻐하여 조롱하며 서로 눈짓하지 못하게 하소서.

[20] "무릇 그들은 화평을 말하지 아니하고 오히려 평안히 땅에
사는 자들을 거짓말로 모략하며"

[24] "여호와 나의 하나님이여 주의 공의대로 나를 판단하사 그들
이 나로 말미암아 기뻐하지 못하게 하소서"
"여호와여 … 나를 판단하사" 나를 판단하사 그들이 하는 나의 소송에
서 내 편이 되사 나의 주장을 옹호하소서.

[25] "그들이 마음속으로 이르기를 아하 소원을 성취하였다 하지
못하게 하시며 우리가 그를 삼켰다 말하지 못하게 하소서"
간절한 소원이 이루어진 것을 볼 때 나오는 즐거움의 감탄사.

결론

다윗은 결심하고 맹세합니다.

> [27] "나의 의를 즐거워하는 자들이 기꺼이 노래 부르고 즐거워하
> 게 하시며 그의 종의 평안함을 기뻐하시는 여호와는 광대하시다
> 하는 말을 그들이 항상 말하게 하소서"

> [28] "나의 혀가 주의 의를 말하며 종일토록 주를 찬송하리이다"

"나의 의를 즐거워하는" 여기서 "의"가 무엇인가? 이 의는 하나님이
기뻐하시는 뜻을 행하는 것을 말합니다. 27절은 하나님의 기뻐하시는 뜻
을 행하는 자에게는 하나님이 복을 주시며 만사가 형통하며, 또 이것을
보시며 기뻐하시는 여호와는 광대하시다 하는 말을 그들이 항상 말하게
하소서.

"그들이 항상 말하게 하소서" 하는 말은 우리는 못하니 하나님이 도와
주시어 하게 해 달라는 기도입니다. 우리는 우리의 힘으로는 하나님이 기
뻐하시는 일을 할 수 없고 성령님이 도와주셔야합니다. 그러므로 다윗은
하나님의 도우심을 기도합니다.

28절에 "주의 의"는 무엇이냐? 주의 의는 우리를 사랑하시는 사랑과
우리를 도우시는 하나님의 손길을 말합니다. 하나님의 사랑과 우리를 도
우시는 손길은 예수 그리스도에게서 완전히 나타납니다.

> (요3:16) "하나님이 세상을 이처럼 사랑하사 독생자를 주셨으니 이
> 는 그를 믿는 자마다 멸망하지 않고 영생을 얻게 하려 하심이니라"

그러므로 다윗은 자기를 배신한 자들과 싸울 때 도와달라고 하나님께 호소합니다. 그와 꼭같이 이스라엘 나라가 도와준 나라들이 이스라엘을 압박할 때 그들을 쳐 달라고 하나님께 호소하였습니다.

Goal 그러므로 우리는 망령되이 조롱하는 자가 되지 말고
원수는 내가 갚지 말고 하나님께 부탁하고
종일토록 하나님을 찬송하는 자가 되시기를 축복합니다.

시편 **36** 편

만물보다 거짓되고 심히 부패한 것

[여호와의 종 다윗의 시, 인도자를 따라 부르는 노래]

[1] 악인의 죄가 그의 마음속으로 이르기를 그의 눈에는 하나님을 두려워하는 빛이 없다 하니

[2] 그가 스스로 자랑하기를 자기의 죄악은 드러나지 아니하고 미워함을 받지도 아니하리라 함이로다

[3] 그의 입에서 나오는 말은 죄악과 속임이라 그는 지혜와 선행을 그쳤도다

[4] 그는 그의 침상에서 죄악을 꾀하며 스스로 악한 길에 서고 악을 거절하지 아니하는도다

[5] 여호와여 주의 인자하심이 하늘에 있고 주의 진실하심이 공중에 사무쳤으며

[6] 주의 의는 하나님의 산들과 같고 주의 심판은 큰 바다와 같으니이다 여호와여 주는 사람과 짐승을 구하여 주시나이다

[7] 하나님이여 주의 인자하심이 어찌 그리 보배로우신지요 사람들이 주의 날개 그늘 아래에 피하나이다

[8] 그들이 주의 집에 있는 살진 것으로 풍족할 것이라 주께서 주의 복락의 강물을 마시게 하시리이다

[9] 진실로 생명의 원천이 주께 있사오니 주의 빛 안에서 우리가 빛을 보리이다

[10] 주를 아는 자들에게 주의 인자하심을 계속 베푸시며 마음이 정직한 자

에게 주의 공의를 베푸소서

[11] 교만한 자의 발이 내게 이르지 못하게 하시며 악인들의 손이 나를 쫓
      아내지 못하게 하소서

[12] 악을 행하는 자들이 거기서 넘어졌으니 엎드러지고 다시 일어날 수 없
      으리이다

✒ **Theme:** 죄가 하나님의 백성을 거짓된 것으로 유혹하여
           착각하고 범죄하게 하는데 그것을 쫓아낼 수 있는 것은
           오직 진리의 성령의 빛으로만 할 수 있다.

서론

이 시편은 "여호와의 종 다윗"이라고 기록된 시입니다. 이 시편은 인간
의 악하고 더러운 마음을 우리에게 잘 보여주는 시편입니다. 아마도 이것
을 믿지 않는 사람이 있을지 모르지만 인간은 본시 더럽고 악한 것입니
다. 선지자 예레미야는 말해 주었습니다.

   (렘17:9) "만물보다 거짓되고 심히 부패한 것은 마음이라 누가 능
        히 이를 알리요"

본문 말씀이 우리에게 가르치는 것은 "죄가 하나님의 백성을 거짓된
것으로 유혹하여 착각하고 범죄하게 하는데 그것을 쫓아낼 수 있는 것은
오직 진리의 성령의 빛으로만 할 수 있다."는 것입니다.

I. 마음은 약하여 죄의 유혹에 빠지기 쉽습니다

[1] "악인의 죄가 그의 마음속으로 이르기를 그의 눈에는 하나님을
두려워하는 빛이 없다 하니"

"악인의 죄가 그의 마음속으로 이르기를" 악인에게 하는 죄의 말이 내 마음
에 있다. 악의 성향을, 여기서는 죄 (Transgression)로 의인화하였다.

다윗은 정확하게 죄가 악인에게 어떻게 유혹하는지 알고 있습니다.

"그의 눈에는 하나님을 두려워함이 없다 하도다." 죄는 사람에게 말하
기를 하나님은 인간의 행동과 이 세상에서 일어나는 일들에 대해서 관심
이 없다. 그러므로 사람은 자기가 좋아하는 대로 욕심을 따라가도 좋다고
합니다.

주전 200년경 애굽에 있는 알렉산드리아에서 72명의 학자들이 모여서
구약 히브리 성경을 헬라어로 번역하였습니다. 이것을 70인경이라고 합
니다.(70인경은 '그의 마음'이라 했다. 한글 개역은 고대 사본을 따라 '내
마음'이라 했다. 개역개정은 그의 마음) 이것이 옛사람의 형상으로서 아
담의 범죄한 형상이라 했습니다.

마태복음 15:19절에서 예수님이 말씀하셨습니다.

"마음에서 나오는 것은 악한 생각과 살인과 간음과 음란과 도둑질
과 거짓 증언과 비방이니"

이것들은 아주 더러운 것들인데 다 우리 인간의 마음속에서 나오는 것
입니다.

바울은 말했습니다.

"그들의 눈 앞에 하나님을 두려워함이 없느니라 함과 같으니라"
(롬 3:18)

이것은 악인의 마음에 생기는 계시입니다. 우리는 흔히 "네 양심대로 해라"라고 말합니다. 무슨 말이냐 하면 "네 양심이 네 인도자가 되라"는 말입니다. 절대로 우리 양심이 우리 마음의 인도자가 될 수 없습니다. 성령님이 우리 마음의 인도자가 되셔야 합니다. 우리의 양심은 우리가 잘못한 후에야 바로 가르쳐 주는 때가 많이 있습니다. 그래서 양심은 후회하게 만듭니다. 그러므로 우리 마음의 인도자는 성령님이 되셔야 합니다.

II. 죄의 마음은 사람도 속이고 하나님도 속일 수 있다고 생각합니다

[2] "그가 스스로 자랑하기를 자기의 죄악은 드러나지 아니하고 미워함을 받지도 아니하리라 함이로다"

"스스로 자랑하기를" 죄악(Transgression)이 죄(sin)를 악인에게 매력적으로 만들어서 그로 범죄하게 하고 하나님께 미움을 받게 합니다.

메튜 헨리(Matthew Henry)는 이와 같이 말했습니다. "그들은 스스로 자기 자신을 파괴하는 사람들이다. 자기가 자기에게 아첨한다. 자기가 자기를 속이지 않으면, 사탄은 절대로 그를 속일 수 없다. 사기꾼이 항상 살아 있을 수 있는가? 아니다 드러나는 날이 온다. 죄인의 속임수가 드러나고 그의 죄악의 증오스러움이 발견되는 그 날이 온다."

[3] "그의 입에서 나오는 말은 죄악과 속임이라 그는 지혜와 선행을 그쳤도다"

악인의 입에서는 더러운 죄악과 속임수가 줄줄 흘러나오고 지혜의 말과 선행한 말은 나오지를 못합니다. 사람이 아무리 공부를 많이 했어도 죄악과 속임수는 마음속 깊은데서 나오는 것이므로 드러나게 되어있습니다.

[4] "그는 그의 침상에서 죄악을 꾀하며 스스로 악한 길에 서고 악을 거절하지 아니하는도다"

악인은 침상에서 혼자 악한 일을 계획하고 다음 날 나가서 행동에 옮기고 누가 악을 행하자고 할 때 거절하지를 못한다는 것입니다. 내가 어렸을 때 우리 집 뒤에 중국 사람들의 채매 밭이 있었습니다. 누가 밤에 와서 채매 밭에 오이 따러 가자 하면 너도나도 거절하는 아이 없이 다 따라갑니다. 악을 행하는 것도 이렇게 합니다. 악한 자는 사람도 속이고 하나님도 속일 줄 압니다.

III. 하나님은 죄인의 속임수를 다 아시면서도 참고 기다리십니다

[5] "여호와여 주의 인자하심이 하늘에 있고 주의 진실하심이 공중에 사무쳤으며"

"주의 인자하심이 하늘에 있고"―하나님의 섭리는 땅에서 하늘까지 줄 곧 모두 퍼져 있습니다.

여기서 다윗은 죄의 근본적인 교리─즉 하나님은 이 세상에서 일어나는 일들에 대해서 관심이 없다는 말을 거부합니다.

[6] "주의 의는 하나님의 산들과 같고 주의 심판은 큰 바다와 같으니이다 여호와여 주는 사람과 짐승을 구하여 주시나이다"

"사람과 짐승을" 하나님의 섭리는 모든 피조물에게 다 미칩니다. 사람뿐 아니라 짐승이 하는 모든 것까지 다 아신다는 것입니다.

[7] "하나님이여 주의 인자하심이 어찌 그리 보배로우신지요. 사람들이 주의 날개 그늘 아래에 피하나이다"

"어찌 그리 보배로우신지요"
죄악 된 삶의 어리석음은 죄인이 하나님 앞에서 답변을 해야 될 뿐 아니라 또한 그런 생활은 영구적인 행복이 없다. 그것은 하나님의 종이 체험하는 보배로운 기쁨과 성취감에 비교할 수 없다. 하나님의 종은 주의 인자하심을 받는 자요 주의 집의 풍성과 주의 복락의 강수로 풍족할 것이다.

얼마나 은혜로우신 놀라운 말씀입니까? 인간은 이 은혜스러운 하나님을 거절합니다. 이 전능하신 하나님을 두려워하지 아니합니다. 악한 자는 하나님을 알지 못하고 그들은 인생이 주의 날개 그늘 아래에서만 안전함을 알지 못합니다. 출애굽기 19:4에서 하나님은 말씀하십니다

(출19:4) "내가 애굽 사람에게 어떻게 행하였음과 내가 어떻게 독수리 날개로 너희를 업어 내게로 인도하였음을 너희가 보았느니라"

날개 아래라는 말씀은 하나님의 보호하심과 인도하심을 말합니다. 하나님의 사랑 속에서 편히 쉬며 안심하는 것입니다.
예수님이 말씀하십니다.

(마23:37) "예루살렘아 예루살렘아 선지자들을 죽이고 네게 파송된 자들을 돌로 치는 자여 암탉이 그 새끼를 날개 아래에 모음 같이 내가 네 자녀를 모으려 한 일이 몇 번이더냐 그러나 너희가 원하지 아니 하였도다"

[9] "진실로 생명의 원천이 주께 있사오니 주의 빛 안에서 우리가 빛을 보리이다"

우리의 생명과 생사화복은 온전히 주님의 손안에 있음으로 우리의 가는 밝은 길은 주 성령의 인도하심을 따르는 데만 있습니다.

결론

성도가 범죄할 때는 주께서 성령으로 깨달아 알게 하십니다.

[11] "교만한 자의 발이 내게 이르지 못하게 하시며 악인들의 손이 나를 쫓아내지 못하게 하소서"

[12] "악을 행하는 자들이 거기서 넘어졌으니 엎드러지고 다시 일어날 수 없으리이다"

다윗은 기도합니다. 하나님의 은혜와 자비가 계속 자기에게 있어서 악한 자의 손에 떨어지지 않게 하소서. 우리들도 항상 하나님께 기도해야 할 것은 악한 자의 손에 빠지지 않게 하소서 할 것입니다. 하나님의 백성을 죄가 거짓된 것으로 유혹하여 착각하고 범죄하게 하는데 그것을 쫓아낼 수 있는 것은 오직 진리의 성령의 빛으로만 할 수 있습니다.

나는 매일 아침 기도합니다.
"시험에 들지 말게 하옵시며 다만 악에서 구하옵소서"

 그러므로, 우리는 악한 자의 손에 빠지지 않게 하옵시며
주의 날개 아래 항상 있게 하옵소서.
이 축복이 우리 성도들에게 항상 있기를 축복합니다.

시편37:1-9편

행악 하는 자와
의인의 종말

[다윗의 시]

[1] 악을 행하는 자들 때문에 불평하지 말며 불의를 행하는 자들을 시기하지 말지어다

[2] 그들은 풀과 같이 속히 베임을 당할 것이며 푸른 채소 같이 쇠잔할 것임이로다

[3] 여호와를 의뢰하고 선을 행하라 땅에 머무는 동안 그의 성실을 먹을 거리로 삼을지어다

[4] 또 여호와를 기뻐하라 그가 네 마음의 소원을 네게 이루어 주시리로다

[5] 네 길을 여호와께 맡기라 그를 의지하면 그가 이루시고

[6] 네 의를 빛 같이 나타내시며 네 공의를 정오의 빛 같이 하시리로다

[7] 여호와 앞에 잠잠하고 참고 기다리라 자기 길이 형통하며 악한 꾀를 이루는 자 때문에 불평하지 말지어다

[8] 분을 그치고 노를 버리며 불평하지 말라 오히려 악을 만들 뿐이라

[9] 진실로 악을 행하는 자들은 끊어질 것이나 여호와를 소망하는 자들은 땅을 차지하리로다

Theme: 먼저 복에 대한 설명: 히브리어에는 복이라는 두 단어가 있습니다.
(1) 바라크 (2) 아쉐르

서론

이 시는 다윗 왕의 시로서 다윗 왕의 경험과 앞으로 이스라엘의 남은 자들에 대한 축복과 미래에 믿는 자들에 대한 축복에 관하여 예언한 말씀입니다. 이 시의 특별한 것은 아크로스틱(acrostic form)으로 쓴 것입니다. 아크로스틱이라는 말은 히브리어 알파벳 순서로 시의 첫글자를 시작하는 기법입니다. 히브리어 문자는 22자입니다. 본 시는 40절까지이며 히브리어 한 글자에 두 절씩 써 놓은 것입니다.

바라크와 아쉐르

창세기 생육의 축복이 바로 바라크의 축복입니다.

[창1:22] 하나님이 그들에게 복(바라크)을 주시며 이르시되 생육하고 번성
하여 여러 바닷물에 충만하라 새들도 땅에 번성하라 하시니라

아브라함에게 주신 축복도 바라크의 축복이었습니다.

[창 12:2] 내가 너로 큰 민족을 이루고 네게 복(바라크)을 주어 네 이름을
창대하게 하리니 너는 복이 될지라

아쉐르의 축복은 내면 깊은 곳의 축복입니다.

[마 5:3] 심령이 가난한 자는 복이 있나니 천국이 그들의 것임이요

바라크(외형적)의 축복도 당연히 하나님께서 주시는 선물입니다. 그런데 오래 가고 영원한 것은 바로 아쉐르의 축복! 내면의 축복입니다.

바라크의 축복과 함께 결코 다함이 없는 아쉐르의 축복은 시편 1편의 축복입니다.

그런 축복을 받는 사람, 복 있는 사람은 먼저 자기 선(한계)을 분명히 하는 지혜가 있는 사람입니다.

[시1:1] 복 있는 사람은 악인들의 꾀를 따르지 아니하며 죄인들의
길에 서지 아니하며 오만한 자들의 자리에 앉지 아니하고

즉 1절에 나타난 '하지 않아야 할 것'에 대한 이해가 분명한 사람입니다. 자신의 기질과 경향을 스스로 알아 늘 조심하는 사람입니다.

I. 악을 행하는 자들 때문에
다윗은 많은 어려움을 당했습니다

[1] [다윗의 시] "악을 행하는 자들 때문에 불평하여 하지 말며 불의를 행하는 자를 시기하지 말지어다"

"악을 행하는 자들 때문에 불평하여 하지 말며"—악인의 죄악 된 방법을 통하여 부자 되려고 하지 말라.

[2] "그들은 풀과 같이 속히 베임을 당할 것이며 푸른 채소 같이 쇠잔할 것임이로다"

악행 하는 자들이 다윗을 많이 괴롭게 한 것을 우리는 성경을 통하여 압니다. 이 문제에 대하여서 다윗뿐 아니라 많은 성도들이 같은 경험을 하는 것을 봅니다. 시편 73편에서는 거의 전체적으로 취급하였거니와 구약에는 많은 곳에서 이 문제를 취급하였습니다. 마찬가지로 신약에서는 이에 대하여서 많은 곳에서 볼 수 있습니다.

그러므로 문제는 하나님을 믿지 않는 자가 어떻게 잘되는가? 하는 것입니다.

구약에서는 하나님을 믿는 자에게 세상적인 물질의 복을 주시겠다고 약속하였습니다. 그러나 신약에서는 구약처럼 물질적인 축복에 대하여 말씀이 별로 없습니다. 그러므로 어떤 사람은 말하기를 신약 시대에는 믿는 사람들에게 영적인 복만 주고 물질의 복은 주지 않았다고 합니다. 그러나 그런 것은 아닙니다. 신약 시대에는 구약 시대에 주신 물질적인 복에 신약시대에 주신 영적인 복을 더하여 주셨습니다.

다윗은 하나님이 행악하는 자를 버려두어 잘되게 하시고 의인에게는 영적인 면에 큰 복을 주실뿐 물질적인 면에는 관심을 적게 두셨는가라고 생각한 것처럼 보이지만 나중에는 아삽과 같은 물질적 복을 얻게 된 것입니다.

II. 다윗이 원수들의 비방 중에 깨달은 것이 있습니다

[3] "여호와를 의뢰하고 선을 행하라 땅에 머무는 동안 그의 성실을 먹을 거리로 삼을지어다"

[4] "또 여호와를 기뻐하라 그가 네 마음의 소원을 네게 이루어 주시리로다"

"여호와를 의뢰하고 선을 행하라"
1) 깨달은 것 첫째는 "여호와를 의뢰하여 선을 행하라"는 것입니다.
2) 깨달은 것 둘째는 "그의 성실을 먹을 거리로 삼을지어다"는 것입니다.
3) 깨달은 것 셋째는 "여호와를 기뻐하라 그가 네 마음의 소원을 네게 이루어 주시리로다"

너의 필요를 위한 돈을 충분히 가지기 위하여 돈을 훔쳐야겠다거나 자선사업을 중단해야겠다고 생각하지 마시오. 대신, 주님을 의뢰하고 선을 행하시오. 그리하면 당신이 땅에서 오래 살게 됩니다.

"그의 성실을 먹을 거리로 삼을지어다"―주를 믿는 믿음과 당신의 선한 행실을 인하여 하나님은 당신을 먹이시고 도우실 것입니다.

[4] "또 여호와를 기뻐하라 그가 네 마음의 소원을 네게 이루어 주시리로다"

이것은 하나님께서 우리에게 약속하는 언약입니다. 악한 자를 두려워하지 말고 악한 자가 돈 많고 권세 잡은 것을 두려워하지 말고 부러워하지도 마시오. 그들은 졸지에 망하리이다.

> 그러므로 "여호와를 의뢰하고 선을 행하라 땅에 머무는 동안 그의 성실을 먹을 거리로 삼을지어다 또 여호와를 기뻐하라 그가 네 마음의 소원을 네게 이루어 주시리로다"(시 37:3,4) 할렐루야!

우리가 여호와 하나님을 기뻐할 이유가 있습니다.
우리 하나님은 우리에게 제일 귀한 것을 주셨습니다.
무엇입니까? 자기의 독생자 예수 그리스도를 주셨습니다.

> (롬8:32) "자기 아들을 아끼지 아니하시고 우리 모든 사람을 위하여 내주신 이가 어찌 그 아들과 함께 모든 것을 우리에게 주시지 아니하겠느냐"

III. 그러므로 우리를 구원하시기 위하여 아들을 주신 하나님께 맡기라는 것입니다

[5] "네 길을 여호와께 맡기라 그를 의지하면 그가 이루시고"

"네 길을 여호와께 맡기라"

[6] "네 의를 빛 같이 나타내시며 네 공의를 정오의 빛 같이 하시리로다"

"네 의를 빛같이 나타내시며"

하나님은 너의 의롭고 공평한 길을 전부 아시고 법에 따라 상급을 주십니다. 당신이 얼마나 조롱을 당했든지 또 중상모략을 받았든지 하나님은 결국에는 당신의 동기의 모든 순결을 명백하게 만드십니다.

악한 자가 아무리 괴롭혀도 불평하고 싸우지 말고 하나님께 맡기라고 하셨습니다.

> (롬12:19) "내 사랑하는 자들아 너희가 친히 원수를 갚지 말고 하나님의 진노하심에 맡기라 기록되었으되 원수 갚는 것이 내게 있으니 내가 갚으리라고 주께서 말씀하시니라"

원수를 우리가 갚은 다음은 하나님이 할 것이 없습니다. 벌써 자기가 원수를 갚았는데 하나님이 또 갚아 주지 아니합니다. 그러므로 하나님께 맡기라고 하셨습니다. 맡기면 원수를 갚아 주시고 네가 잘못하지 않은 것은 확실하게 나타내 주시겠다는 말씀입니다.

결론

다윗은 많은 경험을 한 후 우리에게 충고합니다.

> [7] "여호와 앞에 잠잠하고 참고 기다리라 자기 길이 형통하며 악한 꾀를 이루는 자 때문에 불평하지 말지어다"

[8] "분을 그치고 노를 버리며 불평하지 말라 오히려 악을 만들 뿐이라"

[9] "진실로 악을 행하는 자들은 끊어질 것이나 여호와를 소망하는 자들은 땅을 차지하리로다"

억울함을 당했을 때 하나님께 맡기고 조용히 기다려야 합니다. 이것이 하나님을 의지하는 것입니다. 불평하고 화를 내지 말고 하나님께 호소하고 기다립시다. 내가 화를 내고 내가 동네방네 떠들면 하나님이 안 도와주십니다. 그러나 하나님께 맡기고 기다리면 악행하던 자는 없어지고 하나님이 손해 본 것 다 갚아주신다는 말씀입니다.

[9] "진실로 악을 행하는 자들은 끊어질 것이나 여호와를 소망하는 자들은 땅을 차지하리로다"

악한 자가 외부적으로 번영하는 함정에 빠지지 말아야 할 것은 하나님의 복을 받은 것이 아닙니다. 예수를 믿는 자만 땅을 유업으로 받을 것이기 때문입니다.

 그러므로 우리는 더욱이, 교회 안에서 무슨 일에든지 불평하고 성내지 맙시다.
어려운 일을 당할 때 하나님께 맡기고 기다려서
원수는 하나님이 갚게 하시고 하나님이 주시는 복을 받아 누리시는 성도들이 되시기를 주의 이름으로 축복합니다.

Psalms

시편 38편
죄 때문에 받는 징계

[다윗의 기념하는 시]

[1] 여호와여 주의 노하심으로 나를 책망하지 마시고 주의 분노하심으로 나를 징계하지 마소서

[2] 주의 화살이 나를 찌르고 주의 손이 나를 심히 누르시나이다

[3] 주의 진노로 말미암아 내 살에 성한 곳이 없사오며 나의 죄로 말미암아 내 뼈에 평안함이 없나이다

[4] 내 죄악이 내 머리에 넘쳐서 무거운 짐 같으니 내가 감당할 수 없나이다

[5] 내 상처가 썩어 악취가 나오니 내가 우매한 까닭이로소이다

[6] 내가 아프고 심히 구부러졌으며 종일토록 슬픔 중에 다니나이다

[7] 내 허리에 열기가 가득하고 내 살에 성한 곳이 없나이다

[8] 내가 피곤하고 심히 상하였으매 마음이 불안하여 신음하나이다

[9] 주여 나의 모든 소원이 주 앞에 있사오며 나의 탄식이 주 앞에 감추이지 아니하나이다

[10] 내 심장이 뛰고 내 기력이 쇠하여 내 눈의 빛도 나를 떠났나이다

[11] 내가 사랑하는 자와 내 친구들이 내 상처를 멀리하고 내 친척들도 멀리 섰나이다

[12] 내 생명을 찾는 자가 올무를 놓고 나를 해하려는 자가 괴악한 일을 말하여 종일토록 음모를 꾸미오나

[13] 나는 못 듣는 자 같이 듣지 아니하고 말 못하는 자 같이 입을 열지 아니 하오니

[14] 나는 듣지 못하는 자 같아서 내 입에는 반박할 말이 없나이다

[15] 여호와여 내가 주를 바랐사오니 내 주 하나님이 내게 응답하시리이다

[16] 내가 말하기를 두렵건대 그들이 나 때문에 기뻐하며 내가 실족할 때에 나를 향하여 스스로 교만할까 하였나이다

[17] 내가 넘어지게 되었고 나의 근심이 항상 내 앞에 있사오니

[18] 내 죄악을 아뢰고 내 죄를 슬퍼함이니이다

[19] 내 원수가 활발하며 강하고 부당하게 나를 미워하는 자가 많으며

[20] 또 악으로 선을 대신하는 자들이 내가 선을 따른다는 것 때문에 나를 대적하나이다

[21] 여호와여 나를 버리지 마소서 나의 하나님이여 나를 멀리하지 마소서

[22] 속히 나를 도우소서 주 나의 구원이시여

✒ Theme: 고난은 죄 때문에 받는 징계인 줄 알아야 하며 회개하고 구원받기 위하여 하나님을 바라보아야 한다.

서론

다윗이 병으로 심히 고생한 때가 있던 것 같으나 성경 말씀이 이에 대하여 말씀하신 것이 없음으로 우리가 말 할 수 없습니다.

[5] "내 상처가 썩어 악취가 나오니 내가 우매한 연고로소이다"

[6] "내가 아프고 심히 구부러졌으며 종일토록 슬픈 중에 다니나이다"

[7] "내 허리에 열기가 가득하고 내 살에 성한 곳이 없나이다"

[8] "내가 피곤하고 심히 상하였으매 마음이 불안하여 신음하나이다"

이 말씀을 보면 다윗이 병으로 심히 고생한 때가 있던 것 같으나 성경이 말하지 않았으니 우리는 말할 것이 없습니다. 그러나 본문이 우리에게 가르쳐 주시는 말씀은 "고난은 죄 때문에 받는 징계인 줄 알아야 하며 회개하고 구원받기 위하여 하나님을 바라보아야 한다."는 것입니다.

I. 다윗이 죄로 말미암아 두려워합니다

[1] [다윗의 기념하는 시] "여호와여 주의 노하심으로 나를 책망하지 마시고 주의 분노하심으로 나를 징계하지 마소서"

"기념하는"—선포하게. 이것은 불행이 닥쳤을 때 하는 기도이며 모든 사람들에게 가르칠 것이다.
"주의 노하심으로 나를 책망하지 마시고"—비록 내가 벌을 받아야 마땅하지만, 주의 진노를 가장 강한 힘대로 저에게 보내지 마옵소서.

다윗이 심히 좌절된 상태에서 하나님이 노하사 자기를 심판하실까 두려워하는 것입니다.

[2] "주의 화살이 나를 찌르고 주의 손이 나를 심히 누르시나이다"

이 말은 참으로 자기가 이렇게 되는 줄 확신한 것입니다. 자기의 아픔을 호소합니다.

[3] "주의 진노로 말미암아 내 살에 성한 곳이 없사오며 나의 죄로 말미암아 내 뼈에 평안함이 없나이다"

다윗은 육신의 병으로 인하여 죄를 짓게 되었습니다. 사람은 육신이 괴로울 때 하나님을 불신하게도 되고 의심하게도 됩니다. 그러므로 육신과 마음의 평안이 없습니다.

[4] "내 죄악이 내 머리에 넘쳐서 무거운 짐 같으니 내가 감당할 수 없나이다"

우리는 우리의 괴로운 짐을 지고 가지 못합니다. 더욱이 죄의 짐은 지고 가지 못합니다. 그런 짐은 하나님께 맡겨야 합니다.

II. 다윗은 육신의 병으로 육신의 아픔과 심령의 아픔을 호소합니다

[5] "내 상처가 썩어 악취가 나오니 내가 우매한 까닭이로소이다"

[6] "내가 아프고 심히 구부러졌으며 종일토록 슬픔 중에 다니나이다"

[7] "내 허리에 열기가 가득하고 내 살에 성한 곳이 없나이다"

[8] "내가 피곤하고 심히 상하였으매 마음이 불안하여 신음하나이다"

그의 어리석은 행위의 결과로 온, 질병은 육신과 머리를 아프게 합니다. 이 시가 만일 다윗의 육신의 병이 아니고 예수 그리스도에 관한 것이라고 하면 예수 그리스도에게는 어리석음으로 온 병은 아닙니다. 예수 그리스도는 죄가 없습니다.

(눅1:35) "천사가 대답하여 이르되 성령이 네게 임하시고 지극히 높으신 이의 능력이 너를 덮으시리니 이러므로 나실 바 거룩한 이는 하나님의 아들이라 일컬어지리라"

또한 사도요한은 (요일3:5) "그가 우리 죄를 없애려고 나타내신 것을 너희가 아나니 그에게는 죄가 없느니라"고 했습니다.

예수 그리스도는 거룩한 하나님의 아들입니다. 하나님께서 말씀하셨습니다.

(막1:11) "하늘로부터 소리가 나기를 너는 내 사랑하는 아들이라 내가 너를 기뻐하노라 하시니라"

예수 그리스도는 십자가에서 우리 죄를 위하여 죽으실 때 그 육신의 아픔을 어디에다 비하겠습니까? 예수님은 우리가 우리의 죗값으로 당할 모든 괴로움을 다 지시고 죽으셨습니다. 예수님은 죄가 없으셔도 우리의 죗값으로 벌을 받으셨습니다.

(벧전2:24) "친히 나무에 달려 그 몸으로 우리 죄를 담당하셨으니 이는 우리로 죄에 대하여 죽고 의에 대하여 살게 하려 하심이라 그가 채찍에 맞음으로 너희는 나음을 얻었나니"

우리의 무엇이 나음을 얻었습니까? 육신의 병입니까? 아닙니다. 우리의 죄가 나음을 얻었습니다. 우리의 죗값을 대신해서 고난을 당하셨습니다. 예수님은 우리의 죗값으로 예수님이 육체의 아픔을 당하셨습니다. 예수님은 우리 죄로 인하여 한없으신 슬픔을 당하셨습니다.

[18] "내 죄악을 아뢰고 내 죄를 슬퍼함이니이다"

III. 사람은 악을 행하는 데는 강하고 "선을 악으로 갚는" 자들입니다

[9] "주여 나의 모든 소원이 주 앞에 있사오며 나의 탄식이 주 앞에 감추이지 아니하나이다"

"주여 나의 모든 소원이 주의 앞에 있사오며" – 건강과 안정을 원하는 나의 소원을 주님은 다 아시나이다. 그리고 그것을 나에게 공급하실 권능도 주님이 가지고 계십니다. 내 소원의 총화는 주님 앞에 서는 것과 성실하게 주님의 뜻을 이루는 것입니다.

[10] "내 심장이 뛰고 내 기력이 쇠하여 내 눈의 빛도 나를 떠났나이다"

[11] "내가 사랑하는 자와 내 친구들이 내 상처를 멀리하고 내 친척들도 멀리 섰나이다"

"멀리하고 … 멀리 섰나이다" – 그들은 나의 고통을 덜어주려고 애쓰던 것을 포기했고 나를 떠났습니다

사람은 누가 아플 때 고통을 들어주지 못합니다. 하물며 죄로 오는 고통은 사람 이 도울 길 없습니다. 그 고통은 하나님 밖에는 해결하지 못합니다.

[12] "내 생명을 찾는 자가 올무를 놓고 나를 해하려는 자가 괴악한 일을 말하여 종일토록 음모를 꾸미오나"

[13] "나는 못 듣는 자 같이 듣지 아니하고 말 못하는 자 같이 입을 열지 아니하오니"

"나는 못 듣는 자 같이"—나에게 망신 주는 자들에게 나는 대답하지 않습니다. 주여, 나는 주님만 바라나이다. 주님은 내 편을 드시고 나를 구속하시리이다.

[14] "나는 듣지 못하는 자 같아서 내 입에는 반박할 말이 없나이다"

[15] "여호와여 내가 주를 바랐사오니 내 주 하나님이 내게 응답하시리이다"

"여호와여 내가 주를 바랐사오니 내 주 하나님이 내게 응답하시리이다"—주께서 응답하시리이다. 오 주 내 하나님이여. 주는 내 대신 저희를 논박하시리이다.

[16] "내가 말하기를 두렵건대 그들이 나 때문에 기뻐하며 내가 실족할 때에 나를 향하여 스스로 교만할까 하였나이다"

"내가 말하기를" 나를 괴롭히는 자들에게 내가 하나님의 구원에 합당하지 않게 되고 그리하여 나를 괴롭히는 자들로 하나님을 믿는 나의 믿음을 비웃게 할까하여 나는 결코 말대꾸를 안했다.

[17] "내가 넘어지게 되었고 나의 근심이 항상 내 앞에 있사오니"

"내가 넘어지게 되었고"—나는 기능을 상실할 정도의 고통에 걸리게 되었다. 두렵건대 하나님의 징계의 채찍이 계속될까 한다.

[18] "내 죄악을 아뢰고 내 죄를 슬퍼함이니이다"

[19] "내 원수가 활발하며 강하고 부당하게 나를 미워하는 자가 많으며"

[20] "또 악으로 선을 대신하는 자들이 내가 선을 따른다는 것 때문에 나를 대적하나이다"

결론

다윗은 죽을 지경에 들어간다 하여도 하나님이 버리지 않고 멀리 계시지도 않음을 믿습니다. 힘이 없어 연약하여 넘어진다 하더라도 넘어지기 전에 붙들어 주실 것을 믿었습니다. 그러므로 기도합니다.

[21] "여호와여 나를 버리지 마소서 나의 하나님이여 나를 멀리하지 마소서"

[22] "속히 나를 도우소서 주 나의 구원이시여"

우리 하나님은 구원의 하나님이십니다. 하나님 아버지는 사랑이 풍성하셔서 예수 그리스도를 믿는 자들은 예수님의 공로로 죄사함 받고 구원을 얻습니다.

"속히 나를 도우소서"—내가 비록 잘못했어도 나는 진실하게 회개했고 나 자신을 전적으로 주님의 뜻에 복종시켰으므로 내가 나의 고통과 나를 괴롭히는 자들을 이길 것을 나는 확신한다.

랍비는 예수님의 공로를 믿지 않습니다. 자기가 회개하면 회개한 탓으로 구원 얻는 줄 알지만 사람들의 회개는 온전하지 못합니다. 그러므로 예수님의 공로를 힘입어야 합니다.

유대인들, 제사장들과 서기관 및 바리새인들은 권세를 가지고 예수님을 핍박하고 나중에는 십자가에까지 못 박아 죽였습니다. 십자가에서 육신의 고통과 영혼의 고통과 마음의 괴로움을 다 당하셨습니다. 인간의 죄 때문에 죄 없으신 예수님이 고통을 당하셨습니다. 그러므로 우리는 구원 얻기 위하여 예수 그리스도만 바라봐야 합니다.

 그러므로 우리는 고난은 죄 때문에 받는 징계인 줄 알아야 하며 회개하고 구원받기 위하여 예수 그리스도를 앙망하고 항상 감사하며 회개하는 생활이 되시기를 축복합니다.

시편 **39** 편

나의 종말
(신년 예배, 장례식)

[다윗의 시, 인도자를 따라 여두둔 형식으로 부르는 노래]

[1] 내가 말하기를 나의 행위를 조심하여 내 혀로 범죄하지 아니하리니 악
인이 내 앞에 있을 때에 내가 내 입에 재갈을 먹이리라 하였도다

[2] 내가 잠잠하여 선한 말도 하지 아니하니 나의 근심이 더 심하도다

[3] 내 마음이 내 속에서 뜨거워서 작은 소리로 읊조릴 때에 불이 붙으니
나의 혀로 말하기를

[4] 여호와여 나의 종말과 연한이 언제까지인지 알게 하사 내가 나의 연약
함을 알게 하소서

[5] 주께서 나의 날을 한 뼘 길이만큼 되게 하시매 나의 일생이 주 앞에는
없는 것 같사오니 사람은 그가 든든히 서 있는 때에도 진실로 모두가
허사뿐이니이다 (셀라)

[6] 진실로 각 사람은 그림자 같이 다니고 헛된 일로 소란하며 재물을 쌓
으나 누가 거둘는지 알지 못하나이다

[7] 주여 이제 내가 무엇을 바라리요 나의 소망은 주께 있나이다

[8] 나를 모든 죄에서 건지시며 우매한 자에게서 욕을 당하지 아니하게 하
소서

[9] 내가 잠잠하고 입을 열지 아니함은 주께서 이를 행하신 까닭이니이다

[10] 주의 징벌을 나에게서 옮기소서 주의 손이 치심으로 내가 쇠망하였나
이다

[11] 주께서 죄악을 책망하사 사람을 징계하실 때에 그 영화를 좀먹음 같이

소멸하게 하시니 참으로 인생이란 모두 헛될 뿐이니이다 (셀라)

[12] 여호와여 나의 기도를 들으시며 나의 부르짖음에 귀를 기울이소서 내가 눈물 흘릴 때에 잠잠하지 마옵소서 나는 주와 함께 있는 나그네이며 나의 모든 조상들처럼 떠도나이다

[13] 주는 나를 용서하사 내가 떠나 없어지기 전에 나의 건강을 회복시키소서

✒ **Theme:** 사람이 자기의 종말과 연한이 어떠함을 알면,
자기의 연약함을 알고 소망을 주님께만 두게 된다.

서론

누구나 지나간 날들을 돌아보지 않는 사람이 없을 것입니다. 우리는 각자 자기의 과거를 생각해 봅시다.

어려서 어머니 품에서 젖을 빨며 그대로 잠들어 어머니 품에서 잠든 것을 기억할 수는 없으나 누구나 상상할 수 있으므로 생각만 해도 행복한 일입니다. 또 조금 자라서 어머니의 손을 잡고 유치원에 갔던 것 생각만 해도 행복합니다.

그러나 학교에 들어가서 공부를 시작하면 책임이 생기기 시작합니다. 중학교 고등학교 대학교 올라갈수록 책임은 많아집니다. 그러다가 사회인으로 세상에 나가면 사회가 주는 억압이 있습니다. 그것을 우리는 고통이라고 합니다.

우리는 새해를 맞을 때 이 모든 것이 우리의 머리를 스쳐 지나갑니다.

동시에 또한 우리의 머릿속에는 새해를 맞으면서 누구나 생각하는 것은 새해에 무슨 일이 있을까? 좋은 일 나쁜 일? 무슨 일이 있을지 누구도

모릅니다. 다만 좋은 일이 있기를 바라는 것뿐입니다. 오늘 시편 저자도 이것을 간절히 알고 싶었습니다. 오늘 본문이 우리에게 가르쳐 주는 것은 사람이 자기의 종말과 연한이 어떠함을 알면, 자기의 연약함을 알고 소망을 주님께만 두게 된다는 것입니다.

I. 다윗은 어떤 경우에도 혀로 범죄하지 않기로 결심했습니다

[1] [다윗의 시, 인도자를 따라 여두둔 형식으로 부르는 노래]
"내가 말하기를 나의 행위를 조심하여 내 혀로 범죄하지 아니하리니 악인이 내 앞에 있을 때에 내가 내 입에 재갈을 먹이리라 하였도다"

"여두둔으로" — 여두둔은 성전의 성가대 지휘자; 또는 악기의 이름. 미드라시 적으로 말하면 이것은 이스라엘에 떨어진 법령에 대한 언급이다.
"내 혀로 범죄하지 아니하리니" — 비록 악인이 내 앞에 서서 아픔과 괴로움을 가하는 동안에도 나는 불평하거나 하나님의 공의를 의심하는 질문을 말하지 않기로 결심했다.

내가 괴로움을 당할 때 원수가 내 마음을 아무리 격동시켜도 질문에 대답하지 않고 말싸움하여 범죄하지 않기로 결심했다는 말입니다.

[2] "내가 잠잠하여 선한 말도 하지 아니하니 나의 근심이 더 심하도다"

"내가 잠잠하여 선한 말도 하지 아니하니" — 선한 말도 나는 잠잠했다. 나는 선한 말 과 위로해 주는 말까지도 하지 않았다.

나의 강렬한 고통이 나로 실수하여 불평의 말을 하게 할까 두려워서입니다.

원수에게는 아무리 선한 말을 해 주어도 고맙게 생각하지 않고 비웃는 줄 알고 트집을 잡습니다.

[4] "여호와여 나의 종말과 연한이 언제까지인지 알게 하사 내가 나의 연약함을 알게 하소서"

"여호와여 나의 종말과 … 알게 하사" — 여호와여 나의 종말을 알게 하사 나로 언제 나의 고통이 끝날지 알게 하소서.

사람이 분이 나는 것을 제일 빨리 멈추는 방법은 종말을 알고 생각하는 것입니다. 종말은 죽는 시간을 말합니다.

[5] "주께서 나의 날을 한 뼘 길이만큼 되게 하시매 나의 일생이 주 앞에는 없는 것 같사오니 사람은 그가 든든히 서 있는 때에도 진실로 모두가 허사뿐이니이다 (셀라)"

"한 뼘 길이" — 가장 짧은 치수

다윗 왕은 "사람은 그가 든든히 서 있는 때에도 모두가 허사뿐" 임을 고백합니다. 말하자면, 돈을 많이 벌어도, 높은 자리에 올라가도, 모든 일에 성공을 해도 다 허사라는 것입니다. 왜냐? 일생이 너무나도 짧습니다.

젊을 때는 40년간 왕궁에서 살았고 40년간은 이스라엘의 인도자로서 일 평생을 살아온 모세도 120세에 죽을 때는, 이와 같이 말했습니다.

(시90:4) "주의 목전에는 천 년이 지나간 어제 같으며 밤의 한 순 간 같을 뿐임이니이다"

II. 다윗은 우매한 자에게서 비웃음과 욕을 당하지 않도록 기도했다

[8] "나를 모든 죄에서 건지시며 우매한 자에게서 욕을 당하지 아 니하게 하소서"

"우매한 자에게서 욕을 당하지 아니하게 하소서"—타락한 자 앞에서 수 치가 되지 않게 하소서. 타락한 자에게 나로 멸시의 대상을 만드는 나의 고통에 구조를 허락 하소서.

우매한 자들과 타락한 자들에게서 욕을 당하지 않도록 해 달라고 다윗 은 기도했습니다. 이것은 우리 믿는 자들이 다 기도하며 주의해야 할 일 입니다.

(시90:9~10) "우리의 모든 날이 주의 분노 중에 지나가며 우리의 평생이 순식간에 다하였나이다 우리의 연수가 칠십이요 강건하면 팔십이라도 그 연수의 자랑은 수고와 슬픔뿐이요 신속히 가니 우 리가 날아가나이다"

일생이 너무나도 짧고 빨리 지나갑니다. 거기에다 자기의 죽는 날도 모르니 얼마나 답답한 인간입니까? 거기에다 사람들에게서 비웃음을 당하는 것은 나만 부끄러운 일이 아니요 하나님께 욕이 됩니다.

결론

다윗은 항상 하나님과 동거하기를 기도합니다.

> [12] "여호와여 나의 기도를 들으시며 나의 부르짖음에 귀를 기울이소서 내가 눈물 흘릴 때에 잠잠하지 마옵소서 나는 주와 함께 있는 나그네이며 나의 모든 조상들처럼 떠도나이다"

> "주와 함께 있는 나그네이며 나의 모든 조상들처럼 떠도나이다"—사람들은 항상 이 세상에 영구히 머물 것으로 생각한다. 그러나 그들의 죽음은 언제나 그 오해가 거짓말임을 폭로해 왔다. 사람이 자기 일생을 방문객으로 산다면 자기의 덧없음을 깨달을 것이다. 그를 자극하는 쾌락의 추구를 버리고 그 대신 그의 일생을 율법으로 채울 것이요—그러면 그는 모든 자기의 [의로운] 조상들과 같이 오는 세상에서 살 자가 될 것이다.

우리가 이 세상에 잠깐 있다 가는 임시 거주지라고 생각하면 하나님의 법을 따라 살다간 아브라함이나, 모세나, 다윗 같이 계명을 따라 살 것입니다.

> [13] "주는 나를 용서하사 내가 떠나 없어지기 전에 나의 건강을

회복시키소서"

"주는 나를 용서하사"—주의 벌을 내게서 돌이키소서 그리하여 내가 다시 주님을 섬기도록 강해지게 하소서.
"내가 떠나 없어지기 전에 나의 건강을 회복시키소서"—사람이 일 할 수 있고 상급을 얻을 수 있는 것은 다만 이 세상에서뿐이다. 오는 세상은 오직 사람이 땅에서 보낸 일생동안에 행한 행위에 대하여 상급 받는 곳이다.

하나님께 간구합니다. 내가 건강하여 일할 때 하나님께 가서 상급 받도록 일 하겠사오니 모든 것에 건강을 주시고, 지혜도 주시고, 믿음도 주시옵소서. 법을 따라 사는 용기도 주시면 선한 일에 열심히 하겠습니다. 시간을 아껴 일 하겠습니다. 성령께서 도와주시옵소서. 사도 바울도 상받기 위해 일한다고 했습니다.

Goal 그러므로 우리도 주님께 다윗처럼 기도하여
율법을 지키고 살아 사람들이 비웃지 못하게 하고
주님 만날 때 많은 상급 받을 수 있는 일꾼들 되시기를 기도합니다.

시편 40편

환란 중에 드리는 다윗 왕의 기도 (메시아 시)

[다윗의 시, 인도자를 따라 부르는 노래]

[1] 내가 여호와를 기다리고 기다렸더니 귀를 기울이사 나의 부르짖음을 들으셨도다

[2] 나를 기가 막힐 웅덩이와 수렁에서 끌어올리시고 내 발을 반석 위에 두사 내 걸음을 견고하게 하셨도다

[3] 새 노래 곧 우리 하나님께 올릴 찬송을 내 입에 두셨으니 많은 사람이 보고 두려워하여 여호와를 의지하리로다

[4] 여호와를 의지하고 교만한 자와 거짓에 치우치는 자를 돌아보지 아니하는 자는 복이 있도다

[5] 여호와 나의 하나님이여 주께서 행하신 기적이 많고 우리를 향하신 주의 생각도 많아 누구도 주와 견줄 수가 없나이다 내가 널리 알려 말하고자 하나 너무 많아 그 수를 셀 수도 없나이다

[6] 주께서 내 귀를 통하여 내게 들려 주시기를 제사와 예물을 기뻐하지 아니하시며 번제와 속죄제를 요구하지 아니하신다 하신지라

[7] 그 때에 내가 말하기를 내가 왔나이다 나를 가리켜 기록한 것이 두루마리 책에 있나이다

[8] 나의 하나님이여 내가 주의 뜻 행하기를 즐기오니 주의 법이 나의 심중에 있나이다 하였나이다

[9] 내가 많은 회중 가운데에서 의의 기쁜 소식을 전하였나이다 여호와여 내가 내 입술을 닫지 아니할 줄을 주께서 아시나이다

[10] 내가 주의 공의를 내 심중에 숨기지 아니하고 주의 성실과 구원을 선포하였으며 내가 주의 인자와 진리를 많은 회중 가운데에서 감추지 아니하였나이다

[11] 여호와여 주의 긍휼을 내게서 거두지 마시고 주의 인자와 진리로 나를 항상 보호하소서

[12] 수많은 재앙이 나를 둘러싸고 나의 죄악이 나를 덮치므로 우러러 볼 수도 없으며 죄가 나의 머리털보다 많으므로 내가 낙심하였음이니이다

[13] 여호와여 은총을 베푸사 나를 구원하소서 여호와여 속히 나를 도우소서

[14] 내 생명을 찾아 멸하려 하는 자는 다 수치와 낭패를 당하게 하시며 나의 해를 기뻐하는 자는 다 물러가 욕을 당하게 하소서

[15] 나를 향하여 하하 하하 하며 조소하는 자들이 자기 수치로 말미암아 놀라게 하소서

[16] 주를 찾는 자는 다 주 안에서 즐거워하고 기뻐하게 하시며 주의 구원을 사랑하는 자는 항상 말하기를 여호와는 위대하시다 하게 하소서

[17] 나는 가난하고 궁핍하오나 주께서는 나를 생각하시오니 주는 나의 도움이시요 나를 건지시는 이시라 나의 하나님이여 지체하지 마소서

Theme: 다윗은 "우리의 힘과 구원이 되시는 주여, 은혜 안에서 환란 중에도 성령으로 우리를 붙드시사 우리로 주님을 진실 되게 예배하며 섬기게 하옵소서"라고 기도했다.

서론

시편 40편과 41편은 연결되어 있는 메시야 시라고 합니다. 왜냐하면 신약 성경에 많이 인용되어 있기 때문입니다. 이 시는 다윗 왕이 자기 아들 압살롬에게 쫓겨 예루살렘 성에서 도망하는 쓰라린 경험을 말합니다.

또한 이 시는 히브리서 10장 5~7에 확실하게 인용되어 있습니다. 또한 이 시편 안에는 예수 그리스도가 부활하시고 승천하시는 것을 예언하였으므로 메시야 시라고 합니다.

이 시가 우리에게 가르쳐 주는 말씀은 다윗이 우리의 힘과 구원이 되시는 주여, 은혜 안에서 환란 중에도 성령으로 우리를 붙드시사 우리로 주님을 진실되게 예배하며 섬기게 하옵소서 라고 기도했다는 것입니다.

I. 메시아에 대한 예언

1. [1] "내가 여호와를 기다리고 기다렸더니 귀를 기울이사 나의 부르짖음을 들으셨도다"

예수께서 잡혀 죽으신 것은 실패하신 것이 아니요 3일만에 부활 하신 것은 승리하신 것입니다. "내가 여호와를 기다리고 기다렸더니 귀를 기울이사 나의 부르짖음을 들으셨도다" 하신 말씀은 십자가에서 부르짖는 소리를 하나님 아버지께 들으셨다는 말씀입니다.

2. [2] "나를 기가 막힐 웅덩이와 수렁에서 끌어올리시고 내 발을 반석 위에 두사 내 걸음을 견고하게 하셨도다"

"기가 막힐 웅덩이 …에서"
노한 물들의 웅덩이… 나를 삼키고 죽이려는 위태로운 병에서.
[다른 해석: 애굽의 속박과 홍해 바다 물결에서]

예수 그리스도의 당하신 고통을 "기가 막힐 웅덩이와 수렁"으로 비유하였습니다. 우리는 예수님이 당하신 십자가의 고통은 짐작할 수도 없습니다.

수렁이란 점점 깊이 들어가 나올 수 없는 곳을 말합니다. 그러나 3일 만에 부활하시고 하나님께서 만왕의 왕으로, 만주의 주로 삼으셨습니다. 이것을 가르쳐 "내 발을 반석 위에 두사 내 걸음을 견고하게 하셨도다." 라고 하였습니다.

> (마28:18) "예수께서 나아와 말씀하여 이르시되 하늘과 땅의 모든 권세를 내게 주셨으니"

> [3] "새 노래 곧 우리 하나님께 올릴 찬송을 내 입에 두셨으니 많은 사람이 보고 두려워하여 여호와를 의지하리로다"

> "새 노래 곧 우리 하나님께 올릴 찬송을 내 입에 두셨으니"
> 이 구원으로 말미암아 내 입에 새 노래를 두셨습니다. 하나님이 주신 새로운 은혜를 위하여 하나님께 새 노래를 부르는 것은 현재 내 의무이기 때문입니다. [홍해에서 부른 노래를 언급한다고 유대인은 말하지만 예수 그리스도의 부활을 말합니다.]

"새 노래"가 무엇인가 하면 하나님의 구원하시는 방법입니다. 예수 그리스도께서 십자가에서 죽으심으로 죄인을 구원하시는 방법은 옛날에는 아는 사람이 없었습니다. 예수 그리스도께서 죽으시고 부활하심으로 구약 시대의 찬송과 신약 시대의 찬송이 달라졌습니다. 지금 우리의 찬송가를 보십시요. 예수 그리스도의 죽으심과 부활하심으로 우리를 구원하신 것을 찬송하는 것뿐입니다. 이것이 "새 노래"입니다.

"많은 사람이 보고 두려워하여" — 많은 사람이 보고 두려워 할 것입니다.

아직까지 하나님을 두려워하지 않은 자들은 내가 하나님의 구원을 받은 것을 배우고 그렇게 하기를 배울 것이다 [출애굽에 대해서 율법은 말한다 (출15:14) "여러 나라가 듣고 떨며 블레셋 주민이 두려움에 잡히며"

"여호와를 의지하고"—하나님을 의지하고 하나님이 그들의 노력에 복을 주셔서 그들 사업을 번영하게 하고 투기적 기업을 성공하게 하시리라고 믿는 사람들이 있습니다. 그러나 칭찬 받을만한 사람은 하나님을 자기의 의지로 삼고 하나님으로 자기에게 복을 주시는 길의 판결자가 되게 하는 사람입니다.

"많은 사람이 보고 두려워하여" 무엇을 보았습니까? 예수님의 죽음과 부활과 승천하심을 보고 하나님을 두려워하고 하나님을 믿고 의지하게 되었습니다.

[4] "여호와를 의지하고 교만한 자와 거짓에 치우치는 자를 돌아
보지 아니하는 자는 복이 있도다"

"교만한 자와 거짓에 치우치는 자를 돌아보지 아니하는"—그는 권세 가
진 인간들을 의지하지 않았습니다.

예수 그리스도가 본이 되었습니다. 예수님은 교만한 제사장들과 서기관이나 바리새인이나 왕들 즉 예수를 믿지 않고 복음을 받지 않는 사람들과 교제하려 하지 않았습니다. 그런 자들과는 교제하지 않는 사람이 복된 사람이라는 말씀입니다. 예수님은 그런 자를 돌보지 않으신다고 했습니다. 구원 얻을 수 없다는 것입니다.

[5] "여호와 나의 하나님이여 주께서 행하신 기적이 많고 우리를

향하신 주의 생각도 많아 누구도 주와 견줄 수가 없나이다 내가
널리 알려 말하고자 하나 너무 많아 그 수를 셀 수도 없나이다"

"주께서 행하신 기적이 많고 우리를 향하신 주의 생각도 많아"

하나님이 하시는 이적들과 하나님이 작동시키시는 진행은 성도들의
유익을 위한 것입니다.

하나님이 행하신 일 (기적)과 생각 (신학)을 어찌 다 말하겠습니까? 세
상에 제일 많은 책이 신학 서적입니다. 이것은 셀 수도 없고 말할 수도 없
습니다. 하나님은 광대하십니다.

(요21:25) "예수께서 행하신 일이 이 외에도 많으니 만일 낱낱이 기
록된다면 이 세상이라도 이 기록된 책을 두기에 부족할 줄 아노라"

(요20:31) "오직 이것을 기록함은 너희로 예수께서 하나님의 아들
그리스도이심을 믿게 하려 함이요 또 너희로 믿고 그 이름을 힘입
어 생명을 얻게 하려 함이니라"

[6] "주께서 내 귀를 통하여 내게 들려 주시기를 제사와 예물을 기뻐
하지 아니하시며 번제와 속죄제를 요구하지 아니하신다 하신지라"

"제사와 예물을 기뻐하지 아니하시며" ─하나님은 제사가 아니라 순종
을 요구하십니다. [삼상15:22; 렘7:22-23]

[7] "그 때에 내가 말하기를 내가 왔나이다 나를 가리켜 기록한 것
이 두루마리 책에 있나이다"

두루마리는 구약 성경을 말합니다. 거기에는 예수 그리스도에 관한 예언이 다 기록되었습니다.

> [8] "나의 하나님이여 내가 주의 뜻 행하기를 즐기오니 주의 법이 나의 심중에 있나이다 하였나이다"

> [9] "내가 많은 회중 가운데에서 의의 기쁜 소식을 선포하였나이다 여호와여 내가 내 입술을 닫지 아니할 줄을 주께서 아시나이다"

> "내가 [주의] 의를 선포하였나이다"—사람이 율법을 개인적으로 세심하게 지키게 되는 것으로 충분한 것이 아닙니다. 그는 또한 하나님이 자기에게 행하신 그 크신 인자를 공포하고 이 세상에 하나님이 계심을 전파할 의무가 있습니다.

> (마28:18~20) "예수께서 나아와 말씀하여 이르시되 하늘과 땅의 모든 권세를 내게 주셨으니 그러므로 너희는 가서 모든 민족을 제자로 삼아 아버지와 아들과 성령의 이름으로 세례를 베풀고, 내가 너희에게 분부한 모든 것을 가르쳐 지키게 하라 볼지어다 내가 세상 끝날까지 너희와 항상 함께 있으리라 하시니라"

이 말씀은 히브리서 10장에 인용된 말씀입니다.

1) 처음에 기록된 "주께서 나의 귀를 통하여 들리시기를"(mine ears hast thou opened) 하는 말씀을 이해하려면 출애굽기 21장 1~6절을 알아야 합니다.

> (출21:1~6) [1] "네가 백성 앞에 세울 법규는 이러하니라"

[2] "네가 히브리 종을 사면 그는 여섯 해 동안 섬길 것이요 일곱째 해에는 몸값을 물지 않고 나가 자유인이 될 것이며"

[3] "만일 그가 단신으로 왔으면 단신으로 나갈 것이요 장가 들었으면 그의 아내도 그와 함께 나가려니와"

[4] "만일 상전이 그에게 아내를 주어 그의 아내가 아들이나 딸을 낳았으면 그의 아내와 그의 자식들은 상전에게 속할 것이요 그는 단신으로 나갈 것이로되"

[5] "만일 종이 분명히 말하기를 내가 상전과 내 처자를 사랑하니 나가서 자유인이 되지 않겠노라 하면"

[6] "상전이 그를 데리고 재판장에게로 갈 것이요 또 그를 문이나 문설주 앞으로 데리고 가서 그것에다가 송곳으로 그의 귀를 뚫을 것이라 그는 종신토록 그 상전을 섬기리라"

예수 그리스도는 우리 죄인들과 영원히 같이 살겠다고 귀를 송곳으로 뚫은 종이 되었다는 것입니다.

2) [6] "제사와 예물을 기뻐하지 아니하시며 번제와 속죄제를 요구하지 아니하신다 하신지라"

이 말씀은 예수 그리스도께서 종으로 십자가에서 죽으시사 단번에 제사를 드렸으므로 다시 제사를 드릴 필요가 없다는 말씀입니다. 그래서 그 후부터 제사법이 없어졌습니다.

II. 다윗 왕의 자기를 위한 기도

1. 자기는 성령께서 도와주심으로 진실 되게 예배하고 섬기겠다고 약속합니다.

[10] "내가 주의 공의를 내 심중에 숨기지 아니하고 주의 성실과 구원을 선포하였으며 내가 주의 인자와 진리를 많은 회중 가운데 에서 감추지 아니하였나이다"

[11] "여호와여 주의 긍휼을 내게서 거두지 마시고 주의 인자와 진리로 나를 항상 보호하소서"

[12] "수많은 재앙이 나를 둘러싸고 나의 죄악이 나를 덮치므로 우러러볼 수도 없으며 죄가 나의 머리털보다 많으므로 내가 낙심하였음이니이다"

2. 압살롬에게 쫓기면서 도움을 청하는 기도

[13] "여호와여 은총을 베푸사 나를 구원하소서 여호와여 속히 나를 도우소서"

[14] "내 생명을 찾아 멸하려 하는 자는 다 수치와 낭패를 당하게 하시며 나의 해를 기뻐하는 자는 다 물러가 욕을 당하게 하소서"

[15] "나를 향하여 하하 하하 하며 조소하는 자들이 자기 수치로 말미암아 놀라게 하소서"

[16] "주를 찾는 자는 다 주 안에서 즐거워하고 기뻐하게 하시며 주의 구원을 사랑하는 자는 항상 말하기를 여호와는 위대하시다 하게 하소서"

[17] "나는 가난하고 궁핍하오나 주께서는 나를 생각하시오니 주는 나의 도움 이시요 건지시는 자시라 나의 하나님이여 지체하지 마소서"

결론

다윗은 일평생 전쟁을 하였으나 전쟁에서 진 때가 없습니다. 그러나 늙어서 아들에게 쫓겨 갈 때 그 얼마나 비참했겠습니까? 하나님은 그 비참한 꼴을 당하는 다윗 왕에게 성령으로 감동하사 1000년 후에 오셔서 비참한 꼴을 당하실 예수 그리스도를 예언하게 하셨습니다.

주님을 더욱 진실된 마음으로 믿고 의지하게 하시고 기도하게 하셨습니다. 이 기도를 들으신 하나님께서는 다윗으로 다시 예루살렘 성으로 일주일 후에 돌아가 왕위에 앉게 하셨습니다. 다윗은 앞으로 오실 예수를 믿고 예배하고 주를 잘 섬김으로 세계에 없는 성왕이 되었습니다.

복 받는 길은 다윗 왕처럼 예수님을 잘 알고 사랑하여 예배 잘 드리고 주님 잘 섬기는 것입니다. 예수님은 우리의 힘과 구원이 되시는 주님이십니다. 은혜 안에서 성령으로 우리를 붙드시고 도우시사 환란 중에라도 우리로 주님을 진실 되게 예배하며 섬기게 하옵소서 라고 기도합시다.

Goal 그러므로 우리는 예수님을 더 많이 알도록 노력합시다.
성경공부 열심히 합시다.
그리고 환란 중에라도 예배 잘 드려 주를 위해 열심을 다합시다.
주님이 기뻐하실 뜻을 따라 삽시다.
성령님의 도우심으로 만사에 주님 안에서 승리하시기를 축복합니다.

하나님의 사랑
[메시아 시]

[다윗의 시, 인도자를 따라 부르는 노래]

[1] 가난한 자를 보살피는 자에게 복이 있음이여 재앙의 날에 여호와께서 그를 건지시리로다

[2] 여호와께서 그를 지키사 살게 하시리니 그가 이 세상에서 복을 받을 것이라 주여 그를 그 원수들의 뜻에 맡기지 마소서

[3] 여호와께서 그를 병상에서 붙드시고 그가 누워 있을 때마다 그의 병을 고쳐 주시나이다

[4] 내가 말하기를 여호와여 내게 은혜를 베푸소서 내가 주께 범죄하였사오니 나를 고치소서 하였나이다

[5] 나의 원수가 내게 대하여 악담하기를 그가 어느 때에나 죽고 그의 이름이 언제나 없어질까 하며

[6] 나를 보러 와서는 거짓을 말하고 그의 중심에 악을 쌓았다가 나가서는 이를 널리 선포하오며

[7] 나를 미워하는 자가 다 하나같이 내게 대하여 수군거리고 나를 해하려고 꾀하며

[8] 이르기를 악한 병이 그에게 들었으니 이제 그가 눕고 다시 일어나지 못하리라 하오며

[9] 내가 신뢰하여 내 떡을 나눠 먹던 나의 가까운 친구도 나를 대적하여 그의 발꿈치를 들었나이다

[10] 그러하오나 주 여호와여 내게 은혜를 베푸시고 나를 일으키사 내가 그

들에게 보응하게 하소서 이로써

[11] 내 원수가 나를 이기지 못하오니 주께서 나를 기뻐하시는 줄을 내가 알았나이다

[12] 주께서 나를 온전한 중에 붙드시고 영원히 주 앞에 세우시나이다

[13] 이스라엘의 하나님 여호와를 영원부터 영원까지 송축할지로다 아멘 아멘

Theme: 가난하고 병들었을 때의 경험을 생각해 보면, 하나님이 사람을 사랑함으로 심지어는 가장 소망 없는 정황에서도 사랑으로 가까이하심을 깨닫게 된다.

서론

이 메시아에 관한 시편은 아마도 다윗이 아히도벨에게 배신을 당할 때에 썼을 것으로 생각됩니다. 압살롬이 자기의 아버지를 죽이려고 전쟁을 일으켰습니다. 다윗의 모사였던 아히도벨이 다윗을 배신하고 압살롬 편에 가서 다윗을 죽일 모략을 말하였습니다. 그 때 오히려 후새의 모략이 받아들여져 그는 자기의 고향으로 가서 목매달아 죽었습니다. 이 내용이 사무엘하 17장에 있습니다.

(삼하17:23) "아히도벨이 자기 계략이 시행되지 못함을 보고 나귀에 안장을 지우고 일어나 고향으로 돌아가 자기 집에 이르러 집을 정리하고 스스로 목매어 죽으매 그의 조상의 묘에 장사되니라"

이 시는 축복으로 시작합니다. 본문이 우리에게 가르치는 말씀은 "가난하고 병들었을 때의 경험을 생각해 보면, 하나님이 사람을 사랑함으로 심지어는 가장 소망 없는 정황에서까지도 사랑으로 가까이하심을 깨닫게 된다."는 것입니다.

I. 하나님은 인간이 어려울 때 찾아와서 도우십니다

[1] "가난한 자를 보살피는 자에게 복이 있음이여 재앙의 날에 여호와께서 그를 건지시리로다"

"가난한 자를 보살피는 자에게 복이 있음이여" — 가난하고 병든 자의 경험들을 깊이 생각해 보는 사람은 그들을 도우시는 하나님을 깨닫게 된다.

자기가 병들거나, 전쟁에서 죽을 자리를 모면해 본 사람은 죽게 된 경우에 도와주실 이는 하나님 외에는 없다는 것을 알게 된다는 말입니다.

시편 제1권은 1~41편입니다. 제1권은 복 있는 자로 시작하여 복 있는 자로 끝을 냅니다. 다시 말하면 "복 있는 사람은 악인들의 꾀를 따르지 아니하며"로 시작하여 "가난한 자를 보살피는 자에게 복이 있음이여"로 끝낸다는 말입니다. 우리가 이 시편을 볼 때 메시아 시임을 알 수 있습니다.

(시41:9) "내가 신뢰하여 내 떡을 나눠 먹던 나의 가까운 친구도 나를 대적하여 그의 발꿈치를 들었나이다"

예수님은 여기에서 가룟 유다를 가르치신 것입니다.

(요13:18) "내가 너희 모두를 가리켜 말하는 것이 아니니라 나는 내가 택한 자들이 누구인지 앎이라 그러나 내 떡을 먹는 자가 내게 발꿈치를 들었다 한 성경을 응하게 하려는 것이니라"

이 말씀은 가룟 유다, 즉 예수님을 배신한 자로 하여금 이루어졌습니다. 베드로도 이 말씀이 응한 것을 말하였습니다.

(행1:16) "형제들아 성령이 다윗의 입을 통하여 예수 잡는 자들의 길잡이가 된 유다를 가리켜 미리 말씀하신 성경이 응하였으니 마땅하도다"

[3] "여호와께서 그를 병상에서 붙드시고 그가 누워 있을 때마다 그의 병을 고쳐 주시나이다"

"그가 누워 있을 때마다 그의 병을 고쳐 주시나이다"―그의 평온함을 주께서 병으로 뒤집어 놓은 때일지라도, 그리고 병이 절정에 다다랐을 때라도 하나님은 병자를 붙들어 주신다.

서양 사람들의 말이 있습니다. "애기가 세상에 나올 때는 의사가 필요하고 죽을 때는 목사가 필요하다"고 합니다. 우리 하나님은 정말 불쌍한 사람들을 도우십니다. 세상에서 제일 불쌍한 사람은 죽음 앞에 선 사람입니다. 죽는 사람보다 더 불쌍한 사람이 또 어디 있겠습니까? 죽는 사람을 도와 줄 수 있는 이는 예수 그리스도뿐입니다.

[4] "내가 말하기를 여호와여 내게 은혜를 베푸소서 내가 주께 범죄하였사오니 나를 고치소서 하였나이다"

"나를 고치소서"ㅡ병이 사람에게 오는 것은 그의 죄들 때문이다. 즉 그의 영혼의 병 때문에 육신의 병이 온 것이다. 그러므로 기도할 때 육체의 병만 말고 반드시 자기의 영적 부족을 고쳐달라고 해야 한다.

사람에게 오는 모든 고통은 죄로 말미암아 옵니다. 그러나 사람들은 육신의 고통을 위하여 기도하지만 자기 영혼의 건강을 위해 기도하지 않습니다. 우리는 육신보다 영혼을 위하여 더욱 기도해야 합니다.

[6] "나를 보러 와서는 거짓을 말하고 그의 중심에 악을 쌓았다가 나가서는 이를 널리 선포하오며"

"나를 보러 와서는"ㅡ나의 원수가 내 곤경 중에 나를 찾아와서 동정하는 체하나 사실은 악한 일들을 생각하다가 나의 뒤에서 돌아다니며 악담을 퍼뜨리고 있다.

사람이 얼마나 악한지 생각해 봅시다. 우리가 곤경에 처했을 때 찾아와서 돕는 친구인 체하고 다 알아가지고 나가서는 역이용하여 불리하게 합니다. 그러므로 어려움이나 비밀을 친구로 잘못 알고 다 말해주면 곤경에 처하게 됩니다. 사람을 믿지 마시오. 오직 믿을 이는 예수님뿐입니다.

II. 예수님께서 부활하실 것을 예언합니다

[10] "그러하오나 주 여호와여 내게 은혜를 베푸시고 나를 일으키사 내가 그들에게 보응하게 하소서"

"내가 그들에게 보응하게 하소서"ㅡ하나님이 나를 붙드심을 공개적으로 증명해 주심으로 나의 몰락을 보려는 그들의 소망을 실망시키십니다. 그것이 나의 보복이 될 것입니다.

마귀는 모든 죄인을 구원하러 예수님이 오신 것을 너무나도 잘 압니다. 그러므로 마귀는 하나님의 구원 계획을 파괴시키기 위하여 예수 그리스도를 죽여야 할 줄 알고 백방으로 노력하여 결국 예수님을 십자가에서 죽이는데 성공했습니다.

마귀에게 원수를 갚고 인류를 죄에서 구원하시기 위하여 죽은 가운데서 3일 만에 부활하신 것은 마귀의 기대를 뒤집어 엎고 완전히 실망을 시킬 뿐 아니라 예수 그리스도의 성공인 동시에 예수 믿는 사람들의 성공입니다. 이 말씀은 예수 그리스도의 부활을 말씀한 것입니다.

"나를 일으키사 내가 그들에게 보응하게 하소서"

창세기 편인 제1편에서 예수님의 죽으심과 부활하심을 취급한 것입니다. 그러나 여기에서 확실히 알아야 할 것은 예수님이 십자가에서 죽으신 것만으로는 우리를 구원하지 못합니다. 죽으시고 부활하신 것으로 우리 죄인이 구원함을 얻게 된 것입니다. 마귀는 예수님을 죽이기만 하면 만민을 구원하시려는 하나님의 계획은 실패할 줄 알았습니다. 그러나 부활하심으로 마귀의 계략은 실패로 돌아가고 예수님이 부활하심으로 구원의 계획은 성공하였습니다. 그러므로 사도 바울은 말했습니다.

(고전15:3~4) "내가 받은 것을 먼저 너희에게 전하였노니 이는 성경대로 그리스도께서 우리 죄를 위하여 죽으시고, 장사 지낸 바 되셨다가 성경대로 사흘 만에 다시 살아나사"

예수 그리스도의 부활이 없으면 복음이 없습니다. 예수님이 십자가에서 죽은 것으로 끝나거나 무덤에 장사 지낸 것으로 끝나면 우리와는 아무런 관계가 없습니다. 우리의 죄로 인하여 죽으시고 영원히 살게 하시려고 부활하셨습니다.

> [13] "이스라엘의 하나님 여호와를 영원부터 영원까지 송축할지로다 아멘 아멘"
>
> "하나님을 … 송축할지로다"—주님께서 나를 고쳐주신 때에 이것은 제가 할 말입니다.
> 다른 주석가들은 이 구절이 시편 제1권 전체의 결론으로 쓰인 것이라고 한다. [시편 72,89,106을 보라] 마지막 책, 제5권은 시편 150편으로 끝나는데 그것은 13개의 찬송구로 구성되어 있다.

"아멘"—승인의 표현. 여기에 두 번 아멘, 아멘 한 것은 하나님께서 일을 완전히 끝냈다는 것입니다.

예수 그리스도를 세상에 보내시고 구령 사업으로 복음을 전하게 하시고 십자가에서 죄를 없이하여 주셨습니다. 십자가에서 죽으신 예수를 믿음으로 죄는 사함 받고 의롭다 함을 얻게 하셨습니다. 예수 그리스도께서 죽은 자 가운데서 부활하심으로 믿는 자들이 영생을 얻게 하셨으니 구령 사업이 완전히 끝나서 아멘, 아멘입니다. 우리는 구령 사업을 위하여 더 할 것이 없습니다. 다만 예수님의 부활은 내가 죽었다가 부활할 것을 보여주신 것입니다.

결론

시편 제1권은 창세기와 같은 것입니다. 성경 전체를 축소시킨 것입니다. 제1권은 모든 시편을 다 포함시킨 것이라고 하겠습니다. 창세기는 요셉이 죽는 것으로 끝나지만 창세기와 흡사한 시편 제1권은 죽어서 부활하는 것으로 끝냅니다.

시편 제1권은 하나님의 백성의 곤고함과 기도와 하나님의 도우심과 기도와 구원하심을 완전하게 보여줍니다.

시편 제3편만 보더라도 인간의 고달픔과 고통 속의 시입니다.

> [시3:1~4] "여호와여 나의 대적이 어찌 그리 많은지요 일어나 나를 치는 자가 많으니이다 많은 사람이 있어 나를 대적하여 말하기를 그는 하나님께 구원을 받지 못한다 하나이다(셀라) 여호와여 주는 나의 방패시요 나의 영광이시요 나의 머리를 드시는 자이시니이다 내가 나의 목소리로 여호와께 부르짖으니 그의 성산에서 응답 하시는도다(셀라)"

우리는 참으로 하나님께 감사할 것뿐입니다. 가난하고 병들었을 때의 경험을 생각해 보면 하나님이 사람을 사랑함으로 심지어는 가장 소망 없는 정황에서까지도 사랑으로 가까이하심을 깨닫게 됩니다.

 그러므로 우리는 어떤 어려운 환경에 놓여도 낙심하지 말고
우리 주님께 호소하여 도움을 얻으시는
성도 여러분이 되시기를 기도합니다.

헛되이 동서 사방을 찾는 인간

[고라 자손의 마스길, 인도자를 따라 부르는 노래]

[1] 하나님이여 사슴이 시냇물을 찾기에 갈급함 같이 내 영혼이 주를 찾기에 갈급하니이다

[2] 내 영혼이 하나님 곧 살아 계시는 하나님을 갈망하나니 내가 어느 때에 나아가서 하나님의 얼굴을 뵈올까

[3] 사람들이 종일 내게 하는 말이 네 하나님이 어디 있느뇨 하오니 내 눈물이 주야로 내 음식이 되었도다

[4] 내가 전에 성일을 지키는 무리와 동행하여 기쁨과 감사의 소리를 내며 그들을 하나님의 집으로 인도하였더니 이제 이 일을 기억하고 내 마음이 상하는도다

[5] 내 영혼아 네가 어찌하여 낙심하며 어찌하여 내 속에서 불안해 하는가 너는 하나님께 소망을 두라 그가 나타나 도우심으로 말미암아 내가 여전히 찬송하리로다

[6] 내 하나님이여 내 영혼이 내 속에서 낙심이 되므로 내가 요단 땅과 헤르몬과 미살 산에서 주를 기억하나이다

[7] 주의 폭포 소리에 깊은 바다가 서로 부르며 주의 모든 파도와 물결이 나를 휩쓸었나이다

[8] 낮에는 여호와께서 그의 인자하심을 베푸시고 밤에는 그의 찬송이 내게 있어 생명의 하나님께 기도하리로다

[9] 내 반석이신 하나님께 말하기를 어찌하여 나를 잊으셨나이까 내가 어

찌하여 원수의 압제로 말미암아 슬프게 다니나이까 하리로다

[10] 내 뼈를 찌르는 칼 같이 내 대적이 나를 비방하여 늘 내게 말하기를
네 하나님이 어디 있느냐 하도다

[11] 내 영혼아 네가 어찌하여 낙심하며 어찌하여 내 속에서 불안해 하는가
너는 하나님께 소망을 두라 나는 그가 나타나 도우심으로 말미암아 내
하나님을 여전히 찬송하리로다

Theme: 우리가 다급 할 때 동서남북 사방을 찾아보아도
도와줄 자가 없으나
오직 우리를 도우시는 이는 여호와 하나님뿐이시다.

서론

이 말씀은 이스라엘 백성들이 앞으로 재난이 올 것을 예언하며 이스라
엘 백성들이 애굽에서 구원받은 것과 관련하여 예언한 것입니다. 이스라
엘 백성들이 애굽에 있을 때 처음에는 양의 피를 문설주에 바름으로 피로
구원을 받았습니다. 두 번째로는 홍해를 하나님의 능력으로 건너, 구원을
받았습니다.

처음에 보면 [고라 자손의 마스길, 인도자를 따라 부르는 노래]라고 했
습니다. 마스길이라는 말은, 가르치는 시편(Psalm of teaching) 또는 이해
의 시편(Psalm of understanding)이라는 의미입니다. 우리가 아는 대로 고
라는 광야에서 하나님과 모세와 아론에 대하여 원망하다 저주받아 죽은
사람입니다. 하나님은 고라의 아들들은 죽이지 않았습니다.

(민26:9~11) "엘리압의 아들은 느무엘과 다단과 아비람이라 이 다단과 아비람은 회중 가운데서 부름을 받은 자들이니 고라의 무리에 들어가서 모세와 아론을 거슬러 여호와께 반역할 때에 땅이 그 입을 벌려서 그 무리와 고라를 삼키매 그들이 죽었고 당시에 불이 이백오십 명을 삼켜 징표가 되게 하였으나 고라의 아들들은 죽지 아니하였더라"

참으로 그의 후손은 하나님을 잘 섬기며 후일에 일어날 일들을 예언한 훌륭한 찬송 시입니다. 이 시편이 우리에게 가르쳐 주시는 말씀은 "우리가 다급할 때 동서남북 사방을 찾아보아도 도와줄 자가 없으나 오직 우리를 도우시는 이는 여호와 하나님뿐이시다." 라는 말씀입니다.

I. 하나님 만나기를 간절히 사모하는 심령을 말합니다

[1] [고라 자손의 마스길, 영장으로 한 노래] "하나님이여 사슴이 시냇물을 찾기에 갈급함 같이 내 영혼이 주를 찾기에 갈급하니이다"

"고라 자손의 노래"─고라 자손이 작곡했다고도 하고 또는 당시 레위 찬양자들이었던 고라 자손들이 연주하게 하려고 다윗이 작곡했다고도 합니다.

"사슴이 갈급함 같이…" 사슴이 목말라 기절하게 되어, 물소리를 듣기는 해도 아직 도달할 수 없는 멀리 있는 시냇물을 갈급합니다. 그와 같이 망명 중에 있는 이스라엘이 또한 간절하게 하나님을 부릅니다. 그가 위에 계심을 이스라엘은 압니다. 그러나 그 순간에 하나님은 멀리 계신 것 같습니다.

[2] "내 영혼이 하나님 곧 살아 계시는 하나님을 갈망하나니 내가
어느 때에 나아가서 하나님의 얼굴을 뵈올까"

"하나님의 얼굴을 뵈올까?" —내가 언제 이스라엘 땅으로 돌아가서 토
라에 명한대로 세 번 절기를 지키려 예루살렘으로 올라 갈까?

이스라엘 백성은 참으로 그 나라가 평안할 때가 없는 민족입니다. 애
굽에서 노예 생활을 할 때, 더욱이 아들을 낳으면 자기의 손으로 죽여야
하는 비극적 생활을 할 때 목말라 죽어가는 사슴이 시냇물을 찾는데 비하
겠습니까?

이것은 이미 지나간 일이지만 앞으로 올 앗수르와 바벨론에 온 이스라
엘이 포로 될 것을 보았을 것입니다. 그것뿐 이겠습니까? 나라를 잃어버
리고 2500여 년이 지나는 동안에 유대인은 지구상에서 없어져야 한다고
세계에서 외치는 소리는 끊어지지 아니합니다.

탄식하는 이스라엘 백성의 울음소리입니다. 그러나 이것은 소망이 있
는 울음소리입니다.

[3] "사람들이 종일 내게 하는 말이 네 하나님이 어디 있느뇨 하
오니 내 눈물이 주야로 내 음식이 되었도다"

"사람들이 종일 내게 하는 말이" 네 [원수들]이 나에게 …말할 때, 내가 망
명자로 내 압제자들 가운데 있는데 나를 억압하는 자들이 놀리며 하는 말
이 "네 하나님이 어디 있느뇨?" 그가 참으로 신이면 어찌하여 그가 너를
돕지 아니하느뇨 할 때 나는 울음이 터져 나옵니다.

이들이 애굽에 있을 때 아론과 모세가 바로를 찾아가 대화한 말을 보
시오.

(출5:1~2) "그 후에 모세와 아론이 바로에게 가서 이르되 이스라엘의 하나님 여호와께서 이렇게 말씀하시기를 내 백성을 보내라 그러면 그들이 광야에서 내 앞에 절기를 지킬 것이니라 하셨나이다 바로가 이르되 여호와가 누구이기에 내가 그의 목소리를 듣고 이스라엘을 보내겠느냐 나는 여호와를 알지 못하니 이스라엘을 보내지 아니하리라"

"나는 여호와를 알지 못하니 이스라엘을 보내지 아니하리라" 하는 바로의 마음을 가진 자는 세상에 너무나 많이 있습니다. 모세와 아론이 바로에게 하나님을 증거하듯 지금도 많은 사람이 하나님의 뜻을 증거합니다.

지금 전 세계에 퍼져 있는 선교사들이 얼마나 많이 있습니까? 그들이 증거하는 것은 단순한 하나님의 뜻입니다. 예수님이 우리 죄를 대신하여 십자가에서 죽으셔서 우리를 구원하여 주셨으므로 예수 믿으면 구원 얻는다는 단순한 복음입니다.

이스라엘 족속은 지금도 메시아를 기다리고 있습니다. 예수 그리스도가 이미 오셨지만 이스라엘 족속들은 믿지 않고 메시아가 오시기를 기다립니다.

우리는 기도해야 합니다. 이스라엘 사람으로 예수 믿는 사람은 극히 소수입니다. 지금 그들은 이스라엘 나라에서 핍박을 받고 있습니다. 그들은 이스라엘 나라의 국민이지만 국민의 대우를 못 받고 있습니다. 군인으로도 못가고 경찰도 되지 못합니다. 그들은 유대 자기 민족에게 전도하기 위해 맹렬한 노력을 합니다. 그들은 지금도 하나님께 호소합니다.

[3] "사람들이 종일 내게 하는 말이 네 하나님이 어디 있느뇨 하오니 내 눈물이 주야로 내 음식이 되었도다."

[4] "내가 전에 성일을 지키는 무리와 동행하여 기쁨과 감사의 소리를 내며 그들을 하나님의 집으로 인도하였더니 이제 이 일을 기억하고 내 마음이 상하는도다"

"이제 이 일을 기억하고"—이것들을 내가 회상합니다. '내가 전에 성일을 지키는 무리와 동행하여 기쁨과 감사의 소리를 내며 그들을 하나님의 집으로 인도하였습니다.'

II. 전도하다가 실망하는 이들도 많이 있습니다

[5] "내 영혼아 네가 어찌하여 낙심하며 어찌하여 내 속에서 불안해 하는가 너는 하나님께 소망을 두라 그가 나타나 도우심으로 말미암아 내가 여전히 찬송하리로다"

"그가 나타나 도우심으로 말미암아"(개역개정)— '하나님의 얼굴의 구원'(개역)
하나님 얼굴의 구원이라고 부르는 것은, 비록 우리가 충분히 이해하는 것은 아닐지라도 하나님께서 자기의 목적과 전지하신 비전에 따라 집행하시는 구원이기 때문입니다.

그는 자기 자신이 실망하고 불안해하는 것을 책망합니다. 그리고 자기 자신에게 하나님을 의지하라고 격려합니다. 우리는 일할 때 원수가 너무 강해도 실망하고 자기 편이 없을 때도 실망하기 쉽습니다. 우리가 왜 실망하는가 하면 연약한 사람을 쳐다봄으로 실망합니다. 그러므로 도울 사람을 보거나 자기를 보아서는 안 됩니다. 온전히 강하신 만군의 주 예수 그리스도만 바라봐야 합니다.

[6] "내 하나님이여 내 영혼이 내 속에서 낙심이 되므로 내가 요단 땅과 헤르몬과 미살 산에서 주를 기억하나이다"

"내가 요단 땅에서 … 주를 기억하는 고로"—내 마음이 내 속에서 상하는 것은 우리가 요단 땅과 헤르몬 산 꼭대기에서 주를 기억하나이다. "미살 산에서"—이곳이 어딘지 확실하지 않습니다. 그러나 문맥으로 보아서 이스라엘 땅의 끝이었던 것 같습니다. 거기서 유대인 그룹이 예루살렘으로 순례했습니다.

[7] "주의 폭포 소리에 깊은 바다가 서로 부르며 주의 모든 파도와 물결이 나를 휩쓸었나이다"

"깊은 바다가 서로 부르며"—불행이 연달아 빠른 속도로 닥치며 재난의 거친 물결을 만들며 울부짖는 물의 수로 같이 끊임없이 망명 중에 있는 이스라엘을 휩쓸었습니다.

이것은 요나가 기도할 때 사용한 말입니다.

(욘2:3) "주께서 나를 깊음 속 바다 가운데에 던지셨으므로 큰 물이 나를 둘렀고 주의 파도와 큰 물결이 다 내 위에 넘쳤나이다"

요나는 깊은 바닷속 고깃배 속에서 죽게 되었습니다. 이스라엘은 대환난 때 쓰나미를 만난 것과 같이 되었으나 하나님은 자기 백성을 구원하여 주실 것입니다.

III. 인간의 마음은 믿음에 대하여 변덕스럽습니다

[8] "낮에는 여호와께서 그의 인자하심을 베푸시고 밤에는 그의
찬송이 내게 있어 생명의 하나님께 기도하리로다"

"낮에는"—구원의 날이 동틀 때를 말합니다.
"밤에는 찬송이 내게 있어"—밤에도 주님의 안식처는 나와 함께 있습
니다. 망명의 어두운 밤에도 하나님은 나와 함께 계십니다. 밤은 여
기서 야영지를 의미합니다.

[9] "내 반석이신 하나님께 말하기를 어찌하여 나를 잊으셨나이까
내가 어찌하여 원수의 압제로 말미암아 슬프게 다니나이까 하리
로다"

이것이 우리의 믿음입니다. "낮에는 여호와께서 그의 인자하심을 베푸
시고" 내 마음이 낮과 같이 밝아 하나님의 보호하심과 도우심이 나와 같
이 하시는 것이 너무나도 확실하지만 내 마음이 밤과 같이 되어 근심의
구름에 싸일 때는 기도가 나오지 않아 찬송으로 대신 기도합니다. "밤에
는 그의 찬송이 내게 있어 생명의 하나님께 기도하리로다." 기도가 나가
지 않을 때 찬송을 하게 됩니다. 우리가 참으로 다급할 때 동서남북 사방
을 찾아보아도 도와줄 자가 없으나 오직 우리를 도우시는 이는 여호와 하
나님뿐이십니다.

[10] "내 뼈를 찌르는 칼 같이 내 대적이 나를 비방하여 늘 내게
말하기를 네 하나님이 어디 있느냐 하도다"

"내 뼈를 찌르는 칼 같이"—그들의 비방은 내 뼈를 찌르는 칼 같습니다. 그들이 살인적으로 나를 공격하며, 비방하기를 "네 하나님이 어디 있느뇨?" 하나이다. 그러므로 나는 답답할 때 찬송합니다.

> 1. 주 안에 있는 나에게 딴 근심 있으랴
>   십자가 밑에 나아가 내 짐을 풀었네
>
> 후렴 주님을 찬송하면서 할렐루야 할렐루야
>   내 앞길 멀고 험해도 나 주님만 따라가리
>
> 2. 그 두려움이 변하여 내 기도 되었고
>   전 날에 한숨 변하여 내 노래 되었네
>
> 3. 내 주는 자비 하셔서 늘 함께 계시고
>   내 궁핍함을 아시고 늘 채워 주시네
>
> 4. 내 주와 맺은 언약은 영 불변 하시니
>   그 나라 가기까지는 늘 보호 하시네

결론

[11] "내 영혼아 네가 어찌하여 낙심하며 어찌하여 내 속에서 불안해하는가 너는 하나님께 소망을 두라 나는 그가 나타나 도우심으로 말미암아 내 하나님을 여전히 찬송하리로다"

"내 얼굴을 도우시는 하나님을 …"—[6절과 7절의 첫 단어에는 시적 언어놀이(play)가 있습니다.] 6절에 우리의 구원을 위하여 우리의 소원과 충돌되는 것처럼 보일지라도 하나님의 목적들의 진행을 위하여 하나님을 찬송했습니다.

이 사람은 이 다급한 상황에서 하나님께로 돌아갑니다. 마찬가지로 믿는 자들은 다급한 상황에서는 으레 하나님께로 돌아갑니다. 아무리 동서남북을 돌아봐도 도움을 구할 곳이 없습니다. 나의 도움은 천지를 지으신 여호와 하나님뿐이십니다.

 그러므로 우리는 아무리 어려운 지경에 빠져도
항상 우리를 도우시는 하나님께로 돌아가
우리 주님의 도우심 받기를 축복합니다.

시편 43편
내 얼굴을 도우시는
내 하나님

[1] 하나님이여 나를 판단하시되 경건하지 아니한 나라에 대하여 내 송사를 변호 하시며 간사하고 불의한 자에게서 나를 건지소서

[2] 주는 나의 힘이 되신 하나님이시거늘 어찌하여 나를 버리셨나이까 내가 어찌하여 원수의 억압으로 말미암아 슬프게 다니나이까

[3] 주의 빛과 주의 진리를 보내시어 나를 인도하시고 주의 거룩한 산과 주께서 계시는 곳에 이르게 하소서

[4] 그런즉 내가 하나님의 제단에 나아가 나의 큰 기쁨의 하나님께 이르리이다 하나님이여 나의 하나님이여 내가 수금으로 주를 찬양하리이다

[5] 내 영혼아 네가 어찌하여 낙심하며 어찌하여 내 속에서 불안해 하는가 너는 하나님께 소망을 두라 그가 나타나 도우심으로 말미암아 내 하나님을 여전히 찬송하리로다

Theme: 주의 빛과 진리가 나를 인도하시면
내가 큰 기쁨의 하나님께 이르게 되고
거기서 얻은 승리로 주를 찬양하게 된다.

서론

[1] "하나님이여 나를 판단하시되 경건하지 아니한 나라에 대하여

내 송사를 변호하시며 간사하고 불의한 자에게서 나를 건지소서"

이것은 이스라엘의 포로 생활 중에서 남은 자들이 드리는 기도입니다. 적그리스도는 거짓말쟁이입니다. 그는 사람들과 약속하고 계약하지만 지키지 아니합니다. 그때야 깨닫고 부르짖기를 나를 이 거짓된 손에서 도와주소서 합니다.

우리는 기도해야 합니다. 우리가 사는 미국에서 누구든지 독재하지 못하도록 해야 합니다. 독재자는 많은 약속을 국민들에게 하지만 약속을 지키지 않습니다. 우리는 하나님께 그런 거짓말쟁이에게 속지 않게 하옵소서라고 기도해야 합니다. 우리는 절대로 그런 자를 용납해서는 안됩니다. 본문이 우리에게 가르치는 것은 "하나님이 주의 빛을 비추실 때 망명자들은 그들의 땅에 돌아갈 것이다"라는 것입니다.

I. 속기 쉬운 세상이 되었습니다

[1] "하나님이여 나를 판단하시되 경건하지 아니한 나라에 대하여 내 송사를 변호하시며 간사하고 불의한 자에게서 나를 건지소서"

"경건하지 아니한 나라에 대하여" "인애가 없는 나라에 대하여" 그 나라들은 인간 박애주의 이념에 헌신되어 있다고 고백하지만, 성도들에게는 그런 사랑을 보여주지 않는다.

최근 몇 십 년 간에 우리 문화도 몇 가지 위험한 방향 전환을 했습니다. 그중 가장 위험한 것은 생각을 강조하던 데서 기분을 강조하는 것으로 옮긴 것입니다. 우리는 또한 절대성에서 상대성으로, 배제적에서 포괄적으로 방향을 바꾸었습니다. 진리를 말하거나 승인하기를 원하지 않는 사람들이 많아졌습니다. 사람들의 기분을 다칠지도 모르기 때문입니다. 포괄성은 우리 사회에 미덕으로 찬양을 받고 있습니다. 오늘날 많은 목사들이 포괄성을 선호하고 성경의 진리를 버렸습니다. 구원은 모든 사람의 것이 아닌데도 종교다원주의를 말하며 불교에도 구원이 있다고 하며 진리를 버리고 사람들을 속이고 있습니다. 그러나 예수님은 성경에 분명히 말씀하셨습니다.

"내가 곧 길이요 진리요 생명이니 나로 말미암지 않고는 아버지께
로 올 자가 없느니라"

이렇게 세상은 급변합니다. 변하는 것이 너무나 좋아 보입니다. 마귀는 좋은 것을 보이며 따라오라고 합니다. 사람들은 그것이 좋게 보여 따라가다 보니 나중에는 다시 돌아올 수 없는 깊은 웅덩이에 빠져 지금은 나올래야 나올 수 없게 되었습니다.

이북을 보세요. 가난한 노동자 농민을 선동하여 "부자들 것 다 빼앗아서 꼭같이 나누어 꼭같이 살자" 며 "우리는 공산주의 하자"고 하였습니다. 온 국민이 따라가다 보니 지금 저 꼴이 되었다는 말입니다.

미국을 보세요. 케네디 대통령은 "모든 종교는 자유다" 라고 종교의 자유를 말하여 온 세상에 잡신, 우상종교가 다 들어오더니 지금은 미국에 무슬림까지 들어와 알카에다가 미국 안에 있으니 원수가 우리 집 안에 있습니다. 국민들이 잘 속고 있습니다.

자유라는 한 글자로 마귀는 사람들을 얼마나 많이 속이고 있습니까? 자유를 주장하며 윤리 도덕을 다 망쳐놓고 있습니다. 심지어는 교회 안에서도 질서가 파괴되고 있습니다. 당회가 당회 구실을 못합니다. 간음한

사람을 치리하고 이혼한 사람을 치리하면 교회에 몇 명이나 남아 있을지 모르겠습니다. 이런 사회상을 지적하려면 끝도 없겠습니다. 한마디로 사탄이 국가나 교회나 가정이나 우리 각 사람의 마음속에 깊이 파고들어와 사람의 마음을 썩게 하고 있습니다. 속기 쉬운 세상이 되었습니다. 그러므로 시편 저자는 기도합니다.

II. 주의 빛과 주의 진리로 인도하여 주시옵소서

[3] "주의 빛과 주의 진리를 보내시어 나를 인도하시고 주의 거룩한 산과 주께서 계시는 곳에 이르게 하소서"

"주의 빛과 주의 진리를 보내시어"—자기 땅을 잃고 망명 중에 있는 유대인이 기도한다. "하나님은 그의 눈을 밝히사 하나님이 자기 백성을 위하여 말씀에 정해 주신 길을 진실하게 이해할 수 있게 하소서" 말씀의 이 빛은 망명의 흑암과 그늘을 헤친다. 이것들은 다만 이 빛이 없음으로 있는 것이지 이 빛을 막을 수는 없다.
"주의 빛과 주의 진리를 보내어 나를 인도하사" 하는 것은 무슨 의미입니까?
시편 저자는 무엇을 기도하는 것입니까?

예수님이 말씀하시기를

(요8:12) "예수께서 또 말씀하여 이르시되 나는 세상의 빛이니 나를 따르는 자는 어둠에 다니지 아니하고 생명의 빛을 얻으리라"

또 말씀하시기를

예수 그리스도께서 말씀하신 이것을 믿고 따르는 자는 결코 어두움에 거하지 아니하고 생명의 빛으로 인도함을 받습니다. 또한 절대로 잘못된 길로 가지 아니하고 진리의 길과 생명의 길로 갑니다.

"주의 거룩한 산과 주께서 계시는 곳에 이르게 하소서" 이것은 저자가 예루살렘 성전에 가서 하나님께 예배하기를 원한다는 말입니다. 여호와 하나님만 참 하나님이시요 우리를 의의 길로 인도하시기 때문입니다.

역사를 볼 때 적그리스도가 없는 때가 없었습니다. 오늘날 보시오. 우리 한국 교회 안에 신천지가 들어와서 교회 안을 어지럽게 하고 목사를 내어쫓고 교회를 점령하려고 합니다. 훈련받은 신천지 요원들이 교회에 들어오는 것을 잘 살펴야 합니다. 또 다른 이단은 잘 믿는 것처럼 가장하는 신사도입니다. 이것은 자기들이 참 사도들이라고 주장하며 하나님의 명령처럼 임명하고 일을 시킵니다.

문선명이는 자기가 메시아라고 주장하더니 죽으니까 아들들이 다 메시아라고 합니다. 적그리스도가 얼마나 많은지 잘못하면 미혹되기 쉽습니다.

예수님만이 참 메시아요 예수님만이 우리 죄인을 구원해 주시는 메시야 그리스도입니다.

"나를 인도하시고 주의 거룩한 산과 주께서 계시는 곳에 이르게 하소서" 저자는 참으로 성전에 들어가 주 앞에서 예배드리고 싶은 생각이 간절합니다.

[5] "내 영혼아 네가 어찌하여 낙심하며 어찌하여 내 속에서 불안
해 하는가 너는 하나님께 소망을 두라 그가 나타나 (내 얼굴을 -
개역) 도우심으로 말미암아 내 하나님을 여전히 찬송하리로다"

"내 얼굴을 도우시는"—내 얼굴의 구원을 위하여 [시적 표현.] 하나님
이 내 얼굴을 도우심은 우리의 소망을 진실로 성취한 것을 뜻합니다.
우리는 구원 얻기를 소망합니다. 이 소망이 이루어지면 얼굴에 기쁨
이 충만해집니다. 그러므로 하나님은 얼굴을 도우시는 하나님이십
니다.
"그는 나의 하나님이심이라"—그때에 세상은 더 이상 "네 하나님이 어
디 있느냐?" 묻지 않을 것입니다.

결론

우리는 말씀과 찬송과 기도로 예배를 잘 드려야 합니다.

(마8:20) "두세 사람이 내 이름으로 모인 곳에는 나도 그들 중에
있느니라"

사람이 많이 모이건 적게 모이건 상관이 없습니다. 그곳에 예수님만
계시면 만족입니다.

[5] "내 영혼아 네가 어찌하여 낙심하며 어찌하여 내 속에서 불안
해 하는가 너는 하나님께 소망을 두라 그가 나타나 도우심으로 말
미암아 내 하나님을 여전히 찬송하리로다"

바벨론에 포로로 잡혀갔던 사람들은 고난 중에 깨닫고, 회개하며 기도했습니다. 그들의 기도는 응답되었고, 오랫동안 기다리던 메시아는 오셨습니다. 이때 에스겔 선지자의 예언은 이루어졌습니다.

> (겔36:26~28) "또 새 영을 너희 속에 두고 새 마음을 너희에게
> 주되 너희 육신에서 굳은 마음을 제거하고 부드러운 마음을 줄 것
> 이며 또 내 영을 너희 속에 두어 너희로 내 율례를 행하게 하리니
> 너희가 내 규례를 지켜 행할지라 내가 너희 조상들에게 준 땅에서
> 너희가 거주하면서 내 백성이 되고 나는 너희 하나님이 되리라"

우리들도 바벨론에 잡혀갔던 포로들이 기도한 것처럼 기도할 때가 되었습니다. 주의 빛과 진리가 우리를 인도할 때 우리는 큰 기쁨의 하나님께 이르게 되고 거기서 승리를 얻어 주를 찬양하며 참으로 예배할 것입니다.

Goal 그러므로 우리도 믿음을 가지고 에스겔과 같이 기도하여
약속하신 성령으로 충만하여
"나는 너희 하나님이 되리라" 하신 주님만 붙들고
승리하시기를 기도합니다.

시편44편

즉시 도우시는 하나님

[고라 자손의 마스길, 인도자를 따라 부르는 노래]

[1] 하나님이여 주께서 우리 조상들의 날 곧 옛날에 행하신 일을 그들이
     우리에게 일러 주매 우리가 우리 귀로 들었나이다

[2] 주께서 주의 손으로 뭇 백성을 내쫓으시고 우리 조상들을 이 땅에 뿌
     리 박게 하시며 주께서 다른 민족들은 고달프게 하시고 우리 조상들은
     번성하게 하셨나이다

[3] 그들이 자기 칼로 땅을 얻어 차지함이 아니요 그들의 팔이 그들을 구
     원함도 아니라 오직 주의 오른손과 주의 팔과 주의 얼굴의 빛으로 하
     셨으니 주께서 그들을 기뻐하신 까닭이니이다

[4] 하나님이여 주는 나의 왕이시니 야곱에게 구원을 베푸소서

[5] 우리가 주를 의지하여 우리 대적을 누르고 우리를 치러 일어나는 자를
     주의 이름으로 밟으리이다

[6] 나는 내 활을 의지하지 아니할 것이라 내 칼이 나를 구원하지 못하리
     이다

[7] 오직 주께서 우리를 우리 원수들에게서 구원하시고 우리를 미워하는
     자로 수치를 당하게 하셨나이다

[8] 우리가 종일 하나님을 자랑하였나이다 우리는 하나님의 이름에 영원
     히 감사하리이다(셀라)

[9] 그러나 이제는 주께서 우리를 버려 욕을 당하게 하시고 우리 군대와
     함께 나아가지 아니하시나이다

[10] 주께서 우리를 대적들에게서 돌아서게 하시니 우리를 미워하는 자가

자기를 위하여 탈취하였나이다

[11] 주께서 우리를 잡아먹힐 양처럼 그들에게 넘겨 주시고 여러 민족 중에 우리를 흩으셨나이다

[12] 주께서 주의 백성을 헐값으로 파심이여 그들을 판 값으로 이익을 얻지 못하셨나이다

[13] 주께서 우리로 하여금 이웃에게 욕을 당하게 하시니 그들이 우리를 둘러싸고 조소하고 조롱하나이다

[14] 주께서 우리를 뭇 백성 중에 이야기 거리가 되게 하시며 민족 중에서 머리 흔듦을 당하게 하셨나이다

[15] 나의 능욕이 종일 내 앞에 있으며 수치가 내 얼굴을 덮었으니

[16] 나를 비방하고 욕하는 소리 때문이요 나의 원수와 나의 복수자 때문이니이다

[17] 이 모든 일이 우리에게 임하였으나 우리가 주를 잊지 아니하며 주의 언약을 어기지 아니하였나이다

[18] 우리의 마음은 위축되지 아니하고 우리 걸음도 주의 길을 떠나지 아니하였으나

[19] 주께서 우리를 승냥이의 처소에 밀어 넣으시고 우리를 사망의 그늘로 덮으셨나이다

[20] 우리가 우리 하나님의 이름을 잊어버렸거나 우리 손을 이방 신에게 향하여 폈더면

[21] 하나님이 이를 알아내지 아니하셨으리이까 무릇 주는 마음의 비밀을 아시나이다

[22] 우리가 종일 주를 위하여 죽임을 당하게 되며 도살할 양 같이 여김을 받았나이다

[23] 주여 깨소서 어찌하여 주무시나이까 일어나시고 우리를 영원히 버리지 마소서

[24] 어찌하여 주의 얼굴을 가리시고 우리의 고난과 압제를 잊으시나이까

[25] 우리 영혼은 진토 속에 파묻히고 우리 몸은 땅에 붙었나이다

[26] 일어나 우리를 도우소서 주의 인자하심으로 말미암아 우리를 구원하소서

서론

이것은 또 하나의 고라 자손의 마스길 시편입니다. 마스길은 교훈이라
는 의미로 이것은 교훈하는 시입니다.

비록 이 시를 어떤 경우에 언제 기록했는지는 알지 못하나 기도하는
시로서 예언하는 시편입니다. 이 기도는 이스라엘의 남은 자들이 메시아
가 구원하시기 위하여 오시기 전 마지막으로 기도하는 것입니다. 본문이
우리에게 교훈하여 주는 것은 "어려울 때에 성도들은 마치 주무시는 하
나님을 깨우는 것처럼 기도하나 하나님은 결단코 주무시지 아니하시고
도와야 할 때는 즉시 도우신다."는 것입니다.

I. 고통 중에 안타깝게 부르짖는 성도의 기도

[22] "우리가 종일 주를 위하여 죽임을 당하게 되며 도살할 양 같
이 여김을 받았나이다"

이 모습은 현대 우리교회의 모습이라고 할 수는 없습니다. 그러나 탄
식 소리는 세계에서 들려옵니다. 공산 국가나 이슬람 국가에서 부르짖는
성도들의 울음소리를 들어 보시오.

"우리가 종일 주를 위하여 죽임을 당하게 되며 도살할 양 같이 여
김을 받았나이다"

환란 때에 경건한 사람들이 원수 갚기를 청합니다. 우리들은 법 아래
있습니다.

또한 원수들은 그러하지 아니합니다. 오늘날 사람들은 우리를 거짓되
게 사용합니다. 그런데 말씀은 원수를 사랑하라고 합니다. 이것은 참으로
행하기 어려운 것입니다. 그러므로 우리는 우리 주님께 원수를 맡길 수밖
에 없습니다. 우리 주님이 말씀하셨음으로 원수 갚을 수는 없습니다.

(롬12:19) "내 사랑하는 자들아 너희가 친히 원수를 갚지 말고 하
나님의 진노하심에 맡기라 기록되었으되 원수 갚는 것이 내게 있
으니 내가 갚으리라고 주께서 말씀하시니라"

우리 가운데 주님께 맡기는 사람은 많이 있습니다. 그것은 그를 구원
하시기 위함이 아니고 원수를 갚아 달라고 맡기는 것입니다. 지금 제가
말하는 것은 나 개인적인 문제가 아니고 교회 일을 할 때를 말하는 것입
니다. 주님의 일을 할 때 그 이름에 먹칠하는 사람이 있습니다. 여러분,
주님의 일하는 목사의 이름에 먹칠하지 마시오. 말을 확실하게 하시오.
목사는 이 땅에서 하나님의 대리자로서 일하는 사람입니다. 여러분이 주
의 종을 비난하면 주님을 비난하는 것이 됩니다. 요사이 많은 사람이 하
나님의 말씀에서 떠나가고 교회에서 떠나가는 사람이 있습니다. 왜 장로
집사 권사의 자식들이 교회를 떠나갑니까? 어린 자녀들이 들을 때 교회
와 목사를 비난하기 때문입니다. 이것은 여러분들의 자녀를 망하게 하는
것입니다.

여기에 "하나님이여 일어나소서" 부르짖는 기도를 하는 사람이 있습니다. 하나님은 주무시지 않습니다. 이것은 남은 자들의 다급한 정경입니다. 중간사의 마카비(Maccabees) 때를 보면, 어느 때 보다도 원수들에게서 고통을 받았습니다. 그때 깨우는 사람들(Awakers)이라는 성직자들의 모임이 있었습니다. 그들은 "주여 깨소서 어찌하여 주무시나이까" 하고 기도했습니다. "깨우는 사람" 마치 하나님이 주무시는 것처럼 기도했습니다. 그때 힐카누스(John Hyrcanus)라는 대제사장이 말하기를 "하나님이 주무시느냐?" "하나님은 졸지도, 주무시지도 아니하신다"고 말하여 그 회합이 없어졌습니다. 우리 주님은 일해야 하실 때는 시간을 놓치지 않고 일 하십니다.

II. 시인은 과거에 구원하여 주신 하나님의 역사를 말합니다

[1] "하나님이여 주께서 우리 조상들의 날 곧 옛날에 행하신 일을 그들이 우리에게 일러 주매 우리가 우리 귀로 들었나이다"

기드온이 같은 말씀을 하였습니다.

(삿6:13) "기드온이 그에게 대답하되 오 나의 주여 여호와께서 우리와 함께 계시면 어찌하여 이 모든 일이 우리에게 일어났나이까 또 우리 조상들이 일찍이 우리에게 이르기를 여호와께서 우리를 애굽에서 올라오게 하신 것이 아니냐 한 그 모든 이적이 어디 있나이까 이제 여호와께서 우리를 버리사 미디안의 손에 우리를 넘겨 주셨나이다"

고난의 날에, 하나님이 그들을 도와주시려는 차에 그들은 하나님의 도우심을 간구합니다. 우리 하나님은 어려울 때 이미 도와주시기로 옛날에 말씀하셨습니다.

[2] "주께서 주의 손으로 뭇 백성을 내쫓으시고 우리 조상들을 이 땅에 뿌리 박게 하시며 주께서 다른 민족들은 고달프게 하시고 우리 조상들은 번성하게 하셨나이다"

"우리 조상들을 이 땅에 뿌리박게 하시며"―하나님은 그가 이스라엘 땅에서 쫓아내신 다른 민족의 자리에 이스라엘 민족을 영원히 정착시키셨습니다.

이때는 모세와 여호수아의 때를 가르칩니다. 하나님께서는 가나안 사람들의 죄 때문에 그들을 그곳에서 내쫓고 하나님께서 선택하신 이스라엘 사람들을 그 땅으로 이민시켰습니다.

[3] "그들이 자기 칼로 땅을 얻어 차지함이 아니요 그들의 팔이 그들을 구원함도 아니라 오직 주의 오른손과 주의 팔과 주의 얼굴의 빛으로 하셨으니 주께서 그들을 기뻐하신 까닭이니이다"

이스라엘 백성의 땅을 주신 이는 하나님이십니다. 그들이 힘이 강해 차지한 것도 아니요 지혜가 있어 얻은 것도 아닙니다. 마치 우리가 구원 얻은 것은 2,000여 년 전에 십자가에서 죽으신 예수 그리스도의 공로로 얻은 것과 꼭 같습니다.

III. 하나님은 나의 주요 나의 왕이심을 고백하며 구원을 간청합니다

[4] "하나님이여 주는 나의 왕이시니 야곱에게 구원을 베푸소서"

우리는 야곱을 잘 압니다. 야곱은 이스라엘 나라를 이루었습니다. 그는 부르짖기를 "오, 하나님이여 주는 나의 하나님이시요 나의 왕이시니이다." 나의 주 나의 왕은 자기 백성이 죽게 될 때 버려두시지 아니하시고 구원하러 오십니다. 다윗도 이와 같이 부르짖으며 기도했습니다.

(시5:2) "나의 왕, 나의 하나님이여 내가 부르짖는 소리를 들으소서 내가 주께 기도하나이다"

우리도 죽게 될 때에 간절한 마음으로 다윗과 같이 또한 고라의 자손과 같이 기도하면 들어주십니다. 더욱이 우리에게는 중보자 되시는 예수님이 계시고 성령님이 계십니다. 왕은 자기 백성을 버리지 아니합니다.

[5] "우리가 주를 의지하여 우리 대적을 누르고 우리를 치러 일어나는 자를 주의 이름으로 밟으리이다"

[6] "나는 내 활을 의지하지 아니할 것이라 내 칼이 나를 구원하지 못하리이다"

[7] "오직 주께서 우리를 우리 원수들에게서 구원하시고 우리를 미워하는 자로 수치를 당하게 하셨나이다"

"오직 주께서 우리를 우리 원수들에게서 구원하시고"

하나님은 우리를 구원하기 위하여, 우리의 현재 고난 중에 헤아릴 수 없이 여러 번 우리 역사를 관통하여 간섭하셨습니다. 우리 망명 중에도 우리가 참고 견디며 우리 압제자들이 우리를 박멸하지 못하는 바로 그 사실은 오직 하나님이 우리를 구원하시기 때문입니다.

[11] "주께서 우리를 잡아먹힐 양처럼 그들에게 넘겨 주시고 여러 민족 중에 우리를 흩으셨나이다"

"주께서 우리를 잡아먹힐 양처럼 그들에게 넘겨 주시고"
유대인 하나 죽이는 것이 양 한 마리 도살하는 것 보다 더 악할 것 없다고 생각 하던 때가 있었습니다. 그래서 우리는 강제로 흩어져서 새로운 정박지를 찾아갈 수밖에 없었습니다.

[12] "주께서 주의 백성을 헐값으로 파심이여 그들을 판 값으로 이익을 얻지 못하셨나이다"

"헐값으로 파심이여, 그들을 판 값으로 이익을 얻지 못하셨나이다"
우리는 우리 대적에게 마치 가치 없는 물건들처럼 팔렸나이다.

IV. 잘못된 신앙고백을 봅시다

[17] "이 모든 일이 우리에게 임하였으나 우리가 주를 잊지 아니하며 주의 언약을 어기지 아니하였나이다"

"우리가 주를 잊지 아니하며

비록 우리가 무서운 고통을 당하고 우리를 핍박하는 이방 나라들은 위대한 명성과 번영 가운데 살아도 우리는 주를 잊은 적이 없습니다. 우리가 하나님을 잊을 수 없었기에 우리는 이 잔인한 망명생활에서 살아 남을 수 있고—우리 믿음이 '신조'가 아니라 실제로 출애굽과 시내 산에서 우리에게 주신 하나님의 계시를 목격함에 뿌리를 내렸기 때문입니다. 신조들은 질문으로 도전을 받을 수 있습니다 그러나 우리가 논의의 여지가 없는 시내 산에서 우리 민족의 경험은 잊혀 질 수가 없습니다. 하나님이 자신을 계시해 주신 민족이 때로는 하나님의 섭리의 역사를 설명할 수는 없어도, 그러나 그것의 존재를 그들은 결코 의심할 수가 없습니다.

[20] "우리가 우리 하나님의 이름을 잊어버렸거나 우리 손을 이방 신에게 향하여 폈더면"

"우리 손을 이방신에게 향하여 폈더면"
우리가 우리 손을 이방 신들에게 편 적이 있는가? 죽음의 고통을 받더라도 우리는 다른 신들을 섬기지 않았습니다.

[21] "하나님이 이를 알아내지 아니하셨으리이까. 무릇 주는 마음의 비밀을 아시나이다"

"하나님이 이를 알아내지 아니하셨으리이까"
하나님은 이 주장이 참임을 확실히 아십니다.

결론

우리를 구원하시는 것은 사람의 공로를 보시지 않고 주의 인자하심을 인함입니다.

[26] "일어나 우리를 도우소서 주의 인자하심으로 말미암아 우리를 구원하소서"

"주의 인자하심으로 말미암아"—우리가 여전히 받을 공로가 없지마는 간구하오니 주의 인자하심을 인하여 우리를 구원하소서.
"어려울 때에 성도들은 주무시는 하나님을 깨우는 것처럼 기도하나 하나님은 주무시지 아니하시고 도와야 할 때는 즉시 도우십니다."
하나님은 우리가 깨닫고 회개하기를 기다리십니다.

[22] "우리가 종일 주를 위하여 죽임을 당하게 되며 도살할 양 같이 여김을 받았나이다" (그러나 우리는)

[17] "이 모든 일이 우리에게 임하였으나 우리가 주를 잊지 아니하며 주의 언약을 어기지 아니하였나이다"

이들은 자기들이 언약과 율법을 잘 지켰음으로 하나님이 도우시는줄 알았습니다.
그러나 이들이 고통 중에 깨달은 것은 하나님이 우리를 구원하시는 것은 우리의 공로가 아니라 "주의 인자하심으로 말미암아 우리를 구원하소서" 기도한 대로 하나님의 사랑 때문임을 깨달았습니다.

(요3:16) "하나님이 세상을 이처럼 사랑하사 독생자를 주셨으니 이는 그를 믿는 자마다 멸망하지 않고 영생을 얻게 하려 하심이니라"

죄인을 구원하시는 하나님은 우리를 보시고 돕지 않으십니다.

예수 그리스도를 보시고 주님의 공로로 구원하십니다.

이 진리를 깨닫고 회개하기를 하나님은 기다리십니다.

 그러므로 우리는 회개하고 예수 믿고,

믿는 사람답게 행하여야 합니다.

우리의 행위로 주님께 욕을 돌리지 말고

오히려 기쁘시게 하여 항상 기도의 응답 받으시기를 축복합니다.

[고라 자손의 마스길, 사랑의 노래, 인도자를 따라 소산님에 맞춘 것]

[1] 내 마음이 좋은 말로 왕을 위하여 지은 것을 말하리니 내 혀는 글솜씨
  가 뛰어난 서기관의 붓끝과 같도다

[2] 왕은 사람들보다 아름다워 은혜를 입술에 머금으니 그러므로 하나님
  이 왕에게 영원히 복을 주시도다

[3] 용사여 칼을 허리에 차고 왕의 영화와 위엄을 입으소서

[4] 왕은 진리와 온유와 공의를 위하여 왕의 위엄을 세우시고 병거에 오르
  소서 왕의 오른손이 왕에게 놀라운 일을 가르치리이다

[5] 왕의 화살은 날카로워 왕의 원수의 염통을 뚫으니 만민이 왕의 앞에
  엎드러지는도다

[6] 하나님이여 주의 보좌는 영원하며 주의 나라의 규는 공평한 규이니이다

[7] 왕은 정의를 사랑하고 악을 미워하시니 그러므로 하나님 곧 왕의 하나
  님이 즐거움의 기름을 왕에게 부어 왕의 동료보다 뛰어하게 하셨나이다

[8] 왕의 모든 옷은 몰약과 침향과 육계의 향기가 있으며 상아궁에서 나오
  는 현악은 왕을 즐겁게 하도다

[9] 왕이 가까이 하는 여인들 중에는 왕들의 딸이 있으며 왕후는 오빌의
  금으로 꾸미고 왕의 오른쪽에 서도다

[10] 딸이여 듣고 보고 귀를 기울일지어다 네 백성과 네 아버지의 집을 잊
  어버릴지어다

[11] 그리하면 왕이 네 아름다움을 사모하실지라 그는 네 주인이시니 너는

그를 경배할지어다

[12] 두로의 딸은 예물을 드리고 백성 중 부한 자도 네 얼굴 보기를 원하리로다

[13] 왕의 딸은 궁중에서 모든 영화를 누리니 그의 옷은 금으로 수 놓았도다

[14] 수 놓은 옷을 입은 그는 왕께로 인도함을 받으며 시종하는 친구 처녀들도 왕께로 이끌려 갈 것이라

[15] 그들은 기쁨과 즐거움으로 인도함을 받고 왕궁에 들어가리로다

[16] 왕의 아들들은 왕의 조상들을 계승할 것이라 왕이 그들로 온 세계의 군왕을 삼으리로다

[17] 내가 왕의 이름을 만세에 기억하게 하리니 그러므로 만민이 왕을 영원히 찬송하리로다

Theme: 예수 그리스도께서 재림하실 때는
능하신 위엄 있는 왕으로 임하시사
진리와 온유와 공의로 다스리시고
만민에게 영원히 찬송을 받으십니다.

서론

시편 45편은 메시아 시입니다. 메시아라는 말은 히브리말이고 헬라말로는 그리스도라고 합니다. 그 뜻은 기름을 붓는다는 것입니다. 7절에, "왕의 하나님이 즐거움의 기름을 왕에게 부어 왕의 동료보다 뛰어나게 하셨나이다."

"즐거움의 기름을"—하나님께서 왕에게 기름을 부어 주시고 뛰어나게 높여주심으로 온 세상의 기쁨의 원천이 된 것입니다.

이 말씀은 하나님 아버지께서 예수님에게 기름을 부으사 만민을 구원

하시는 구주가 되게 하시고 왕의 왕이 되게 하셨다는 것입니다. 그래서 모든 세상에 구원의 기쁜 소식을 주신 것입니다.

예수 그리스도께서 처음 오실 때는 "자기를 비어 종의 형체"(빌2:7)를 취하시고 오셨습니다. 예수 그리스도는 오셔서 구원의 도를 가르쳐 주심으로 선지자의 일을 하셨습니다. 그뿐 아니라 우리의 죄를 없이 하시기 위하여 우리 대신 십자가에서 죽으시고 우리를 속량하여 주셨습니다. 그리하여 예수 그리스도는 우리의 제사장이 되셨습니다. 예수님은 처음 세상에 오실 때는 종으로서 많은 고생과 천대와 멸시를 받으셨습니다.

그러나 재림하여 다시 오실 때는 초림 때와 다릅니다. 그때는 왕으로서 용서 대신 잘못한 자는 심판하실 심판주로 오십니다. 오늘 본문이 우리에게 가르쳐 주시는 말씀은 "예수 그리스도께서 재림하실 때는 능하신 위엄 있는 왕으로 임하시사 진리와 온유와 공의로 다스리시고 만민에게 영원히 찬송을 받으신다"는 것입니다.

I. 예수 그리스도는 다시 오십니다

예수님이 다시 오신다는 약속을 하시고 가셨습니다.

> "가서 너희를 위하여 거처를 예비하면 내가 다시 와서 너희를 내게로 영접하여 나 있는 곳에 너희도 있게 하리라"(요14:3)

요14:18절에서도 "내가 너희를 고아와 같이 버려두지 아니하고 너희에게로 오리라" 28절에서도 "내가 갔다가 너희에게로 온다 하는 말을 너희가 들었나니"라고 하셨습니다. 예수님이 오신다고 하셨는데 아직 오시지 않았습니다. 예수님이 승천하실 때 두 천사가 호위했습니다. 그때 두 천사가 말하기를, "갈릴리 사람들아 어찌하여 서서 하늘을 쳐다보느냐 너희 가운데서 하늘로 올려지신 이 예수는 하늘로 가심을 본 그대로 오시리라"(행 1:11) 하였습니다.

그 후부터 초대교회 교인들은 예수님이 속히 재림하실 줄 알고 기다렸습니다.

예수님이 오시지 않으므로 어떤 자는 말하기를,

"주께서 강림하신다는 약속이 어디 있느냐 조상들이 잔 후로부터 만물이 처음 창조될 때와 같이 그냥 있다" (벧후 3:4) 하였습니다.

그러므로 베드로는 말씀했습니다.

"주의 약속은 어떤 이들이 더디다고 생각하는 것 같이 더딘 것이 아니라 오직 주께서는 너희를 대하여 오래 참으사 아무도 멸망하지 아니하고 다 회개하기에 이르기를 원하시느니라." (벧후 3:9)

지금도 마찬가지입니다. 예수님이 오래 참으시는 것은 많은 사람이 예수 믿고 구원 얻게 하기 위하여 늦어지는 것입니다. 그러나 예수님은 반드시 오십니다. 도둑같이 오신다고 했습니다. 우리 모든 사람이 방심하고 있을 때 오십니다. 우리는 어느 때 오실지 모릅니다. 그러므로 깨어 있으라고 하셨습니다.

아브라함에게 예수님을 주시겠다고 약속을 하시고 2,000년이 되어서야 예수님이 오셨습니다. 예수님이 승천하신지 2,000년이 되어갑니다. 언제 재림하실지 모릅니다. 우리는 예수님의 말씀대로 깨어 정신 차리고 있어야 합니다. 예수님은 멀지 않아 꼭 오십니다. 우리는 깨어 기다립시다. 저는 지금 예수님이 30 년 후에 승천하시고 2,000년이 찬 후에 오신다는 것은 아닙니다. 예수님은 복음이 땅 끝까지 전파될 때 오신다고 했습니다. 베드로가 예수님이 오래 참으시고 기다리시는 것은 아무도 멸망하지 않으시고 다 구원 얻기 위해서라고 했는데 예수님이 말씀하신 것과 일치되는 말입니다. 예수님은 꼭 오십니다. 깨어 정신 차리고 기다려야 합니다.

II. 깨어 정신 차리고 기다려야 할 이유가 있습니다

특별히 정신 차려야 할 이유가 있습니다. 예수님이 깨어 있으라고 하셨으니까 정신 차리고 재림할 날을 기다려야 할 것입니다. 그러기 때문에 시편 45편 처음에 "고라 자손의 마스길"이라고 했는데 "마스길"은 교훈이라는 뜻입니다.

고라 자손의 시가 12편이 들어와 있는데 "마스길" 교훈은 두 편뿐입니다. 42편이 "마스길" 교훈인데 이것은 하나님을 찾되 "사슴이 시냇물을 찾기에 갈급함 같이"(시42:1) 하나님을 찾아야 한다는 교훈이고, 둘째 번 교훈은 본문에서 예수님이 재림하실 날을 기다리라는 것입니다. "고라 자손의 마스길" 이 둘은 우리 믿는 성도들에게 절대로 필요한 교훈입니다.

오늘 본문이 정신 차려 기다려야 할 이유를 잘 말씀했습니다. 처음 오실 때는 십자가에서 죽으심으로 우리 죄인을 구원하시기 위하여 오셨으나 이번에는 "칼을 허리에 차고 왕의 영화와 위엄을 입으시고"(3 절) 심판주로 오십니다.

[3] "용사여 칼을 허리에 차고 왕의 영화와 위엄을 입으소서"

"칼을 허리에 차고"―메시아 시대는 이 땅에 평화를 가져오지만, 그 시대의 처음 상태는 곡과 마곡의 전쟁을 목도할 것입니다.
"왕의 영화와 위엄을"―왕의 칼은 왕의 영화와 위엄을 가져오는 왕의 승리의 기구입니다

[4] "왕은 진리와 온유와 공의를 위하여 왕의 위엄을 세우시고 병거에 오르소서 왕의 오른손이 왕에게 놀라운 일을 가르치리이다"

"왕은 진리 … 를 위하여 위엄을 세우시고 병거에 오르소서"―진리를 … 위하여 [왕의 원수들 위에] 병거에 오르소서. 왕은 자신의 영광을 위하여서가 아니라 진리와 온유와 공의를 세상에 확립하기 위하여 전쟁을 수행하십니다.

[5] "왕의 화살은 날카로워 왕의 원수의 염통을 뚫으니 만민이 왕의 앞에 엎드러지는도다"

엎드러지는도다―이 구절은 특별한 구문법을 따르고 있습니다. יִפְּלוּ 라는 단어는 앞에 있는 문구와 뒤에 있는 문구에 둘 다 언급하고 있습니다: 열국이 왕 아래 엎드러지고 그리고 왕의 화살이 왕의 원수들의 염통 속으로 떨어진다는 말입니다

심판주시며 왕이신 예수 그리스도는 "진리와 온유와 공의"로 다스리십니다. 예수 그리스도 앞에서 속일 수 없습니다. 죄인을 용서하지 않으십니다. 시편 45편은 예수님이 기름부음을 받은 왕으로 오실 것을 말씀하는 것입니다.
이 심판은 공평한 심판입니다. 자기가 행한 대로 심판을 받습니다. 심판 주, 왕의 보좌에 앉으신 예수 그리스도의 보좌는 영원한 보좌입니다.

[6] "하나님이여 주의 보좌는 영원하며 주의 나라의 규는 공평한 규이니이다

"하나님이여 주의 보좌가 영원하며"—주의 보좌는 하나님으로부터 [온 것입니다.]

그때는 용서라는 것은 없습니다. 악한 자는 지옥으로 의인은 천국으로 가는 심판뿐입니다. 그러기 때문에 정신 바짝 차리고 예수님 오실 날을 기다려야 합니다.

III. 성도들은 왕의 딸과 왕후와 같습니다

본문 말씀에서는 성도들을 왕의 딸이나 왕후로서 말씀합니다.

[9] "왕이 가까이하는 여인들 중에는 왕들의 딸이 있으며 왕후는 오빌의 금으로 꾸미고 왕의 오른쪽에 서도다"

"왕이 가까이하는 여인들 중에는 왕들의 딸이 있고"—왕들의 딸들이란 왕의 방문객들입니다. 왕들의 딸들은 이스라엘 사람이 아니고 예수 믿어 구원 얻은 사람을 말합니다.

성경에서는 언제든지 교회나 성도는 여자로서 표현하였습니다. 왕의 딸이나 왕후는 많은 여자 중에서 선택된 사람들입니다. 우리 예수 믿고 하나님의 자녀가 된 사람들은 다 예수 그리스도의 공로를 통하여 선택받은 자들입니다. 왕후는 선택된 후 오빌의 금으로 단장했다고 하였습니다. 오빌의 금은 극상품 금으로서 절대로 변하지 않는 것입니다. 이와 마찬가

지로 우리 성도들은 예수 그리스도를 통하여 금보다 귀한 믿음을 받아 믿음으로 의롭다 하심을 받았습니다. 하나님께서 한번 의롭다 여겨주신 것은 영원무궁토록 변하지 아니합니다. 우리는 하나님의 은혜로 왕의 딸과 왕후가 된 것입니다. 얼마나 감사합니까? 할렐루야!

결론

성도들에게 하시는 권면이 있습니다.
왕후가 된 우리 성도들에게 주시는 권면의 말씀이 10절과 11절에 있습니다.

> [10] "딸이여 듣고 보고 귀를 기울일지어다 네 백성과 네 아버지의
> 집을 잊어버릴지어다"

[이 구절과 다음에 따르는 구절들은 생생한 비유로 성도가 메시아에게 아내가 남편에게 하듯 복종할 것을 설명합니다.]
우리 성도들은 우리 주 예수 그리스도에게 순종할 것을 말합니다. 메시아의 딸이 된 자는 옛 사람의 친구와 옛 사람의 아버지 즉 마귀와는 관계를 끊고 아주 잊어야 합니다.

> [11] "그리하면 왕이 네 아름다움을 사모하실지라 그는 네 주인이
> 시니 너는 그를 경배할지어다"

성도들, 제 말에 귀를 기울이고 생각해보세요. 왕후가 되어서 옛날 어

렸을 때 친구들과 같이 상점으로 다니며 도둑질하고 못된 장난하고 죄를 짓던 것이 재미있어 잊어버리지 못하고 그때 생각만 하면 되겠습니까? "네 백성과 네 아버지의 집을 잊어버릴지어다" 그렇습니다. 예수 믿으면 옛날 세상에서 하던 것은 잊어버려야 할 것입니다. 세상 친구들도 버릴 것 많이 있습니다. 술친구도 있을 것이고, 댄스 하던 친구도 있을 것이고, 노름 친구도 있을 것이고, 앉아서 한담하던 친구도 있을 것이고, 놀러 다니던 친구도, 같이 죄를 범하던 친구도 있을 것인데, 세상 친구는 다 버려야 성도로서 합당합니다.

그리하면 우리 주님 기뻐하신다는 말씀입니다. 우리 주님을 기쁘시게 하려면 세상 줄 싹싹 잘라버려야 합니다.

"그는 너의 주인이시니 너는 그를 경배할지어다" 예수님께 예배를 잘 드리라는 말씀입니다. 하나님, 예수 그리스도께서 재림하실 때는 능하신 위엄 있는 왕으로 임하시사 진리와 온유와 공의로 다스리시고 만민에게 영원히 찬송을 받으십니다.

오늘은 8. 15 해방된 지 ○○년째 맞는 해방된 날입니다. 우리는 그때 그들의 노예나 다름없었습니다. 자유가 없었습니다. 때리고 죽여도 호소할 곳이 없었습니다. 그러나 하나님의 은혜로 우리는 해방을 맞고 자유인이 되었습니다.

우리는 정신 차려 "고라의 자손의 마스길"을 기억합시다.
1) 예수님의 말씀에 절대 복종합시다.
2) 예수님에게만 예배 잘 드립시다.

 그러므로 우리는 예수님이 싫어하시는 세상 줄 다 끊어버립시다. 우리 왕의 말씀에 절대 복종하고, 예수 그리스도에게만 경배 잘 드려 하나님께 영광 돌리시는 예수님의 신부가 되시기를 축복합니다.

시편 46편

전지전능 하신 우리 하나님

[고라 자손의 시, 인도자를 따라 알라못에 맞춘 노래]

[1] 하나님은 우리의 피난처시요 힘이시니 환난 중에 만날 큰 도움이시라

[2] 그러므로 땅이 변하든지 산이 흔들려 바다 가운데에 빠지든지

[3] 바닷물이 솟아나고 뛰놀든지 그것이 넘침으로 산이 흔들릴지라도 우리는 두려워하지 아니하리로다 (셀라)

[4] 한 시내가 있어 나뉘어 흘러 하나님의 성 곧 지존하신 이의 성소를 기쁘게 하도다

[5] 하나님이 그 성 중에 계시매 성이 흔들리지 아니할 것이라 새벽에 하나님이 도우시리로다

[6] 뭇 나라가 떠들며 왕국이 흔들렸더니 그가 소리를 내시매 땅이 녹았도다

[7] 만군의 여호와께서 우리와 함께 하시니 야곱의 하나님은 우리의 피난처시로다 (셀라)

[8] 와서 여호와의 행적을 볼지어다 그가 땅을 황무지로 만드셨도다

[9] 그가 땅 끝까지 전쟁을 쉬게 하심이여 활을 꺾고 창을 끊으며 수레를 불사르시는도다

[10] 이르시기를 너희는 가만히 있어 내가 하나님 됨을 알지어다 내가 뭇 나라 중에서 높임을 받으리라 내가 세계 중에서 높임을 받으리라 하시도다

[11] 만군의 여호와께서 우리와 함께 하시니 야곱의 하나님은 우리의 피난처시로다 (셀라)

✒ **Theme:** 우리가 하나님의 전지전능 하신 능력을 알면
환난 중에서도 기뻐하고 안심할 수 있다.

서론

다음으로 오는 3편의 찬송 시는 이 땅 위에 건설될 하나님의 왕국에 대한 예언입니다. 시편 45편은 앞으로 건설될 천년 왕국을 말한 것입니다. 앞으로 3편의 시는 그 왕국에 대한 것입니다.

이 시는 고라의 자손을 위하여 알라못에 맞추어 찬양 대장에게 준 것입니다. 선지자 이사야는 알라못이라는 말을 사용했습니다.

> (사7:14) "그러므로 주께서 친히 징조를 너희에게 주실 것이라 보라 처녀가 잉태하여 아들을 낳을 것이요 그 이름을 임마누엘이라 하리라"

처녀라는 말이 알라못입니다(여성 고음, 소프라노). 이 노래는 승리로 구원하시는 노래입니다. 이스라엘이 홍해를 육지 같이 건널 때의 승리감입니다. 모세가 노래를 지어 이스라엘이 노래를 불렀습니다. 누가 인도했겠습니까? 미리암과 아론이 했을 것이며 처녀들은 소고 치며 춤추어 찬양했을 것입니다.

> (출15:21) "미리암이 그들에게 화답하여 이르되 너희는 여호와를 찬송하라 그는 높고 영화로우심이요 말과 그 탄 자를 바다에 던지셨음이로다 하였더라"

이 승리의 개가는 47, 48편에 계속됩니다. 45편에서 메시아는 오셨으나 유대인들은 핍박하고 예수 그리스도를 십자가에 못 박아 죽였습니다. 그리고 믿는 자들을 핍박하고 죽였습니다. 그러나 예수님이 이제 다시 오실 때는 심판 주로 오십니다. 믿는 자들은 모세의 구원의 노래를 부르며 여자 남자 할 것 없이 모든 사람들은 자기의 재주껏 악기를 동원하여 우리 주님을 찬양할 것입니다.

시편 46편은 아름다운 소프라노 솔로가 할렐루야 (hallelujah) 노래 가운데 주님 한 분만으로 만족하다고 부를 것입니다. 본 시편이 우리에게 가르치시는 말씀은 "우리가 하나님의 전지전능 하신 능력을 알면 환난 중에서도 기뻐하고 안심할 수 있다"는 것입니다.

I. 하나님으로 만족합니다

[1] [고라 자손의 시, 인도자를 따라 알라못에 맞춘 노래] "하나님은 우리의 피난처시요 힘이시니 환난 중에 만날 큰 도움이시라"

"알라못"—성전에서 사용한 악기의 일종 [역대상 15:20절을 참조하라.]

[2] "그러므로 땅이 변하든지 산이 흔들려 바다 가운데에 빠지든지"

"땅이 변하든지"—강력한 열국의 난폭한 일어남을 자연재해에 비교하여 설명하였습니다.

[3] "바닷물이 솟아나고 뛰놀든지 그것이 넘침으로 산이 흔들릴지라도 우리는 두려워하지 아니하리로다(셀라)"

이것은 우리에게 하나님이 약속을 주시는 것입니다. 어떤 자는 말하기를 어떻게 믿느냐 할 것입니다. 나는 대답하기를 성경에는 거짓말이 하나도 없습니다. 나는 이때까지 거짓말을 하나도 못 봤습니다. 모두가 진리입니다. 우리에게 하나님은 말씀하십니다.

(시34:8) "너희는 여호와의 선하심을 맛보아 알지어다 그에게 피하는 자는 복이 있도다"

예수님은 말씀하십니다.

(요7:17) "사람이 하나님의 뜻을 행하려 하면 이 교훈이 하나님께로부터 왔는지 내가 스스로 말함인지 알리라"

우리가 믿지 못하는 것은 하나님이 누구신지 모르기 때문입니다. 하나님의 충분성을 알면 못 믿을 것이 없습니다. 성경에 있는 것은 다 믿을 수 있습니다.

[2] "그러므로 땅이 변하든지 산이 흔들려 바다 가운데에 빠지든지"

[3] "바닷물이 솟아나고 뛰놀든지 그것이 넘침으로 산이 흔들릴지라도 우리는 두려워하지 아니하리로다(셀라)"

하나님이 하나님의 백성을 지키십니다. 시편 46편은 종교 개혁자 마틴 루터가 좋아한 시편입니다. 아마도 그가 "내 주는 강한 성이요 방패와 병기 되시네" 찬송을 지을 때 이 시편을 생각하고 썼을 것입니다. 우리 하나님은 모든 것에 권능이 충분하신 분이십니다. 마틴 루터는 이 하나님의 능력을 알므로 두려움 없이 교황을 상대하여 싸워 교회를 교황의 손에서 해방시켰습니다. 교황은 독일 국회에서 루터를 재판하여 죽이도록 했습니다. 자기를 죽이려고 기다리는 국회를 향해 가면서 "내 주는 강한 성이요 방패와 병기 되시네" 찬송을 부릅니다. 하나님의 능력으로 종교개혁에서 승리한 것입니다.

II. 보장의 하나님 이십니다

[4] "한 시내가 있어 나뉘어 흘러 하나님의 성 곧 지존하신 이의 성소를 기쁘게 하도다"

"한 시내가 있어"-강. (예루살렘) 이스라엘에서 가장 거룩한 장소, 하나님이 그 임재를 그 안에 두시기로 선택하신 그곳은 맹렬한 전쟁이 온 세상을 삼킬 때 고요한 강이 될 것입니다.

혹자는 이 강에 대하여 하나의 상징(symbolic)으로 생각하는데 이것은 사실로 하나님께서 우리 믿는 성도들에게 오늘도 주시는 성령의 시원함입니다. 이 강은 말씀입니다.

시편 1편에 "그는 시냇가에 심은 나무가 철을 따라 열매를 맺으며 그 잎사귀가 마르지 아니함 같으니 그가 하는 모든 일이 다 형통하리로다"(시1:3).

이것은 하나님의 말씀입니다. 또 흐르는 강물에 대하여 하신 말씀은 에스겔에도 있고 (47장) 요한 계시록에도 있습니다.

(계22:1) "또 그가 수정 같이 맑은 생명수의 강을 내게 보이니 하나님과 및 어린 양의 보좌로부터 나와서"

세상이 흔들리고 땅이 뒤집힐지라도 하나님의 백성은 하나님이 도우심으로 근심 걱정이 없다는 것입니다. 야곱을 도우시고 그의 후손으로 큰 나라를 만드신 하나님만이 우리의 피난처가 되십니다.

[5] "하나님이 그 성 중에 계시매 성이 흔들리지 아니할 것이라 새벽에 하나님이 도우시리로다"

"새벽에" — 메시아 시대 밤에는 예루살렘도 역시 전쟁에 둘러싸일 것이다. 그러나 새벽에 — 마지막 구속의 새벽에 — 하나님은 오셔서 그것을 도우실 것이다.

III. 하나님의 대권

[8] "와서 여호와의 행적을 볼지어다 그가 땅을 황무지로 만드셨도다"

[9] "그가 땅 끝까지 전쟁을 쉬게 하심이여 활을 꺾고 창을 끊으며 수레를 불사르시는도다"

메시아는 심판하러 오십니다. 그만이 전쟁을 끝내시고 활을 꺾고 창을 부수십니다. 또 수레를 불사르십니다. 마지막 날에 우리가 볼 수 있는 광경입니다. 이것을 다니엘은 보았습니다.

(단2:45) "손대지 아니한 돌이 산에서 나와서 쇠와 놋과 진흙과 은과 금을 부서뜨린 것을 왕께서 보신 것은 크신 하나님이 장래 일을 왕께 알게 하신 것이라 이 꿈은 참되고 이 해석은 확실하니이다"

아마겟돈 전쟁 후에 전쟁으로 파괴된 것이 성을 누빌 것이며 시체는 어디든지 던져있는 것을 볼 것입니다. 하나님이 계신 것을 하나님의 행적이 말해 줄 것입니다. 왕이 임하시면 불의한 자를 처리할 것이요 평화의 예언이 이 땅에 이루어질 것입니다.

결론

[10] "이르시기를 너희는 가만히 있어 내가 하나님 됨을 알지어다 내가 뭇 나라 중에서 높임을 받으리라 내가 세계 중에서 높임을 받으리라 하시도다"

"너희는 가만히 있어"—하나님은 모든 나라에게 말씀하십니다. 너희 열국들은 죄악 된 길에서 떠나라. 그리고 드디어 나를 인정하고 나의 전능을 인정하라.

[11] "만군의 여호와께서 우리와 함께 하시니 야곱의 하나님은 우리의 피난처시로다 (셀라)"

"내가 나라와 세계 중에서 높임을 받으리라 하시도다"
이것이 땅을 위한 하나님의 목적입니다.

"너희는 가만히 있어 내가 하나님 됨을 알지어다"

우리는 이 복된 지식을 알 때에는 조용히 있을 수 있습니다. 우리는 악하고 음란하고 더러운 세대에 살고 있습니다. 세상이 급변하고 있습니다.

그러나 우리 주님을 보십시다. 풍랑이 일어나고 배가 파선될 것처럼 보이지만 예수님은 평안히 주무시고 계셨습니다. 우리도 주님을 알면 "하나님은 우리의 피난처 시로다" 노래하며 편히 쉴 수 있습니다. 우리는 예수 그리스도의 크신 권능을 많이 알면 알수록 환난 중에서도 더욱 안심하고 기쁜 생활을 할 수 있습니다.

Goal 그러므로 우리도 고라의 자손처럼
우리가 믿는 하늘에 계신 우리 하나님 아버지는
모르시는 것이 없으시고 못하시는 것이 없으신
전지전능하신 하나님이심을
알고, 믿고, 담대하게 이 같이 노래할 수 있습니다.

"하나님은 우리의 피난처시요 힘이시니 환난 중에 만날 큰 도움이시라,
그러므로 땅이 변하든지 산이 흔들려 바다 가운데 빠지든지, 바닷물이
솟아나고 뛰놀든지 그것이 넘침으로 산이 흔들릴지라도 우리는 두려워
하지 아니하리로다(셀라)" (1~3)

우리 모든 성도 여러분!
이와 같은 고라의 자손이 가졌던 믿음을 가지고
담대하게 신앙생활 하기를 예수님의 이름으로 축복합니다.

시편 47편
그리스도의 왕국
(메시아 시)

[고라 자손의 시, 인도자를 따라 부르는 노래]

[1] 너희 만민들아 손바닥을 치고 즐거운 소리로 하나님께 외칠지어다

[2] 지존하신 여호와는 두려우시고 온 땅에 큰 왕이 되심이로다

[3] 여호와께서 만민을 우리에게, 나라들을 우리 발 아래에 복종하게 하시며

[4] 우리를 위하여 기업을 택하시나니 곧 사랑하신 야곱의 영화로다 (셀라)

[5] 하나님께서 즐거운 함성 중에 올라가심이여 여호와께서 나팔 소리 중에 올라가시도다

[6] 찬송하라 하나님을 찬송하라 찬송하라 우리 왕을 찬송하라

[7] 하나님은 온 땅의 왕이심이라 지혜의 시로 찬송할지어다

[8] 하나님이 뭇 백성을 다스리시며 하나님이 그의 거룩한 보좌에 앉으셨도다

[9] 뭇 나라의 고관들이 모임이여 아브라함의 하나님의 백성이 되도다 세상의 모든 방패는 하나님의 것임이여 그는 높임을 받으시리로다

Theme: 이 말씀은 온 세계가 하나님의 절대적인 구원을 인정하고 그리스도의 왕국에서 주님께만 찬양하고 예배할 때가 올 것을 가르칩니다.

서론

이것은 예수 그리스도께서 통치하실 두 번째 시편입니다. 이것은 온 땅에 세워질 그리스도의 왕국에서 주를 찬양하고 예배할 것에 관한 예언의 말씀입니다. 다시금 본문이 가르치시는 것은 온 세계가 하나님의 절대적인 주권을 인정하고 그리스도의 왕국으로 주님께만 찬양하고 예배할 때가 온다는 것을 가르칩니다.

I. [1] "너희 만민들아 손바닥을 치고 즐거운 소리로 하나님께 외칠지어다"

"하나님께 외칠지어다" — 하나님께 양각 나팔을 불지어다. 왕의 대관식 예식 중에는 나팔을 부는 것이 습관이었다고 말합니다. 그들이 하나님을 자기들의 주권자로 인정할 때 모든 나라들도 그렇게 할 것입니다.

[2] "지존하신 여호와는 두려우시고 온 땅에 큰 왕이 되심이로다"

"지존하신 여호와는 두려우시고 온 땅에 큰 왕이 되심이로다"
예수 그리스도는 두려우신 하나님으로 온 땅을 통치 하시고 그는 만민의 찬양을 받으시고 예배를 받으실 것입니다.

예수 그리스도께서 온 땅을 통치하시기 전에 왕 되신 우리 주님은 반항하는 자와, 교만한 자와, 자기 잘났다는 자와, 불법한 자와, 하나님을 믿지 않는 자는 다 멸하십니다.

우리는 시편 46편에서 예수 그리스도의 재림을 축하하는 축제를 보았습니다. 그리고 47편에서는 그리스도의 왕국을 건설하는 것과 왕국을 다스리시는 것을 봅니다.

II. [3] "여호와께서 만민을 우리에게, 나라들을 우리 발 아래 복종하게 하시며"

"여호와께서 … 만민을 우리 발 아래 복종하게 하시며"

그는 나라들을 우리 발 아래로 이끄실 것입니다. 하나님은 열국을 이스라엘의 다스림 아래로 데려오려고 땅 끝에서부터 예루살렘으로 이끌 것입니다. 이것은 열국에게 자신들의 혜택을 받게 하려는 것입니다 그 때 그들은 이스라엘의 지도로 진지하고 지성적인 봉사로 하나님을 섬길 것이기 때문입니다.

이 때야말로 "기쁘다 구주 오셨네 만 백성 맞으라" 찬송을 부르기에 맞는 때입니다.

기쁘다 구주 오셨네 만 백성 맞으라 온 교회 찬송 부르니
그 소리 높도다 그 소리 바닥을 다 치니 그 소리 소리 높도다
너희 만민들아 손바닥을 치고 즐거운 소리로 하나님께 외칠지어다

이 찬송이 참으로 크리스마스만의 찬송은 아닙니다. 이 찬송은 예수님이 다시 오실 때 부를 찬송입니다. 그야말로 다시 오실 때는 온 세상에 기쁨이 충만할 것입니다.

"너희 만민들아 손바닥을 치고 즐거운 소리로 하나님께 외칠지어다"
온 세상이 그 때는 즐거워할 것입니다.

장로교회에서는 찬송 부를 때 손뼉을 치며 부르지 않았습니다.

손뼉을 치며 찬송 부르는 것을 반대하는 사람이 있었습니다. 어떤 이는 나에게 물어봅니다. "나는 참 좋습니다. 손뼉만 치지 말고 아멘도 외치세요"라고 대답했습니다. 손뼉을 치며 아멘 소리가 크게 나는 교회는 즐겁게 예배 드리는 교회이므로 부흥합니다. 찬송 부를 때 찬송도 부르지 않고 시무룩해 앉아 있는 교인을 보면 목사가 맥이 빠집니다. 꼭 교회가 부흥될까 걱정하는 것 같습니다. 열심히 찬송하세요.

[4] "우리를 위하여 기업을 택하시나니 곧 사랑하신 야곱의 영화로다 (셀라)"

"우리를 위하여 기업을 택하시나니" ─ 그는 우리를 위하여 우리의 기업을 택하시나니.

이스라엘의 기업은 이스라엘의 넓은 영토 Eretz Yishrael입니다. 우리가 지금 거기서 망명이 되었다 해도, 때와 장소는 하나님께 속한 것입니다. 우리가 알 수 없는 것입니다.

[5] "하나님께서 즐거운 함성 중에 올라가심이여 여호와께서 나팔소리 중에 올라가시도다"

"여호와께서 나팔 소리 중에 올라가시도다"
이것은 [새해의 머리, 새해 첫날]을 말하고 있습니다. 유대인의 회개의 의미를 포함하여 양각 (양의 뿔)나팔소리는 하나님으로 하여금 심판의 보좌에서 일어나셔서 긍휼의 보좌로 올라가시게 한다고 하였습니다.

시편 문맥에서 이 구절은 제3성전을 말합니다.ー우리 기업 … 야곱의 영화ー거기서 드리는 봉헌예배는 즐거운 양각나팔 소리가 특징입니다.

이 말씀은 우리가 세상에서만 살며 세상의 지식으로 생각 할 때이고 마지막 심판하러 오실 때는 어디로 오실지 모르고 또 오시는 것을 온 세상이 다 볼 것입니다. 현재 과학으로나 지식으로는 알 수 없는 일입니다. 그 일은 과학을 초월한 일입니다. 심판하시고 모든 성도와 함께 천국으로 올라가실 때의 광경은 양각 나팔뿐 아니라 우리가 지금 알 수 없는 천국의 악기들도 다 동원될 것입니다. 그 광경은 이루 말로 표현할 수 없습니다.

[6] "찬송하라 하나님을 찬송하라 찬송하라 우리 왕을 찬송하라"

[7] "하나님은 온 땅의 왕이심이라 지혜의 시로 찬송할지어다"

"지혜의 시로 찬송할지어다"ー"찬송하라, 오 계몽된 자여"
찬송하라 (זַמְּרוּ)라는 단어는 복수입니다. 모든 백성이 하나님의 올라가심을 축하해야 하기 때문이다. 그러나 מַשְׂכִּיל (오 계몽된 자여)는 단수명사입니다. 그것은 사람마다 각각 자기의 이해력 정도가 있기 때문이다

[8] "하나님이 뭇 백성을 다스리시며 하나님이 그의 거룩한 보좌에 앉으셨도다"

[9] "뭇 나라의 고관들이 모임이여 아브라함의 하나님의 백성이 되도다 세상의 모든 방패는 하나님의 것임이여 그는 높임을 받으시리로다"

"뭇 나라의 고관들이" 회심한 이방인들 또는 하나님을 위하여 희생을 하기 원하는 자들은 하나님의 보호 아래 모일 것이다. 그들은 아브라함의 지도를 따른 것으로 여겨진다. 그가 첫 번으로 자기 가족과 유산을 떠나 하나님을 따라갔기 때문이다

"세상의 모든 방패는"―땅의 보호자들. 모든 주인들, 통치자들은 자기 땅을 보호할 권세를 가지고 있고 실제로 하나님의 통제 아래 있습니다.

그러므로 우리는 하나님만 신뢰해야 합니다

[5] "하나님께서 즐거운 함성 중에 올라가심이여 여호와께서 나팔 소리 중에 올라가시도다"

2 천여 년 전에 베들레헴에 탄생하신 예수 그리스도께서 세상에 오셔서 구령 사업을 다 마치시고 십자가에서 죽으셨습니다. 그러나 죽은 지 사흘 만에 부활하시고 500여 성도가 지켜보는 중에 하늘로 올라가신 것입니다. 앞으로 세상에 산 자와 죽은 자를 심판하러 오실 것이며 믿는 모든 자를 데리고 공중으로 올라가 혼인 잔치를 베풀 것입니다.

그때야말로 온 백성은 주를 찬양할 것입니다.

[6] "찬송하라 하나님을 찬송하라 찬송하라 우리 왕을 찬송하라"

[7] "하나님은 온 땅의 왕이심이라 지혜의 시로 찬송할지어다"

[8] "하나님이 뭇 백성을 다스리시며 하나님이 그의 거룩한 보좌에 앉으셨도다"

[9] "뭇 나라의 고관들이 모임이여 아브라함의 하나님의 백성이

되도다 세상의 모든 방패는 하나님의 것임이여 그는 높임을 받으
시리로다"

결론

하늘나라에서 베풀어질 이 잔치에 참여하여 이 노래를 부를 자는 누구
냐? 저와 여러분들입니다.

예수님이 2천여 년 전에 성령으로 잉태하사 동정녀 마리아에게서 나
시고, 우리의 모든 죄를 사하시기 위하여 십자가에서 죽으셨습니다. 이것
을 우리로 믿게 하시려고 성령으로 감동하시고 우리가 믿을 때 우리를 의
롭다 여겨 주시고 산 자와 죽은 자를 심판하러 오실 것입니다. 예수님을
기다리는 우리가 예수님을 맞이하여 하나님 나라에 가서 이 찬송을 부르
며 잔치에 참여합니다. 할렐루야! 얼마나 기쁠 때입니까!

온 세계가 하나님의 절대적인 주권을 인정하고 그리스도의 왕국에서
주님께만 찬양하고 예배할 때가 올 것이요 속히 올 것입니다.

 그러므로 우리 성도들은
심판주 예수 그리스도를 믿음으로 기다리시다가
다 같이 찬송을 부르며 주님의 왕국에 참여하시기를 축복합니다.

시편**48**편

그리스도의 승리

[고라 자손의 시 곧 노래]

[1] 여호와는 위대하시니 우리 하나님의 성, 거룩한 산에서 극진히 찬양 받으시리로다

[2] 터가 높고 아름다워 온 세계가 즐거워함이여 큰 왕의 성 곧 북방에 있는 시온 산이 그러하도다

[3] 하나님이 그 여러 궁중에서 자기를 요새로 알리셨도다

[4] 왕들이 모여 함께 지나갔음이여

[5] 그들이 보고 놀라고 두려워 빨리 지나갔도다

[6] 거기서 떨림이 그들을 사로잡으니 고통이 해산하는 여인의 고통 같도다

[7] 주께서 동풍으로 다시스의 배를 깨뜨리시도다

[8] 우리가 들은 대로 만군의 여호와의 성, 우리 하나님의 성에서 보았나니 하나님이 이를 영원히 견고하게 하시리로다 (셀라)

[9] 하나님이여 우리가 주의 전 가운데에서 주의 인자하심을 생각하였나이다

[10] 하나님이여 주의 이름과 같이 찬송도 땅 끝까지 미쳤으며 주의 오른손에는 정의가 충만하였나이다

[11] 주의 심판으로 말미암아 시온 산은 기뻐하고 유다의 딸들은 즐거워할지어다

[12] 너희는 시온을 돌면서 그 곳을 둘러보고 그 망대들을 세어 보라

[13] 그의 성벽을 자세히 보고 그의 궁전을 살펴서 후대에 전하라

[14] 이 하나님은 영원히 우리 하나님이시니 그가 우리를 죽을 때까지 인도하시리로다

✒ **Theme:** 예수 그리스도의 완전한 승리와 그리스도인의 기쁨을 말해줍니다.

서론

이 시편은 그리스도의 왕국 건설 3 시편의 마지막 시입니다. 이것을 축하하는 마지막인 동시에 예수 그리스도의 완전 승리를 말해 줍니다. 이 시편이 가르치는 것은 "예수 그리스도의 완전한 승리와 그리스도인의 기쁨입니다."

I. 여호와만이 안전한 우리의 피난처입니다

[1] "여호와는 위대하시니 우리 하나님의 성, 거룩한 산에서 극진히 찬양 받으시리로다"

[2] "터가 높고 아름다워 온 세계가 즐거워함이여 큰 왕의 성 곧 북방에 있는 시온 산이 그러하도다"

"터가 높고 아름다워 온 세계가 즐거워함이여"— '온 땅의 기쁨' 이것은 예루살렘의 명칭입니다. 예루살렘은 예수님이 만민의 죄를 담당하시어 십자가에서 죽으시고 삼일 만에 부활 승천하신 곳입니다. 이 거룩한 도시는 괴로운 자에게 기쁨을 주었습니다. 이들은 성전 예배를 통하여 구속함을 받았습니다. 그 거룩함의 신령한 앙양(lifting)이 괴로움을 진정시켰기 때문입니다.
"북방"—시온산은 위대한 왕, 다윗의 성 북쪽에 있었습니다.

기쁨의 원천은 성전 뜰 북쪽에 있었습니다. 속죄제 제물들이 거기서 도살되었습니다.

"시온 산" 시온이라는 단어는 기념비에서 유래하였습니다.

하나님의 성소 자리는 진리와 거룩함을 기리는 영원한 기념비로 남게 됩니다.

"여호와는 위대하시니 우리 하나님의 성, 거룩한 산에서 극진히 찬양 받으시리로다" "우리 하나님의 성"은 예루살렘 성을 말하는 것이요 "거룩한 산"은 예수님이 우리의 죄를 대신하여 십자가에서 죽으시고 장사 지낸 지 사흘 만에 죽은 자 가운데서 다시 살아나신 곳을 의미하며 예언한 것입니다. 우리는 예수님이 십자가에서 죽으시고 삼일 만에 다시 살아나신 것을 영원히 찬송할 것입니다.

"북방에 있는 시온산"은 아주 재미있는 표현으로 사탄의 권세를 때려 잡는 시적 표현입니다. 북방은 사탄이 하늘에서 이 땅에 내려온 산입니다. 그러므로 북방은 사탄이 하늘에서 이 땅에 오르고 내리는 길로 예수 그리스도를 십자가에 못 박아 죽일 때 가룟 유다의 마음이나 대제사장을 비롯하여 많은 유대인을 동원시킨 거대 사탄의 역사였습니다. 그러므로 이사야는 예수님 오시기 700여 년 전에 북방을 사탄의 길로 예언하였습니다.

> (사4:13~14) "네가 네 마음에 이르기를 내가 하늘에 올라 하나님의 뭇 별 위에 내 자리를 높이리라 내가 북극 집회의 산 위에 앉으리라 가장 높은 구름에 올라가 지극히 높은 이와 같아지리라 하는도다"

예수 그리스도께서 부활 승천하심으로 마귀의 계책은 완전히 분쇄되어 북방에서도 주님을 찬양하는 곳이 되었습니다. 할렐루야!

[3] "하나님이 그 여러 궁중에서 자기를 요새로 알리셨도다"

II. 하나님은 성도들을 기적적으로 구원하십니다

[4] "왕들이 모여서 함께 지나갔음이여"

"왕들이 모여" – 왕들이 예루살렘을 공격하려고 여러 번 모였을 때 그들은 하나님이 그 요새이심을 보았습니다. 하나님의 이적들(다음 절)을 보면서 그들은 놀라서 도망갔습니다.

[5] "그들이 보고 놀라고 두려워 빨리 지나갔도다"

[6] "거기서 떨림이 그들을 사로잡으니 고통이 해산하는 여인의 고통 같도다"

[7] "주께서 동풍으로 다시스의 배를 깨뜨리시도다"

"다시스의 배들" – 지중해의 주요 항구 다시스의 배들은 이스라엘의 땅(Eretz Yisrael)을 치려고 급파된 침략하는 함대를 말합니다.

"왕들이 모여 함께 지나갔음이여" 왕들이 누구입니까? 여호와 하나님을 멸시하고 대항하는 자들입니다. 이들이 모여서 교회를 핍박할 계획을 하며 교회를 멸하려는 왕들을 말합니다. 지금 세상에서는 공산주의 국가들과 무슬림 국가들입니다. 그들은 예수 믿는 사람들을 잡아 죽입니다. 이들은 자기들끼리 잘 모입니다.

"그들이 보고 놀라고 두려워 빨리 지나갔도다" 그들이 하나님의 권능을 보고 마귀의 권세가 분쇄되는 것을 보고 도망갑니다.

"거기서 떨림이 그들을 사로잡으니 고통이 해산하는 여인의 고통 같도다" 그때 그들이 당하는 고통은 말로 형용할 수 없습니다. 그때 하나님이 진노하사 그들을 멸하시는 것을 비유하여 말씀하시기를 "주께서 동풍으로 다시스의 배를 깨뜨리시도다." 하셨습니다. 바다에서 배를 파선시키면 사람은 어찌 되겠습니까? 전멸시키겠다는 말씀입니다.

이 말씀을 요한 계시록에서는 이와 같이 말씀했습니다.

(계20:7~10) "천 년이 차매 사탄이 그 옥에서 놓여 나와서 땅의 사방 백성 곧 곡과 마곡을 미혹하고 모아 싸움을 붙이리니 그 수가 바다의 모래 같으리라 그들이 지면에 널리 퍼져 성도들의 진과 사랑하시는 성을 두르매 하늘에서 불이 내려와 그들을 태워버리고 또 그들을 미혹하는 마귀가 불과 유황 못에 던져지니 거기는 그 짐승과 거짓 선지자도 있어 세세토록 밤낮 괴로움을 받으리라"

[8] "우리가 들은 대로 만군의 여호와의 성, 우리 하나님의 성에서 보았나니 하나님이 이를 영원히 견고하게 하시리로다(셀라)"

"우리가 들은 대로"
우리 조상들로부터 하나님의 기적적인 구원에 대하여 우리가 들은 대로 우리 역시 그와 같은 기사들을 보았습니다.

결론

그러므로 성도들은 영광의 찬송을 올리며 후대에 전하라.

[10] "하나님이여 주의 이름과 같이 찬송도 땅 끝까지 미쳤으며 주의 오른손에는 정의가 충만하였나이다"

"하나님이여 주의 이름과 같이"—선지자들이 주께 지존한 이름들을 드렸사오나 그러나 우리가 증거 할 수 있는 것은 실제로 하신 일들에 대하여 주께 올린 주의 찬송이 그 영광스러운 명칭들을 정당화 하나이다

[11] "주의 심판으로 말미암아 시온 산은 기뻐하고 유다의 딸들은 즐거워할지어다"

[12] "너희는 시온을 돌면서 그 곳을 둘러보고 그 망대들을 세어 보라"

"너희는 시온을 돌면서 … 살펴서 후대에—예루살렘을 구석구석 마다 그리고 그 메시지를 다 알아 두시요. 그리고 그것을 뒤에 오는 세대에 전달하되 너희가 과거에 대한 그림을 전달하는 것이 아니라 영광스러운 미래의 모습을 전달하는 것을 확신하고 하시요. 하나님이 (다음절)우리의 영원하신 하나님이 우리를 인도하십니다.

[13] "그의 성벽을 자세히 보고 그의 궁전을 살펴서 후대에 전하라"

[14] "이 하나님은 영원히 우리 하나님이시니 그가 우리를 죽을 때까지 인도하시리로다"

"죽을 때까지"—영원히. 단어 두 개로 하는 말: 하나님은 죽음을 건너서 우리를 인도하실 것입니다. 그의 인도하심을 통하여 성도만이 모든 열국 가운데서 불멸에 이릅니다.
다른 주석: 아이들처럼. 두 단어를 하나로 해석: 젊은이 또는 청소년이라는 뜻.
하나님은 우리를 어린이들 같이 인도하시기를 아비가 자기 어린 것

을 돌보듯 하십니다. 또는 하나님은 우리 젊은이들의 열심과 활력을
보존하실 것입니다.

얼마나 기쁜 일입니까? 믿는 성도들은 기쁨으로 활보하며 할렐루야
주님을 찬양할 것입니다. 내 주여 어서 오시옵소서. 아멘, 아멘.

 그러므로 우리는 그날을 기다리며 어떤 고난도 참아야 합니다.
주님을 붙들고 살아서 그날에 같이 즐겁게 노래할 것을
예수님의 이름으로 축복합니다.

멸망하는 짐승 같은 사람

[고라 자손의 시, 영장으로 한 노래]

[1] 뭇 백성들아 이를 들으라 세상의 거민들아 모두 귀를 기울이라

[2] 귀천 빈부를 막론하고 다 들을지어다

[3] 내 입은 지혜를 말하겠고 내 마음은 명철을 작은 소리로 읊조리리로다

[4] 내가 비유에 내 귀를 기울이고 수금으로 나의 오묘한 말을 풀리로다

[5] 죄악이 나를 따라다니며 나를 에워싸는 환난의 날을 내가 어찌 두려워하랴

[6] 자기의 재물을 의지하고 부유함을 자랑하는 자는

[7] 아무도 자기의 형제를 구원하지 못하며 그를 위한 속전을 하나님께 바치지도 못할 것은

[8] 그들의 생명을 속량하는 값이 너무 엄청나서 영원히 마련하지 못할 것임이니라

[9] 그가 영원히 살아서 죽음을 보지 않을 것인가

[10] 그러나 그는 지혜 있는 자도 죽고 어리석고 무지한 자도 함께 망하며 그들의 재물은 남에게 남겨 두고 떠나는 것을 보게 되리로다

[11] 그러나 그들의 속 생각에 그들의 집은 영원히 있고 그들의 거처는 대대에 이르리라 하여 그들의 토지를 자기 이름으로 부르도다

[12] 사람은 존귀하나 장구하지 못함이여 멸망하는 짐승 같도다

[13] 이것이 바로 어리석은 자들의 길이며 그들의 말을 기뻐하는 자들의 종말이로다 (셀라)

[14] 그들은 양 같이 스올에 두기로 작정되었으니 사망이 그들의 목자일 것이라 정직한 자들이 아침에 그들을 다스리리니 그들의 아름다움은 소멸하고 스올이 그들의 거처가 되리라

[15] 그러나 하나님은 나를 영접하시리니 이러므로 내 영혼을 스올의 권세에서 건져내시리로다 (셀라)

[16] 사람이 치부하여 그의 집의 영광이 더할 때에 너는 두려워하지 말지어다

[17] 그가 죽으매 가져가는 것이 없고 그의 영광이 그를 따라 내려가지 못함이로다

[18] 그가 비록 생시에 자기를 축하하며 스스로 좋게 함으로 사람들에게 칭찬을 받을지라도

[19] 그들은 그들의 역대 조상들에게로 돌아가리니 영원히 빛을 보지 못하리로다

[20] 존귀하나 깨닫지 못하는 사람은 멸망하는 짐승 같도다

Theme: 인간은 이 땅에 잠시 머무는 기간 동안에
자기의 영적 개발을 강화하고
오는 세상을 예비하기 위하여 시간을 사용해야 한다.

서론

제가 미국에 와서 공부를 끝마치고 저의 아내가 시애틀에 있는 워싱톤 대학교에서 공부를 하게 되었습니다. 지금부터 약 50년 전에 그곳에 가서 저는 교회를 설립하게 되었습니다. 제가 교회를 시작하면서부터 제게 괴로움을 준 분이 한 사람 있는 데 큰 부자였습니다. 제가 그곳에 18년을 살다가 LA로 오게 될 때 그 분이 위암에 걸려서 죽게 되었다는 소식을 들었

습니다. 그래서 이사하기 전에 찾아 인사를 하러 갔습니다. 본시 몸이 약하신 분인데 줄어들어 80 파운드가 되었습니다. 가서 나도 이사하게 된다고 이야기하고 인사를 했습니다. 제가 보기에는 몇 날 못 있어 죽을 것 같은데 자기가 일어나서 앞으로 무엇 무엇을 해야겠다고 합니다. 저는 그때 생각하기를 사람이 참으로 자기 죽을 것을 알지 못한다 하는 것을 생각해 보았습니다.

그 후 몇 날이 못 되어 그분이 다니던 교회 안 목사님을 만났습니다. 세상 떠난다고 해서 급히 가서 교회 의자 헌금하시라고 흔들며 "의자요 의자" 하는데 대답은 못하고 죽는 소리로 '어' 했다는 것입니다. 죽으면서 말도 못하는데 어떻게 '예' 하겠습니까? 그 후 안 목사님께 물었습니다. "부인 권사가 의자 헌금했습니까" 하고 물었더니 의자 헌금은 했다고 합니다. 저는 그때 또 한 번 사람이 자기가 죽을 것을 모른다고 생각해 보았습니다. 본문 말씀이 우리에게 말씀해 주는 것은 "인간은 이 땅에 잠시 머무는 기간 동안에 자기의 영적 개발을 강화하고 오는 세상을 예비하기 위하여 시간을 사용해야 한다."는 것입니다.

I. 자기의 재물을 의지하는 인간

[1] [고라 자손의 시, 영장으로 한 노래] "뭇 백성들아 이를 들으라 세상의 거민들아 모두 귀를 기울이라"

"만민들아 … 세상의 거민들아"—아담의 자손들아 … 인간의 자손들까지 다 … 인간의 자손들이라 함은 그들의 조상이 뛰어난 사람들이고 따라서 사회적으로나 재정적으로 유리한 혜택을 누렸던 사람들을 말함이다.

아담의 자손이라는 언급에는 아담이 그들 선조라는 것 외에 별로 혈통을 내세울 것이 없는 대다수의 인간들이 포함되어 있습니다. 이 시편의 메시지는 이 두 계층의 사람들에게 다 동일하게 중요합니다.

[2] "귀천 빈부를 막론하고 다 들을지어다"

[3] "내 입은 지혜를 말하겠고 내 마음은 명철을 작은 소리로 읊조리리로다"

"귀천 빈부를 막론하고 다 …"—빈부, 둘 다 돈에 미쳐있습니다. 부한 자는 좀더 원하고 가난한 자는 돈만 있으면 자기의 모든 문제가 다 풀릴 것이라고 생각합니다.

하나님께서 사람을 존귀하게 지으셨으나 존귀하게 살지 못하고 자기의 재물을 의지하고 살다 죽는 자는 "멸망하는 짐승과 같다"고 했습니다. 왜 그런가 하면 재물로는 자기를 존귀한 하나님의 자녀로 못 만듭니다.

[4] "내가 비유에 내 귀를 기울이고 수금으로 나의 오묘한 말을 풀리로다"

"수금으로 나의 오묘한 말을 풀리로다"—음악으로 영적 힘을 얻어서, 시편 저자는 영혼의 앙양[lifting]을 성취합니다. 이것은 인생의 당혹스러운 신비를 풀어 나가기에 필요한 성령의 조명에 앞서 일어나는 것입니다.

[5] "죄악이 나를 따라다니며 나를 에워싸는 환난의 날을 내가 어찌 두려워하랴"

"죄악이 나를 따라다니며 나를 에워싸는 환난의 날에"—내가 짓밟아 온 명령들.

어떤 죄는 작게 생각하고 사람들이 발 아래 짓밟아 눌러 부수는 것 같습니다. 그런 죄에 대한 그의 오만한 태도 때문에 그 사람은 그의 심판의 때가 다가오면 두려움을 느끼게 될 것입니다

"내가 어찌 두려워하랴?"—사람이 왜 이 세상에서 자기의 제한된 시간을 잘못 쓸까? 악한 날에 —이 세상에서 그의 체류기간이 끝날 때, 그것은 그에게 고통과 번민만 생기게 할 것입니다.

　그는 명령들에 대하여 어떻게 짓밟아 왔는지 계산서를 내 놓아야 할 것입니다. 이것이 그를 따라 둘러 칠 것입니다.

[7] "아무도 자기의 형제를 구원하지 못하며 그를 위하여 속전을 하나님께 바치지도 못할 것은"

"아무도 자기의 형제를 … 그를 위하여 속전을 하나님께 바치지도 못할 것은"

생명과 사망은 하나님 손에 있습니다. 돈을 아무리 주어도 하나님이 취하시기로 택하신 영혼을 구속할 수 없습니다.

[8] "그들의 생명을 속량하는 값이 너무 엄청나서 영원히 마련하지 못할 것임이니라"

"그들의 생명을 속량하는 값이 너무 엄청나서—그들의 생명을 속량하는 것이 너무 값비싸서. 영혼은 그 값을 따질 수 없이 귀합니다. 사람이 그것을 자기 행위로 훼손시키면, 그의 돈으로 그것을 바로 잡을 수 없습니다.

우리가 세상에 살 때에 재물이, 즉 돈이 제일 중하고 귀한 것인 줄 알지만 돈으로는 지옥 가는 길을 막지 못합니다. 돈으로는 천국 가는 입장권을 못산다는 것입니다.

[9] "그가 영원히 살아서 죽음을 보지 않을 것인가"

"그가 영원히 살아서 죽음을 보지 않을 것인가" — 영원히 살 수 있는 사람이 있는가? 아무도 영원히 못삽니다. 아무도 구덩이[무덤]에 안 들어 갈 자가 없습니다. 그러므로 사람은 자기 영혼의 불멸을 돌보아야 합니다.

[10] "그러나 그는 지혜 있는 자도 죽고 어리석고 무지한 자도 함께 망하며 그들의 재물은 남에게 남겨 두고 떠나는 것을 보게 되리로다"

[11] "그러나 그들의 속 생각에 그들의 집은 영원히 있고 그들의 거처는 대대에 이르리라 하여 그들의 토지를 자기 이름으로 부르도다"

[12] "사람은 존귀하나 장구하지 못함이여 멸망하는 짐승 같도다"

"사람은 존귀하나 장구하지 못함이여" — '사람은 영광 중에 쉬지 못하리니' — 인간의 상태는 참으로 불확실합니다. 심지어 아담도 하나님의 손으로 만드셨는데 범죄했고 그가 창조함을 받은 날 있었던 그의 정상에서 떨어졌습니다.

예수님께서 말씀하십니다.

(눅12:16~21) "또 비유로 그들에게 말하여 이르시되 한 부자가 그 밭에 소출이 풍성하매 심중에 생각하여 이르되 내가 곡식 쌓아 둘 곳이 없으니 어찌할까 하고 또 이르되 내가 이렇게 하리라 내 곳간을 헐고 더 크게 짓고 내 모든 곡식과 물건을 거기 쌓아 두리라 또 내가 내 영혼에게 이르되 영혼아 여러 해 쓸 물건을 많이 쌓아 두었으니 평안히 쉬고 먹고 마시고 즐거워하자 하리라 하되, 하나님은 이르시되 어리석은 자여 오늘 밤에 네 영혼을 도로 찾으리니 그러면 네 준비한 것이 누구의 것이 되겠느냐 하셨으니 자기를 위하여 재물을 쌓아 두고 하나님께 대하여 부요하지 못한 자가 이와 같으니라"

[14] "그들은 양 같이 스올에 두기로 작정되었으니 사망이 그들의 목자일 것이라 정직한 자들이 아침에 그들을 다스리리니 그들의 아름다움은 소멸하고 스올이 그들의 거처가 되리라"

"아침에 그들을 다스리리니"―지금은 악이 다스립니다. 그러나 심판 날의 아침이 동트면 의인이 우세해집니다.
"아름다움은 소멸하고"―저희 형태는 썩기로 작정되었습니다. 사람의 속에 있는 형태는 그의 영혼, 그의 영의 내용물입니다. 악한 행위를 하는 자는 그들 영혼을 부패하게 해서 의미 있는 성장을 할 능력을 잃어버릴 때까지 합니다. 그러므로 사후 생명을 바라보는 대신 그들은 죽음 후에 오직 썩음만 기대할 수 있을 뿐입니다.
"스올이 그들의 거처가 되리라"―[각각] 그의 거처에서―그들은 사치스러운 집을 떠나 무덤으로 갈 것입니다.

[15] "그러나 하나님은 나를 영접하시리니 이러므로 내 영혼을 스올의 권세에서 건져내시리로다 (셀라)"

"그러나 하나님은 나를 영접하시리니"—악인이 당할 파멸을 관찰하기를 마친 후에 시편 저자는 이제 자기의 확신을 표현하기를 그는 이제 오는 세상의 영화를 바라볼 수가 있다 하였습니다.

II. 돈은 생전에 살아 있을 때 하나님의 뜻대로 잘 쓰면, 축하 받게 하고 존경받게 합니다

돈이 많으면 생전에 많은 축하와 칭찬을 받습니다. 사람이 따릅니다. 영광스럽게도 높여주며 칭찬합니다. 많은 사람이 아부합니다. 그러나 죽은 후에는 빛을 보지 못하고 기억하는 이가 없습니다. 나는 시내를 운전하고 오면서 지나 올 때마다 기억하는 것이 있습니다. 한곳은 우리 친척인데 좋은 땅을 샀다고 자랑을 합니다. 참 좋아요. 그곳에 상점들을 지으면 돈은 문제없이 많이 벌겠어요. 얼마 후에 아프다고 해서 문병을 했습니다. 그 후 죽었습니다. 부인은 다 팔아먹고 남편 친구에게 시집갔습니다.

또 하나는 돈을 많이 벌어서 부자가 되었습니다. 은행 이사장도 지내고 한인 사회에서는 아주 이름이 났습니다. 평안남도 도민회에서 돈 있다고 회장을 시켰습니다. 돈 쓸까봐 일 년간 회의 소집 한 번도 안했습니다. 친구하고 커피 한 잔 나눠 먹지 않습니다. 한국에서 친구가 왔는데 점심 한 그릇 안 사주고 라면 끓이다가 귀뺨 얻어맞았다고 합니다. 나는 그 집 앞으로 지나갈 때마다 그 친구 귀뺨 얻어맞는 것을 봅니다.

[17] "그가 죽으매 가져가는 것이 없고 그의 영광이 그를 따라 내려가지 못함이로다"

"그가 죽으매 가져가는 것이 없고…"—자기 재산 중에 가져갈 것이 하나도 없습니다.

[18] "그가 비록 생시에 자기를 축하하며 스스로 좋게 함으로 사람들에게 칭찬을 받을지라도"

"그가 비록 생시에 자기를 축하하며" — 이 세상 삶에서는 부자가 스스로 의기양양하며 누구도 자기들을 비평할 자 없으리라고 확신하나 그러나 타인의 진지한 칭찬을 얻는 길은 자기 자신을 개선하는 것입니다.

[19] "그들은 그들의 역대 조상들에게로 돌아가리니 영원히 빛을 보지 못하리로다"

"돌아가리니" — 악행을 한 영혼들은 악한 그 조상들의 영혼들과 똑같은 종말을 갖게 될 것입니다. 그중 아무도 구원의 빛을 볼 수 없을 것입니다.

[20] "존귀하나 깨닫지 못하는 사람은 멸망하는 짐승 같도다"

멸망하는 짐승이 되지 맙시다.

"멸망하는 짐승 같도다" — 그는 말 못하는 짐승들과 같습니다. 비록 사람은 영화로우나 그가 연구를 하지 않아 깨닫지 못하면 그는 짐승들과 같습니다.

III. 사람은 지혜가 있음으로 존귀합니다

사람은 존귀하나 깨닫지 못하는 사람은 멸망하는 짐승과 같다고 했습니다. 사람은 존귀하나 지식이 없으면 멸망하는 짐승과 같습니다. 성경은 우리에게 가르쳐 줍니다. 지혜가 무엇인가?

> (잠9:10) "여호와를 경외하는 것이 지혜의 근본이요 거룩하신 자
> 를 아는 것이 명철이니라"

우리가 죄짓고 지옥 가지 않도록 구원하시기 위하여 독생자 예수 그리스도를 세상에 보내주신 아버지 하나님의 사랑을 아는 것이 지혜요, 예수님이 우리의 모든 죗값을 다 가지고 십자가에서 죽으심으로 우리가 예수님 때문에 구원 얻게 된 것을 아는 것이 지혜입니다. 이 지식 혹은 지혜가 지식의 근본이라 하였습니다. 이 지식이 없으면 "멸망하는 짐승과 같다"고 하였습니다.

결론

오늘 하나님께서 특별히 주시는 말씀은 우리 예수 믿는 사람들이 세상에서 살 때 돈 때문에 짓는 죄를 막기 위하여 주신 말씀입니다. 그러므로 예수님께서도 산상 설교에서 말씀하여 주셨습니다.

> (마6:24-32) "한 사람이 두 주인을 섬기지 못할 것이니 혹 이를 미
> 워하고 저를 사랑하거나 혹 이를 중히 여기고 저를 경히 여김이라
> 너희가 하나님과 재물을 겸하여 섬기지 못하느니라 그러므로 내가
> 너희에게 이르노니 목숨을 위하여 무엇을 먹을까 무엇을 마실까 몸
> 을 위하여 무엇을 입을까 염려하지 말라 목숨이 음식보다 중하지 아
> 니하며 몸이 의복보다 중하지 아니하냐 공중의 새를 보라 심지도 않
> 고 거두지도 않고 창고에 모아들이지도 아니하되 너희 하늘 아버지

께서 기르시나니 너희는 이것들보다 귀하지 아니하냐 너희 중에 누가 염려함으로 그 키를 한 자라도 더할 수 있겠느냐 또 너희가 어찌 의복을 위하여 염려하느냐 들의 백합화가 어떻게 자라는가 생각하여 보라 수고도 아니하고 길쌈도 아니하느니라 그러나 내가 너희에게 말하노니 솔로몬의 모든 영광으로도 입은 것이 이 꽃 하나만 같지 못하였느니라 오늘 있다가 내일 아궁이에 던져지는 들풀도 하나님이 이렇게 입히시거든 하물며 너희일까보냐 믿음이 작은 자들아 그러므로 염려하여 이르기를 무엇을 먹을까 무엇을 마실까 무엇을 입을까 하지 말라 이는 다 이방인들이 구하는 것이라 너희 하늘 아버지께서 이 모든 것이 너희에게 있어야 할 줄을 아시느니라"

그리고 나중에 하시는 말씀이,

(마6:33) "너희는 먼저 그의 나라와 그의 의를 구하라 그리하면 이 모든 것을 너희에게 더하시리라"

우리 주님은 우리에게 돈에 욕심 부리지 말고 좀 귀한 사람답게 살라고 하셨습니다. 인간은 이 땅에 잠시 머무는 기간을 자기의 영적 개발을 강화하고 오는 세상을 예비하기 위하여 사용해야 한다고 하나님의 말씀은 가르쳐 주십니다.

Goal 그러므로 우리들은 주님이 기뻐하시는 뜻대로 돈을 벌고
또 주님이 기뻐하시는 뜻대로 돈을 써서
하나님 앞에서나 사람 앞에서 존귀한 사람이 되시기를
주님의 이름으로 축복합니다.

시편 **50** 편

감사로 제사를 드리는 자

[아삽의 시]

[7] 내 백성아 들을지어다 내가 말하리라 이스라엘아 내가 네게 증언 하리라 나는 하나님 곧 네 하나님이로다

[8] 나는 네 제물 때문에 너를 책망하지는 아니하리니 네 번제가 항상 내 앞에 있음이로다

[9] 내가 네 집에서 수소나 네 우리에서 숫염소를 가져가지 아니하리니

[10] 이는 삼림의 짐승들과 뭇 산의 가축이 다 내 것이며

[11] 산의 모든 새들도 내가 아는 것이며 들의 짐승도 내 것임이로다

[12] 내가 가령 주려도 네게 이르지 아니할 것은 세계와 거기에 충만한 것이 내 것임이로다

[13] 내가 수소의 고기를 먹으며 염소의 피를 마시겠느냐

[14] 감사로 하나님께 제사를 드리며 지존하신 이에게 네 서원을 갚으며

[15] 환난 날에 나를 부르라 내가 너를 건지리니 네가 나를 영화롭게 하리로다

✒ **Theme:** 하나님이 원하시는 것은 영의 순결성이지
그의 율법을 외부적으로 복종하는 것이 아니다.

서론

  시편 제50편은 시편에 나오는 첫 번째 아삽의 시입니다. 예루살렘 성전에는 위대한 찬송 시인 3명이 있었습니다. 아삽과 헤만과 여두둔이였습니다.

  다윗 왕은 이 세 사람을 예루살렘 성전의 찬양대 대장 겸 지휘자로 임명하였습니다. 이 세 사람은 모두 다 경건한 사람들로 노래와 악기로 하나님께 찬양을 올린 사람들입니다. 이 세 사람 중에서도 아삽은 뛰어난 음악인이었습니다. 시편 73편부터 83편까지가 다 아삽의 시편입니다. 그러므로 시편에 아삽의 시가 12편이나 들어와 있습니다. 특별히 본문 말씀이 우리에게 확실히 가르쳐 주시는 말씀은 하나님이 원하시는 것은 영의 순결성이지 그의 율법을 외부적으로 복종하는 것이 아니다 라는 것입니다.

I. 예배드림에 대하여
성도들을 향한 하나님의 언약이 있습니다

[1] [아삽의 시] "전능하신 이 여호와 하나님께서 말씀하사 해 돋는 데서부터 지는 데까지 세상을 부르셨도다"

"하나님께서 말씀하사 … 세상을 부르셨도다"—마지막 구속의 때, 하나님이 온 인류를 심판하실 때를 언급함이다.

[2] "온전히 아름다운 시온에서 하나님이 빛을 비추셨도다"

[5] "이르시되 나의 성도들을 내 앞에 모으라 그들은 제사로 나와

언약한 이들이니라 하시도다"

"제사로 나와 언약한 이들"—토라의 언약은 제사의 제물을 통하여 맺어졌다 (Rashi). 이스라엘이 망명생활을 한 그 끔찍한 여러 세기동안 경건한 자들은(배웠고 믿은)하나님과 그의 율법을 부인하는 대신 그들의 생활과 그들 자녀들의 생활을 희생하며 이 언약을 갱신해 왔다

[6] "하늘이 그의 공의를 선포하리니 하나님 그는 심판장이심이로다(셀라)"

[7] "내 백성아 들을지어다 내가 말하리라 이스라엘아 내가 네게 증언하리라 나는 하나님 곧 네 하나님이로다"

이 찬송 시는 하나님께서 재판장이 되사 믿는 성도들을 판단하시고 악한 자들을 심판하시는 장면입니다. "나의 성도들을 너희 앞에 모으라" "그들은 제사로 나와 언약한 자니라." 제사를 드리는 것으로 (예배를 드리는 것으로) 언약을 맺은 백성이라는 말씀입니다.

(고전11:25) "식후에 또한 그와 같이 잔을 가지시고 이르시되 이 잔은 내 피로 세운 새 언약이니 이것을 행하여 마실 때마다 나를 기념하라 하셨으니"

구약 시대에 짐승의 피로 언약을 세웠다는 말씀은 피 없이는 하나님께 제사 드릴 수 없다는 말씀입니다. 그러므로 구약 시대는 사람의 목숨을 대신해서 짐승이 죽었습니다.

지금 우리도 언약을 세웠는데 짐승의 피가 아니라 예수 그리스도의 피로 언약을 새로 세웠습니다. 예수님이 말씀하셨습니다. "내 피로 세운 새

언약이니"라고 하셨습니다. 그러므로 구약 시대에는 짐승의 피가 없이는 제사를 드릴 수 없었고 예수님이 십자가에서 피 흘려 죽으신 후로는 예수님의 피 공로가 없이는 예배를 드릴 수 없는 것입니다.

II. 하나님은 영광을 받으시고 성도는 은혜와 복을 받는 예배입니다

8절에서 13절까지의 말씀을 잠깐 보십시다.

[8] "나는 네 제물 때문에 너를 책망하지는 아니하리니 네 번제가 항상 내 앞에 있음이로다"

8절을 보면 제사는 흠 없이 잘 드렸습니다. 주일이면 반드시 교회 올 줄 알고 십일조 주일헌금 감사헌금 잘 바쳤습니다. 하나님이 거기에 대하여는 책망하시지 않았습니다.

[9] "내가 네 집에서 수소나 네 우리에서 숫염소를 가져가지 아니하리니"

[10] "이는 삼림의 짐승들과 뭇 산의 가축이 다 내 것이며"

[11] "산의 모든 새들도 내가 아는 것이며 들의 짐승도 내 것임이로다"

[12] "내가 가령 주려도 네게 이르지 아니할 것은 세계와 거기에 충만한 것이 내 것임이로다"

"내가 가령 주려도 네게 이르지 않을 것은"

가령 내가(하나님) 사람이라. 사람의 필요와 소원을 가지고 있다 해도 내가 네게 아무것도 요구하지 않을 것은 내가 세상에 있는 것은 다 소유하고 있음이라. 이제 나는 완전한 하나님이요 필요한 것이 없는지라 이것은 확실하다.

[13] "내가 수소의 고기를 먹으며 염소의 피를 마시겠느냐"

"내가 … 고기를 먹으며"

희생의 고기를 하나님은 잡수시지 않으신다. 희생을 바치라 명령하시는 하나님의 단 하나 의도는 명령받은 자들이 그것을 가져옴은 그들이 하나님의 뜻에 순종함을 나타내는 것입니다.

III. 그러므로 하나님이 원하시는 것은 무엇입니까?

[14] "감사로 하나님께 제사를 드리며 지존하신 이에게 네 서원을 갚으며"

"감사로 하나님께 제사를 드리며"

죄 고백으로 하나님께 제사를 드려야 합니다. 진실하게 너희 모든 잘못을 회개하라. 그때에만 하나님께서 너의 서원을 기쁘게 받으실 것이라는 말씀입니다.

[15] "환난 날에 나를 부르라 내가 너를 건지리니 네가 나를 영화롭게 하리로다"

1. "감사로 하나님께 제사 드리며"

우리가 하나님께 예배드릴 때는 감사함으로 예배드리는 것을 하나님은 기뻐하신다는 것입니다. 무엇을 감사하겠습니까?

하나님의 사랑을 감사합시다.

예수님의 십자가의 은혜를 감사합시다.

성령님의 임재하심과 교통하심을 감사합시다.

우리가 세상에 있을 때도 보호하시고 인도하시고 모든 것을 공급해 주시고 구원해 주시고 지켜 주심을 감사합시다.

2. "지존하신 이에게 네 서원을 갚으며"

이 말씀은 우리에게 어떻게 기도할 것을 가르쳐 주시는 말씀입니다. 주시옵소서, 달라고만 하지 말고, 주시면 내가 주님을 위하여 어떻게 쓰겠습니다라고 서원을 하고 그 서원을 갚으라는 말씀입니다.

3. "환난 날에 나를 부르라 내가 너를 건지리니"

이 말씀은 환난을 당했을 때 하나님께 기도하면 이루어 주신다는 말씀이지만 그보다도 더 큰 의미는 환난을 당했을 때 기도 드리는 간절한 마음으로 예배 드리라는 말씀입니다.

한국 전쟁이 일어나서 일주일 정도 되었을 때였습니다. 나는 인민군대 나오라는 소집 영장을 받고 우리 집 마루를 뜯고 마루 밑에 숨어 있었습니다. 저녁이 되어 어두웠을 때 공산당 10여 명이 우리 집을 수색하기 시작했습니다. 제가 있는 마루방 위에 와서 장도리 가져와서 이 마루 뜯으라고 고함을 칩니다. 그때 저는 "죽었구나" 생각 하면서 하나님께 간절히 기도했습니다. "하나님 나를 살려주시면 주의 종이 되겠습니다." "환난 날에 나를 부르라 내가 건지리니" 하신 하나님은 나를 죽을 사지에서 건져 주셨습니다. 이때 그 간절한 심정으로 예배드리라는 말씀입니다. 예수님은 이런 심정을 신령과 진정이라고 하셨습니다.

> (요4:23,24) "아버지께 참되게 예배하는 자들은 영과 진리로 예배할 때가 오나니 곧 이 때라 아버지께서는 자기에게 이렇게 예배하는 자들을 찾으시느니라 하나님은 영이시니 예배하는 자가 영과 진리로 예배할지니라"

결론

> "환난 날에 나를 부르라 내가 너를 건지리니 네가 나를 영화롭게 하리로다"

이렇게 예배드리면 하나님은 우리의 모든 소원을 이루어 주시고 하나님은 이 예배를 통하여 영광을 받으시겠다고 말씀하셨습니다. 하나님은 그의 율법을 외부적으로 순종하는 것뿐 아니라 영의 순결성과 진정을 원하십니다.

우리는 예배드리는 일에 게을리하지 맙시다. 좀 부지런합시다. 예배드리는 시간을 우선으로 떼어 놓읍시다. 그래야 하나님이 기뻐하십니다.

Goal 그러므로 우리는 하나님 앞에 드리는 예배를
좀 더 정성을 드림으로써,
예배드릴 때마다 하나님을 영화롭게 하고
우리는 은혜와 복을 받아 누리시기를 축복합니다.

시편51편

다윗의 회개

**[다윗의 시, 인도자를 따라 부르는 노래,
다윗이 밧세바와 동침한 후 선지자 나단이 그에게 왔을 때]**

[1] 하나님이여 주의 인자를 따라 내게 은혜를 베푸시며 주의 많은 긍휼을 따라 내 죄악을 지워 주소서

[2] 나의 죄악을 말갛게 씻으시며 나의 죄를 깨끗이 제하소서

[3] 무릇 나는 내 죄과를 아오니 내 죄가 항상 내 앞에 있나이다

[4] 내가 주께만 범죄하여 주의 목전에 악을 행하였사오니 주께서 말씀하실 때에 의로우시다 하고 주께서 심판하실 때에 순전하시다 하리이다

[5] 내가 죄악 중에서 출생하였음이여 어머니가 죄 중에서 나를 잉태하였나이다

[6] 보소서 주께서는 중심이 진실함을 원하시오니 내게 지혜를 은밀히 가르치시리이다

[7] 우슬초로 나를 정결하게 하소서 내가 정하리이다 나의 죄를 씻어 주소서 내가 눈보다 희리이다

[8] 내게 즐겁고 기쁜 소리를 들려 주시사 주께서 꺾으신 뼈들도 즐거워하게 하소서

[9] 주의 얼굴을 내 죄에서 돌이키시고 내 모든 죄악을 지워 주소서

[10] 하나님이여 내 속에 정한 마음을 창조하시고 내 안에 정직한 영을 새롭게 하소서

[11] 나를 주 앞에서 쫓아내지 마시며 주의 성령을 내게서 거두지 마소서

[12] 주의 구원의 즐거움을 내게 회복시켜 주시고 자원하는 심령을 주사 나를 붙드소서

[13] 그리하면 내가 범죄자에게 주의 도를 가르치리니 죄인들이 주께 돌아오리이다

[14] 하나님이여 나의 구원의 하나님이여 피 흘린 죄에서 나를 건지소서 내 혀가 주의 의를 높이 노래하리이다

[15] 주여 내 입술을 열어 주소서 내 입이 주를 찬송하여 전파하리이다

[16] 주께서는 제사를 기뻐하지 아니하시나니 그렇지 아니하면 내가 드렸을 것이라 주는 번제를 기뻐하지 아니하시나이다

[17] 하나님께서 구하시는 제사는 상한 심령이라 하나님이여 상하고 통회하는 마음을 주께서 멸시하지 아니하시리이다

[18] 주의 은택으로 시온에 선을 행하시고 예루살렘 성을 쌓으소서

[19] 그 때에 주께서 의로운 제사와 번제와 온전한 번제를 기뻐하시리니 그 때에 그들이 수소를 주의 단에 드리리이다

Theme: 회개의 원리를 포함하고 있는 시로써 참회하는 사람 누구에게나 해당되는 회개의 표본 기도입니다.

서론

이 시편은 "다윗이 밧세바와 동침한 후 선지자 나단이 그에게 왔을 때에" 지은 것이라고 하였습니다. 다윗은 이 사건과 관련하여 두 가지 계명을 어겼습니다. 밧세바와 동침하여 7 계명을 범하였고 우리아와 그의 병사들을 죽임으로 6 계명을 범한 죄를 짓게 되었습니다. 다윗은 이 사건을 숨기고 선지자 나단에게서 책망을 듣기까지 그의 괴로움은 말로 표현할 수가 없을 정도였습니다. 그때 괴로움을 시편 32편에서 볼 수 있습니다.

(시32:3~4) "내가 입을 열지 아니할 때에 종일 신음하므로 내 뼈가 쇠하였도다 주의 손이 주야로 나를 누르시오니 내 진액이 빠져서 여름 가뭄에 마름 같이 되었나이다(셀라)"

선지자 나단은 믿음이 있는 용감한 사람이었습니다. 그러므로 범죄하고도 회개할줄 모르는 왕에게 가서 지혜롭게 이야기했습니다.

그 도시에 부자가 있는 데 손님이 왔습니다. 그런데 자기 집에 많이 있는 양을 잡지 않고 가난한 집에서 딸처럼 기르는 양 한 마리를 빼앗아다가 손님을 대접했습니다. 이런 자를 어떻게 해야겠습니까?

(삼하12:5~6) "다윗이 그 사람으로 말미암아 노하여 나단에게 이르되 여호와의 살아 계심을 두고 맹세하노니 이 일을 행한 그 사람은 마땅히 죽을 자라 그가 불쌍히 여기지 아니하고 이런 일을 행하였으니 그 양 새끼를 네 배나 갚아 주어야 하리라 한지라"

(삼하 12:7~9) "나단이 다윗에게 이르되 당신이 그 사람이라 이스라엘의 하나님 여호와께서 이와 같이 이르시기를 내가 너를 이스라엘 왕으로 기름 붓기 위하여 너를 사울의 손에서 구원하고 네 주인의 집을 네게 주고 네 주인의 아내들을 네 품에 두고 이스라엘과 유다 족속을 네게 맡겼느니라 만일 그것이 부족하였을 것 같으면 내가 네게 이것 저것을 더 주었으리라 그러한데 어찌하여 네가 여호와의 말씀을 업신여기고 나 보기에 악을 행하였느뇨 네가 칼로 헷 사람 우리아를 치되 암몬 자손의 칼로 죽이고 그의 아내를 빼앗아 네 아내로 삼았도다"

다윗은 그때 변명 없이 하나님 앞에 회개했습니다.

어거스틴의 참회록은 세계적으로 유명한 것이지만 시편 51편은 가장 위대한 참회록이며 회개의 원리를 포함하고 있는 시로써 참회하는 사람 누구에게나 해당되는 회개의 표본 기도입니다.

I. 양심의 부르짖음과 정죄에 대하여 호소합니다

[1] [다윗의 시, 인도자를 따라 부르는 노래, 다윗이 밧세바와 동침한 후 선지자 나단이 그에게 왔을 때] "하나님이여 주의 인자를 따라 내게 은혜를 베푸시며 주의 많은 긍휼을 따라 내 죄악을 지워 주소서"

"선지자 나단이 그에게 왔을 때"

다윗, 우리아, 밧세바의 사건은 삼하 12~13장을 보면 있습니다. 지혜자들이 지적한 대로 다윗은 단지 윤리적으로 죄를 지었지 법적으로는 죄가 아닐 수도 있습니다. 왜냐하면 그 당시에는 그 나라 전체가 왕의 것이기 때문입니다. 다윗은 왕이므로 나라의 모든 것은 다 왕에게 속한 것으로 마음대로 할 수 있습니다. 그러나 윤리와 도덕으로 볼 때, 더욱이 하나님이 보실 때는 큰 죄를 지은 것입니다.

[2] "나의 죄악을 말갛게 씻기시며 나의 죄를 깨끗이 제하소서"

[3] "무릇 나는 내 죄과를 아오니 내 죄가 항상 내 앞에 있나이다"

다윗은 이것을 "죄과"(Transgressions)라고 했습니다. 하나님은 우리가 살아 갈 때 세 가지 경계를 세워주셨습니다. 이것을 넘어서는 안 된다고 경계를 세워주셨습니다.

1) 첫째가 육신의 법 (Physical)입니다.

2) 둘째는 도덕 법 (Moral)입니다.

3) 영적 법 (Spiritual)입니다.

다윗은 자기의 죄를 이니쿼티(Iniquity)라고 했는데 이 죄는 모든 것을 다 포함한 말입니다. Iniquity라는 죄는 변명할 수 없는, 죄를 용서받을 수 없는 죄입니다. 헬라어에서는 하말티아(Hamaltia)라고 하는데 이 말은 과녁을 맞추지 못했다는 뜻입니다. 화살이 그 부근까지 가서도 맞추지 못한 것은 사실입니다. 로마서에서는 이 같이 말했습니다.

(롬3:23) "모든 사람이 죄를 범하였으매 하나님의 영광에 이르지 못하더니"

다윗은 또 "악"(evil)이라는 말을 썼습니다. 이 말은 실제로 잘못했다는 뜻입니다. 요사이 교회에서는 회개한 일이 없어도 용서해주고 그대로 지나가는데 하나님의 법은 그렇지 않습니다. 다윗은 자기가 사실로 죄를 지었다고 승인한 것입니다. 다윗은 양심적으로 자기가 악을 범했다고 자복 했습니다.

II. 죄의 고백과 하나님의 관용을 호소했습니다

[4] "내가 주께만 범죄하여 주의 목전에 악을 행하였사오니 주께

서 말씀하실 때에 의로우시다 하고 주께서 심판하실 때에 순전하
시다 하리이다"

"내가 주께만 범죄하여"
이 말들은, 단순히 내포된 뜻에 따르면, 다윗은 오직 하나님께만 범
죄하였지 다른 어느 사람에게도 범죄하지 않았다. 이 말들을 이렇게
이해하면 지혜자들의 주장 곧 다윗은 자기 행위로 율법의 글자를 위
반한 것이 아니라는 것입니다.

4) "그러므로"(한국어 번역에서는 삭제되었다.)
'그러므로' 선지자 나단을 통하여 나에게 말씀하신 주의 판단과 처벌
이 의로우시며 순전하시나이다. 하는 것입니다.

"내가 주께만 범죄하여 주의 목전에 악을 행하였사오니" 한 것은 다윗
의 잘못입니다. 다윗은 먼저 밧세바에게 죄를 졌습니다. 또 밧세바의 집
안에 죄를 졌습니다. 또 다윗의 집안 식구들에게 죄를 졌습니다. 동네에
서 죄를 졌습니다. 왕으로서 국가에 죄를 졌습니다. 물론 하나님께 죄를
졌습니다. 그까짓 것 왕으로서 무슨 죄가 되느냐 하겠지만 아닙니다. 오
늘날까지 가문에 먹칠한 것입니다. 역사적인 기록을 봅시다.

(삼하12:10~14) [10] "이제 네가 나를 업신여기고 헷 사람 우리아
의 아내를 빼앗아 네 아내로 삼았은즉 칼이 네 집에서 영원토록
떠나지 아니하리라 하셨고"

그 죄가 가문으로 흘러내려가니 죗값이 어디 다윗에게서 그쳤다고 하
겠습니까? 멈추지 아니합니다. 또 보시요!

[11~14] "여호와께서 또 이와 같이 이르시기를 보라 내가 너와 네

집에 재앙을 일으키고 내가 네 눈앞에서 네 아내를 빼앗아 네 이웃들에게 주리니 그 사람들이 네 아내들과 더불어 백주에 동침하리라 너는 은밀히 행하였으나 나는 이스라엘 앞에서 백주에 이 일을 행하리라 하셨나이다 하니 다윗이 나단에게 이르되 내가 여호와께 죄를 범하였노라 하매 나단이 다윗에게 말하되 여호와께서도 당신의 죄를 사하셨나니 당신이 죽지 아니하려니와" "이 일로 말미암아 여호와의 원수로 크게 비방할 거리를 얻게 하였으니 당신의 낳은 아이가 반드시 죽으리이다 하고"

이 어린아이만 죽은 것이 아니라 자기가 가장 사랑하는 아들 압살롬이 죽었다는 소식을 들었을 때

(삼하8:33) "왕의 마음이 심히 아파 문 위층으로 올라가서 우니라 그가 올라갈 때에 말하기를 내 아들 압살롬아 내 아들 내 아들 압살롬아 차라리 내가 너를 대신하여 죽었더면, 압살롬 내 아들아 내 아들아 하였더라"

[5] "내가 죄악 중에서 출생하였음이여 어머니가 죄 중에 나를 잉태하였나이다"

"내가 죄악 중에 출생하였음이여"
사람으로 범죄하게 하는 충동들은 그가 잉태되는 순간부터 그의 안에 있습니다. 사람의 의무는 그것을 절제하고 바른 방향으로 돌리는 것입니다.

누구든지 세상에 올 때 죄 중에서 낳습니다.

(전7:20) "선을 행하고 전혀 죄를 범하지 아니하는 의인은 세상에 없기 때문이로다"

(갈6:1) "형제들아 사람이 만일 무슨 범죄한 일이 드러나거든 신령한 너희는 온유한 심령으로 그러한 자를 바로잡고 너 자신을 살펴보아 너도 시험을 받을까 두려워하라"

비록 하나님을 믿지 않았으나 철학자 세네카는 말하기를 "우리는 우리 자신에 대하여 말할 때 우리는 죄인이고 또 죄를 지으면서 살고 있고 또 불행한 사람들이다 라고 해야 한다. 미래를 위하여 첨가할 것은 누구도 자기 자신을 위하여 구원할 자 없으며 누가 그를 꺼내기 위하여 손을 펴야한다."

[6] "보소서 주께서는 중심이 진실함을 원하시오니 내게 지혜를 은밀히 가르치시리이다"

"주께서는 중심이 진실함을 원하시오니"
주께서 원하시는 진리가 내 은밀한 곳에 있나이다. 진리에 대한 나의 지식이 나의 은밀한 곳—나의 중심을 떠나지 아니 하였나이다. 내 죄는 오직 순간적으로 나의 육감적 충동에 쓰러짐으로 나온 결과입니다. 진리와 지혜를 인식하는 우리의 그 부분은 은밀한 부분에 있습니다.—그것은 육체적 욕망으로 두껍게 둘러싸여 있습니다. 우리가 쉽게 죄에 쓰러지는 것은 그 이유 때문입니다.

우리 하나님은 겉을 보시지 않습니다. 겉으로는 세례 받은 자이나 속으로는 하나도 변함이 없습니다. 교회에서 목사는 자기 교회 교인이라고 하지만 하나님은 내 교회 교인 아니라고 합니다.

> [7] "우슬초로 나를 정결하게 하소서 내가 정하리이다 나의 죄를 씻어 주소서 내가 눈보다 희리이다"

> "우슬초로" — 우슬초는 나병이나 또는 시체로 인한 부정을 씻는 결례에 사용되었습니다.

> [8] "내게 즐겁고 기쁜 소리를 들려 주시사 주께서 꺾으신 뼈들도 즐거워하게 하소서"

> "내게 즐겁고 기쁜 소리를 들려 주시사" — 주께서 내 죄를 사하셨다는 것을 나에게 말해주심으로.
> "주께서 꺾으신 뼈들도" — 주님의 천벌에 대한 두려움이 내 몸을 악화되게 하나이다

죄는 한 번 용서해주신다고 다 없어지지 아니합니다. 다윗이 범죄하고 용서를 구할 때 보시오.

> (삼하12:13) "다윗이 나단에게 이르되 내가 여호와께 죄를 범하였노라 하매 나단이 다윗에게 말하되 여호와께서도 당신의 죄를 사하셨나니 당신이 죽지 아니하려니와"

이 말씀은 용서의 한 단계에 들어갔습니다. 하나님이 어떻게 용서하시나 보시오.

(출34:6~7) "여호와께서 그의 앞으로 지나시며 선포하시되 여호
와라 여호와라 자비롭고 은혜롭고 노하기를 더디하고 인자와 진실
이 많은 하나님이라, 인자를 천대까지 베풀며 악과 과실과 죄를
용서하리라 그러나 벌을 면제하지는 아니하고 아버지의 악행을 자
손 삼사 대까지 보응하리라"

죗값은 결코 그것으로 끝나지 아니합니다. 죗값은 회개할 때 죽는 것
은 (지옥 갈 것) 면하지만 "악과 과실과 죄를 용서하나 형벌 받을 자는 면
죄하지 않고 아버지의 악을 자손 삼사 대까지 보응하리라"

만일 우리가 하나님께 잘못 했습니다, 하면 그 시로 깨끗해지면 다윗
은 왜 계속 기도합니까?

"우슬초로 나를 정결하게 하소서 내가 정하리이다 나의 죄를 씻어 주
소서 내가 눈보다 희리이다"

아주 재미있는 것은 Scientific journal에서 발표하기를 우슬초에서 페니
실린(penicillin)이 나온다고 합니다. 그러나 그보다도 우슬초의 위력은 죄
를 치료합니다. 구약으로 돌아가 우슬초를 보면 3 가지 목적으로 사용했
습니다.

첫째로 (출12:22) "우슬초 묶음을 가져다가 그릇에 담은 피에 적
시어서 그 피를 문 인방과 좌우 설주에 뿌리고 아침까지 한 사람
도 자기 집 문 밖에 나가지 말라"

유월절 양의 피를 바른 우슬초입니다.

두 번째는 민수기 19장에서 보면 소제를 드릴 때 우슬초로 피를 뿌렸

습니다.

세 번째는 나병자가 깨끗함을 받았을 때 제사장이 새 피를 내서 예식을 행할 때 우슬초를 사용했습니다. 구약 시대에는 우슬초를 죄를 사해줄 때 사용했습니다. 그러므로 다윗이 용서받고 죽지 아니하리라는 선언을 받고도 "우슬초로 나를 정결하게 하소서 내가 정하리이다 나의 죄를 씻어 주소서 내가 눈보다 희리이다" 하고 기도했습니다.

우리가 이 문제를 더 확실하게 알기 위하여 십자가에서 기도하신 예수님의 말씀을 생각해 봅시다. 십자가에 못 박힌 하나님의 아들은

> (마27:46) "예수께서 크게 소리질러 이르시되 엘리 엘리 라마 사박다니 하시니 이는 곧 나의 하나님, 나의 하나님, 어찌하여 나를 버리셨나이까"

라고 기도했습니다. 왜 이렇게 기도하셨습니까? 하나님은 죄를 용서해줄 수 없습니다. 절대로 용서 안 해 주십니다. 왜냐하면 죄를 사해주시고 의롭다함을 주시는 것은 오직 예수 그리스도를 통해서만 하기로 약속하시고 세상에 보내셨기 때문에 세상의 모든 죄를 지시고 죽으시는 예수님도 십자가에서 죽으시기 전까지는 버리시는 것이 마땅합니다.

> (롬6:23) "죄의 삯은 사망이요 하나님의 은사는 그리스도 예수 우리 주 안에 있는 영생이니라"

우리가 죄 용서받고 의롭다함을 얻는 것은 예수 그리스도 안에서 만 되는 것입니다.

예수님은 십자가 상에서

(눅23:34) "예수께서 이르시되 아버지 저들을 사하여 주옵소서"

예수께서 십자가에서 하나님께 기도하심으로 하나님은 우리의 죄를 사하여 주시는 것입니다.

(엡1:7) "우리는 그리스도 안에서 그의 은혜의 풍성함을 따라 그의 피로 말미암아 속량 곧 죄 사함을 받았으니라"

신약에서 죄를 용서해 주심을 볼 때는 거기에 예수님의 피 공로가 들어 있습니다. 모든 일에 예수님의 피 공로로만 하나님의 은혜는 임하게 되어 있습니다. 그래서 다윗도 예수님의 공로를 의지하여 "우슬초로 나를 정결하게 하소서 내가 정하리이다 나의 죄를 씻어 주소서 내가 눈보다 희리이다" 기도하였습니다.

III. 청결함과 교통함을 간구했습니다

다윗이 자가를 깨끗하게 해달라고 기도하며 하나님과 교통이 끊어지지 않도록 기도합니다.

[9] "주의 얼굴을 내 죄에서 돌이키시고 내 모든 죄악을 지워 주소서"

다윗은 죄의 검은 점 한 점도 남아 있지 않기를 원했습니다. 자기는 일평생 살면서 어떤 죄의 오점도 남기기를 원하지 않았습니다. 그러므로 하나님께 마음이 아파서 이 오점을 지워 달라고 기도합니다. 내가 비밀히 지은 죄를 누가 알겠습니까? 하나님이 아니면 이것을 누가 지울 수 있겠습니까? 하나님 한 분 밖에는 없습니다. "주의 얼굴을 내 죄에서 돌이키시고 내 모든 죄악을 지워주소서"

> [10] "하나님이여 내 속에 정한 마음을 창조하시고 내 안에 정직한 영을 새롭게 하소서"

여기에 "창조"라는 말은 창세기 1장 1절의 창조와 같은 말 바라(bara)입니다. 그러므로 하나님께 기도하는 것은 죄 지은 마음은 없이 해 주시고 새로운 마음을 창조해 달라고 하는 것입니다. 다윗은 지금 있는 범죄한 마음을 고쳐 달라는 것이 아닙니다. 새로 다른 마음을 창조해 달라는 것입니다.

하나님은 우리가 가진 더러운 마음을 그냥 가지고 있기를 원하지 않습니다. 새 마음을 주시기를 원하십니다. 예수께서 옛 것은 빼버리고 새 것을 주시기 위해 오셨습니다.

> (엡2:10) "우리는 그가 만드신 바라 그리스도 예수 안에서 선한 일을 위하여 지으심을 받은 자니 이 일은 하나님이 전에 예비하사 우리로 그 가운데서 행하게 하려 하심이니라"

> (고후5:17) "그런즉 누구든지 그리스도 안에 있으면 새로운 피조물이라 이전 것은 지나갔으니 보라 새 것이 되었도다"

다윗은 또 다른 것을 기도합니다.

[11] "나를 주 앞에서 쫓아내지 마시며 주의 성령을 내게서 거두지
　　마소서"

　　하나님의 성령이 다윗에게 왕의 직임을 수행하게 하기 위하여 임하였
습니다. 지금 우리는 그런 기도를 할 필요가 없습니다. 예수님의 공로로
성령이 임하시면 절대로 떠나지 않습니다. 우리가 성령을 근심하게 만듭
니다. 그러나 우리는 성령을 소멸시키지 못합니다. 우리에게 말씀하셨습
니다.

　　(엡4:30) "하나님의 성령을 근심하게 하지 말라 그 안에서 너희가
　　구원의 날까지 인치심을 받았느니라"

　　그러므로 하나님의 자녀가 성령을 잃어버릴 수가 없습니다. 그러나 알
아야 할 것은 성령이 하나님의 자녀안에서 일을 하지 않을 수가 있습니
다. 그래서 다윗은 성령님이 자기 안에서 계속 일해 달라고 기도하는 것
입니다. 그러므로 또 그는 말합니다.

　　[12] "주의 구원의 즐거움을 내게 회복시켜 주시고 자원하는 심령
　　을 주사 나를 붙드소서"

　　다윗은 구원을 잃은 것이 아니라 구원의 즐거움을 잃어버렸습니다. 그
러므로 하나님과 교통함을 회복하시기를 원합니다. 마치 탕자가 자기 아
버지의 집에 있을 때는 즐겁고 재미있었으나 지금 탕자의 생활은 고달프
고 죽을 지경입니다. 그러므로 이런 상태에서 회복되기를 원합니다.

[13] "그리하면 내가 범죄자에게 주의 도를 가르치리니 죄인들이 주께 돌아오리이다"

"가르치리니" 다른 죄인들이 내가 용서받은 것을 볼 때 용기를 얻고 그들도 회개하게 되리이다

[14] "하나님이여 나의 구원의 하나님이여 피 흘린 죄에서 나를 건지소서"

"피 흘린 죄에서"—우리야를 죽인 벌에서.

[15] "주여 내 입술을 열어 주소서 내 입이 주를 찬송하여 전파하리이다"

결론

그는 주님을 찬양하기를 원합니다.

[18] "주의 은택으로 시온에 선을 행하시고 예루살렘 성을 쌓으소서"

"시온에 선을 행하소서"

하나님이 구하시는 제사는 오직 바치는 자의 순수함과 충성을 향한 내적 노력을 반영할 때만 가능합니다. 따라서 다윗은 그 민족을 전체적으로 대표하여 자기 아들 솔로몬으로 말미암아 이 원리를 기초로 하여 성전을 짓게 해달라고 기도합니다. 그는 기도합니다. 곧 하나님이 먼저 예루살렘

성을 쌓으소서 그리하여 백성들의 매일 생활이 율법과 천국에 대한 경외감으로 살아가도록.

> [19] "그 때에 주께서 의로운 제사와 번제와 온전한 번제를 기뻐하시리니 그 때에 그들이 수소를 주의 제단에 드리리이다"

> "그때에 주께서 의로운 제사와 온전한 번제를 기뻐하시리니"
> 그 때 성전의 번제는 의로운 제사가 될 것이요 주께서 기뻐하실 것입니다

마지막 이 두 절은 다윗이 위에서 "주의 성령을 내게서 거두지 마소서" 기도한 대로 다윗에게 예언적 성령이 돌아오심으로 말하게 된 것입니다. 그는 그 민족의 죄의 결과로 두 번의 성전이 파괴되는 것을 미리 보았습니다. 그리하여 그는 남은 백성에게 성전을 회복시켜 달라고 기도합니다. 그 남은 자들은 순수하고 겸손한 마음으로 그들의 제사를 드릴 것입니다. 다윗은 그를 찬송하기를 원할 뿐만 아니라 그를 기쁘시게 하기를 원했습니다.

예수님은 어떤 날 바리새인의 집에 초청받았습니다. 그 동네에 죄인으로 아는 여자가 와서 예수님의 발에 눈물을 흘리며 자기 머리털로 발을 씻었습니다. 이때 바리새인은 비판하는 눈으로 예수님을 보면서 예수님이 선지자라면 저 여자가 누군지 알리라 하고 보고 있었습니다. 그때 예수님은 그를 책망하셨습니다.

> (눅7:40~49) "예수께서 대답하여 이르시되 시몬아 내가 네게 이를 말이 있다 하시니 그가 이르되 선생님 말씀하소서 이르시되 빚 주는 사람에게 빚진 자가 둘이 있어 하나는 오백 데나리온을 졌고

하나는 오십 데나리온을 졌는데 갚을 것이 없으므로 둘 다 탕감하
여 주었으니 둘 중에 누가 그를 더 사랑하겠느냐 시몬이 대답하여
이르되 내 생각에는 많이 탕감함을 받은 자니이다 이르시되 네 판
단이 옳다 하시고 그 여자를 돌아보시며 시몬에게 이르시되 이 여
자를 보느냐 내가 네 집에 들어올 때 너는 내게 발 씻을 물도 주
지 아니하였으되 이 여자는 눈물로 내 발을 적시고 그 머리털로
닦았으며 너는 내게 입맞추지 아니하였으되 그는 내가 들어올 때
로부터 내 발에 입맞추기를 그치지 아니하였으며 너는 내 머리에
감람유도 붓지 아니하였으되 그는 향유를 내 발에 부었느니라 이
러므로 내가 네게 말하노니 그의 많은 죄가 사하여졌도다 이는 그
의 사랑함이 많음이라 사함을 받은 일이 적은 자는 적게 사랑하느
니라 이에 여자에게 이르시되 네 죄 사함을 받았느니라 하시니 함
께 앉아 있는 자들이 속으로 말하되 이가 누구이기에 죄도 사하는
가 하더라"

여러분들은 예수님을 얼마만큼 사랑하는지 재어보세요. 재는 것은 자
기가 죄를 얼마나 사함 받았는지 보면 알 수 있습니다. "사함을 받은 일이
적은 자는 적게 사랑하느니라" 바리새인은 죄를 적게 사함 받아서 적게
사랑하고 이 여자는 많은 죄를 사함 받아서 많이 사랑한다고 예수님은 말
씀했습니다.

여러분은 언제 통회자복 했습니까? 다윗의 기도는 회개의 원리를 포
함하고 있는 시로써 참회하는 사람 누구에게나 해당되는 회개의 표본 기
도입니다.

많은 죄를 사함 받았으면 예수님을 많이 사랑합니다. 다윗은 많은 죄

를 사함 받아 주님을 많이 사랑했습니다. 그래서 하나님도 많이 사랑했습니다.

 그러므로 다윗처럼 통회자복하여 많은 죄를 사함 받고
예수님을 많이 사랑하고 예수님의 많은 사랑받으시기를 축복합니다.

시편 **52**편
도엑의 운명

**[다윗의 마스길, 인도자를 따라 부르는 노래,
에돔인 도엑이 사울에게 이르러 다윗이 아히멜렉의 집에 왔다고 그에게 말하던 때에]**

[1] 포악한 자여 네가 어찌하여 악한 계획을 스스로 자랑하는가 하나님의
      인자하심은 항상 있도다

[2] 네 혀가 심한 악을 꾀하여 날카로운 삭도 같이 간사를 행하는도다

[3] 네가 선보다 악을 사랑하며 의를 말함보다 거짓을 사랑하는도다 (셀라)

[4] 간사한 혀여 너는 남을 해치는 모든 말을 좋아하는도다

[5] 그런즉 하나님이 영원히 너를 멸하심이여 너를 붙잡아 네 장막에서 뽑
      아 내며 살아 있는 땅에서 네 뿌리를 빼시리로다 (셀라)

[6] 의인이 보고 두려워하며 또 그를 비웃어 말하기를

[7] 이 사람은 하나님을 자기 힘으로 삼지 아니하고 오직 자기 재물의 풍
      부함을 의지하며 자기의 악으로 스스로 든든하게 하던 자라 하리로다

[8] 그러나 나는 하나님의 집에 있는 푸른 감람나무 같음이여 하나님의 인
      자하심을 영원히 의지하리로다

[9] 주께서 이를 행하셨으므로 내가 영원히 주께 감사하고 주의 이름이 선
      하심으로 주의 성도 앞에서 내가 주의 이름을 사모하리이다

✐ **Theme:** 도엑의 운명은 사람이 자기의 달란트를 악에게 돌릴 때
                 그 결과적인 비극을 예로 보여주는 것이다.

서론

시편 52편은 앞으로 4편 (52-55편), 적그리스도의 나타날 것을 예언하는 말씀입니다. 죄악의 사람, 독재자가 환난 때에 이스라엘을 다스릴 것입니다. 이스라엘이라는 말은 참 성도를 가르친 것입니다. 세계에 있는 모든 참 신자를 말합니다. 우리 주 예수 그리스도도 말씀하셨지만 바울도 말했습니다. 이 4편은 마스길, 교훈의 시입니다. 이것들은 깊은 영적 교훈을 줍니다. 요즈음 보면 장래의 될 일이라고 제멋대로 예언하는 사람들이 있습니다.

그러나 여기에 악한 자, 적그리스도의 나타날 것을 이 4편의 시가 보여주고 있습니다. 이것은 그 시편들의 일부분입니다.

> "에돔인 도엑이 사울에게 이르러 다윗이 아히멜렉의 집에 왔다고
> 말하던 때에"

처음으로 사울 왕을 피하여 도망해야 했을 때 다윗은 제사장 아히멜렉의 집에 숨었고 아히멜렉은 새로 일어난 정치적 전개에 대해서는 아무것도 알지 못했다. 도엑은 악한 마음으로 아히멜렉의 거동을 반역행위처럼 사울에게 고했다. 사울은 도엑에게 명하여 아히멜렉과 그의 동역자 85명의 제사장들을 학살하고 놉의 도시 전부를 도륙하라고 명령했다. 시52편 2절은 나머지 이 시편의 서론 역할을 하고 있다.

다른 말로 말하면 다윗을 배신하는 말입니다. 다윗은 친구처럼 이야기하던 많은 사람에게서 배신을 당했습니다. 그 중의 한 사람을 봅시다.

본문이 우리에게 가르치는 교훈은 "도엑의 운명은 사람이 자기의 달란트를 악에게 돌릴 때 그 결과적인 비극을 예로 보여주는 것이다."

I. 자기의 죄를 자랑하는 사람이 있습니다

[1] "포악한 자여 네가 어찌하여 악한 계획을 스스로 자랑하는가
하나님의 인자하심은 항상 있도다"

"포악한 자여"—도엑도 우수한 율법학자로 강한 투사였다. (영어에는
mighty man) 그런데 악한 계획을 스스로 자랑하고 있다.
"하나님의 인자하심은 항상 있도다" 하나님의 인자하심은 "하루종
일" 끊임이 없다. 나의 지원의 방편을 잘라 버리려는 너희 악한 노력
은 쓸데없다. 하나님의 인자하심은 항상 나와 함께 있기 때문이다.

도엑은 왕 사울의 신임을 받을 수 있는 좋은 기회를 잡았다고 좋아했
습니다. 그가 바로 자신의 죄를 자랑하는 사람입니다. 다윗은 범죄했을
때 깊은 고통 속에서 조용하게 지냈습니다. 세상의 죄인들은 죄를 사랑하
며 자랑합니다. 적그리스도의 표는 악한 계획을 자랑하는 것입니다. 이것
이 하나님의 자녀와 마귀의 자녀가 크게 다른 것입니다. 하나님의 자녀도
세상 사람처럼 죄를 짓습니다. 왜냐하면 하나님의 자녀도 아직 옛 사람이
남아 있기 때문입니다. 다른 것은 하나님의 자녀는 죄를 짓고 그것을 자
랑하지 아니합니다. 그는 부끄러워서 고개를 숙입니다. 그러나 죄인이나
적그리스도는 그것을 자랑합니다.

[2] "네 혀가 심한 악을 꾀하여 날카로운 삭도 같이 간사를 행하
는도다"

"간사를 행하는도다"—악한 혀는 날카로운 칼, 간사의 삭도—그것은
본래 작정했던 것 보다 더욱 깊이 벤다.

하나님은 당분간 악한 자가 이야기하도록 용납하십니다. 7년간 자기의 잘못을 증거하도록 적그리스도를 버려 두는 것입니다. 적그리스도는 악한 자, 또는 거짓말쟁이를 두고 말합니다.

[3] "네가 선보다 악을 사랑하며 의를 말함보다 거짓을 사랑하는 도다(셀라)

"네가 선보다 악을 사랑하며"―너의 학식과 지위를 가진 사람이라면 그것들을 선을 행하는데 쓸 수 있었을 것인데 그러나 너는 너의 학식 과 능력을 악을 위하여 남용했다.

무엇이 참말이며 무엇이 거짓말입니까? 무엇이 의요 무엇이 거짓이냐는 말입니다. 참말이라도 결과적으로 자기중심의 말이고 사람을 죽이는 일이 되면 그것은 악이요 거짓말입니다. 그러나 무슨 말이든지 결과적으로 생명을 살리는 말이면 그것은 의요 참말입니다. 하나님의 사람은 말로나 행위로 의를 이루어야 합니다.

사울 왕은 자기 목적을 위하여 다윗을 잡아 죽이려고 군인들을 거느리고 찾아다니고 있었습니다. 부하도 없이 다윗은 급히 제사장 아히멜렉의 집에 가서 배가 고파 떡 한 덩이를 얻어먹는데 그것을 도엑이 보았습니다. 그래서 이것을 본 도엑이 사울 왕에게 고했습니다.

(삼상22:18) "왕이 도엑에게 이르되 너는 돌아가서 제사장들을 죽이라 하매 에돔 사람 도엑이 돌아가서 제사장들을 쳐서 그 날에 세마포 에봇 입은 자 팔십오 명을 죽였고"

도엑이 자기가 본 것을 말하여 제사장 85명을 죽였습니다. 도엑은 "네가 선보다 악을 사랑하며 의를 말함보다 거짓을 사랑하는도다" 말씀대로 간사한 혀로 이들을 반역죄로 몰아 다 죽이고 자기는 사울의 공신이 됐습니다.

어떤 사람은 말하기를 참된 것을 말하는 것보다 거짓말하는 것이 쉽다고 합니다. 그것이 적그리스도입니다. 강단에서 거짓말을 서슴지 않고 하는 목사들이 적그리스도란 말입니다. 자기의 목적을 가지고 자기의 유익을 얻으려고 강단에서 거짓말하면 반드시 심판을 받습니다. 고치지도 못한 병을 고쳤다고 하지 맙시다. 성경에 말씀하지 않은 것을 아는 것처럼 교인들을 속이지 맙시다. 교인들을 속이는 것이 적그리스도입니다.

II. 적그리스도는 간사한 혀로 의인을 잡아먹습니다

[4] "간사한 혀여 너는 남을 해치는 모든 말을 좋아하는도다"

"간사한 혀여 너는 남을 해친다" — 예리한 면도 같이 간사한 혀는 본래 작정했던 것 보다 더 깊이 벤다.

이 시편이 악한 자 두 사람을 말했습니다. 52:1 절에 "포악한 자"(영어에는 mighty man)와 4절에서는 "간사한 혀"라고 했습니다. 그들의 말은 믿을 수가 없습니다. 일을 망치기 위해 죽이는 말과 거짓말을 합니다. 에덴동산에서 사탄이 이브를 속이듯 속입니다. 우리는 남을 "해치는 모든 말을" 그리고 "속이는 말"을 버려야 합니다.

[5] "그런즉 하나님이 영원히 너를 멸하심이여 너를 붙잡아 네 장막에서 뽑아 내며 살아 있는 땅에서 네 뿌리를 빼시리로다(셀라)"

"멸하심이여" 하는 말은 까부신다는 말입니다. 적그리스도는 세상에 독재자입니다. 또 남을 죽이는 말을 하는 사람입니다. 누구도 그를 막지 못하고 하나님만 막을 수 있습니다. 예수 그리스도께서 재림하시면 그때 주님이 까부실 것입니다.

"너를 붙잡아 네 장막에서 뽑아 내며 살아 있는 땅에서 네 뿌리를 빼시리로다"

이 말씀은 지금 네가 잘 살고 있는 집에서 끌어내서 살지 못하게 뿌리까지 빼서 자손까지 망하게 하시겠다는 말씀입니다. 사울이 죽고 다윗이 왕위에 올랐을 때 도엑과 그 집안에 살아남은 자가 있겠습니까? 온 집안이 멸망한 것입니다.

III. 간사한 혀를 가진 자의 결말을 봅시다

[6] "의인이 보고 두려워하며 또 그를 비웃어 말하기를"

주님께서 재림하셔서 적그리스도를 심판대로 끌어오실 때 그를 두려워하던 성도들이 이것을 보며 비웃을 것입니다.

[7] "이 사람은 하나님을 자기 힘으로 삼지 아니하고 오직 자기 재물의 풍부함을 의지하며 자기의 악으로 스스로 든든하게 하던 자라 하리로다"

지금 정치인들은 하나님을 자기 힘으로 삼는 자가 별로 없는 것 같이 보입니다. 돈이 많아야 선거에 이긴다고 생각합니다. 주님 오시는 날은 다 비웃음을 받습니다.

결론

[9] "주께서 이를 행하셨으므로"
—마지막에는 하나님이 도엑을 쳐서 이 심판을 집행하시므로.

"그런즉 하나님이 영원히 너를 멸하심이여 너를 붙잡아 네 장막에서 뽑아내며 살아 있는 땅에서 네 뿌리를 빼시리로다 (셀라) 의인이 보고 두려워하며 또 그를 비웃어 말하기를 이 사람은 하나님을 자기 힘을 삼지 아니하고 오직 자기 재물의 풍부함을 의지하며 자기의 악으로 스스로 든든하게 하던 자라 하리로다"(5-7)

이것을 볼 때 하나님의 백성들은 이야기합니다.

[8] "그러나 나는 하나님의 집에 있는 푸른 감람나무 같음이여 하나님의 인자하심을 영원히 의지하리로다"

[9] "주께서 이를 행하셨으므로 내가 영원히 주께 감사하고 주의 이름이 선하시므로 주의 성도 앞에서 내가 주의 이름을 사모하리이다"

이 간단한 시편은 적그리스도, 자기의 유익을 위하여 거짓말하는 자들이 마지막 날에 당할 예언입니다. "도엑의 운명은 사람이 자기의 달란트를 악에게 돌릴 때 그 결과적인 비극을 예로 보여주는 것이다."

이것은 마지막까지 남은 성도들이 볼 광경입니다. 그때는 즐거움으로 예배하며 찬송할 것입니다.

Goal 그러므로 우리는 내 유익 중심으로
참 말이나 거짓말을 해서는 안 되고
무슨 말을 하든지 다 하나님의 영광을 위하여 하는 가운데
모든 행위로 의를 이루시는 성도가 되시기를 축복합니다.

시편 53편

적그리스도의 출현

[다윗의 마스길, 인도자를 따라 마할랏에 맞춘 노래]

[1] 어리석은 자는 그의 마음에 이르기를 하나님이 없다 하도다 그들은 부패하며 가증한 악을 행함이여 선을 행하는 자가 없도다

[2] 하나님이 하늘에서 인생을 굽어 살피사 지각이 있는 자와 하나님을 찾는 자가 있는가 보려 하신즉

[3] 각기 물러가 함께 더러운 자가 되고 선을 행하는 자 없으니 한 사람도 없도다

[4] 죄악을 행하는 자들은 무지하냐 그들이 떡 먹듯이 내 백성을 먹으면서 하나님을 부르지 아니하는도다

[5] 그들이 두려움이 없는 곳에서 크게 두려워하였으니 너를 대항하여 진친 그들의 뼈를 하나님이 흩으심이라 하나님이 그들을 버리셨으므로 네가 그들에게 수치를 당하게 하였도다

[6] 시온에서 이스라엘을 구원하여 줄 자 누구인가 하나님이 자기 백성의 포로된 것을 돌이키실 때에 야곱이 즐거워하며 이스라엘이 기뻐하리로다

Theme: 땅과 성전의 파괴를 예언적으로 언급하면서
이 시편은 또한 이스라엘의 최후 회복을 확언한다.
마지막 때에는 무신론자들과 적그리스도가 많이 나타나 판을 치지만
우리 주님 오시는 날, 그들은 다 멸망한다.

서론

이 시편은 14편과 같은 것입니다. 그러나 재미있는 것이 있습니다.

14편과 53편이 다른 점은 하나님의 이름을 사용한 방법입니다. 14장에서는 여호와라는 이름을 4번 썼고 엘로힘이라는 말을 3번 썼습니다. 53편에서는 엘로힘이라는 말을 7번 썼습니다. 여기에 큰 의미가 있습니다. 엘로힘이라는 말은 창조주 하나님이라는 뜻입니다. 엘로힘이라는 말을 불신자들은 쓰지 않으려고 합니다. 엘로힘은 천지를 지으신 하나님을 가르치기 때문에 진화론자는 엘로힘을 쓰지 않습니다. 적그리스도는 엘로힘 하나님을 부르지 아니합니다. 엘로힘을 부인합니다. 성경 말씀이 하나님의 영감으로 기록되었다고 하는 것도 부인합니다. 성경을 믿을 수 없다고 생각합니다. 말씀의 무오성도 믿지 않습니다. 창세기 1장의 창조설도 믿지 않습니다. 신화로 압니다. 그들은 모든 것이 진화되었다고 합니다.

많은 학자라는 사람들이 말하기를 이때까지 믿어오던 모든 것은 잘못이고 과학적으로 증명되어야 이것이 사실이라고 합니다. 이것은 다 무신론자들이 하는 말입니다. 그들은 하나님 아버지와 그의 아들의 존재를 부인합니다. 요한 1서 2:22에서 무신론자에 대하여 말씀했습니다.

> (요일2:22) "거짓말하는 자가 누구냐 예수께서 그리스도이심을 부인하는 자가 아니냐 아버지와 아들을 부인하는 그가 적그리스도니"

아버지와 아들을 부인하는 자는 무신론자요 적그리스도입니다. 하나님께로 오려면 믿음을 가지고 나와야합니다.

(히11:6) "믿음이 없이는 하나님을 기쁘시게 하지 못하나니 하나님께 나아가는 자는 반드시 그가 계신 것과 또한 그가 자기를 찾는 자들에게 상 주시는 이심을 믿어야 할지니라"

이 말씀은 진리이기에 몇 천 년이 지나가도 많은 사람에게 감동을 줍니다. 한 세대에 영향을 준 이는 많이 있으나 성경처럼 오랜 세월을 계속하여 구원의 도리를 가르친 것은 없습니다.

[시14편] [다윗의 시, 인도자를 따라 부르는 노래]

[1] "어리석은 자는 그의 마음에 이르기를 하나님이 없다 하는도다 그들은 부패하고 그 행실이 가증하니 선을 행하는 자가 없도다"

[2] "여호와께서 하늘에서 인생을 굽어살피사 지각이 있어 하나님을 찾는 자가 있는가 보려 하신즉"

[3] "다 치우쳐 함께 더러운 자가 되고 선을 행하는 자가 없으니 하나도 없도다"

[4] "죄악을 행하는 자는 다 무지하냐 그들이 떡 먹듯이 내 백성을 먹으면서 여호와를 부르지 아니하는도다"

[5] "그러나 거기서 그들은 두려워하고 두려워하였으니 하나님이 의인의 세대에 계심이로다"

[6] "너희가 가난한 자의 계획을 부끄럽게 하나 오직 여호와는 그의 피난처가 되시도다"

[7] "이스라엘의 구원이 시온에서 나오기를 원하도다 여호와께서 그의 백성을 포로된 곳에서 돌이키실 때에 야곱이 즐거워하고 이스라엘이 기뻐하리로다"

"마지막 때에는 무신론자들과 적그리스도가 많이 나타나 판을 치지만 우리 주님 오시는 날, 그들은 다 멸망한다."는 것입니다.

I. [1] [다윗의 마스길, 인도자를 따라 마할랏에 맞춘 노래]

[1] "어리석은 자는 그의 마음에 이르기를 하나님이 없다 하도다 그들은 부패하며 가증한 악을 행함이여 선을 행하는 자가 없도다"

"마할랏에 맞춘 노래"—마할랏은 악기의 일종이다. 마할랏은 또한 "고통에 대하여"라고 해석하기도 한다. 성전 훼파로 인하여 닥친 이스라엘의 고통에 관한 시이다.

"어리석은 자는 그의 마음에 이르기를"—직역하면, "자기 마음에게"가 아니고 "자기 마음으로"이다. 그는 자기 마음을 가지고—그의 이성은 그의 정열의 지배를 받고 있다. 그의 이성이 그의 정열을 지배하는게 아니기 때문에 "자기 마음에게"라고 할 수 없다.

[다윗의 마스길, 영장으로 마할랏에 맞춘 노래] 라고 했습니다. 영어 성경에는 "To the chief Musician upon Mahalath, Maschil A Psalm of David" Mahalath 라는 말은 병과 슬픔, 곧 마지막 날에 적그리스도의 권세 아래서 슬픔으로 통곡하는 상태에 관한 것입니다.

"어리석은 자"는 물론 적그리스도를 가르칩니다.

"하나님이 없다 하도다"—그는 하나님의 섭리를 부인하고 하나님이 자기를 처벌하지 않으리라고 생각하고 이스라엘을 박해한다.

"그들은 부패하고"— 이스라엘의 원수들은 부패한 행동을 해 왔다.

무신론자는 적그리스도입니다. 마지막 때에는 무신론자와 적그리스도가 많이 나타날 것을 말씀했습니다.

(살후2:4) "그는 대적하는 자라 신이라고 불리는 모든 것과 숭배함을 받는 것에 대항하여 그 위에 자기를 높이고 하나님의 성전에 앉아 자기를 하나님이라고 내세우느니라"

"하늘에서"—비록 하나님은 무한히 높이 계시지만, 참으로 주님은 철저하게 인간의 가는 길들을 살피신다.

그러나 하나님은 인간의 행사를 철저하게 보십니다.

14편 3절에서는 סָר הַכֹּל "다 치우쳤으며"
53장에서는 "각기 … 더러운자"—סָג כֻלֹו "각기 찌꺼기가 되고"로 약간 변한 것은 의미가 깊다. 치우쳤던 사람은 다시 자기 길을 찾을 수 있다. 그러나 찌꺼기는 귀금속으로 변할 수 없다.

"죄악을 행하는 자는 다 무지하뇨"—하나님이 그들의 악행에 관심도 안둔다고 생각하는 그들은 깨닫지 못하는가? 거기 그들의 권세의 정상에서 그들은 하나님이 처벌하실 때 공포에 사로잡혔다.

예언에는 장래 일어날 사건을 과거형으로 설명한다. 선지자는 이미 그 사건이 일어난 것을 보았기 때문이다.

하나님이 없다 하고, 마음 놓고 온갖 악행을 해 온 그들은 이제 크게 놀라 공포에 사로잡혔습니다. 하나님은 이스라엘의 피난처이십니다. 원수들은 이스라엘을 조롱하고 핍박하였지만, 더 이상 비웃지 못하게 될 것입니다.

"네가 그들에게 수치를 당하게 하였도다"—너희가 그들을 부끄럽게 하였다. 그러나 이스라엘이 자기를 공격하는 자들을 부끄럽게 할 것이다. 여호와는 그들의 피난처시라 너희는 하나님이 계심을 부인하니까 하나님의 도우심을 의지한다고 이스라엘을 비웃지만, 더 이상 이스라엘을 조롱하지 못하리라.

"이스라엘의 구원이 시온에서 나오기를 원하도다" — 오! 시온에서 이스라엘의 구원이 나오기를! 이것이 속히 이뤄지기를 원하노라.

II. [6] "시온에서 이스라엘을 구원하여 줄 자 누구인가 하나님이 자기 백성의 포로된 것을 돌이키실 때에 야곱이 즐거워하며 이스라엘이 기뻐하리로다"

오! 시온에서 이스라엘의 구원이 나오기를! 이것이 속히 이뤄지기를 원하나이다.

이 시편은 믿는 자들이 주님을 의지함으로 즐거워하며 기뻐하는 모습을 보여주며 끝을 냅니다.

우리가 이 말씀을 볼 때 하나님이 지금은 이스라엘 나라를 버리고 돌보시지 않는다고 할 수가 없습니다. "시온에서 이스라엘을 구원하여 줄 자 누구인가 하나님이 그 백성의 포로된 것을 돌이키실 때에 야곱이 즐거워하며 이스라엘이 기뻐하리로다"

하나님이 이스라엘을 돌보지 않으신다고 하면 성경 말씀의 무오설을 부인하는 것이 될 것입니다.

성경 말씀을 볼 때 어떤 사람은 성경을 영적으로만 해석 하려하는데 영적으로 해석해야 할 곳이 따로 있지 모든 것을 다 영적으로 해석하면 성경은 성경이 될 수 없습니다.

예수님은 500여 성도가 예수님의 승천하신 것을 본대로 오십니다. 반드시 오십니다. 그리고 하나님은 이스라엘을 구원하십니다. "오! 시온에서 이스라엘의 구원이 나오기를! 이것이 속히 이뤄지기를 원하나이다."

"하나님이 그 백성의 포로된 것을 돌이키실 때에 야곱이 즐거워하며 이스라엘이 기뻐하리로다" 이 말씀은 그대로 이루어집니다. 스가랴 선지는 이스라엘의 마지막 때를 예언하였습니다.

> (슥12:10) "내가 다윗의 집과 예루살렘 주민에게 은총과 간구하는 심령을 부어 주리니 그들이 그 찌른 바 그를 바라보고 그를 위하여 애통하기를 독자를 위하여 애통하듯 하며 그를 위하여 통곡하기를 장자를 위하여 통곡하듯 하리로다"

결론

예수님이 오실 징조가 이스라엘 나라가 회복될 때요. 온 백성이 회개하고 예수 믿는 날입니다. 나는 이 말씀 이대로 될 것을 믿습니다. 마지막 때는 악한 자들이 판을 치는 날이 있습니다. 적그리스도, 무신론자들이 고개를 들고 부끄러운 줄 모르고 뜁니다. 그러나 그들의 날이 끝나는 때가 오고야 맙니다. 마지막 때에는 무신론자들과 적그리스도가 많이 나타나 판을 치지만 우리 주님 오시는 날, 그들은 다 멸망합니다.

> (슥12:10) "내가 다윗의 집과 예루살렘 주민에게 은총과 간구하는 심령을 부어 주리니 그들이 그 찌른 바 그를 바라보고 그를 위하여 애통하기를 독자를 위하여 애통하듯 하며 그를 위하여 통곡하기를 장자를 위하여 통곡하듯 하리로다"

> "시온에서 이스라엘을 구원하여 줄 자 누구인가 하나님이 자기 백

성의 백성의 포로된 것을 돌이키실 때에 야곱이 즐거워하며 이스라엘이 기뻐하리로다"(6)

이 날이 오고야 맙니다.

 그러므로 우리는 악한 자들이 거짓말하며 날뛰는 것을 볼 때
더욱 믿음을 잘 지켜야 합니다.
적그리스도에게 속지 말고 주님 기쁘신 뜻을 따라
살기를 축복합니다.

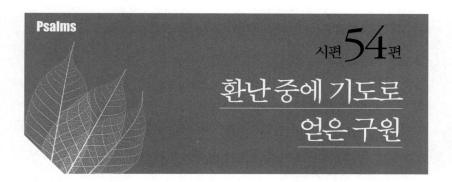

환난 중에 기도로 얻은 구원

[다윗의 마스길, 인도자를 따라 현악에 맞춘 노래, 십 사람이
사울에게 이르러 말하기를 다윗이 우리가 있는 곳에 숨지 아니하였나이까 하던 때에]

[1] 하나님이여 주의 이름으로 나를 구원하시고 주의 힘으로 나를 변호하
소서

[2] 하나님이여 내 기도를 들으시며 내 입의 말에 귀를 기울이소서

[3] 낯선 자들이 일어나 나를 치고 포악한 자들이 나의 생명을 수색하며
하나님을 자기 앞에 두지 아니하였음이니이다 (셀라)

[4] 하나님은 나를 돕는 이시며 주께서는 내 생명을 붙들어 주시는 이시니
이다

[5] 주께서 내 원수에게 악으로 갚으시리니 주의 성실하심으로 그들을 멸
하소서

[6] 내가 낙헌제로 주께 제사하리이다 여호와여 주의 이름에 감사하오리
니 주의 이름이 선하심이니이다

[7] 참으로 주께서는 모든 환난에서 나를 건지시고 내 원수가 보응 받는
것을 내 눈이 똑똑히 보게 하셨나이다

Theme: 다윗은 배신당하고 적군에게 포위되었을 때 믿음으로 기도하여
하나님의 도우심을 얻어 구원받았다.

서론

이 시편은 다윗이 환난을 당했을 때 또는 마지막 대 환난 때 일어날 것을 예언한 말씀입니다.

여기에 역사적인 배경이 있습니다. [다윗의 마스길, 인도자를 따라 현악에 맞춘 노래, 십 사람이 사울에게 이르러 말하기를 다윗이 우리가 있는 곳에 숨지 아니 하였나이까 하던 때에] 라고 기록하였습니다. 우리는 이 서론에서 여러 가지를 찾아볼 수 있습니다. 마스길은 다른 식의 교훈을 말하는 것입니다. 십 사람들은 다윗을 배반하였습니다. 이 사건이 사무엘상 23장에 기록되어 있습니다. 다윗이 이 사실을 안 후에 그는 부르짖었습니다. 그러므로 본문이 우리에게 가르치는 것은 "다윗은 적군의 포위 속에서도 믿음으로 기도하여 하나님의 도우심을 얻어 구원받았다."는 것입니다.

I. 죄인의 입장에서 겸손한 마음으로 기도했습니다

[1] "하나님이여 주의 이름으로 나를 구원하시고 주의 힘으로 나를 변호하소서"

"십 사람이 이르렀을 때에" 십 사람은 다윗의 족속 (수15:55)인데 사울에게 다윗의 거처를 밀고했다. 다윗은 겨우 도망했다 (삼상 23:19-29). "주의 이름으로"—하나님의 이름은 하나님의 섭리에 항상 있는 존재를 표시한다.

[2] "하나님이여 내 기도를 들으시며 내 입의 말에 귀를 기울이소서"

다윗은 하나님께 기도할 때 자기의 공로나 자기의 의로움을 내세우지 않고 겸손한 태도로 '나는 죄인이로소이다' 하는 태도로 기도했습니다.

"하나님이여 주의 이름으로 나를 구원하시고" 다윗은 의로운 사람입니다. 그는 하나님의 말씀에 순종하고 말씀대로 살려고 노력하는 사람입니다. 그러나 자기의 공로를 하나도 내세우지 않고 "하나님이여 주의 이름으로 나를 구원하시고"라고 했습니다. 예수님께서 기도를 가르치면서 "내 이름으로 구하라"고 하셨습니다. 이 말씀은 우리 사람에게서는 아무 공로가 없습니다. 그러나 예수님의 공로로 기도합니다 하는 말씀입니다. 자기의 공로를 내세우며 기도하는 것은 바리새인의 기도입니다. 바리새인은 기도하였으나 의롭다 하심을 얻지 못하고 돌아갔습니다. 그러므로 겸손하게 기도해야 합니다.

다윗은 배신을 당하였습니다. 대 환난 때에는 형제가 형제를 배신합니다. 참으로 말할 수 없는 대 환난이 오고야 맙니다. 하나님이 없다 하는 악한 무리들이 배신하는 것입니다. 환난 때에는 적그리스도가 권세를 잡습니다. 유다의 남은 백성들이 대 환난에서 악한 죄의 사람들에게 고생을 당합니다.

> [3] "낯선 자들이 일어나 나를 치고 포악한 자들이 나의 생명을 수색하며 하나님을 자기 앞에 두지 아니하였음이니이다 (셀라)"

> "낯선 자들이"—사람들은 외인들처럼 나에게 아무런 동정도 없이 행동했다.

다윗은 자기를 죽이려는 악한 자들, 거짓말로 말을 지어내는 간사한 무리들의 모략으로 깊은 실망 중에 있습니다. 대 환란 중에 있는 성도들과 같습니다. 그러므로 이 시편은 하나님의 도우심을 간절히 구합니다.

II. 하나님은 자기 편이라고 믿었습니다

[4] "하나님은 나를 돕는 이시며 주께서는 내 생명을 붙들어 주시는 이시니이다"

[5] "주께서는 내 원수에게 악으로 갚으시리니 주의 성실하심으로 그들을 멸하소서"

"주의 성실함으로"—주님의 진리로, 중상과 살인을 추구하는 자들을 벌하시겠다는 주님의 약속에 성실함으로(Rashi).

[6] "내가 낙헌제로 주께 제사하리이다 여호와여 주의 이름에 감사하오리니 주의 이름이 선하심이니이다"

[7] "참으로 주께서는 모든 환난에서 나를 건지시고 내 원수가 보응 받는 것을 내 눈이 똑똑히 보게 하셨나이다"

"내 원수가 보응 받는 것을 내 눈이 똑똑히 보게 하셨나이다."
내 원수들 위에서 내 눈이 보았나이다. 내가 바랐던 것들이 내 원수 위에 떨어진 것을 내 눈이 목격하였나이다.

우리는 언제나 하나님이 자기 편임을 알아야 합니다. 자기 편이면 싸울 때 내 편에서 나를 돕습니다.(sustain me) 우리는 역사적으로 일어났던 십 사람들의 사적을 잘 알고 있습니다.

(삼상23:19-29) "그 때에 십 사람들이 기브아에 이르러 사울에게 나아와 이르되 다윗이 우리와 함께 광야 남쪽 하길라 산 수풀 요

새에 숨지 아니하였나이까 그러하온즉 왕은 내려오시기를 원하시는 대로 내려오소서 그를 왕의 손에 넘길 것이 우리의 의무니이다 하니 사울이 이르되 너희가 나를 긍휼히 여겼으니 여호와께 복 받기를 원하노라 어떤 사람이 내게 말하기를 그는 심히 지혜롭게 행동한다 하나니 너희는 가서 더 자세히 살펴서 그가 어디에 숨었으며 누가 거기서 그를 보았는지 알아보고 그가 숨어 있는 모든 곳을 정탐하고 실상을 내게 보고하라 내가 너희와 함께 가리니 그가 이 땅에 있으면 유다 몇 천 명 중에서라도 그를 찾아내리라 하더라 그들이 일어나 사울보다 먼저 십으로 가니라 다윗과 그의 사람들이 광야 남쪽 마온 광야 아라바에 있더니 사울과 그의 사람들이 찾으러 온 것을 어떤 사람이 다윗에게 아뢰매 이에 다윗이 바위로 내려가 마온 황무지에 있더니 사울이 듣고 마온 황무지로 다윗을 따라가서는 사울이 산 이쪽으로 가매 다윗과 그의 사람들은 산 저쪽으로 가며 다윗이 사울을 두려워하여 급히 피하려 하였으니 이는 사울과 그의 사람들이 다윗과 그의 사람들을 에워싸고 잡으려 함이었더라, 전령이 사울에게 와서 이르되 급히 오소서 블레셋 사람들이 땅을 침노하나이다 이에 사울이 다윗 뒤쫓기를 그치고 돌아와 블레셋 사람들을 치러 갔으므로 그곳을 셀라하마느곳이라 칭하니라 다윗이 거기서 올라가서 엔게디 요새에 머무니라"

십 사람들은 다윗을 배신하고 다윗을 사울의 손에 붙이려 하였으나 하나님의 사람들은 주를 의지하고 주님께서 지키시고 피하게 해 주실 것을 믿었습니다.

결론

우리 하나님은 우리 성도들이 아무리 급한 상황에 들어가도 다윗이 십 사람들의 손에서 벗어나듯 하나님은 모든 위험한 데서 우리를 구원하십니다. 하나님은 우리에게 약속하신 것을 지키십니다. 구하면 주시겠다고 약속하셨습니다. 그러므로 기도하고 구합시다. 다윗은 적군의 포위 속에서도 믿음으로 기도하여 하나님의 도우심을 얻어 구원받았습니다.

Goal 그러므로 우리는 어떤 환난이 있어도
전능하신 하나님이 내 편이시므로
반드시 나를 도와주실 줄 믿고 간구합시다.
하나님의 능력으로 승리하게 될 것을 주의 이름으로 축복합니다.

어두움의 날

[다윗의 마스길, 인도자를 따라 현악에 맞춘 노래]

[1] 하나님이여 내 기도에 귀를 기울이시고 내가 간구할 때에 숨지 마소서

[2] 내게 굽히사 응답하소서 내가 근심으로 편하지 못하여 탄식하오니

[3] 이는 원수의 소리와 악인의 압제 때문이라 그들이 죄악을 내게 더하며
노하여 나를 핍박하나이다

[4] 내 마음이 내 속에서 심히 아파하며 사망의 위험이 내게 이르렀도다

[5] 두려움과 떨림이 내게 이르고 공포가 나를 덮었도다

[6] 나는 말하기를 만일 내게 비둘기 같이 날개가 있다면 날아가서 편히
쉬리로다

[7] 내가 멀리 날아가서 광야에 머무르리로다 (셀라)

[8] 내가 나의 피난처로 속히 가서 폭풍과 광풍을 피하리라 하였도다

[9] 내가 성내에서 강포와 분쟁을 보았사오니 주여 그들을 멸하소서 그들
의 혀를 잘라 버리소서

[10] 그들이 주야로 성벽 위에 두루 다니니 성 중에는 죄악과 재난이 있으며

[11] 악독이 그 중에 있고 압박과 속임수가 그 거리를 떠나지 아니하도다

[12] 나를 책망한 자는 원수가 아니라 원수일진대 내가 참았으리라 나를 대
하여 자기를 높이는 자는 나를 미워하는 자가 아니라 미워하는 자일진
대 내가 그를 피하여 숨었으리라

[13] 그는 곧 너로다 나의 동료, 나의 친구요 나의 가까운 친우로다

[14] 우리가 같이 재미있게 의논하며 무리와 함께 하여 하나님의 집 안에서
다녔도다

[15] 사망이 갑자기 그들에게 임하여 산 채로 스올에 내려갈지어다 이는 악독이 그들의 거처에 있고 그들 가운데에 있음이로다

[16] 나는 하나님께 부르짖으리니 여호와께서 나를 구원하시리로다

[17] 저녁과 아침과 정오에 내가 근심하여 탄식하리니 여호와께서 내 소리를 들으시리로다

[18] 나를 대적하는 자 많더니 나를 치는 전쟁에서 그가 내 생명을 구원하사 평안하게 하셨도다

[19] 옛부터 계시는 하나님이 들으시고 그들을 낮추시리이다 (셀라) 그들은 변하지 아니하며 하나님을 경외하지 아니함이니이다

[20] 그는 손을 들어 자기와 화목한 자를 치고 그의 언약을 배반하였도다

[21] 그의 입은 우유 기름보다 미끄러우나 그의 마음은 전쟁이요 그의 말은 기름보다 유하나 실상은 뽑힌 칼이로다

[22] 네 짐을 여호와께 맡기라 그가 너를 붙드시고 의인의 요동함을 영원히 허락하지 아니하시리로다

[23] 하나님이여 주께서 그들로 파멸의 웅덩이에 빠지게 하시리이다 피를 흘리게 하며 속이는 자들은 그들의 날의 반도 살지 못할 것이나 나는 주를 의지하리이다

Theme: 자기 아들 압살롬의 반란과 절친한 친구요 고문이었던 아히도벨의 편향에도 불구하고,
다윗은 하나님이 자기로 이기게 하실 것이라는 믿음에서 흔들리지 않았다.

서론

이 시편으로 적그리스도에 관한 네 편의 마지막 편을 맞이하였습니다. 이 시편도 마스길, 교육적인 시편입니다. 이것은 아주 캄캄한 암흑시대를

보여주고 있습니다. 적그리스도, 죄의 사람을 완전히 나타내 보입니다. 이 악한 것을 누구도 상상할 수 없었던 일들입니다.

이 시편의 제목을 [다윗의 마스길, 인도자를 따라 현악에 맞춘 노래라고 했습니다.

우리는 이 시편의 배경을 알지 못합니다. 그러나 우리가 짐작할 수 있는 것은 다윗의 아들 압살롬을 생각 할 수 있습니다. 압살롬은 다윗에게 반기를 들었습니다. 다윗은 예루살렘에서 피란하여 나갔습니다. 그는 많은 무리가 압살롬을 따라가는 것을 보았습니다. 그는 큰 문제가 생긴 것을 알았습니다. 그는 예루살렘 성을 보호하기 위하여 피해 나갔습니다. 나가서 광야에 자기가 숨었던 곳으로 찾아갔습니다. 그는 거기서 자기의 내각 중에서도 요직에 있던 아히도벨이 원수 편에 있는 것을 알았습니다. 그는 다윗을 배신하였습니다. 그 말씀이 사무엘하 15장에 있습니다.

> (삼하5:30~31) "다윗이 감람 산 길로 올라갈 때에 그의 머리를
> 그가 가리고 맨발로 울며 가고 그와 함께 가는 모든 백성들도 각
> 각 자기의 머리를 가리고 울며 올라가니라 어떤 사람이 다윗에게
> 알리되 압살롬과 함께 모반한 자들 가운데 아히도벨이 있나이다
> 하니 다윗이 이르되 여호와여 원하옵건대 아히도벨의 모략을 어리
> 석게 하옵소서 하니라"

다윗이 기도한대로 하나님이 아히도벨의 지혜를 어리석게 하셨습니다. 본문 말씀이 우리에게 가르쳐 주시는 것은 "자기 아들 압살롬의 반란과 절친한 친구요 고문이었던 아히도벨의 편향에도 불구하고, 다윗은 하나님이 자기를 이기게 하실 것이라는 믿음에서 흔들리지 않았다는 것입니다.

I. 다윗은 다급한 상황에서 기도합니다

[1,2] "하나님이여 내 기도에 귀를 기울이시고 내가 간구할 때에 숨지 마소서 내게 굽히사 응답하소서 내가 근심으로 편하지 못하여 탄식하오니"

이 말씀은 다윗이 찌걱찌걱 소리 내는 우마차 바퀴처럼 되었습니다. 다윗은 하나님께 "내가 간구할 때에 숨지 마소서" 내가 다급해졌습니다. 나는 지금 내 사랑하는 아들과 친구에게서 배신을 당했습니다.

[3,4] "이는 원수의 소리와 악인의 압제 때문이라 그들이 죄악을 내게 더하며 노하여 나를 핍박하나이다 내 마음이 내 속에서 심히 아파하며 사망의 위험이 내게 이르렀도다"

다윗은 지금 자기가 죽임을 당하는 느낌입니다. 특별히 자기의 모사였던 친구가 자기를 배신하고 자기를 죽일 모사를 꾸미고 있으니 죽을 것 같습니다.

[6] "나는 말하기를 만일 내게 비둘기 같이 날개가 있다면 날아가서 편히 쉬리로다"

처음, 다윗은 예루살렘 성을 떠나야 합니다. 한때는 거절하였으나 아니 떠날 수 없는 사정에 달했습니다. 자기가 사랑하는 아들이 자기를 죽이려 하고 가장 믿고 같이 일하던 아히도벨이 배신하였을 때 견딜 수가 없었습니다. "나의 말이 내가 비둘기 같이 날개가 있으면 날아가서 편히 쉬리로다" 배신당하는 괴로움입니다. 나는 이 말씀을 볼 때 예수님의 마음의 고통을 알아보며 짐작할 수 있습니다. 가룟 유다에게서 배신당하여 "선생님 안녕하십니까?" 하며 입 맞출 때 예수님의 마음이야 어떠했겠습니까?

아마 여러분들도 살다 보면 이런 배신을 당해본 적이 있었을 것입니다. 나도 목회를 하면서 다윗이 아히도벨에게서 배신을 당한 것처럼 배신을 당한 때가 몇 번 있었습니다. 내가 신임하고 같이 일하던 자가 이유 없이 배신합니다. 우리는 그때 가슴이 내려앉는 것을 느낍니다.

[13] "그는 곧 너로다 나의 동료, 나의 친구요 나의 가까운 친우로다"

다윗은 말합니다. 아히도벨, 너는 내가 믿는 "그는 곧 너로다 나의 동료" 네가 적그리스도요 나라를 망하게 하는 악한 자로구나! 그는 오늘까지 가면을 쓰고 친구요 동역자로 같이 있더니 결국 배신하고 본심을 나타내 보였구나.

[14] "우리가 같이 재미있게 의논하며 무리와 함께 하여 하나님의
집 안에서 다녔도다"

그 사람들은 우리와 같이 기도하는 사람들입니다. 같이 있을 때는 같이 기도합니다. 그러나 우리를 돌아서서는 잔등에 칼을 꽂습니다. 우리 주위에 있는 사람들이 다 그런 사람들입니다. 만일 적그리스도가 나타나면 곧 한패가 되어 칼을 들고 옵니다.

다음에 다윗이 어떻게 저주하나 보시오.

[15] "사망이 갑자기 그들에게 임하여 산 채로 스올에 내려갈지어
다 이는 악독이 그들의 거처에 있고 그들 가운데에 있음이로다"

"사망이 갑자기 그들에게 임하여 산 채로 스올에 내려갈지어다" 이것
은 죽음이 임하라는 것이 아니고 죽음의 고통이 임하여 살아서 그 고통을
다 당하라는 말씀입니다. 우리는 "지옥으로 들어가라"고 저주하는 말을
듣는데 그보다 더 큰 욕은 없습니다. 지옥은 (막9:48) "거기에서는 구더기
도 죽지 않고 불도 꺼지지 아니 하느니라" 예수님의 말씀입니다. 이곳은
적그리스도가 갈 곳입니다.

II. 다윗은 하나님께 기도하면 도와주실 것을 확신했습니다

[16,17] "나는 하나님께 부르짖으리니 여호와께서 나를 구원하시리
로다 저녁과 아침과 정오에 내가 근심하여 탄식하리니 여호와께서
내 소리를 들으시리로다"

다윗이 마음이 눌리고 고통을 당하는 것을 봅니다. "저녁과 아침과 정
오에 내가 근심하여 탄식하리니" 하였습니다. 한 가지 원수들이 우리를
괴롭힐 때 감사한 것은 우리로 기도하게 만듭니다. 과거 어느 때보다도
더 기도하게 만듭니다. 다윗은 기도할 때 하나님이 들으시고 도와주실 것
을 확신했습니다.

이것을 보십시다. 적그리스도는 거짓말쟁이입니다. 예수님께서는 말
씀하시기를 마귀는 거짓말쟁이라고 하셨습니다.

(요8:44) "너희는 너희 아비 마귀에게서 났으니 너희 아비의 욕심대로 너희도 행하고자 하느니라 그는 처음부터 살인한 자요 진리가 그 속에 없으므로 진리에 서지 못하고 거짓을 말할 때마다 제 것으로 말하나니 이는 그가 거짓말쟁이요 거짓의 아비가 되었음이니라"

[21] "그의 입은 우유 기름보다 미끄러우나 그의 마음은 전쟁이요 그의 말은 기름보다 유하나 실상은 뽑힌 칼이로다"

아히도벨은 그 말하는 것이 친근하고 부드러우나 거기는 독이 있고 칼날이 있습니다. 믿을 수 없는 거짓이 숨어 있습니다. 우리 하나님은 심령을 감찰하시고 모든 것을 다 아십니다. 그러므로 아히도벨과 같이 거짓된 마음으로 칼을 품고 기도하는 기도는 들으시지 아니하십니다.

결론

하나님을 믿고 다 하나님께 맡기면서 기도해야 합니다.

[22] "네 짐을 여호와께 맡기라 그가 너를 붙드시고 의인의 요동함을 영원히 허락하지 아니하시리로다"

성도 여러분들, 제가 진리를 말씀드립니다. 여러분들의 원수들을 하나님께 다 넘겨주십시오.

(롬12:19) "내 사랑하는 자들아 너희가 친히 원수를 갚지 말고 하나님의 진노하심에 맡기라 기록되었으되 원수 갚는 것이 내게 있으니 내가 갚으리라고 주께서 말씀하시니라"

우리를 배신하는 사람도 하나님께 넘겨줍시다. 나는 지난 반 세기동안 경험한 것은 하나님께 맡기면 내가 원수를 갚는 것보다 몇 배나 더 심하게 갚아 줍니다. 하나님께 맡깁시다.

[23] "하나님이여 주께서 그들로 파멸의 웅덩이에 빠지게 하시리이다 피를 흘리게 하며 속이는 자들은 그들의 날의 반도 살지 못할 것이나 나는 주를 의지하리이다"

이것은 하나님이 우리의 배신자에게 갚아주실 벌입니다. 적그리스도 악인들에게 내리실 심판입니다. 여러분은 여러분들의 배신자에게 어떻게 하겠습니까? 마음이 아프고 괴로울 때 말씀입니다. 하나님께 다 맡기십시다.

주님은 아히도벨에게 하듯이 가룟 유다에게 하듯이 갚아 주십니다.

"하나님이여 주께서 그들로 파멸의 웅덩이에 빠지게 하시리이다 피를 흘리게 하며 속이는 자들은 그들의 날의 반도 살지 못할 것이나 나는 주를 의지하리이다"

 그러므로 우리는 우리의 원수, 적그리스도, 악한 사람들, 배신자들을 다 주께 맡기므로 그리스도의 평강이 여러분들에게 있으시기를 기도합니다.

시편의 기도로
하나님께 나아가십시오

제1권(1~55편)

■
초판 1쇄 인쇄 / 2020년 9월 10일
초판 1쇄 발행 / 2020년 9월 15일

지은이 ㅣ 김 혜 성
펴낸이 ㅣ 민 병 문
펴낸곳 ㅣ 새한기획 출판부

편집처 ㅣ 아침향기
편집주간 ㅣ 강신억

■
주 소 ㅣ 04542 서울특별시 중구 수표로 67 천수빌딩 1106호
T E L ㅣ (02) 2274-7809 / 070-4224-0090
F A X ㅣ (02) 2279-0090
E-mail ㅣ saehan21@chol.com

미국사무실 • The Freshdailymanna
2640 Manhattan Ave. Montrose, CA 91020
☎ 818-970-7099
E.mail • freshdailymanna@hotmail.com

■
출판등록번호 ㅣ 제 2-1264호
출판등록일 ㅣ 1991. 10. 21

값 30,000원

ISBN 979-11-88521-25-8 04230
ISBN 979-11-88521-24-1 세트(전3권)

Printed in Korea